So

*Avec ce guide, voici les **cartes Michelin** qu'il vous faut*

Ne voyagez pas aujourd'hui avec une carte d'hier

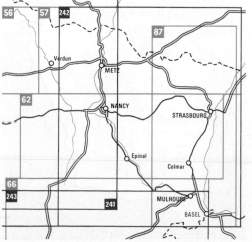

PRINCIPALES CURIOSITÉS

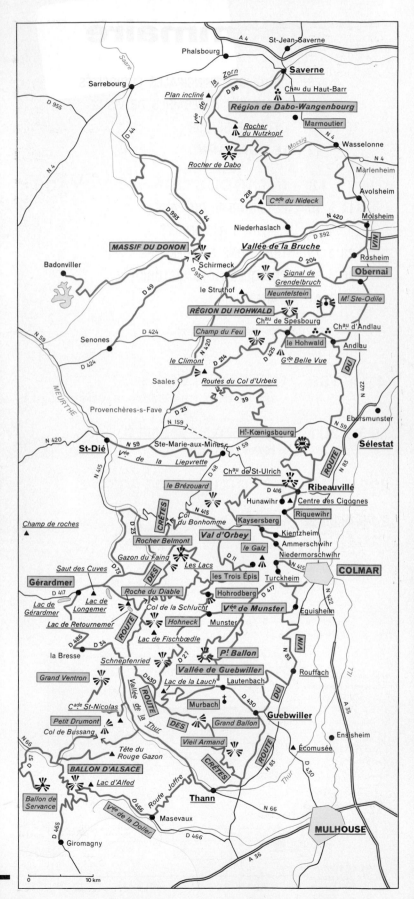

St-Jean-Saverne
A 4
Phalsbourg
Saverne
la Zorn
Sarrebourg
Saare
Plan incliné ▲
D 98
Ch^{au} du Haut-Barr
Région de Dabo-Wangenbourg
Marmoutier
Wasselonne
N 4
Mossig
Marlenheim
N 4
▲ *Rocher du Nutzkopf*
Avolsheim
Rocher de Dabo
D 218
C^{ade} du Nideck
Molsheim
D 993
D 44
Niederhaslach
D 392
N 420
VIN
MASSIF DU DONON
Vallée de la Bruche
Rosheim
D 204
Schirmeck
D 932
Obernai
D 49
le Struthof ▲
Signal de Grendelbruch
Badonviller
Neuntelstein
Mt Ste-Odile
N 59
D 424
RÉGION DU HOHWALD
Ch^{au} de Spesbourg
Ch^{au} d'Andlau
Senones
Champ du Feu
le Hohwald
D 425
Andlau
MEURTHE
D 424
le Climont
N 420
D 214
G^{de} de Belle Vue
DU
Saales
Routes du Col d'Urbeis
D 39
Provenchères-s-Fave
D 23
N 159
Ebersmunster
N 59
H^t-Kœnigsbourg
N 420
N 59
Ste-Marie-aux-Mines
N 59
Sélestat
St-Dié
V^{ée} de la Liepvrette
N 83
D 48
ROUTE
N 415
Ch^{au} de St-Ulrich
le Brézouard
D 416
Ribeauvillé
N 415
Hunawihr
▲ Centre des Cigognes
Col du Bonhomme
Kaysersberg
Riquewihr
D 25
CRÊTES
Rocher Belmont
Val d'Orbey
Kientzheim
Champ de roches
▲
Gazon du Faing
le Galz
Ammerschwihr
D 73
DES
Les Lacs
Niedermorschwihr
Saut des Cuves
les Trois Épis
N 415
COLMAR
Gérardmer
D 417
Roche du Diable
Hohrodberg
Turckheim
D 417
Lac de Gérardmer
Lac de Longemer
Col de la Schlucht
V^{ée} de Munster
Eguisheim
Lac de Retournemer
Hohneck
Munster
N 83
D 486
D 34
Lac de Fischbœdle
VIN
la Bresse
Schnepfenried
D 27
P^t Ballon
Rouffach
Grand Ventron
Vallée de Guebwiller
Lac de la Lauch
Lautenbach
C^{ade} St-Nicolas
DU
Murbach
D 430
Petit Drumont
Vallée de la Thur
DES
Grand Ballon
Guebwiller
Col de Bussang
ROUTE
N 66
Vieil Armand
Ensisheim
Tête du Rouge Gazon
▲
CRÊTES
Écomusée
▲
BALLON D'ALSACE
N 83
ROUTE
Ballon de Servance
▲ Lac d'Alfed
Route Joffre
Thann
D 430
Thur
D 466
D 465
V^{ée} de la Doller
Masevaux
N 66
MULHOUSE
Giromagny
D 466
A 36

0   10 km

4

BELGIQUE

LUXEMBOURG

★ Avioth

Montmédy

N 43

Marville

D 16

D 148

DE LA MEUSE

D 906

Le Pays du Fer ★

Douaumont

Vaux

N 52

Moselle

A 4

Verdun

D 903

D 6

METZ ★★

CÔTES DE MEUSE ★

D 28

Vallée du Rupt de Mad

D 908

▲ Butte de Mousson ★

★ St-Mihiel

▲ Butte de Montsec ★★

Pont-à-Mousson ★

D 964

D 36

N 57

Liverdun

N 4

★ Toul

NANCY ★★★

St-Nicolas-de-Port ★★

Dombasle

Fléville-devant-Nancy

Lunéville ★

Meuse

Meurthe

★ Domrémy-la-Pucelle

★★Colline
Inspirée

Haroué ★

Neufchâteau

Moselle

D 10

Mirecourt

Bulgnéville

★ Vittel ★★★

Épinal ★

★ Contrexéville

D 42

D 25

H^TE VALLÉE DE LA MOSELLE ★

D 434

★ Bains-les-Bains

Plombières-les-B. ★

C^ade de Faymont

D 460

Ailleviliers-et-Lyaumont

Bourbonne-les-Bains

D 417

N 57

C^ade du Géhard ★

Luxeuil-les-Bains ★

Saône

be

lequel un parcours est décrit.

l'index.

40 km

8

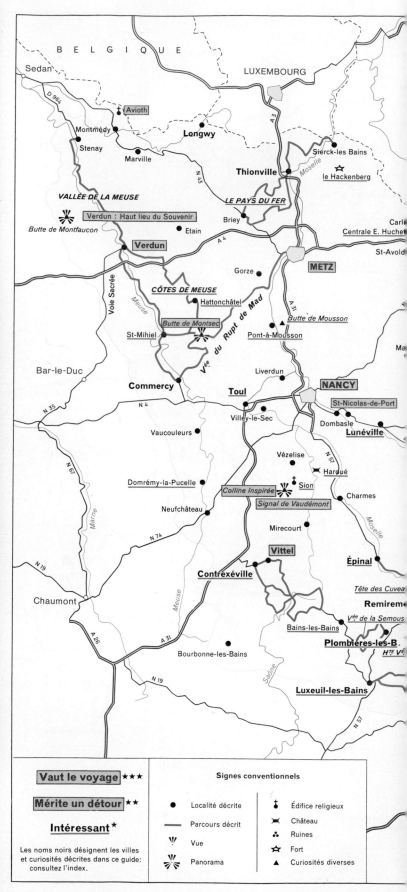

BELGIQUE

LUXEMBOURG

Sedan

D 964

Avioth

Montmédy

Longwy

Stenay

Marville

Sierck-les-Bains

Thionville

Moselle

le Hackenberg

VALLÉE DE LA MEUSE

LE PAYS DU FER

Verdun : Haut lieu du Souvenir

Briey

Carli

Butte de Montfaucon

Etain

Centrale E. Huchet

Verdun

A 4

St-Avold

Gorze

METZ

CÔTES DE MEUSE

Hattonchâtel

Butte de Mousson

Butte de Montsec

St-Mihiel

Pont-à-Mousson

Ma

Liverdun

Bar-le-Duc

Meuse

Commercy

Toul

NANCY

St-Nicolas-de-Port

N 4

Villey-le-Sec

Dombasle

Lunéville

Vaucouleurs

Vézelise

Haroué

N 57

Domrémy-la-Pucelle

Colline Inspirée

Sion

Charmes

Signal de Vaudémont

Neufchâteau

Mirecourt

Moselle

N 74

Vittel

Épinal

Contrexéville

Tête des Cuvea

Chaumont

Remirem

Meuse

Vée de la Semous

A 26

A 31

Bains-les-Bains

Plombières-les-B.

HTE VÉ

Bourbonne-les-Bains

Saône

N 19

Luxeuil-les-Bains

N 57

Vaut le voyage ★★★	Signes conventionnels	
Mérite un détour ★★	● Localité décrite	⭧ Édifice religieux
Intéressant ★	— Parcours décrit	⤬ Château
Les noms noirs désignent les villes et curiosités décrites dans ce guide: consultez l'index.	∿ Vue	⁂ Ruines
	☀ Panorama	☆ Fort
		▲ Curiosités diverses

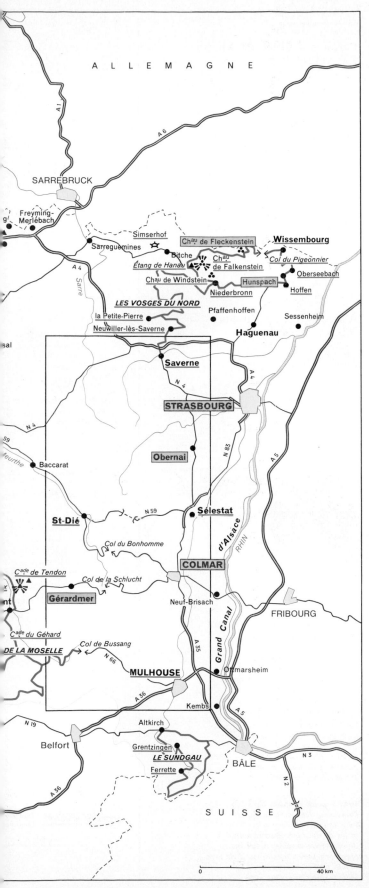

ALLEMAGNE

SARREBRUCK

Freyming-
Merlébach

Simserhof
Sarreguemines

Ch^{au} de Fleckenstein
Bitche
Étang de Hanau
Ch^{au} de Windstein

Wissembourg
Col du Pigeonnier
Ch^{au}
de Falkenstein
Hunspach
Niederbronn
Oberseebach
Hoffen

Sarre

LES VOSGES DU NORD

la Petite-Pierre
Neuwiller-lès-Saverne

Pfaffenhoffen
Sessenheim

Haguenau

Saverne

N 4

STRASBOURG

N 4

Obernai

N 83

A 5

Baccarat

Meurthe

59

N 59

Sélestat

St-Dié

Col du Bonhomme

RHIN

d'Alsace

C^{ade} de Tendon

Col de la Schlucht

COLMAR

Gérardmer

Neuf-Brisach

FRIBOURG

C^{ade} du Géhard

Col de Bussang

Grand Canal

A 35

Ottmarsheim

DE LA MOSELLE

N 66

MULHOUSE

A 36

A 5

Kembs

N 19

Altkirch

Belfort

Grentzingen

LE SUNDGAU

Ferrette

BÂLE

N 3

A 36

N 2

SUISSE

0   40 km

ITINÉRAIRES DE VISITE

Lorraine – Côtes de Meuse
550 km : 4 jours

Lorraine – Stations thermales
450 km : 3 jours

Alsace – Vosges du Nord
350 km : 2 jours

Alsace – Vosges du Sud
700 km : 5 jours

Dans le **guide Rouge Michelin FRANCE**
de l'année vous trouverez
un choix d'hôtels agréables,
tranquilles, bien situés, avec
l'indication de leur équipement :
piscines, tennis, plages aménagées,
aires de repos... ainsi que
les périodes d'ouverture et de
fermeture des établissements.

Vous y trouverez aussi
un choix révisé de maisons
qui se signalent par la qualité
de leur cuisine :
repas soignés à prix modérés,
étoiles de bonne table.

Dans le **guide Michelin Camping
Caravaning France** de l'année
vous trouverez les commodités
et les distractions offertes par
de nombreux terrains : magasins,
bars, restaurants, laverie, salle de jeux,
tennis, golf miniature, jeux pour
enfants, piscines... etc.

Mont-devant-Sassey

VALLÉ

Butte de Montfaucon
le Mort-Homme

Marne

Ville d'ét

CÔTES DE MEUSE ★   Titre sou
Consulte

0

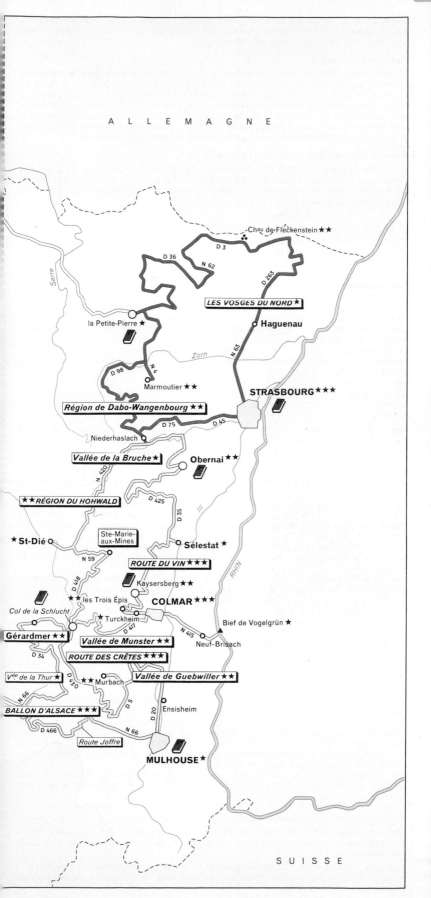

ALLEMAGNE

Chau de Fleckenstein ★★

D 3

D 36

N 62

D 263

Sarre

LES VOSGES DU NORD ★

la Petite-Pierre ★

○ Haguenau

Zorn

N 63

D 98

N 4

○ Marmoutier ★★

STRASBOURG ★★★

Région de Dabo-Wangenbourg ★★

D 75   D 45

Niederhaslach ○

Vallée de la Bruche ★

○ Obernai ★★

N 420

★★RÉGION DU HOHWALD ★

D 425

D 35

Ill

★ St-Dié ○

Ste-Marie-aux-Mines

○ Sélestat ★

N 59

ROUTE DU VIN ★★★

RHIN

D 418

Kaysersberg ★★

★★ les Trois Épis

COLMAR ★★★

Col de la Schlucht

★ Turckheim

Bief de Vogelgrün ★

Gérardmer ★★

D 417

Vallée de Munster ★★

N 415

Neuf-Brisach

D 34

ROUTE DES CRÊTES ★★★

Vᵉᵉ de la Thur ★

D 430

★★ Murbach

Vallée de Guebwiller ★★

N 66

D 5

D 20   Ensisheim

BALLON D'ALSACE ★★★

D 466

N 66

Route Joffre

MULHOUSE ★

SUISSE

LIEUX DE SÉJOUR

Sur la carte p. 11 ont été sélectionnées quelques localités particulièrement adaptées à la villégiature en raison de leurs possibilités d'hébergement et de l'agrément de leur site. Pour plus de détails, vous consulterez :

Pour l'hébergement

Le **guide Rouge Michelin France** des hôtels et restaurants et le **guide Camping Caravaning France ;** chaque année, ils présentent un choix d'hôtels, de restaurants, de terrains, établi après visites et enquêtes sur place. Hôtels et terrains de camping sont classés suivant la nature et le confort de leurs aménagements. Ceux d'entre eux qui sortent de l'ordinaire par l'agrément de leur situation et de leur cadre, par leur tranquillité, leur accueil, sont mis en évidence. Dans le guide Rouge Michelin France, vous trouverez également l'adresse et le numéro de téléphone du bureau de tourisme ou syndicat d'initiative.

Pour le site, les sports et distractions

Les **cartes Michelin** à 1/200 000 *(assemblage p. 3).* Un simple coup d'œil permet d'apprécier le site de la localité. Elles donnent, outre les caractéristiques des routes, les emplacements des baignades en rivière ou en étang, des piscines, des golfs, des hippodromes, des terrains de vol à voile, des aérodromes.

LOISIRS

Pour les adresses et autres précisions, voir le chapitre des renseignements pratiques en fin de guide.

Les saisons. – Le climat lorrain est nettement continental : hiver long et rude, été souvent très chaud. Les précipitations sont nombreuses, pluies d'orage en été, neiges abondantes en hiver. En Alsace apparaissent les conditions climatiques particulières aux dépressions très abritées.

L'**été,** il faut s'attendre à de grosses chaleurs et à de forts orages dans la plaine. Mais en allant vers les hauteurs, on retrouve la fraîcheur.

En **automne,** des nappes de brouillard très épais sont à craindre.

En **hiver,** peu de pluies, mais sur les Vosges des chutes de neige prolongées dont les amateurs de sports d'hiver seront les derniers à se plaindre. En cette saison, un certain nombre de routes sont rendues impraticables *(voir la carte Michelin n° 989).*

Quant au **printemps** alsacien, il est lumineux, léger. La blancheur attardée des hauts ballons domine le vert naissant des prés et des collines, des hêtres, des acacias et des châtaigniers.

Les parcs naturels. – Ce sont des zones habitées choisies pour être l'objet d'aménagements et le terrain d'activités propres à développer l'économie, à protéger le patrimoine naturel et culturel, à initier les gens à la nature.

Créé en mai 1974, le **Parc Naturel Régional de Lorraine,** dont le siège se trouve à Pont-à-Mousson *(p. 118)* couvre une superficie de 1 850 km², englobant 196 communes des départements de la Meurthe-et-Moselle, de la Meuse et de la Moselle. Il comprend deux zones séparées :

La première, la plus vaste, s'étend à l'Ouest : entre Verdun, Toul et Metz, depuis les Côtes de Meuse, riches en cultures et en prairies d'élevage, semées d'étangs et de forêts, jusqu'aux Côtes de Moselle, boisées et coupées de vallées verdoyantes. La seconde, à l'Est, va de Sarrebourg à Château-Salins, entre les premiers contreforts vosgiens et la vallée de la Seille. C'est le « Pays des Étangs » (de Lindre, du Stock, etc.), refuge de nombreuses espèces ornithologiques, et aussi celui du sel, entre Dieuze et Vic-sur-Seille.

Afin de faire connaître la vie lorraine, des Maisons du Parc ont été créées à Beaumont (artisanat), à Marsal (sel, *p. 82*), à Hannonville (arts et traditions rurales) à Vigneulles-lès-Hattonchâtel (produits locaux), etc. Pour les amateurs de promenades à pied, à cheval, à vélo, des sentiers sont aménagés (le GR 5 traverse tout le parc) et un refuge fonctionne en permanence à Ranzières (Meuse).

Pour plus de détails consulter le guide Atlas du Parc.

Né en 1976, le **Parc Naturel Régional des Vosges du Nord** *(p. 181),* dont le siège est à la Petite Pierre *(p. 115)* rassemble 94 communes à l'intérieur d'un triangle Bitche-Saverne-Wissembourg. Cette région accidentée, riche en flore et en faune sauvages comprend de nombreuses ruines de châteaux forts et plusieurs musées thématiques (cristallerie, imagerie).

Les randonnées pédestres. – Des sentiers de Grande Randonnée permettent de découvrir la région décrite dans ce guide :

Le **GR 5,** de la frontière luxembourgeoise au Ballon d'Alsace traverse le parc naturel régional de Lorraine. Le **GR 53,** de Wissembourg au col du Donon traverse le parc naturel régional des Vosges du Nord et passe par Saverne. Le **GR 7** parcourt les Vosges du Ballon d'Alsace à Bourbonne-les-Bains et poursuit son itinéraire en Bourgogne. Le **GR 714** va de Bar-le-Duc à Vittel, et relie le GR 14 au GR 7.

Des topo-guides édités par la Fédération Française de la Randonnée pédestre – Comité national des Sentiers de Grande Randonnée en donnent le tracé détaillé et procurent d'indispensables conseils aux randonneurs.

Il existe également de nombreux sentiers dont le 533, de Sarrebourg au Ballon d'Alsace, balisés par le Club Vosgien.

Ski. – En hiver, le massif vosgien se prête à la pratique du ski alpin et surtout du ski de fond. Les principaux centres sont : le Markstein, le Ballon d'Alsace, le Champ du Feu, Bussang...

Les lacs. – Leurs sites gracieux au sein de la montagne vosgienne, les plaisirs de la natation et de la pêche qu'ils offrent en font des lieux de villégiature ou des buts de promenades très appréciés.

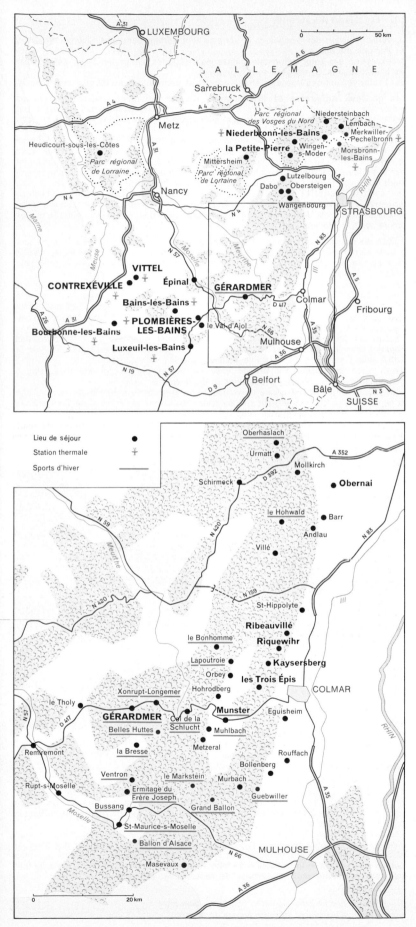

LE THERMALISME

Le versant lorrain des Vosges et la Lorraine tout entière sont particulièrement riches en stations thermales.
A l'exception des eaux sulfureuses, toutes les catégories d'eaux minérales définies par les classifications en usage y sont représentées.
Sur l'autre versant des Vosges, l'Alsace apporte sa contribution au thermalisme français.

Les sources minérales et thermales. – On sait comment naissent les sources ordinaires : les eaux d'infiltration, traversant les terrains perméables, finissent par rencontrer une couche imperméable dont elles suivent la pente. Elles sortent là où cette couche affleure à l'air libre.
L'appellation de « source minérale » désigne, dans la pratique, soit des sources d'eaux infiltrées, soit des sources issues de profondeurs de l'écorce terrestre, dont les eaux se sont chargées, au cours de leur trajet souterrain, de substances ou de gaz présentant des propriétés thérapeutiques. Le qualificatif « thermal » s'applique plus particulièrement aux eaux dont la température est d'au moins 35°C à leur sortie du sol.
Les sources thermales ne se rencontrent que dans les zones faibles de l'écorce terrestre : régions injectées de roches éruptives ou disloquées par des fractures. Elles sont situées soit sur des failles du plateau lorrain, soit au voisinage des massifs ou des pointements cristallins.

Types de sources minérales et thermales. – Les eaux minérales et thermales sont pour la plupart très instables et s'altèrent sitôt sorties de terre. Il est donc indispensable pour en tirer un profit thérapeutique maximum d'en user sur place. C'est la principale raison de l'existence des stations thermales.
Les deux zones géographiques des Vosges, la « plaine » à l'Ouest, la « montagne » à l'Est et au Sud-Est, possèdent chacune leurs eaux bien caractéristiques.
La « plaine » des Vosges est le domaine des sources froides, eaux d'infiltration qui résurgent en surface, chargées après leur parcours souterrain de calcium et de magnésium et, pour quelques-unes, de lithium et de sodium.
La capitale thermale en est incontestablement **Vittel** dont les eaux, connues des Romains puis oubliées, ont été retrouvées seulement en 1845 et exploitées à partir de 1854 sous l'impulsion de la famille Bouloumié.
Vittel, avec sa voisine **Contrexéville** mise en vogue par le roi Stanislas, soigne particulièrement les affections des reins et du foie.
Leurs sources froides ont donné naissance à une importante industrie d'embouteillage et de nombreux touristes visitent chaque année les usines de Vittel et de Contrexéville (les plus importantes du monde avec celle d'Évian).
A l'opposé de la plaine vosgienne, la « montagne » possède des sources d'origine volcanique caractérisées moins par leur minéralisation que par leur thermalité et leur teneur en principes radioactifs.
Connues également des Romains, grands amateurs de sources chaudes, et même des Celtes et des Gaulois, ces sources ont un long et riche passé.
Plombières, avec ses 27 sources chaudes dont quelques-unes atteignent une température de 80 °C, convient particulièrement aux rhumatisants et aux malades atteints d'entérite.
Bains-les-Bains est la station de certaines affections du cœur et des artères.
Luxeuil est spécialisée dans le traitement des maladies gynécologiques. Elle s'oriente d'autre part avec succès vers les affections veineuses.
Bourbonne-les-Bains, que se disputent la Lorraine et la Champagne, a des eaux chaudes radio-actives et légèrement chlorurées dont Louis XV avait déjà reconnu les mérites en créant un hôpital militaire thermal, qui existe toujours, pour ses soldats atteints d'arquebusades. Bourbonne est la station de « l'eau qui guérit les os ».
En Alsace, **Niederbronn-les-Bains** convient aux affections digestives et rénales et à l'artériosclérose ; **Merkwiller-Pechelbronn** soigne les affections rhumatismales, l'arthrose, l'arthrite déformante et les troubles post-traumatiques.

Une affiche de Jean d'Ylen (1931).

Thermalisme et tourisme. – Les vertus des eaux thermales ont été redécouvertes aux 18e et 19e s. A cette époque, « aller aux eaux » était l'apanage d'une clientèle riche et oisive. Aujourd'hui de nombreuses cures thermales sont reconnues comme un traitement médical à part entière et peuvent être prises en charge par les différents organismes de Sécurité Sociale.
Les soins n'occupant qu'une partie de la journée, les stations thermales offrent à leurs visiteurs des activités diverses : sports, spectacles... qui en font souvent des lieux de séjour très agréables, attirant autant les touristes que les malades. La beauté des sites qui les environnent et la possibilité de faire alentour de nombreuses excursions en font des lieux privilégiés pour une reprise de contact avec la nature.

Si vous cherchez un hôtel agréable, tranquille, bien situé
consultez le **guide Rouge Michelin France** *de l'année.*

Introduction
au voyage

Le géographe a coutume de distinguer dans la France du Nord-Est trois régions dont les seuls noms, Lorraine, Alsace, Vosges, sont porteurs d'une foule d'images : forêts profondes, vignobles étincelants, mystères du monde rhénan et peut-être plus encore les déchirements d'une histoire dont le dernier millénaire a forgé dans ces populations une âme d'une vigueur peu commune.

La Lorraine est née en 843, presque accidentellement, du partage de l'empire de Charlemagne dont la partie médiane devint l'empire de Lotharingie, appelée ensuite Lorraine. Restée foncièrement agricole, elle a connu à partir des années 1850 une industrialisation brillante qui habilla les amples vallonnements boisés, les plaines et les vallées du Nord de grises silhouettes : cheminées, terrils, chevalements, hauts-fourneaux... L'Alsace, marche frontière au contact de deux mondes, auréolée de trésors d'art dont la cathédrale de Strasbourg donne la dimension, n'en finit pas d'étaler le long du Rhin ses côteaux ensoleillés ponctués de villages ravissants et de séculaires châteaux-forts.

Les Vosges, dont les villes d'eaux firent courir l'Europe des Lumières, proposent à l'amoureux des grands espaces une nature vierge. Ses monts enchanteurs entrecoupés de profondes vallées où la vieille industrie cotonnière le dispute encore aux activités pastorales et à l'exploitation des magnifiques forêts, deviennent en hiver un paradis de la randonnée à skis.

Vue du col de la Charbonnière.

Afin de donner à nos lecteurs l'information la plus récente possible, les Conditions de Visite des curiosités décrites dans ce guide ont été groupées en fin de volume.

Les curiosités soumises à des conditions de visite y sont énumérées soit sous le nom de la localité soit sous leur nom propre si elles sont isolées.

Dans la partie descriptive du guide p. 43 à 198, le signe ⊙ placé en regard de la curiosité les signale au visiteur.

PHYSIONOMIE DU PAYS

LES TRAITS GÉNÉRAUX DU RELIEF

La **chaîne des Vosges** s'allonge parallèlement au Rhin sur 170 km. Elle représente un ancien fragment du socle primitif plissé à l'époque hercynienne ; elle se compose de roches dures où dominent les granits et les porphyres.

On y distingue, au Sud, les Vosges cristallines où s'élèvent les principaux sommets : le Grand Ballon ou Ballon de Guebwiller en est le point culminant à 1 424 m d'altitude ; le Hohneck (alt. 1 362 m) au Nord-Ouest et le Ballon d'Alsace (alt. 1 250 m) lui font cortège. Au Nord de la chaîne, les Vosges gréseuses, massives, mais moins élevées, et souvent escarpées, témoignent des premiers dépôts d'âge secondaire ; elles atteignent leur point culminant au sommet du Donon (alt. 1 009 m) qui joue le rôle de château d'eau pour toute la région.

Les versants Est et Ouest des Vosges sont dissymétriques. L'un tombe brusquement sur la plaine d'Alsace ; l'autre s'incline doucement vers le plateau lorrain. La physionomie du massif aux hautes croupes arrondies, aux vallées évasées coupées d'étranglements rocheux et encombrées de moraines qui retiennent les eaux des lacs, a été remodelée par les glaciers à l'époque quaternaire. Il n'en présente pas moins, par l'orientation générale de la chaîne et la hauteur de ses cols, un obstacle à la circulation.

Entre les Vosges et le Rhin, la **plaine d'Alsace** est un couloir dont la largeur n'excède pas 30 km mais dont la longueur avoisine 170 km. Composée de graviers et de cailloutis d'origine glaciaire qui portent des forêts et de fines alluvions limoneuses favorisant de riches cultures, elle bénéficie de vallées, bien abritées et bien exposées au soleil matinal, qui pénètrent dans le massif vosgien et dont les arbres fruitiers associés au vignoble ont fait la réputation.

La **Lorraine** qui appartient au Bassin Parisien comprend deux ensembles fort opposés : le plateau lorrain où la topographie est monotone et sans vigueur, dont les grès et les marnes portent de maigres cultures ou se prêtent à l'élevage, et, plus à l'Ouest, le Pays des Côtes, au relief plus accentué et plus caractéristique où des bassins métallurgiques s'allongent entre des versants sur lesquels prospèrent des cultures riches et des vignes. Cette variété de paysages et ces diversités dans le relief ne peuvent s'expliquer que par la formation géologique de ces régions.

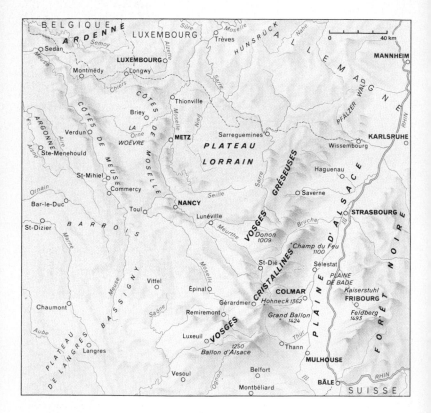

LA FORMATION DU SOL

Les Vosges et l'Alsace. – Les schémas ci-dessous montrent comment se présentait cette région aux différentes époques géologiques.

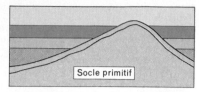

Mer

Socle primitif

Ère primaire. – Début : il y a environ 600 millions d'années. Les eaux recouvrent la France ; puis se produit un bouleversement de l'écorce terrestre. Le plissement hercynien fait surgir le socle des Vosges qui constitue, avec la Forêt Noire, un massif de roches cristallines où prédominent les granits. Les forêts sont soumises au ruissellement de pluies diluviennes ; les débris végétaux, entraînés dans les dépressions, subissent une fermentation qui les transforme en houille.

Ère secondaire. – Début : il y a environ 200 millions d'années. Les Vosges, rabotées par l'érosion sont d'abord entourées par la mer qui a envahi à plusieurs reprises le Bassin Parisien. Pendant cette période, le climat se soumet au rythme des saisons, la végétation perd sa folle exubérance. A la fin de l'ère secondaire, le massif est recouvert par les eaux ; des terrains sédimentaires (grès – calcaires – marnes – argiles – craies) s'empilent sur le socle primitif.

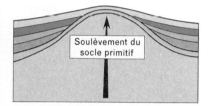

Soulèvement du socle primitif

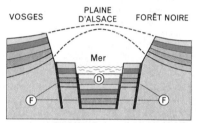

VOSGES — PLAINE D'ALSACE — FORÊT NOIRE

Mer

D

F   F

Ère tertiaire. – Début : il y a environ 60 millions d'années. Un formidable plissement de l'écorce terrestre fait surgir la chaîne des Alpes. Par contrecoup, les vieux massifs hercyniens se soulèvent lentement. Dans une **1re phase**, l'ensemble Vosges-Forêt Noire est porté à une altitude de près de 3 000 m, soulevant en même temps les couches sédimentaires secondaires qui s'inclinent vers l'Ouest et vers l'Est et dont on retrouve les affleurements dans le plateau souabe et le plateau lorrain.

Dans une **2e phase** (début : il y a environ 25 millions d'années) la partie centrale du massif, disloquée par le soulèvement, s'affaisse. Entre les fractures du sol ou « failles » F, un fossé d'effondrement – l'actuelle plaine d'Alsace (et de Bade) – sépare les Vosges et la Forêt Noire. Ainsi s'expliquent les analogies de structure et de relief que présentent ces deux massifs symétriques.
La mer envahit le fossé et y laisse des dépôts D pétrolifères au Nord et potassiques au Sud.

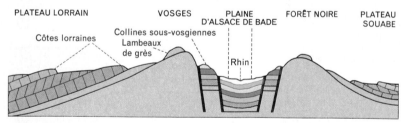

PLATEAU LORRAIN — VOSGES — PLAINE D'ALSACE DE BADE — FORÊT NOIRE — PLATEAU SOUABE

Côtes lorraines

Collines sous-vosgiennes
Lambeaux de grès

Rhin

Ère quaternaire. – Début : il y a environ 2 millions d'années. L'atmosphère du globe subit un refroidissement général. Des glaciers couvrent les Vosges du Sud. Dans un lent mouvement de descente, ils élargissent les vallées et en redressent les versants, creusent la roche de niches et de cirques que les eaux rempliront (lac Noir et lac Blanc). Lorsque le climat se réchauffe, la fusion des glaciers laisse sur place l'énorme quantité de matériaux qu'ils ont entraînés avec eux. Ces « moraines » qui s'entassent dans le fond des vallées, forment parfois des barrages retenant les eaux (lac de Gérardmer). Depuis les glaciations, les pluies et les eaux courantes ont encore érodé les Vosges. Elles ont décapé les sommets en découvrant les roches les plus anciennes, mis en saillie, dans les dépôts secondaires, les couches les plus résistantes. Les Vosges du Nord, cependant, déjà préservées de l'action érosive des glaces, ont pu garder leur épais manteau de grès, et le loess *(détails p. 20)* s'est déposé dans la plaine d'Alsace.

Terrains sédimentaires d'époque tertiaire (1re et 2e phase)

Argile et craie d'époque crétacée

Calcaire et marne d'époque jurassique

Grès (grains de sable fortement cimentés)

Socle primitif

La Lorraine. – C'est la partie la plus orientale du Bassin Parisien. Sa formation est donc liée à celle de ce bassin. Rappelons-en brièvement l'histoire géologique.

A la fin de l'ère primaire, un vaste effondrement se produit dans la zone actuelle du Bassin Parisien. L'invasion marine recouvre alors toute la région et se prolonge durant l'ère secondaire et une partie de l'ère tertiaire. Les couches sédimentaires les plus variées – grès, calcaires, marnes, argiles, craies – s'entassent sur plus de 2 000 m d'épaisseur.

Au milieu de l'ère tertiaire, le Bassin Parisien présentait la structure d'une immense cuvette. A la fin de cette ère, sous la violence du plissement alpin, les bords de cette cuvette se relèvent et s'appuient directement sur les massifs cristallins (Massif Armoricain, Vosges, Ardennes).

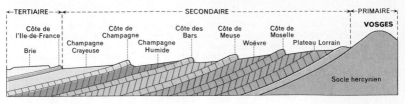

Évolution de la partie orientale du Bassin Parisien, depuis le tertiaire *(légende p. 15)*.

L'érosion transforme ensuite toute la région en pénéplaine, tranchant en biseau les couches sédimentaires, puis elle dégage les plateaux, les sculptant en fonction de la résistance des matériaux, créant ainsi, sous l'action du réseau hydrographique, un relief de « côtes » comparable à une série de plats emboîtés les uns dans les autres.

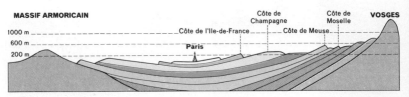

Coupe schématique du Bassin Parisien.

Les Côtes. – Elles ne peuvent se réaliser que dans le cas suivant : les couches doivent être inclinées et une couche dure (calcaire) surmonter une couche tendre (argile, marne) : *schéma ①*. Dès qu'une rivière, ayant traversé la couche dure, atteint la couche tendre, le déblaiement se fait avec une grande rapidité.

La région ainsi déblayée forme une vaste dépression, l'abrupt marqué par la corniche de roche dure constitue la « côte » ou front de côte, et la surface de la couche dure s'inclinant en pente douce, le revers : *schéma ②*.

En avant du front de côte, et appartenant au même étage géologique, subsistent parfois des collines isolées, épargnées par le déblaiement de l'érosion en raison de la résistance offerte par leur couronnement de roches dures. Ce sont des « buttes-témoins » : *schéma ③*.

Ces conditions se trouvent parfaitement réalisées dans la partie orientale du Bassin Parisien, où se superposent des couches de résistance différente qui plongent en direction du centre de la cuvette.

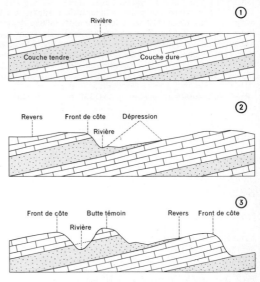

Formation des côtes de Lorraine.

① Disposition des couches avant le déblaiement.
② La Côte est formée.
③ Une « butte-témoin » est isolée en avant du front de côte.

Plus le relèvement des couches est accentué (comme en Lorraine méridionale), plus les côtes sont rapprochées. Si au contraire la pente des couches est faible, les côtes s'espacent, laissant entre elles de larges dépressions, comme la Woëvre.

D'Est en Ouest, se succèdent ainsi, de plus en plus récentes et de moins en moins marquées dans la topographie : la Côte de Moselle où se sont installées Nancy et Metz ; la Côte de Meuse qui domine la plaine de la Woëvre et à laquelle correspond la « butte-témoin » de Montsec, qui porte sur son revers Verdun et St-Mihiel ; la Côte des Bars qui limite le Barrois et au Nord l'Argonne ; la Côte de Champagne et celle de l'Ile-de-France.

LES PAYSAGES

Le touriste qui traverse successivement la Lorraine, les Vosges et l'Alsace ne peut manquer d'être frappé par la variété des paysages qui défilent sous ses yeux.
En Lorraine, il rencontre d'abord un paysage de « côtes » : plateaux recouverts de forêts, front de côte au pied duquel se pressent les villages, larges dépressions occupées par les cultures et les pâturages, avant d'aborder le plateau, où domine la forêt.
Dans les Vosges, îlot montagneux d'altitude médiocre, c'est aussi la forêt qui domine, mais le paysage change fréquemment, les vallées souriantes succédant aux vastes panoramas des sommets.
L'Alsace apparaît enfin comme un immense jardin, merveilleusement doté par la nature avec son vignoble et ses riches cultures.

Lorraine

Une région naturelle. – Région historique, la Lorraine est aussi une région naturelle véritable.
Son relief s'incline doucement en direction du centre du Bassin Parisien *(schéma p. 16)* : à l'Est, les terrains du trias descendant des Vosges forment le plateau lorrain. A l'Ouest, l'alternance de dureté des terrains liasique et jurassique (calcaires et argiles), donne un relief accidenté bien particulier, appelé relief de côtes : Côte de Moselle, Côte de Meuse *(détails p. 16)*.
Échappant à l'attraction du centre du Bassin Parisien, les rivières suivent un tracé en désaccord avec la structure de la région. Elles ont d'abord suivi une surface inclinée recouvrant les couches sédimentaires du Bassin Parisien vers lequel elles se dirigeaient. Leurs affluents, en se développant dans les terrains tendres, ont dégagé les « côtes » perpendiculairement à la vallée principale *(p. 16)*, et, par le jeu de captures, comme celle de la Moselle, ont donné à la Lorraine son originalité hydrographique.

Vosges

Suivant que les roches sédimentaires déposées par les mers sur les terrains primitifs ont été arrachées par l'érosion ou qu'il en reste encore la couche profonde, c'est-à-dire les grès, les Vosges sont dites cristallines ou gréseuses. Les premières occupent le Sud de la Chaîne, les secondes le Nord ; la vallée de la Bruche en marque à peu près la séparation.

Les Vosges cristallines. – Formées, en majeure partie, de granit, elles sont les plus élevées. Leurs formes émoussées varient peu mais n'ont pas cependant l'aspect uniforme qu'on leur prête. Certes, les « **ballons** » et les autres sommets présentent des cimes arrondies et des pentes douces vers l'Ouest, mais du côté alsacien ils offrent souvent des versants escarpés, hérissés de pointes rocheuses. Vues des sommets du Ballon d'Alsace, du Grand Ballon ou du Hohneck, les chaînes des Vosges du Sud, ordonnées en longues rangées vers tous les points de l'horizon, serrées les unes contre les autres, ressemblent à des vagues soudainement figées.

Les Vosges gréseuses. – Au Nord de la Bruche, la chaîne des Vosges, qui dépasse encore 1 000 m au Donon, s'abaisse graduellement : au-delà de la vallée de la Zorn, toutes les altitudes sont inférieures à 600 m.
C'est le domaine du grès rouge vosgien, au grain très fin, admirable pierre de construction dont sont faits châteaux, églises et cathédrales. L'érosion a mordu facilement dans ces couches pour leur donner des formes souvent imprévues, toujours pittoresques : plates-formes coiffant des cimes de granit, corniches dominant une gorge où glisse un frais ruisselet, plaques épaisses empilées en surplomb les unes sur les autres. L'homme a, de tout temps, utilisé ces assises naturelles pour y dresser des remparts ou des « burgs » dont les murs font corps avec la roche.

Le plan incliné de St-Louis-Arzviller.

Épicéa   Sapin   Hêtre

Pin sylvestre

La forêt vosgienne. – Sapin, épicéa, hêtre et pin forment le fond de la majestueuse forêt vosgienne. Chacune de ses essences peut constituer un peuplement homogène qui impose au paysage sa tonalité particulière. Mélangées le plus souvent, elles créent de belles harmonies forestières.

Le sapin. – Ses branches horizontales portent un feuillage d'un vert clair. Sa cime est arrondie chez les vieux sujets. L'écorce grise, plus ou moins foncée, est parsemée d'ampoules de résine ; les aiguilles plates sont disposées dans un même plan, comme les dents d'un peigne (d'où le nom sapin pectiné). Sur leurs faces intérieures, on distingue nettement deux lignes argentées, caractère propre à tous les sapins. Les cônes sont dressés sur les branches et se désarticulent à maturité (on ne trouve jamais de cône de sapin sur le sol).

L'épicéa. – Appelé quelquefois dans les Vosges « gentil sapin » pour le différencier du pectiné. Sa pyramide élancée se termine en fuseau pointu. Les basses branches s'inclinent vers le sol en franges épaisses que l'on a comparées à des queues d'épagneuls. De loin, un massif d'épicéas se reconnaît à sa teinte foncée et à ses cimes aiguës.

L'écorce, plus souvent rougeâtre, se crevasse avec l'âge ; les aiguilles sont rondes et piquantes. Disposées tout autour de la tige, elles sont de couleur vert foncé. Les cônes pendent sous les branches. Leurs écailles s'écartent à maturité pour laisser les graines s'échapper et, plus tard, les cônes tombent sur le sol.

Le pin sylvestre. – Les aiguilles, très longues et fines, sont groupées par deux. L'écorce est formée de plaques larges et épaisses d'un rouge violacé, séparées par des crevasses, sauf dans la partie supérieure où les écailles sont minces et rouge saumon. Il vit 70 ans environ.

Le hêtre. – Ses longs rameaux flexibles ont leurs bourgeons disposés alternativement de chaque côté de la tige. L'écorce est lisse, grise, brillante, teintée par place de lichens.

Sur le **versant lorrain,** les Basses Vosges gréseuses, exposées aux vents pluvieux de l'Ouest, sont le domaine du hêtre, puis, au-dessus de 400 m, du sapin. Les Hautes Vosges granitiques, à partir de 700 m, voient l'épicéa se mêler au sapin et par endroits au hêtre.

A plus de 1 000 m, les résineux laissent la place aux feuillus : hêtres, érables, sorbiers.

Sur les crêtes, la forêt disparaît même au profit des « chaumes » *(voir p. 19)* ou des tourbières.

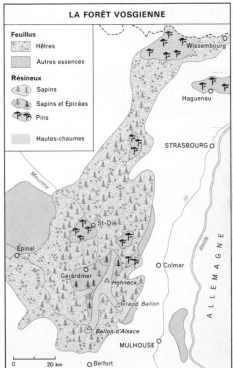

LA FORÊT VOSGIENNE

Feuillus
- Hêtres
- Autres essences

Résineux
- Sapins
- Sapins et Epicéas
- Pins

- Hautes-chaumes

Wissembourg

Haguenau

STRASBOURG

Meurthe

St-Dié

Épinal

Colmar

Gérardmer

Hohneck

Moselle

Grand Ballon

Ballon d'Alsace

MULHOUSE

Belfort

RHIN

ALLEMAGNE

Ill

0   20 km

Le lac Blanc.

Le **versant alsacien,** plus chaud, n'offre de sapins qu'à partir de 600 m, mais porte des bois de châtaigniers immédiatement au-dessus du vignoble qu'ils fournissaient jadis en échalas. Les expositions chaudes et sèches, à l'Est ou à l'Ouest, conviennent au pin sylvestre qui se développe dans la plaine de Haguenau. Le chêne croît dans la forêt de la Harth, à l'Est de Mulhouse.

La forêt et l'homme. – La forêt a été, au Moyen Age, la richesse des grandes abbayes qui protégèrent l'intégrité des massifs boisés. Les luthiers de Mirecourt ont utilisé l'érable sycomore et l'épicéa. Forges, fonderies, verreries et cristalleries se sont fournies en combustible grâce aux feuillus des Vosges gréseuses.

Aujourd'hui, les futaies de sapins et d'épicéas donnent des bois de qualité excellente. Les hêtraies, utiles autrefois pour leur bois de chauffage, ont perdu de leur intérêt économique ; on y plante en mélange des espèces résineuses plus productives.

La descente des bois coupés ne s'effectue plus par **schlittage,** ce procédé périlleux qui consistait à faire glisser un traîneau sur un « chemin de schlitte », aménagé en pente douce et fait de rondins disposés comme les barreaux d'une échelle *(voir p. 99).*

La faune. – Cerfs, chevreuils et sangliers parcourent la forêt où ont été récemment réintroduits les chamois, localisés dans les Hautes Vosges, sur les massifs du Donon ou du Hohneck, et aussi quelques couples de lynx. Particulièrement abondante, la « gente ailée » compte près de 150 espèces. Si la gélinotte et le coq tétras sont devenus rares, on voit encore nombre d'oiseaux de proie, surtout des buses.

Les lacs vosgiens. – De chaque côté de la crête des Vosges reposent de nombreux lacs qui ne sont pas un des moindres attraits des excursions en montagne. Le plus grand est celui de Gérardmer (115 ha) au bord duquel s'étale la célèbre station lorraine. Le plus profond est le lac Blanc (72 m) sur le versant alsacien.

Les lacs vosgiens doivent leur origine aux glaciers qui couvraient la chaîne il y a plusieurs centaines de siècles. La plupart nichent en haute montagne dans de petits cirques aux parois escarpées : tels sont le lac des Corbeaux, le lac Noir et le lac Blanc, le lac d'Alfeld, etc. Transformés presque tous en réservoirs, ils joignent l'utile au pittoresque car ils constituent une réserve d'eau qui couvre les besoins des filatures et des tissages, à l'époque où les torrents sont déficients. Les autres lacs, dans les vallées, ont été formés par d'importants dépôts glaciaires, les moraines, qui retiennent ou dévient leurs eaux. C'est le cas des lacs de Gérardmer et de Longemer.

Les « chaumes ». – Au-dessus de la forêt vosgienne s'étendent les « chaumes », ou hauts pâturages, que la neige recouvre l'hiver *(voir carte p. 18).* Au printemps, ces vastes pelouses, faites d'une herbe feutrée, sont parsemées de pensées alpestres et de touffes de myrtilles.

Si l'on en croit certains documents, ces chaumes, ainsi que la forêt qui les encercle, étaient vers le 10e s. le refuge des bisons, des aurochs et des élans. Au 16e s., une race de chevaux sauvages y persistait encore.

De nos jours, les chaumes sont devenus, en hiver, d'excellents terrains de ski, en été, le domaine de la vie pastorale.

De juin à l'automne, de grands troupeaux y font tinter leurs clochettes, contribuant à l'agrément et au pittoresque du paysage. Ils sont la source d'une importante industrie fromagère *(voir p. 22).*

Les Chaumes.

Alsace

Le versant vosgien. – La vallée la plus épanouie, celle de Munster, forme trait d'union avec la plaine d'Alsace.

La plaine. – Elle présente, grâce à la variété de ses sols, des aspects très différents.

La forêt sur cailloutis et sables. – Sur les cailloux, les graviers et les sables apportés par le Rhin et les rivières vosgiennes, s'étendent de grandes forêts de chênes et de pins. Sous l'une d'elles, près de Mulhouse, ont été découverts les riches gisements de sels de potasse alsaciens.

Le « Ried » marécageux. – Les eaux infiltrées dans les graviers se sont rassemblées dans les parties déprimées de la plaine et y ont créé un type de paysage, le « Ried », constitué de marais, de bras de rivière, d'îlots de verdure, dont la région située à l'Est de la route Colmar-Sélestat-Benfeld est un excellent exemple. Asséchées par le drainage, certaines de ces terres ingrates ont pu être transformées en prairies, en vergers, en champs de pommes de terre ou de tabac, mais les villages et les routes y sont encore rares.

Le « loess » nourricier. – Partout où les graviers charriés par les cours d'eau ont été recouverts de « loess », limon noir et fertile, apporté par les vents à une époque géologique récente, la plaine d'Alsace mérite vraiment son surnom de « terre bénie » *(voir p. 73).*
Étroite le long des Vosges méridionales, la bande de « loess » s'élargit au Nord de Sélestat et vient s'épanouir entre la Zorn et la Bruche dans le Kochersberg.

Les collines sous-vosgiennes. – Les mamelons qui bordent le pied des Vosges, quelquefois recouverts de loess comme la plaine qui leur succède, forment la transition entre celle-ci et la montagne. C'est là que s'étale le vignoble alsacien *(voir p. 22).*

Le vignoble à Kaysersberg.

Les grands belvédères

★★★ Ballon d'alsace	1 250 m	
★★ Ballon de Servance	1 216 m	
★★ Belmont (Rocher-Observatoire)	1 272 m	
★★ Brézouard (Le)	1 228 m	
★★ Champ du Feu	1 100 m	
★★ Diable (Roche du)	981 m	
★★ Donon (Le)	1 009 m	
★★ Galz (Le)	730 m	
★★★ Grand Ballon	1 424 m	
★★ Grand Ventron	1 202 m	
★★ Haut-Koenigsbourg	755 m	
★★★ Hohneck	1 362 m	
★★ Hohrodberg	750 m	
★★ Montsec (Butte de)	375 m	
★★ Neuntelstein (Rocher)	971 m	
★★ Nideck (Le)	411 m	
★★ Petit Ballon	1 267 m	
★★ Petit Drumont	1 200 m	
★★ Ste-Odile (Mont)	761 m	
★★ Vaudémont (signal de)	541 m	
★★ Vieil Armand	956 m	

ACTIVITÉS RÉGIONALES

UNE RÉGION ÉQUILIBRÉE

Grâce à la variété de leurs terroirs, Lorraine et Alsace complètent harmonieusement leurs productions. On y trouve les formes d'agriculture les plus diverses et les plus riches : toute la gamme des céréales en Alsace et au pied des côtes de Lorraine ; houblon, tabac, vigne en Alsace ; élevage sur le plateau lorrain et dans la Woëvre, tandis qu'aux anciennes industries, verrerie et cristallerie, industrie du bois, papeterie, industries alimentaires, s'ajoutèrent au 19e s. les grandes industries modernes. Ce sont notamment l'industrie textile de la région de Mulhouse *(détails p. 95)*, l'industrie charbonnière et ses dérivés en Lorraine *(détails p. 49)*, l'industrie chimique : potasse d'Alsace près de Mulhouse, sel lorrain *(détails p. 59)*. A partir du fer lorrain, l'industrie métallurgique a régné longtemps en maître dans le bassin de Nancy et surtout dans le triangle Longwy-Thionville-Briey *(voir **le Pays du Fer,** p. 164)*, mais elle est depuis 20 ans en régression constante. L'approvisionnement énergétique de la région est assuré principalement par les mines de houille lorraine et les ouvrages aménagés sur le Rhin (énergie hydroélectrique, énergie nucléaire, *détails p. 122 et 123*) que complètent les raffineries de pétrole de Reichstett et Herrlisheim. L'Alsace bénéficie aussi, depuis 1969, de gaz hollandais et de gaz russe.

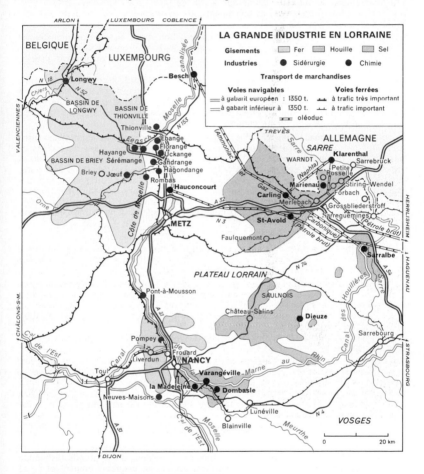

LES PRODUITS DU TERROIR

En Lorraine

Deux régions économiques. – Malgré leur unité apparente, deux ensembles régionaux se dégagent et s'opposent par leurs formes d'économie : la Lorraine du Sud, au relief accidenté, qui reste attachée à ses traditions rurales ; la Lorraine du Nord, aux horizons plus vastes, zone de carrefours et important centre d'industries.

La Lorraine méridionale. – Là, se conserve l'économie rurale traditionnelle étroitement liée à la notion de terroir. En effet, côtes et rebords de plateaux semblent offrir les conditions idéales pour l'organisation d'une communauté rurale.
Les villages se sont établis au pied des côtes et portent d'ailleurs le vocable significatif de « sous les côtes » ; ainsi placés au centre même du terroir, ils en contrôlent plus facilement les différentes parties : pâturages et forêts du plateau ; jardins, vergers et vignobles des pentes abritées aux sols meubles, faciles à travailler ; cultures de céréales et prairies d'élevage dans la plaine.

La Lorraine septentrionale. – Développée au Nord des Vosges où elle s'étale largement, elle joue le rôle de carrefour, communiquant facilement avec les régions voisines.
Si les cultures et l'élevage y sont florissants, la découverte et l'exploitation de bassins miniers ont transformé l'aspect économique et l'aspect humain de la région.

Le vignoble et les eaux de vie. – Le vignoble s'étage au pied des côtes, sur les terrains bien abrités. Les vins ne sont pas de grands crus, mais ils ont un goût de pierre à fusil fort agréable. Qu'ils soient de Vic-sur-Seille ou des environs de Toul (Côtes de Toul, Gris de Bruley) ou de Metz (Côtes de Moselle), ils doivent être servis très frais. Cerises, prunes et framboises donnent des alcools délicieusement fruités : kirsch des Vosges, quetsche, mirabelle et surtout framboise, la reine des eaux de vie blanches, que l'on boira dans de très grands verres pour mieux goûter son arôme.

Dans les Vosges

Les marcaireries. – Les marcaires sont des vachers et des fabricants de fromages. La tradition exige qu'ils montent, au moment de la Saint-Urbain, le 25 mai, vers les hauts pâturages (chaumes) et en redescendent à la Saint-Michel, le 29 septembre.

Les marcaireries – certaines sont plus connues sous le nom de fermes-auberges –, malheureusement en voie de disparition, sont des bâtiments en maçonnerie, comprenant généralement deux pièces. Dans la première, on fabrique le fromage. Dans la seconde très réduite, et d'ameublement très primitif, on dort. A l'ancienne installation a été ajoutée une vaste étable dont la toiture de fibro-ciment ou de tôle est toujours consolidée par des pierres. On fabrique là un fromage légèrement différent des fromages de ferme. Il est peu fermenté, à pâte molle au parfum assez doux. Le lait est réchauffé dans de très gros chaudrons de cuivre afin d'amener le lait tiré de la veille à la température du lait frais, tandis que le lait de ferme n'est pas réchauffé.

Les marcaireries proposent habituellement aux promeneurs les produits de leur fabrication, sous forme de collations.

Munster et géromé. – Digne couronnement de tout bon repas alsacien, le munster est un fromage fermenté et cru, à pâte molle, que certains assaisonnent de cumin. Connu dès le 15e s., sa fabrication est pour les populations vosgiennes du versant alsacien une source de revenus non négligeable.

Sur le versant lorrain, le géromé (terme patois, issu de Gérardmer) est lui aussi connu de longue date. On le fabrique avec du lait entier non réchauffé, mis en présure dès la traite. L'affinage se fait en cave et dure quatre mois jusqu'à ce que la croûte ait pris une coloration fauve et que l'intérieur soit devenu crémeux. On lui ajoute parfois des graines d'anis, de fenouil ou de cumin.

La toile des Vosges. – Dès le 18e s., grâce à la force motrice des cours d'eau clairs et rapides qui dévalent des Vosges, l'industrie du coton s'installe dans les vallées du versant alsacien (Fecht, Lauch, Thur, etc.). Elle prend très vite une grande extension et, franchissant la chaîne, conquiert les vallées du versant lorrain (Meurthe, Moselotte, Moselle, Vologne, Semouse, etc.). Filatures, tissages, teintureries se multiplient, associés souvent aux papeteries et aux scieries qui utilisent elles aussi les eaux des torrents. L'industrie du tissage du lin s'installe, elle aussi, à cette époque, à Gérardmer (voir p 66). L'industrie textile vosgienne est traditionnellement spécialisée dans le linge de maison.

En Alsace

La brasserie. – Florissant à Schiltigheim, Mutzig, Strasbourg et Obernai, la brasserie alsacienne utilise le houblon et l'orge de la plaine de Basse-Alsace. Sa production correspond à peu près à la moitié des ventes françaises.

Le vignoble alsacien. – Il s'étend de Thann jusqu'aux abords de Wissembourg (voir la carte p. 133). Lorsqu'on suit la Route du Vin entre Barr et Gueberschwihr, on ne roule qu'à travers les vignes, et tous les villages rencontrés sont des pays de vignerons. Ici, le vin est roi, il procure richesse et considération. Il faut voir les localités de vignoble à l'époque des vendanges (voir p. 132 : La Route du Vin).

Une association vinique, la confrérie St-Étienne, siège au château de Kientzheim, près de Kaysersberg.

Les cépages. – Le vignoble d'Alsace court sur les collines sous-vosgiennes, qui sont admirablement exposées, bénéficiant d'un micro-climat particulièrement chaud et ensoleillé et présentant une très grande diversité de terroirs.

Le **Riesling** est un des plus grands raisins blancs du monde. C'est avec lui que sont faits presque tous les vins rhénans. En Alsace, le vin de Riesling est racé, au bouquet délicat et d'une exceptionnelle finesse.

Le **Gewurztraminer** est un vin sec, charpenté, au bouquet puissant et d'une grande élégance.

Le **Muscat** d'Alsace donne un vin sec, dont le fruité est très apprécié.

Le **Pinot blanc** produit des vins équilibrés, souples et nerveux, d'une grande distinction.

Le **Pinot gris**, appelé Pinot gris-Tokay d'Alsace, est un vin capiteux, opulent et corsé.

Donnant d'excellents vins rosés et parfois des vins rouges, ronds et séveux, le **Pinot noir** a vu sa culture se développer au cours des deux décennies.

Le **Sylvaner,** plus productif, a moins de noblesse que les cépages précédents. Ses vins sont délicieux quand ils sont jeunes et frais.

L'**Edelzwicker** désigne traditionnellement les assemblages de ces cépages, tous à Appellation d'Origine Contrôlée, et constitue un vin harmonieux et agréable.

Les vins d'Alsace portent généralement le nom du cépage qui leur a donné naissance ; ils sont obligatoirement mis en bouteille dans la région de production et bénéficient de l'Appellation d'Origine Contrôlée Alsace ou bien pour les plus spécifiques d'entre eux, de l'Appellation d'Origine Contrôlée Alsace Grand Cru. Le vignoble d'Alsace produit aussi un vin mousseux de méthode champenoise qui bénéficie de l'Appellation d'Origine Contrôlée Crémant d'Alsace.

Ces vins doivent être bus jeunes, frais mais non glacés.

Les vins d'Alsace peuvent se consommer tout au long d'un repas. Dans l'ordonnance d'un menu, on servira avec la charcuterie, les hors-d'œuvre ou le poisson le vin le plus léger : Sylvaner ; on poursuivra avec le Riesling ou les Pinots qui accompagneront la choucroute, la volaille ou le rôti. Enfin, la pâtisserie alsacienne s'accommode fort bien de l'arôme velouté et de la saveur fruitée d'un Gewurztraminer ou d'un Muscat d'Alsace.

Bonnes années. – Le guide Rouge Michelin France donne la liste des « grandes années » de production.

TRADITIONS ET FOLKLORE

L'habitat. – L'habitat est généralement groupé, aussi bien en Alsace qu'en Lorraine. Cette concentration de la population en gros villages, pratiquée depuis la plus haute antiquité, a survécu à tous les bouleversements. Elle est moins souvent le résultat de l'insécurité que celui d'un mode d'exploitation rurale ou forestière en partie communautaire. Elle apparaît nettement au pied des côtes de Lorraine. Mais on rencontre aussi des fermes montagnardes, les « marcaireries » où se fabriquent le munster et le géromé *(voir p. 22)*.

Quant aux villes, nombreuses sont celles qui, à des titres divers, sont dignes de retenir l'attention : capitales régionales dont la croissance rapide est liée à une grande activité économique, telles Strasbourg et Nancy, ou industrielle, telle Mulhouse ; villes-garnisons ou villes-forteresses dont le nom évoque le souvenir des conflits passés, comme Metz et Verdun, sans compter cette multitude de villes et de villages d'Alsace ayant gardé leur caractère et dont la visite est passionnante : Colmar, Riquewihr, Wissembourg, Kaysersberg, Hunspach, etc.

L'HÉRITAGE DU PASSÉ LORRAIN

Une région historique. – Le mot Lorraine est un terme historique dont l'origine remonte au 9e s. En 843, le **traité de Verdun** partageait définitivement l'immense empire de Charlemagne entre ses trois petits-fils. Charles recevait les territoires de l'Ouest (Francie occidentale), Louis ceux de l'Est (Francie orientale), Lothaire les possessions intermédiaires avec les deux capitales Rome et Aix-la-Chapelle et le titre d'Empereur. L'État de Lothaire fut appelé Lotharingie (Lotharii regnum) puis Lorraine. Mais cet empire, enserré entre ses puissants voisins, se désagrégea en plusieurs petits États. Au 16e s. les rois de France occupèrent le Barrois, puis les Trois Évêchés (Metz, Toul et Verdun). A la mort du dernier duc de Lorraine, Stanislas Leszczynski, ancien roi de Pologne et beau-père de Louis XV, l'annexion à la France était définitive.

Aspects traditionnels. – De plus en plus, les vieilles coutumes de vie communautaire tendent à disparaître. Mais, avec ses maisons serrées, aux toits à faible pente (couverts, pour les plus anciens, de tuiles creuses), devant lesquelles s'accumulent les instruments aratoires, la réserve de bois et, naguère, le légendaire tas de fumier, le village lorrain conserve encore l'empreinte d'une vie collective solidement organisée et disciplinée. Si les costumes, le mobilier et l'artisanat d'antan ne sont plus guère représentés que dans les musées, les patois mosellans subsistent, et les grands pèlerinages à Sion ou à Domrémy continuent d'affirmer la ferveur religieuse comme le patriotisme des populations.

L'ALSACE DE TOUJOURS

Petites villes et villages. – L'Alsace compte quantité de petites villes pittoresques dont chacune possède sa physionomie particulière : accueillantes et plantureuses dans la plaine, blanches et fleuries dans le vignoble, elles sont parfois encore entourées de remparts dans les vallées ou dominées par des ruines escarpées.

Les villages sont propres et mêmes coquets. Sous leur grand toit de tuiles brunes, les maisons, souvent à poutres apparentes (colombage), ne se serrent pas les unes contre les autres, à la manière lorraine, en une longue rue continue où tous les murs sont mitoyens. Chaque maison, qui tient à la fois du chalet et de la maison normande, garde son indépendance de forme et d'orientation.

Parfois le village n'est qu'une réunion de fermes autour d'un clocher sans prétention. Mais souvent,

Le village de Hunspach.

subsistent les traces d'une agglomération plus importante, ruinée par les guerres et les invasions. Un château seigneurial dresse ses ruines et, souvent aussi, apparaît une très belle église, inattendue en ce lieu modeste. En tout cas, le village alsacien soigne son seuil, fleurit ses fenêtres et présente au touriste un visage souriant.

La couleur locale. – Que les touristes ne s'attendent plus à rencontrer, en Alsace, les personnages des « Oberlé ». Bien des choses ont en effet changé depuis le roman de René Bazin, paru en 1909. Ce pays n'échappe pas à l'évolution qui tend à uniformiser rapidement la vie, les coutumes, les costumes. Mais le cadre ancien, resté intact en maints endroits, garde tout son intérêt pour les amateurs de pittoresque.

Ainsi, dans la région de Haguenau-Wissembourg, les villages ont conservé des quartiers presque intacts, des traditions inchangées. On y voit encore des costumes, aux jours de fête et, si l'on pénètre dans un intérieur, on le trouve décoré d'un grand poêle de faïence, rempli de meubles de beau bois massif et luisant, parmi lesquels se détachent les fleurs vives des assiettes.

En Haute-Alsace, l'écomusée d'Ungersheim *(p. 62)* illustre l'évolution de l'habitat régional du 15e au 19e s.

Le dialecte alsacien. – « Il parle allemand, mais il sabre en français », disait Napoléon du Strasbourgeois Kléber. En fait, les Alsaciens s'expriment, non pas en allemand courant ni en patois, mais, dans leur majorité, en « haut-allemand », dialecte du groupe alémanique parlé en Alsace centrale comme dans le pays de Bade voisin et la Suisse allemande limitrophe.

Si l'on sait, en outre, que le parler germanique usité autour de Wissembourg dérive de l'ancien « francique » méridional et rhénan, on conviendra que le « dialecte alsacien » offre, à défaut d'unité, un caractère original, étant au surplus mélangé de mots français et affecté d'une prononciation qui offense, dit-on, les oreilles des puristes d'outre-Rhin...

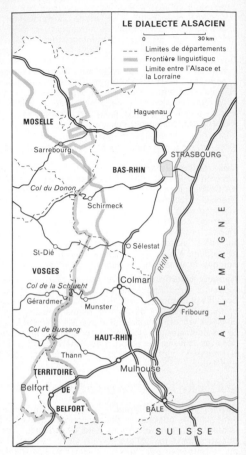

Ce dialecte, aux intonations chantantes, est ce qui frappe immédiatement l'oreille dès qu'on entre dans la province. La frontière linguistique qui le sépare du français ne correspond ni à la ligne de crêtes des Vosges ni à des limites départementales. Au cours des alternatives politiques qui ont rattaché l'Alsace à la France ou à l'Allemagne, le français et l'allemand ont, à côté de ce parler traditionnel, tour à tour bénéficié d'un régime de faveur, étant souvent enseignés et imposés de manière à éliminer la langue du pays vaincu.

Les tentatives de germanisation se sont heurtées souvent à des résistances, symbolisées traditionnellement par Hansi *(p. 52)*. Mais il faut citer aussi les Sœurs de la Divine Providence qui possèdent leur principale maison à Ribeauvillé. Très populaires en Alsace, elles se sont, depuis plus d'un siècle, consacrées à l'enseignement, faisant de chacune de leurs écoles des foyers de culture et d'esprit français.

En sens inverse, des méthodes de francisation quelquefois maladroites ou inopportunes ont pu heurter même ceux des Alsaciens qui étaient les plus favorables à la cause française.

Fêtes et pèlerinages. – *Voir le chapitre des Renseignements pratiques en fin de guide.* Quelques fêtes d'autrefois survivent. Il y a celle des Trois-Sapins, célébrée à Thann, en souvenir du miracle de saint Thiébaut *(voir p. 161)*; celle des Ménétriers ou Pfifferdaj, à Ribeauvillé *(voir p. 124)*. Il y a aussi la procession de la Fête-Dieu à Geispolsheim, au Sud-Ouest de Strasbourg. Les jeunes filles qui portent la statue de la Vierge sont vêtues de la jupe rouge, du tablier de dentelles blanches et coiffées du nœud écarlate. Enfin, les **Kilbe** ou **Messti**, qui sont les fêtes patronales respectives du Haut-Rhin et du Bas-Rhin, conservent souvent encore un certain cachet.

Nombre d'églises et de chapelles sont l'objet d'un culte fervent. Mais le grand pèlerinage alsacien, c'est Ste-Odile *(voir p. 140)*.

Les traditions. – Si beaucoup de traditions ont disparu, les coutumes familiales ont mieux résisté à la vie moderne et on se réjouit toujours en famille à grand renfort de repas plantureux, agrémentés de magnifiques pâtisseries.

Les enfants attendent, avec l'impatience de leurs aînés, la visite généreuse du petit Noël (Christkindl) qu'annoncent, dans toutes les villes et tous les villages d'Alsace, illuminations et sapins décorés, mais ils redoutent Hans Trapp, leur Croquemitaine. Rien n'empêchera qu'il n'y ait, à « Carnaval », abondance de beignets et que le lièvre ne vienne, à Pâques, pondre dans les jardins des œufs de toutes couleurs.

On plante un Mai enrubanné : à la fête du pays, aux mariages, sur le faîte des constructions neuves, aux rentrées de moisson et aussi jours d'élections municipales.

Miracles et légendes. – L'Alsacien, religieux sans mysticisme, épris de réalités, a pourtant le culte de ses légendes. Il en sourit, mais il les aime. On se transmet de génération en génération l'origine miraculeuse des Trois-Épis, de Thann, d'Andlau, de Niederhaslach. Auprès de la légende religieuse, nous trouvons la légende diabolique. Les ruines ont leurs sorcières et leur sabbat. Les châteaux ont leur souterrain mystérieux que hante un seigneur criminel ou un chevalier félon. Il y a même un géant enterré au Hohneck, tandis que le Chasseur Maudit poursuit sa course folle et que le Veau-de-la-Nuit ne craint pas de se promener au beau milieu des rues de Colmar.

Le Jeannot-du-Nid-aux-Moustiques. – Cette chanson populaire raille Jeannot qui « a tout ce qu'il peut désirer mais ne possède pas ce qu'il désire et ne désire pas ce qu'il possède. » On ne peut douter que l'Alsacien s'y soit chansonné lui-même. Si, épris de liberté, il paraît souvent inquiet, c'est que les vicissitudes du passé l'y prédisposent.

Les cigognes. – Considérées par les Alsaciens comme des oiseaux porte-bonheur, les cigognes tiennent une place traditionnelle dans la vie locale de l'Alsace. Chaque printemps, leur retour est attendu avec une impatience d'autant plus vive que le nombre des sujets venant passer la belle saison en Alsace n'a cessé de décroître depuis le début du siècle (et singulièrement depuis 1961, du fait de la chasse intensive qui les décime dans leurs quartiers d'hiver d'Afrique occidentale).

Les cigognes alsaciennes ne forment plus qu'une infime partie de l'immense troupe des cigognes (40 000 à 50 000 couples) de notre continent. Sur 300 couples environ recensés à travers l'Europe de l'Ouest, une petite trentaine seulement était dénombrée en Alsace en 1987.

Celles qui reviennent... – Elles apparaissent au mois de mars, annonçant leur retour par le claquètement sonore de leur bec. Arrivé le premier, le mâle travaille aussitôt à consolider le nid de branchages ou de sarments de vigne. De forme presque circulaire, celui-ci est regarni de terre chaque année ; il pèse parfois plus de 500 kg, atteint 1,50 m à 2 m de diamètre, 60 cm à 1 m de hauteur. Certains, exceptionnels, ont même 2 m de hauteur comme à Eschbach.

Après le choix de la femelle, l'accouplement a lieu et la ponte commence. Les œufs – généralement trois à six – sont

Vieille enseigne.

couvés pendant trente-trois jours. Abondamment nourri d'insectes, de larves et même de lézards, de batraciens, de souris, de taupes et de serpents, le cigogneau se développe rapidement ; dès l'âge de trois semaines, il commence à voleter au bord du nid, mais ce n'est qu'à deux mois qu'il peut s'envoler.

Réimplantation. – Pour remédier à la régression catastrophique constatée dans l'occupation des nids qui ornent si pittoresquement le faîte des maisons alsaciennes et dont la plupart sont maintenant déserts, des mesures ont été prises. La seule efficace paraît être l'élevage des cigogneaux, dans des enclos appropriés, par exemple à Hunawihr *(p. 75)*.

LA CUISINE EN ALSACE ET EN LORRAINE

Bien servie par les produits de son sol, la cuisine alsacienne est très originale. L'emploi de la fine graisse d'oie ou de porc donne beaucoup de saveur aux mets.

Charcuteries. – Le jambon et les saucisses de Strasbourg entrent dans la composition de la classique « assiette alsacienne » ; mais les foies gras sont incontestablement les seigneurs de la gastronomie alsacienne. Les Romains les connaissaient déjà ; Clause, cuisinier du maréchal de Contades *(voir p. 149)*, retrouva à Strasbourg leur secret et le porta à la perfection. Quant aux pâtés, il en existerait quarante-deux espèces.

Les Lorrains utilisent dans leurs recettes, avec bonheur, le lard, le beurre et la crème. La potée est un pot-au-feu où le bœuf est remplacé par du lard salé et des saucisses, tandis qu'un chou blanc est ajouté aux autres légumes. Tarte garnie d'une onctueuse composition d'œufs battus, de crème et de dés de lard, la **quiche** est le plat lorrain par excellence. Le pâté est confectionné avec des tranches de veau et de porc marinées.

Choucroutes. – Celle de Strasbourg, au vin d'Alsace, est la plus réputée. Blonde, savoureuse, flanquée de saucisses, de côtes de porc, de lard ou de tranches de jambon, réservant quelquefois la surprise de pièces de perdreau, d'écrevisses ou de truffes, il faut l'accompagner d'une bière fraîche et mousseuse ou d'un bon vin d'Alsace.

Coqs et poulardes. – Les volailles d'Alsace ont une chair fine et délicate. La poularde aux morilles et à la crème, le poussin ou le poulet de grain de la Wantzenau et le coq au Riesling sont dignes du gourmet.

Poissons. – La truite des torrents et lacs vosgiens apparaît sous différents aspects : truite au bleu, à la crème ou au Riesling, mais la matelote d'anguille, la carpe frite, les brochets et saumons sont loin d'être négligeables.

Pâtisseries. – L'Alsace compte autant de sortes de tartes que de variétés de fruits. La réussite du traditionnel « **Kougelhopf** » confectionné avec de la farine, du beurre, des œufs, du lait sucré, des raisins secs et des amandes, est la gloire des mères de famille. Parmi les pâtisseries et les spécialités lorraines, citons le ramequin, les madeleines de Commercy, les macarons et les bergamotes de Nancy, les dragées de Verdun.

QUELQUES FAITS HISTORIQUES

EN LORRAINE

AVANT J.-C.

Des Romains aux Barbares

52 — Habitée par les Celtes, la Lorraine est occupée par les légions de César et connaît la paix romaine. Des villes se fondent : Toul, Metz.

APRÈS J.-C.

3ᵉ s. — Premières invasions germaniques. Les villes s'entourent de remparts.

5ᵉ s. — Invasions des Alamans, des Francs ripuaires, des Huns (pillage de Metz).

vers 500 — Les pays de la Meuse et de la Moselle tombent aux mains de Clovis.

La Lorraine franque

7ᵉ s. — Période de prospérité. Nombreuses fondations monastiques.

843 — Traité de Verdun *(p. 23)*.

855 — Lothaire II donne son nom à son royaume qui s'étend de la Saône supérieure à l'embouchure du Rhin : « Lotharii regnum » ou Lotharingie (Lorraine).

925 — La Lorraine est rattachée à la dynastie saxonne. Othon 1ᵉʳ la divise en deux duchés : Haute et Basse-Lorraine. Le nom de Lorraine finit par ne désigner que la Haute-Lorraine qui comprend les diocèses de Trèves, Metz, Toul et Verdun.

Du Moyen Age à la Renaissance

11ᵉ s. — Construction de nombreux châteaux forts.

12-13ᵉ s. — Émancipation des villes.

1250 — En Allemagne, déclin de la puissance impériale. Anarchie en Lorraine où les rois de France tentent de s'imposer.

1428 — Jeanne d'Arc, âgée de 16 ans, entreprend à Vaucouleurs *(p. 170)* de se faire confier la défense du royaume.

1444 — Charles VII essaie en vain de s'emparer de la Lorraine.

1475 — Charles le Téméraire s'en rend maître, mais il est battu deux ans plus tard devant Nancy par le duc René II *(p. 101)*.

1507 — « Baptême » de l'Amérique à St-Dié *(p. 135)*.

1530 — La renommée du sculpteur Ligier Richier et de son atelier de St-Mihiel *(p. 137)* se répand en Lorraine.

Réunion de la Lorraine à la France

Elle se fait par étapes, du 16ᵉ au 18ᵉ s.

1552 — Henri II occupe Metz, Toul et Verdun.

1553 — Échec de Charles Quint devant Metz *(p. 83)*.

1633 — Richelieu fait occuper Nancy.

1635-37 — Grave peste : la Lorraine perd la moitié de sa population.

1648 — Le traité de Münster reconnaît la souveraineté française sur les Trois Évêchés. Nombreuses dévastations au cours de la guerre de Trente Ans.

1697 — Paix de Ryswick. Louis XIV fait entrer la Lorraine dans le système politique et militaire de la France.

1738 — Stanislas Leszczynski, ancien roi de Pologne et beau-père de Louis XV, devient duc de Lorraine *(p. 101)*.

1766 — A la mort de Stanislas, la Lorraine est définitivement rattachée à la France.

De la Révolution à nos jours

1858 — Le destin de l'Italie et de la Savoie se décide à l'entrevue de Plombières *(p. 116)*.

1870-71 — La Lorraine est envahie et partiellement rattachée à l'Empire allemand.

1890 — Le « Modern style », lancé par l'école de Nancy *(p. 106)*, va conquérir les arts décoratifs.

1912 — Mort du grand mathématicien nancéien Henri Poincaré.

1914-18 — Quatre ans de violents combats (Verdun, côtes de Meuse, St-Mihiel) éprouvent durement la Lorraine.

1923 — Mort de Maurice Barrès, l'écrivain de la Colline inspirée *(p. 50)*.

1932 — Un Lorrain, Albert Lebrun, est élu Président de la République.

1940-44 — Après l'invasion de juin 1940, la Lorraine est pratiquement annexée à l'Allemagne.

fin 1944 — Libération de la Lorraine par les armées françaises et alliées.

1948-52 — Robert Schuman, ministre des Affaires Etrangères, œuvre à l'Europe des Six.

1963 — Mort à Scy-Chazelles, près de Metz, de Robert Schuman, le « Père de l'Europe » *(p. 88)*.

1964 — La Moselle est canalisée *(p. 92)*.

1976 — Ouverture de l'autoroute Paris-Metz-Strasbourg.

1964-84 — Inexorable récession dans les mines et dans la sidérurgie.

EN ALSACE

GUERRE DE 1870

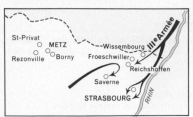

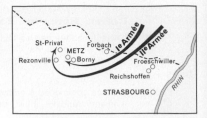

Invasion de l'Alsace (4-9 août)

Les forces de Mac-Mahon, très inférieures en nombre, sont écrasées à Wissembourg (4 août), Froeschwiller et Reichshoffen (6 août) par la IIIe Armée allemande et battent en retraite par le col de Saverne.
Strasbourg est investi le 9 août et capitule le 28 septembre.

Invasion de la Lorraine (6-18 août)

La 1re Armée allemande bat un corps de l'Armée Bazaine à Forbach (6 août).
Les Français, retirés sous Metz, sont enveloppés par les Ire et IIe Armées allemandes après avoir été battus à Borny (14 août), Rezonville (16 août) et St-Privat (18 août). Bazaine capitule le 27 octobre.

La fortification des nouvelles frontières. – La perte des provinces de l'Est, en 1871, comme celle de leurs places fortes, amène la IIIe République à garantir la « Trouée de Lorraine » par un nouveau système défensif, dit de « rideaux fortifiés », qui sera l'œuvre, à partir de 1874, du général polytechnicien Raymond **Séré de Rivières** (1815-1895), directeur du Génie militaire.
Ce dispositif de fortifications, axé sur les Hauts de Meuse autour de Toul et Verdun et sur les Côtes de Moselle autour d'Epinal (et Belfort), s'appuie sur de grands forts de type polygonal semi-enterrés, répondant à l'invention du canon rayé (1859) et à l'augmentation des portées, de la précision et de la puissance de feu qui en découle.
Les effets dévastateurs d'un nouveau projectile apparu en 1885, le redoutable obus en acier chargé de mélinite, dit obus-torpille, et la mise au point du canon de 75 en 1897 remettent en question les principes mêmes appliqués depuis 1874 et obligent à se tourner vers des solutions nouvelles : carapaces de béton en grosse épaisseur (Vaux, Douaumont) et recours à des cuirassements en acier. L'amélioration du tir fusant rendant désormais impossible le service des pièces à ciel ouvert, l'artillerie doit être sortie des forts et installée dans les intervalles. La protection des intervalles se prépare par la construction d'ouvrages intermédiaires (Thiaumont) ou la transformation d'anciens forts (Vaux).

GUERRE DE 1914-1918

Après l'accord défensif de 1892 liant la France et la Russie, le Grand Etat-Major allemand mit sur pied le **plan Schlieffen** (du nom de son promoteur, le maréchal von Schlieffen). Escomptant une très lente mobilisation russe, le plan de guerre allemand prévoyait d'emporter la décision en France en six semaines par l'invasion de la Belgique

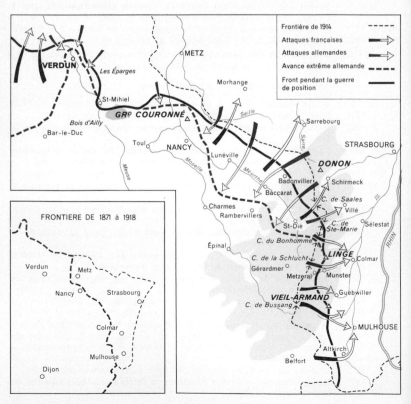

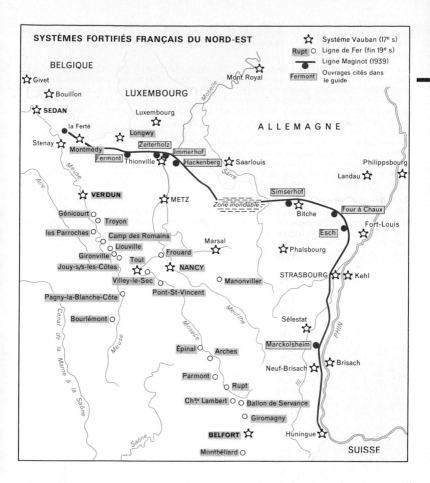

et l'attaque du Nord de la France, en contournant les solides défenses françaises de l'Est puis en les détruisant par une attaque de flanc. La victoire acquise sur le front Ouest, les troupes allemandes devaient se transporter sur le front russe et abattre le géant en quelques mois.

Appliquant avec succès le plan Schlieffen durant les premières semaines de guerre, **Moltke** qui commandait sur le front allemand de l'Ouest manqua bientôt, de son propre aveu, de l'audace nécessaire aux grands chefs de guerre et laissa s'essouffler son aile marchante en éparpillant ses forces. Cette hésitation devait lui coûter la bataille de la Marne, après laquelle il fut relevé de son commandement et remplacé par Falkenhayn. L'inhumaine guerre d'usure s'installait alors sur un front qui, étendu du Jura à la mer du Nord, mettait au cœur des combats la Lorraine et l'Alsace.

Attaques en Alsace (7-9 août 1914). – Les troupes françaises franchissent la frontière dès le 7 août et pénètrent le lendemain dans Mulhouse ; mais, fortement contre-attaquées, elles doivent, le 11, se replier sur leurs bases de départ, dans la région de Belfort.

Le 19 août, après de durs combats, Mulhouse est réoccupée, tandis que les Allemands se retirent vers le Rhin.

Pendant que se développe l'offensive de Haute-Alsace, les Français se rendent maîtres de tous les cols vosgiens. Des patrouilles, descendant les vallées, entrent même à Munster, Guebwiller, Colmar, Villé, Schirmeck.

Opérations en Lorraine (3 août-septembre 1914). – Le secteur compris entre les Vosges et les camps retranchés de Metz et de Toul va être le théâtre d'opérations importantes.

Offensive française et bataille de Morhange (14-20 août 1914). – Le 14 août, la 1re Armée (général Dubail) et la 2e Armée (général de Castelnau), concentrées sur la Meurthe, pénètrent en Lorraine annexée et arrivent le 19 dans la région de Sarrebourg et au sud de Morhange. Les Français, lancés le 20 août à l'assaut, sont décimés par un feu violent et contre-attaqués. Au soir, la retraite sur la Meurthe est inévitable.

Offensives allemandes (24 août-9 septembre 1914). – Les Français arrêtent leur repli sur une ligne dessinant, entre Badonviller et Nancy, un entonnoir dont la trouée de Charmes occupe le fond. Les Allemands profitent de cette disposition pour attaquer Charmes le 24. Devant la résistance opposée par Dubail et Castelnau sur leur front et sur leurs flancs, ils s'arrêtent. Du 26 août au 9 septembre, leurs efforts se portent plus à l'Est, le long des Vosges vers la Haute-Meurthe puis à l'Ouest contre Nancy, protégée par les hauteurs du Grand-Couronné. Aucun résultat décisif n'est obtenu.

Guerre de position (1915-1918). – Après la bataille de la Marne (5-10 sept. 1914), les Allemands se replient sur la frontière.

En Lorraine, dans les Vosges, en Alsace, le front se stabilise. La guerre de position commence, marquée par de violents combats locaux pour la possession de points importants comme les Éparges *(p. 88)*, le bois d'Ailly *(p. 139)*, le Linge *(p. 100)* et le

Vieil-Armand *(p. 177)*. En février 1916, les Allemands tentent leur chance devant Verdun. La ville devient l'enjeu d'une gigantesque bataille dont dépendra le sort de la guerre *(voir p. 172)*.

La fortification pendant le conflit. – Dès septembre 1914, les forts belges de Liège, Namur, Anvers sont mis hors de combat par l'artillerie lourde allemande à grande puissance (305-420). Les forts protégeant Maubeuge ne résistent que neuf jours. Le Haut-Commandement français, impressionné, en vient à douter de l'efficacité de ce type de fortification pour l'avenir et décide en août 1915 le désarmement des forts et la suppression de leurs garnisons.
Dès le début de la bataille de Verdun, le fort de Douaumont *(voir p. 176)* occupé par une maigre garnison de cinquante-huit territoriaux est pris par surprise par les Allemands qui s'y installent en force et en tirent un avantage évident. Réalisant l'erreur passée, le général Pétain ordonne dès le 10 mars 1916 le réarmement complet des forts et ouvrages de la place de Verdun et ces derniers joueront un rôle non négligeable dans la bataille.

La fortification de campagne. – A partir de 1915, lorsque s'installe la guerre de position, les combattants des deux camps s'enterrent sur place pour se protéger des feux adverses. Au fil des mois les éléments de base de la fortification permanente sont transposés et adaptés à la fortification de campagne : obstacles en barbelés flanqués par du tir de mitrailleuses, abris en galeries souterraines, communications par « boyaux », tracés adaptés au terrain pour obtenir des vues nécessaires au réglage du tir de l'artillerie amie.

LA LIGNE MAGINOT

Sujet d'orgueil et de foi fervente pour l'opinion française d'entre les deux guerres mondiales, cette formidable « cuirasse du Nord-Est » n'a pas, on le sait, et non par sa faute, rempli la mission que lui avaient assignée ses promoteurs, le ministre de la Guerre Paul Painlevé et son successeur **André Maginot** (1877-1932).

Un état d'esprit nouveau, tourné vers la seule défensive, et la nécessité de protéger à leur tour les territoires récupérés à l'Est, entraînent l'étude, dès 1919, puis la réalisation, de 1930 à 1940, d'une nouvelle ligne fortifiée, « collant » aux frontières et reléguant les fortifications Séré de Rivières au rôle de position arrière.
Les leçons de la Grande Guerre, la part qu'y ont prise les gaz, les chars, les avions, inspirent un type d'habitat souterrain entièrement adapté au combat moderne, très différent des systèmes antérieurs : la « Ligne Maginot », multiforme suivant la nature du terrain et l'importance des zones à défendre, comprendra, ici de gros ou moyens ouvrages souterrains en béton, d'infanterie ou d'artillerie, placés au sommet ou au flanc de coteaux ; là des chapelets de casemates semi-enterrées en arrière d'une voie d'eau ; ou, derrière une cuvette inondable, de simples blockhaus, voire seulement barbelés, champs de mines, rails ou fossés anti-chars.
Le volume des constructions réalisées témoigne d'une activité étonnante : cinquante huit gros ouvrages sur la frontière du Nord-Est, et cinquante dans les Alpes. Environ quatre cents casemates d'infanterie complètent ce disposi-

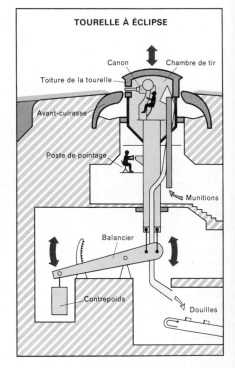

TOURELLE À ÉCLIPSE

Canon
Chambre de tir
Toiture de la tourelle
Avant-cuirasse
Poste de pointage
Munitions
Balancier
Contrepoids
Douilles

tif. Cent cinquante tourelles à éclipse et mille cinq cents cloches fixes blindées hérissent ces masses de béton, soit quelque cinquante mille tonnes d'acier...
Un certain nombre de ces ouvrages, devenus inutiles, ont été cédés par l'État à des particuliers ou à des associations qui les ont remis en état, notamment dans le secteur de Longwy. Plusieurs de ces associations, au sein desquelles œuvrent Français et Allemands, vivent de l'idée selon laquelle la ligne Maginot, loin d'être un symbole de séparation, peut devenir un trait d'union puissant au cœur de la vieille Europe.
Le béton armé constitue la structure des forts et casemates. Un acier spécial, blindé au nickel-chrome, compose leurs tourelles à éclipse et leurs cloches d'observation qui, seules, s'exposent aux regards. L'armement, ultra-moderne, mais limité en calibre et en portée par la technique de fabrication des tourelles escamotables, souffre aussi de ne pouvoir pallier que partiellement le manque de canons anti-aériens.
Le fait qu'elle ne couvre pas le Nord du pays – par suite de considérations politiques et financières –, qu'elle ne sera pratiquement pas utilisée comme base offensive durant la « drôle de guerre », qu'elle sera privée de ses troupes d'intervalle au moment crucial et réduite à sa seule garnison (qui n'excéda jamais 30 000 hommes), rendra vaine sa pathétique et glorieuse résistance de mai-juin 1940.

La France envahie. – La guerre, qui, au début, s'est limitée à une série d'escarmouches sur les frontières, revêt en mai 1940 un nouvel aspect. Les Allemands attaquent et, au cours d'une avance foudroyante, envahissent la moitié Nord de la France.

En juin, les troupes d'intervalle de la Ligne Maginot, menacées d'être prises à revers, livrent des combats de retardement dans les Vosges et réussissent à gagner en partie la Suisse où elles resteront internées jusqu'en 1941.

Les troupes de forteresse, par contre, refusent de « décrocher » et résistent opiniâtrement, sur toute l'étendue de la « Ligne », des Ardennes à la frontière suisse, à l'assaut ultime des Allemands. Si les casemates du Rhin tombent, héroïquement, les grands ouvrages du Nord-Est, eux, tiendront, presque tous, jusqu'au-delà de l'Armistice. Les Allemands se réinstallent en Alsace avec l'espoir de la germaniser définitivement.

La Libération. – Débarquées à partir du 6 juin 1944 en Normandie et du 15 août 1944 en Provence, les armées alliées avancent à grands pas en direction du Nord-Est.

Les Alliés en Lorraine. – Verdun est libérée à la fin d'août. Mais les Allemands se ressaisissent et les Alliés, trop éloignés de leurs bases, doivent s'arrêter sur la Moselle, au Nord et au Sud de Metz. Nancy est libérée le 15 septembre et Épinal peu après. Énergiquement défendue par les Allemands, Metz n'est libérée que le 22 novembre. Désormais, l'offensive alliée peut se développer en direction de l'Alsace.

Les Alliés en Alsace. – Au Sud de Gérardmer, le front est tenu par la 1re Armée française du général de Lattre de Tassigny, au Nord par les Américains de Patch et de Patton (7e et 3e Armées).

Prise de Mulhouse. – Dans la région de Belfort, les Français déclenchent leur offensive le 14 novembre 1944. Les lignes allemandes percées au prix de grosses difficultés, la 1ère division blindée se glisse le long de la frontière franco-suisse, envoie quelques chars jusqu'au Rhin et se rabat au Nord sur Mulhouse, occupée le 21 novembre.

Les éléments français de Haute-Alsace, étirés du Doubs au Rhin, sont mis en difficulté par une attaque allemande qui cherche à les couper. Après une bataille indécise de quatre jours, le général de Lattre opère à Burnhaupt (28 novembre) la jonction des troupes venues de Belfort et de Mulhouse et termine, par l'encerclement des Allemands, la bataille de Haute-Alsace.

Prise de Strasbourg. – Au Nord, la 2e D.B. du général Leclerc déborde, le 21 novembre, la trouée de Saverne par le Nord et par le

Attaques alliées
Attaques allemandes
Terrain repris par les Allemands (1-22 Janvier 1945).

Sud et s'empare de Saverne le 22. Déployant ensuite sa division, Leclerc fonce sur Strasbourg qu'il atteint le matin du 23 novembre *(voir p. 150)*.

Après avoir forcé les deux portes de l'Alsace, les alliés franchissent les Vosges et descendent dans le Vignoble où se déroulent des combats très violents. Le 19 décembre, la progression doit s'arrêter devant une zone de résistance qui, protégée par les inondations de l'Ill, dessine une « poche » autour de Colmar.

La menace sur Strasbourg. – Le 1er janvier 1945, les Allemands attaquent en Basse-Alsace pour reprendre Strasbourg. Devant une situation devenue vite très sérieuse, Eisenhower décide l'abandon de la ville et le repli sur les Vosges.

Sur les instances du général de Gaulle, cette mesure est, heureusement, rapportée à condition toutefois que la 1re Armée française se charge de la défense.

Jusqu'au 22 janvier, les Allemands reprennent un important terrain et parviennent à une dizaine de kilomètres de part et d'autre de la ville. Ils se heurtent à une résistance inébranlable des Français : Strasbourg est sauvée.

Réduction de la « poche de Colmar ». – Le général de Lattre de Tassigny monte deux attaques en tenaille qui partiront du flanc Nord et du flanc Sud de la poche. Pour la première fois, il aura sous ses ordres quelques divisions américaines.

Du 20 janvier au 3 février, l'offensive partie du Sud défait les nids de résistance organisés dans les cités ouvrières des mines de potasse et se rabat vers le Rhin.

Au Nord de la « poche », du 22 janvier au 2 février, Français et Américains disloquent le front allemand et entrent dans Colmar *(voir p. 52)*.

Le 5 février, la tenaille se ferme à Rouffach, coupant le saillant Ouest de la « poche ». La Wehrmacht doit repasser le Rhin par le seul pont encore sous son contrôle, à Chalampé. Le 9 février, la « poche de Colmar » a vécu.

L'ART

ABC D'ARCHITECTURE

A l'intention des lecteurs peu familiarisés avec la terminologie employée en architecture, nous donnons ci-après quelques indications générales sur l'architecture religieuse et militaire, suivies d'une liste alphabétique des termes d'art employés pour la description des monuments dans ce guide.

Architecture religieuse

illustration I ▶

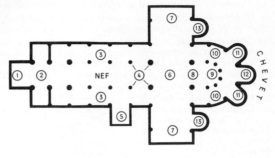

Plan-type d'une église : il est en forme de croix latine, les deux bras de la croix formant le transept.
① Porche – ② Narthex – ③ Collatéraux ou bas-côtés (parfois doubles) – ④ Travée (division transversale de la nef comprise entre deux piliers) – ⑤ Chapelle latérale (souvent postérieure à l'ensemble de l'édifice) – ⑥ Croisée du transept – ⑦ Croisillons ou bras du transept, saillants ou non, comportant souvent un portail latéral – ⑧ Chœur, presque toujours « orienté » c'est-à-dire tourné vers l'Est ; très vaste et réservé aux moines dans les églises abbatiales – ⑨ Rond-point du chœur ⑩ Déambulatoire : prolongement des bas-côtés autour du chœur permettant de défiler devant les reliques dans les églises de pèlerinage – ⑪ Chapelles rayonnantes ou absidioles – ⑫ Chapelle absidale ou axiale. Dans les églises non dédiées à la Vierge, cette chapelle, dans l'axe du monument, lui est souvent consacrée ⑬ Chapelle orientée.

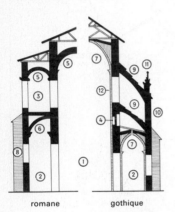

romane   gothique

◀ illustration II

Coupe d'une église : ① Nef – ② Bas-côté – ③ Tribune – ④ Triforium – ⑤ Voûte en berceau – ⑥ Voûte en demi-berceau – ⑦ Voûte d'ogive – ⑧ Contrefort étayant la base du mur – ⑨ Arc-boutant – ⑩ Culée d'arc-boutant – ⑪ Pinacle équilibrant la culée – ⑫ Fenêtre haute.

illustration III ▶

Cathédrale gothique : ① Portail – ② Galerie – ③ Grande rose – ④ Tour-clocher quelquefois terminée par une flèche – ⑤ Gargouille servant à l'écoulement des eaux de pluie – ⑥ Contrefort – ⑦ Culée d'arc-boutant ⑧ Volée d'arc-boutant – ⑨ Arc-boutant à double volée – ⑩ Pinacle – ⑪ Chapelle latérale – ⑫ Chapelle rayonnante – ⑬ Fenêtre haute – ⑭ Portail latéral – ⑮ Gâble – ⑯ Clocheton – ⑰ Flèche (ici, placée sur la croisée du transept).

◀ illustration IV

Voûte d'arêtes :
① Grande arcade
② Arête – ③ Doubleau.

illustration V ▶

Voûte en cul de four : elle termine les absides des nefs voûtées en berceau.

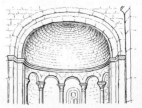

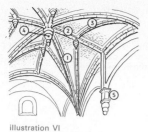

illustration VI

Voûte à clef pendante :
① Ogive – ② Lierne
③ Tierceron – ④ Clef pendante
⑤ Cul de lampe.

Voûte sur croisée d'ogives
① Arc diagonal – ② Doubleau
③ Formeret – ④ Arc-boutant
⑤ Clef de voûte.

illustration VII

▼ illustration VIII

Portail : ① Archivolte ; elle peut être en plein cintre, en arc brisé, en anse de panier, en accolade, quelquefois ornée d'un gâble – ② Voussures (en cordons, moulurées, sculptées ou ornées de statues) formant l'archivolte ③ Tympan – ④ Linteau – ⑤ Piédroit ou jambage – ⑥ Ébrasements, quelquefois ornés de statues – ⑦ Trumeau (auquel est généralement adossé une statue) – ⑧ Pentures.

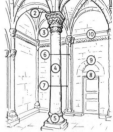

illustration IX ▶

Arcs et piliers : ① Nervures ② Tailloir ou abaque – ③ Chapiteau – ④ Fût ou colonne – ⑤ Base – ⑥ Colonne engagée – ⑦ Dosseret – ⑧ Linteau – ⑨ Arc de décharge – ⑩ Frise.

Architecture militaire

illustration X

Enceinte fortifiée : ① Hourd (galerie en bois) – ② Mâchicoulis (créneaux en encorbellement) – ③ Bretèche ④ Donjon – ⑤ Chemin de ronde couvert – ⑥ Courtine – ⑦ Enceinte extérieure – ⑧ Poterne.

illustration XI

Tours et courtines : ① Hourd ② Créneau – ③ Merlon ④ Meurtrière ou archère ⑤ Courtine – ⑥ Pont dit « dormant » (fixe) par opposition au pont-levis (mobile).

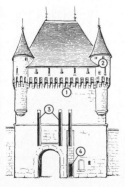

◀ illustration XII

Porte fortifiée : ① Mâchicoulis ② Échauguette (pour le guet) – ③ Logement des bras du pont-levis – ④ Poterne : petite porte dérobée, facile à défendre en cas de siège.

illustration XIII ▶

Fortifications classiques :
1 Entrée – 2 Pont-levis
3 Glacis – 4 Demi-lune
5 Fossé – 6 Bastion – 7 Tourelle de guet – 8 Ville – 9 Place d'Armes.

Termes d'art employés dans ce guide

Absidiole : illustration I.
Anse de panier : arc aplati, très utilisé à la fin du Moyen Age et à la Renaissance.
Arcature lombarde : décoration en faible saillie, faite de petites arcades aveugles reliant des bandes verticales, caractéristiques de l'art roman de Lombardie.
Archère : illustration XI.
Archivolte : illustration VIII.
Bas-côté : illustration I.
Bas-relief : sculpture en faible saillie sur un fond.
Berceau (voûte en) : illustration II.
Caisson : compartiment creux ménagé comme motif de décoration (plafond ou voûte).
Chapelle absidale ou axiale : dans l'axe de l'église ; illustration I.
Chapiteau : illustration IX.
Chemin de ronde : illustration X.
Chevet : illustration I.
Ciborium : édicule de pierre, de métal ou de bois surmontant un autel.
Claveau : l'une des pierres formant un arc ou une voûte.
Clef de voûte : illustration VII.
Clôture : dans une église, enceinte fermant le chœur.
Collatéral : illustration I.
Colombage : charpente de mur apparente.
Contrefort : illustration II.
Corbeau : pierre ou pièce de bois partiellement engagée dans le mur et portant sur sa partie saillante une poutre ou une corniche.
Coupole : illustrations XIV et XV.

◀ illustration XIV

Coupole sur trompes :
① Coupole octogonale –
② Trompe – ③ Arcade du
carré du transept.

illustration XV ▶

Coupole sur pendentifs :
① Coupole circulaire –
② Pendentif – ③ Arcade du
carré du transept.

Courtine : illustration XI.
Crédence : dans une église, niche aménagée dans le mur.
Croisée d'ogives : illustration VII.
Crypte : église souterraine.
Cul-de-four : illustration V.
Cul-de-lampe : illustration VI.
Déambulatoire : illustration I.
Donjon : illustration X.
Douve : fossé, généralement rempli d'eau, protégeant un château fort.
Encorbellement : construction en porte à faux.
Enfeu : niche pratiquée dans le mur d'une église pour recevoir une tombe.
Flamboyant : style décoratif de la fin de l'époque gothique (15e s.), ainsi nommé pour ses découpures en forme de flammèches aux remplages des baies.
Flèche : illustration III.
Fresque : peinture murale appliquée sur l'enduit frais.
Gâble : illustration III.
Gargouille : illustration III.
Géminé : groupé par deux (arcs géminés, colonnes géminées).

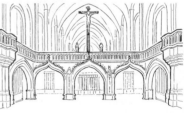

illustration XVI – **Jubé**

Haut-relief : sculpture au relief très saillant, sans toutefois se détacher du fond (intermédiaire entre le bas-relief et la ronde-bosse).
Jubé : il servait à la lecture de l'épître et de l'évangile ; illustration XVI.
Linteau : illustrations VIII et IX.
Mâchicoulis : illustration X.
Meneaux : croisillons de pierre divisant une baie.
Meurtrière : illustration XI.
Modillon : petite console soutenant une corniche.
Ogive : arc diagonal soutenant une voûte ; illustrations VI et VII.
Orgues : illustration ci-contre.
Oriel : p. 39.
Péristyle : colonnes disposées autour ou en façade d'un édifice.
Pietà : mot italien désignant le groupe de la Vierge tenant sur ses genoux le Christ mort ; on dit aussi Vierge de Pitié.

Orgues. – ① Grand buffet –
② Petit buffet –
③ Cariatide – ④ Tribune.

Pignon : partie supérieure, en forme de triangle, du mur qui soutient les deux pentes du toit.
Pilastre : pilier plat engagé dans un mur.
Pinacle : illustrations II et III.
Piscine : dans une église, cuve baptismale ou fontaine d'ablutions à l'usage du prêtre qui célèbre la messe.
Plein cintre : en demi-circonférence, en demi-cercle.
En poivrière : à toiture conique.
Porche : lieu couvert en avant de la porte d'entrée d'un édifice.
Poterne : illustrations X et XII.
Poutre de gloire : elle tend l'arc triomphal à l'entrée du chœur ; illustration ci-contre.
Remplage : réseau léger de pierre découpée garnissant tout ou partie d'une baie, une rose ou la partie haute d'une fenêtre.
Retable : illustration XVII.
Rinceaux : illustration XVIII.
Rose : illustration III.
Stalle : illustration ci-dessous.

Poutre de gloire.

illustration XVII ▼

Stalles : ① Dossier haut – ② Pare-close – ③ Jouée – ④ Miséricorde.

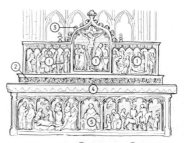

Autel avec retable : ① Retable – ② Prédelle – ③ Couronne – ④ Table d'autel – ⑤ Devant d'autel. Certains retables baroques englobalent plusieurs autels ; la liturgie contemporaine tend à les faire disparaître.

Stuc : mélange de poussière de marbre et de plâtre, lié avec de la colle forte.
Tiers-point (arc en) : arc brisé inscrit dans un triangle équilatéral.
Transept : illustration I.
Travée : illustration I.
Tribune : illustration II.
Triptyque : ouvrage de peinture ou de sculpture composé de trois panneaux articulés pouvant se refermer.
Trompes (coupole sur) : illustration XIV.
Trumeau : illustration VIII.
Voussures : illustration VIII.
Voûte d'arêtes : illustration IV.

illustration XVIII ►

Ornementation Renaissance :
① Coquille – ② Vase – ③ Rinceaux ④ Dragon – ⑤ Enfant nu ⑥ Amour – ⑦ Corne d'abondance ⑧ Satyre.

PRINCIPAUX MONUMENTS D'ALSACE ET DE LORRAINE

Roman
★★ Façade de l'église St-Léger à **Guebwiller**

★★ Église de **Marmoutier**
★★ Église de **Murbach**

Gothique
★★★ Cathédrale de **Metz**
★★★ Cathédrale de **Strasbourg**
★★ Basilique d'**Avioth**
★★ Château de **Fleckenstein**

★★ Place du Marché d'**Obernai**
★★ Basilique de **St-Nicolas-de-Port**
★★ Collégiale St-Thiébaut à **Thann**
★★ Ancienne cathédrale de **Toul**

Renaissance
★★★ Ville de **Riquewihr**
★★ La Petite France à **Strasbourg**

★★ Maison Pfister à **Colmar**
★★ Cloître de St-Gengoult à **Toul**

Classique
★★★ Place Stanislas de **Nancy**
★★ Façade du château de **Saverne**

★★ Intérieur de l'église Notre-Dame à **Guebwiller**

Baroque
★★ Intérieur de l'abbatiale d'**Ebersmunster**

L'ART EN LORRAINE

Carrefour de civilisations, la Lorraine a subi au cours de son histoire des influences très nombreuses et très différentes : allemandes, françaises, italiennes et mosanes.
Mais elle a su tirer le meilleur profit de ces divers apports, tout en conservant sa personnalité propre.
Sans remonter à l'époque préhistorique qui a laissé de nombreuses traces dans la vallée de la Moselle, ni aux témoignages encore debout de l'époque gallo-romaine, l'art connaît à l'époque carolingienne une période de splendeur dans la région de l'Est. Rayonnant d'Aix-la-Chapelle, il se développe particulièrement dans les monastères (miniatures, manuscrits aux reliures ornées de plaques d'ivoire qu'encadrent des motifs d'orfèvrerie).
Rien ne subsiste de cette époque, à part l'église St-Pierre-aux-Nonnains *(voir p. 87)* ; et pourtant Metz comptait une soixantaine d'églises et chapelles à la fin du 9e s.

Architecture religieuse

L'art roman. – Au 10e s., et au début du 11e s., alors que les sièges de Metz, Toul et Verdun étaient occupés par des prélats allemands, l'influence rhénane a été prépondérante : chœur occidental de la cathédrale de Verdun. Mais dès la fin du 11e s., ce sont les influences champenoises et bourguignonnes qui l'emportent.
Les édifices lorrains sont généralement de type basilical, mais parfois simplifié à l'extrême : ainsi les petites églises n'ont qu'une nef, un chœur et une abside. Les portes sont couronnées d'un tympan semi-circulaire ; les façades sont sobrement ornées.
Il est assez fréquent de voir la voûte d'ogives – introduite dans le dernier tiers du 12e s. – employée dans des édifices de structure toute romane. Les tours, presque toujours carrées, sont généralement placées sur le carré du transept.
Parmi les édifices les plus caractéristiques de cette époque, citons l'église de Mont-devant-Sassey, et une partie de Notre-Dame de Verdun.

L'art gothique. – Comme tous les pays ayant subi les influences germaniques, la Lorraine est restée attachée aux formes de l'art roman pendant longtemps ; le passage du style roman au style gothique s'est effectué lentement.
A Toul et à Metz, les cathédrales témoignent d'une influence française marquée : elles furent, en effet, édifiées suivant les plans de maîtres d'œuvre ayant déjà travaillé sur de grands chantiers en Champagne et en Ile-de-France.
Les rapports entre la Lorraine et la France étaient alors nombreux, l'influence française se faisant sentir dans tous les domaines : intellectuel – les « étudiants » lorrains venant fréquenter l'Université de Paris – ; économique – les foires de Champagne alors en plein rayonnement exerçant un attrait sur les pays voisins – ; politique enfin – les ducs de Lorraine devant compter de plus en plus avec la politique ambitieuse des Capétiens –.
Avec Toul et Metz, citons encore : Avioth, grand centre de pèlerinage qui possède de ce fait un déambulatoire, St-Étienne de St-Mihiel et St-Nicolas-de-Port dont la façade magnifique a été terminée au milieu du 16e s.

L'art Renaissance. – De l'époque Renaissance, il faut retenir à Toul la belle chapelle des Évêques, dans la cathédrale, et le cloître de l'église St-Gengoult.

Architecture civile

L'art Renaissance. – La Porterie de l'ancien Palais ducal à Nancy date du début du 16e s. Très finement décorée, elle se compose d'une porte principale surmontée d'une statue équestre du duc Antoine de Lorraine.
Peu de châteaux Renaissance sont parvenus jusqu'à nous. Il faut cependant mentionner ceux de Louppy-sur-Loison, aux pavillons rythmés de pilastres, de Cons-la-Grandville et de Fléville.

L'art classique. – Le 18e s. est l'époque des grandes réalisations. Le goût français est dominant mais sans éclipser totalement la traditionnelle influence italienne : il se manifeste surtout, au début du siècle par l'intermédiaire de Robert de Cotte (château de la Grange, évêché de Verdun).
Germain Boffrand, élève de Jules Hardouin-Mansart, surintendant des Bâtiments du Roi (de France), édifie le château de Lunéville, « le Versailles lorrain » pour le compte du duc Léopold. Il réalisa aussi, pour Marc de Beauvau, grand écuyer de Lorraine, le beau château d'Haroué. Mais c'est à Nancy que s'accomplit une œuvre d'ensemble. Placé en 1737 à la tête du duché de Lorraine, l'ancien roi de Pologne Stanislas Leszczynski consacre une partie de son temps à l'embellissement de sa nouvelle capitale. Il trouve à Nancy de nombreux artistes, utilise en particulier les services d'un disciple de Boffrand, **Emmanuel Héré**, et d'un ferronnier de Nancy, **Jean Lamour**. L'ensemble réalisé – Place Stanislas, Arc de Triomphe, Place de la Carrière – est un des chefs-d'œuvre de l'urbanisme européen à cette époque.

Nancy. – Porterie du palais ducal.

Architecture militaire

Des nombreux châteaux forts édifiés au cours du Moyen Age, il ne reste généralement que des ruines ou des vestiges peu importants : Prény, Sierck, Tour aux Puces à Thionville, Châtel-sur-Moselle.
Les villes fortifiées ont rarement conservé la totalité de leur enceinte, comme à Montmédy et à Neuf-Brisach. Il ne subsiste le plus souvent que des portes : porte de France à Longwy, porte des Allemands à Metz, portes Chaussée et

Verdun. – La porte Chaussée.

Châtel à Verdun, porte de la Craffe à Nancy, porte de France à Vaucouleurs, portes de France et d'Allemagne à Phalsbourg.

Peinture, Gravure et Arts décoratifs

Parmi les innombrables artistes lorrains qui se sont essayés dans la peinture, la miniature ou la gravure, certains ont acquis une renommée durable et leur gloire a dépassé le cadre de leur province.
Au 17e s., on peut citer Georges Lallemand, de Nancy, établi à Paris en 1601, Jacques Bellange « tenu de nos jours pour un maître du maniérisme », Claude Deruet, peintre de cour par excellence, Georges de la Tour, « spécialiste des nuits », Claude Gellée, dit « le Lorrain », qui passa une grande partie de sa vie hors de sa province natale, et surtout Jacques Callot, graveur et dessinateur de grand talent. La majeure partie de ses œuvres (les Misères de la Guerre – les Gueux et les Nobles – les Sièges) a été rassemblée au Musée historique lorrain à Nancy.
Au 19e s., Isabey excella dans l'art du portrait en miniature et fut un des peintres favoris de la société impériale concurremment avec un autre Lorrain, François Dumont, né à Lunéville.
Enfin, depuis le 18e s., la célèbre « image d'Épinal » demeure inséparable du renom attaché à la capitale des Vosges.
A côté des faïences de Lunéville et des émaux de Longwy, la faïencerie de **Sarreguemines**, pleine de variété et de couleur, aura à la fin du 19e s. une réputation internationale.
A cette même époque, **l'Ecole de Nancy** et sa cohorte d'artistes de renom joueront un rôle déterminant dans l'épanouissement de l'Art nouveau *(voir p. 106)*. La tradition des maîtres-verriers perdure avec des artistes comme Gruber dont nombre d'églises conservent des vitraux.
Gage du maintien de cet art séculaire, la cathédrale de St-Dié possède un ensemble complet et remarquable de vitraux contemporains.
Dans d'autres domaines, signalons que l'art de la lutherie se perpétue à Mirecourt, et que la petite ville de Boulay-Moselle abrite l'une des très rares fabriques d'orgues d'église subsistant en France.

Sculpture

Sculpture religieuse. – A l'époque romane, l'ornementation des églises est le plus souvent maladroite. Ainsi le portail de Mont-devant-Sassey, consacré à la Vierge, est une réplique grossière de la statuaire de Reims. En revanche, à la cathédrale N.-Dame de Verdun, le portail du Lion, où le Christ en majesté est représenté entre les symboles des évangélistes, est une œuvre plus réussie, malgré une certaine lourdeur.
Au 16e s. Ligier Richier, établi à St-Mihiel, allait donner une impulsion toute nouvelle à la statuaire, et son influence a été considérable dans toute la Lorraine.

Cathédrale de Verdun. – Tympan du portail du Lion.

Sculpture funéraire. – De nombreux mausolées ont été exécutés du 16e au 18e s. Citons parmi les plus remarquables :
A Nancy dans l'église des Cordeliers, le tombeau de Philippa de Gueldre par Ligier Richier, le tombeau de René II par Mansuy Gauvain. Dans l'église N.-D. de Bon Secours, le tombeau de Stanislas et le mausolée de son épouse Catherine Opalinska, œuvres respectives de Vassé et des frères Adam.

Pour tout ce qui fait l'objet d'un texte ou d'une illustration dans ce guide
(villes, sites, curiosités, rubriques d'histoire ou de géographie, etc.),
reportez-vous aux pages de l'index.

L'ART EN ALSACE

Architecture religieuse

Églises romanes. – L'Alsace, où les tendances carolingiennes ont longtemps subsisté, connut au 12e s. un épanouissement de l'art roman en retard d'un siècle sur les grandes écoles romanes françaises.

Ce décalage a eu néanmoins des conséquences heureuses : il a permis à l'Alsace, située au carrefour des routes de France, d'Allemagne et d'Italie, d'assimiler avec beaucoup de fantaisie les influences les plus diverses et il a rendu possible le développement d'un style original.

Extérieur. – La plupart des églises alsaciennes sont de petites ou de moyennes dimensions et présentent la forme d'une croix latine peu marquée, le transept étant peu saillant. Celle d'Ottmarsheim, du 11e s., présente encore le plan polygonal d'origine carolingienne inspiré de celui de la chapelle palatine d'Aix-la-Chapelle.

Les tours et les clochers sont situés dans des endroits bien précis de l'édifice. Souvent la croisée du transept est surmontée d'une belle tour appelée « tour lanterne » : l'église Ste-Foy, à Sélestat, en offre un bon exemple ; en revanche, celle de Neuwiller-les-Saverne a été construite à tort, à l'époque moderne, dans le style de l'école rhénane. Dans les angles rentrants, formés par le chœur et la nef avec les croisillons du transept, peuvent s'élever des clochers carrés ou ronds, caractéristiques du style roman rhénan. La façade Ouest, parfois précédée d'un porche, est flanquée de clochers à plusieurs étages *(illustration p. 82)*.

L'extrémité orientale de l'édifice est terminée par une abside à chevet semi-circulaire ; les chevets plats comme celui de Murbach sont des exceptions. Les murs latéraux, les pignons, l'abside et la façade sont ornés d'arcatures et de bandes verticales empruntées à l'école lombarde.

Sous l'influence de l'atelier de Bâle, les portails à voussures reposant sur colonnettes et munis d'un tympan historié devinrent fréquents vers le 12e s.

Intérieur. – L'architecture est très sobre ; arcatures et baies sans moulures sont surmontées d'un mur percé à chaque travée d'une ou deux fenêtres très ébrasées. Les églises n'ont reçu de voûte que tard dans le 12e s. Les supports principaux sont les arcs en plein cintre qui étayent la voûte sur croisée d'ogives. Ils reposent sur de gros piliers rectangulaires flanqués sur leurs quatre faces de colonnettes engagées. Les bas-côtés sont couverts de voûtes d'arêtes formées par l'intersection de la voûte longitudinale du bas-côté lui-même et des voûtes transversales.

Décoration. – La décoration est généralement concentrée sur le portail ; par son tracé géométrique, elle dénote une absence de recherche. Seul le portail de l'église d'Andlau offre de remarquables sculptures. Les chapiteaux, évasement de la partie supérieure d'une colonne qui supporte une arcature, sont un élément important d'architecture. Ils permettent de recevoir plusieurs arcs de voûtes sur un même pilier. En Alsace, les chapiteaux des églises romanes sont très élémentaires, cubiques, lourds, d'une sculpture pauvre et monotone ; ils représentent quelques rares figures ou quelques éléments de végétation. Pour pallier cette sobriété et embellir un peu l'église, l'intérieur de celle-ci a été quelquefois orné de peintures comme à Ottmarsheim.

Églises gothiques. – Après quelques tâtonnements, l'art gothique atteint en Alsace une perfection rarement égalée : Il suffit de citer la cathédrale de Strasbourg et le nom prestigieux d'Erwin de Steinbach. Les édifices religieux et civils élevés entre le 13e et le 15e s. ne manquent pas : le cloître d'Unterlinden et l'église St-Martin de Colmar, ainsi que son « Koifhus » ou Douane, l'abbatiale de Wissembourg, St-Georges de Sélestat.

A la fin du 15e s., on voit apparaître l'art gothique flamboyant auquel on doit St-Thiébaut de Thann et le portail St-Laurent à la cathédrale de Strasbourg.

Au 16e s., en pleine Renaissance, l'architecture religieuse reste fidèle aux traditions gothiques. L'église d'Ammerschwihr (16e s.) et celle de Molsheim (16e-17e s.) sont bâties sur un plan ogival.

Le style classique. – Au 17e s., une longue période d'épreuves et de guerres *(voir p. 27)* entrave toute construction nouvelle,

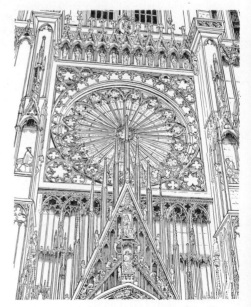

Cathédrale de Strasbourg. – Détail de la façade.

civile ou religieuse. Devenue française, l'Alsace reconstruit et enrichit ses monastères. Bon nombre d'églises sont alors édifiées dans le goût de l'époque. A Colmar, St-Pierre est de style Régence ; à Guebwiller, Notre-Dame, construite par les abbés de Murbach, surprend par son sobre et sévère classicisme. Des influences du Vorarlberg, baroques, se manifestent dans l'église abbatiale d'Ebersmunster, somptueusement décorée de sculptures, de stucs et de fresques.

Architecture civile

Les hôtels de ville. – Dès le Moyen Age, les villes alsaciennes ne veulent dépendre que d'elles-mêmes. Pour abriter l'autorité municipale, elles élèvent des hôtels de ville qui témoignent à la fois de leur puissance et de leur goût.

Le charmant hôtel de ville d'Ensisheim, celui de Mulhouse avec son perron couvert inspiré des styles helvétiques, ceux d'Obernai, de Rouffach, de Kaysersberg, de Molsheim, de Guebwiller, précieux monuments de la Renaissance, enfin l'ancien hôtel de ville de Strasbourg, aujourd'hui Chambre de Commerce, attestent l'intensité de cette vie locale.

Molsheim. – La Metzig.

Demeures bourgeoises et princières. – La plupart des villes alsaciennes ont gardé un quartier, un coin de rue qui évoquent la prospérité des siècles écoulés.

Il suffira au touriste de parcourir les rues pittoresques de localités comme Riquewihr et Kaysersberg ou encore de flâner dans le quartier de la Petite France à Strasbourg ou celui de la Petite Venise à Colmar pour rencontrer nombre de gracieuses demeures traditionnelles, des maisons à encorbellements et à combles aigus, pieusement entretenues depuis leur construction (remontant le plus souvent au 16e ou au 17e s.), qu'elles soient en pierre, ou à pans de bois.

La Renaissance a multiplié les détails amusants : ici un pignon original ; là une galerie de bois qui court autour d'une tourelle ; là, une enseigne de fer forgé ; plus loin, un escalier extérieur qui grimpe sous un auvent, des arcades soutenant un étage en surplomb, une façade à pans de bois sculptés et peints. Mais deux éléments donnent aux maisons alsaciennes du 15e s. et de la Renaissance un cachet qui leur est vraiment propre : les pignons et les oriels.

Les pignons. – Ils sont ornés, travaillés. Tantôt, ils s'élèvent en gradins, comme à la maison de l'Œuvre Notre-Dame de Strasbourg. Tantôt leur ligne s'enroule en volutes entremêlées de clochetons, comme à la Maison des Têtes de Colmar.

Les oriels. – Ce sont des logettes en encorbellement, plus ou moins sculptées *(illustration ci-contre)*. L'oriel rompt l'uniformité et crée de plaisants jeux de lumière et d'ombre. Il introduit dans la maison, souvent mal orientée dans une rue étroite, la clarté du jour et permet d'observer à l'aise le spectacle de la rue. En ce qui concerne les édifices de prestige bâtis pour les puissants du jour, seigneurs, prélats ou financiers, le 17e s. – après la dévastatrice guerre de Trente Ans et la mainmise de Louis XIV sur l'Alsace – puis surtout le 18e s. sont caractérisés par une importante poussée de l'art français vers le Rhin.

Les hôtels du 18e s., sans avoir la fantaisie décorative des maisons Renaissance, sont encore admirables par la grâce de leurs balcons, la finesse de leurs consoles et l'élégance de leurs baies, la pureté de la belle pierre dont ils sont faits.

Colmar. – Maison des Têtes.

Les somptueux palais des Rohan, à Strasbourg et à Saverne, sont de splendides exemples de cet art classique.

Puits et fontaines. – Multipliées par la Renaissance, les fontaines élèvent, sur toutes les places, leur colonne de grès rouge, portant le saint patron de la ville, tel héros historique ou légendaire, tel emblème héraldique.

Souvent, ces charmants édicules sont datés et s'ornent d'inscriptions en dialecte alsacien.

Participez à notre effort permanent de mise à jour

Adressez-nous vos remarques
et vos suggestions.

Cartes et Guides Michelin

46, avenue de Breteuil - 75341 Paris Cedex 07

Architecture militaire

Les touristes rencontreront sur les contreforts des Vosges qui dominent la plaine d'Alsace des vestiges nombreux d'anciennes forteresses et enceintes féodales.

En arrière comme au voisinage des frontières, ils trouveront également des vestiges de fortifications plus récentes : les majestueux remparts construits et retouchés par Vauban, les défenses édifiées par les Allemands entre 1870 et 1914, les cuirasses de béton et cloches blindées des grands ouvrages souterrains ou des casemates de la Ligne Maginot, et aussi la multitude des blockhaus et fortins engendrés par la guerre de 1939-1945.

Châteaux forts. – Sentinelles de l'Alsace guerrière, tous ces châteaux forts gardent fière allure, même s'ils n'élèvent plus vers le ciel qu'un donjon isolé ou un pan de muraille démantelée, envahis par les mousses et les lianes sauvages.

La reconstitution, sur l'ordre de Guillaume II, du château du Haut-Koenigsbourg a fait couler beaucoup d'encre. Certains préfèrent, à la commode leçon de choses ainsi offerte, le rêve parmi des ruines.

Château du Haut-Kœnigsbourg.

Cités médiévales. – Au Moyen Age, villes et villages ont dû aussi se fortifier pour se défendre, soit contre le seigneur lui-même, soit contre les ennemis venus de l'extérieur. Chaque cité est donc entourée d'une ceinture de murailles renforcée de tours, percée de portes qui ne s'ouvrent qu'avec précaution.

Dans bien des villes d'Alsace, on pénètre par une « Porte Haute », tandis qu'une « Tour du Diable » ou une « Tour des Sorcières » rappelle qu'un rempart ceignait la vieille cité.

Sculpture

Les plus beaux exemples de la sculpture alsacienne se rencontrent dans l'ornementation des églises, qu'il s'agisse de statues, de bas-reliefs ou de monuments funéraires. La statuaire y est fort bien représentée au 19e s. par le Colmarien **Bartholdi,** auteur du Lion de Belfort (copie place Denfert-Rochereau, à Paris) et de la « Liberté éclairant le monde » (entrée du port de New York), qui atteint à la célébrité.

Sculpture religieuse. – Le porche de l'église d'Andlau offre de curieuses sculptures romanes *(voir p. 43).*

Au 13e s., le génie des sculpteurs gothiques s'épanouit à la cathédrale de Strasbourg comme en témoignent les statues de l'Église et de la Synagogue, le bas-relief de la Mort de la Vierge ou le Pilier des Anges. La statuaire du 14e s. s'assouplit dans les Vertus et les Vices ou dans les Vierges Folles et les Vierges Sages.

Le portail de l'église St-Thiébaut à Thann et celui de St-Laurent à la cathédrale de Strasbourg ont la richesse de l'art flamboyant du 15e s. **Hans Hammer** sculpte la chaire de Strasbourg, justifiant l'expression un peu usée de « dentelle de pierre ».

Sculpture funéraire. – C'est à Strasbourg qu'on en retrouve les meilleurs exemples, dans l'église St-Thomas : le tombeau de l'évêque Adeloch (12e s.) qui affecte la forme d'un sarcophage, et celui du maréchal Maurice de Saxe, dû à Pigalle. En effet, bien que **Pigalle** ait vu le jour à Paris, comment ne pas compter parmi les chefs-d'œuvre qu'offre la statuaire funéraire en Alsace, ce magnifique mausolée *(décrit p. 157).*

Sculpture sur bois. – Il faut tout d'abord citer le prodigieux retable d'Issenheim, orgueil du musée d'Unterlinden, à Colmar. Si Mathias Grünewald est l'auteur des peintures, il partage la gloire de l'œuvre avec **Nicolas de Haguenau** qui sculpta les statues dorées de saint Antoine, saint Augustin et saint Jérôme, et avec Sébastien Beychel, auteur de la prédelle représentant le Christ au milieu des apôtres.

Des retables, des maîtres-autels seront admirés à Kaysersberg, à Dambach, à Soultzbach-les-Bains. Ailleurs, des chaires, des buffets d'orgues, des stalles comme à Marmoutier et à Thann, attestent la maîtrise des artistes locaux.

La Peinture et les Arts décoratifs

La Peinture. – Les admirables vitraux de la cathédrale de Strasbourg témoignent de la science des peintres verriers alsaciens aux 13e et 14e s.

Une lignée de grands peintres s'ouvre au début du 15e s., avec **Gaspard Isenmann,** né à Colmar, et auteur d'une Passion, d'inspiration flamande, qu'on voit au musée d'Unterlinden à Colmar.

Schongauer, Colmarien, a exécuté la jolie « Vierge au Buisson de Roses ». Ses élèves ont peint, sous sa direction, les seize tableaux de la Passion d'Unterlinden et ont perpétué en Alsace la grande tradition des Flandres, réalisant des œuvres remarquables comme le retable de Buhl.

Le grand artiste allemand **Mathias Grünewald** est appelé à peindre le maître-autel de l'église des Antonites d'Issenheim. Son retable, maintenant au musée d'Unterlinden et qui est une des grandes curiosités artistiques de l'Alsace, oppose une Crucifixion d'un réalisme effrayant à des figurations exquises de l'Annonciation et du Concert des Anges. L'Alsace a produit de bons portraitistes, comme **Jean-Jacques Henner,** et de nombreux dessinateurs, graveurs et lithographes, dont **Gustave Doré,** né à Strasbourg.

Les Arts décoratifs. – Organisés en puissantes corporations, les Alsaciens ont aussi cultivé et perfectionné, au cours des siècles, l'art de travailler le bois, le fer, l'étain et les métaux précieux. Ils ont été de fort habiles horlogers, comme le prouve la fameuse horloge astronomique de la cathédrale de Strasbourg. La céramique a rendu illustres trois générations de **Hannong,** créateurs du style « Vieux Strasbourg » dont on verra de remarquables exemples au musée des Arts Décoratifs, à Strasbourg.

Dans la deuxième moitié du 19e s., le guebwillerois **Théodore Deck,** céramiste et coloriste aux dons exceptionnels, renouvelle son art et s'impose par ses prouesses techniques *(voir p. 69).*

Colmar. – La Vierge au Buisson de Roses.

Légende

Curiosités

★★★ **Vaut le voyage**
★★ **Mérite un détour**
★ **Intéressant**

Itinéraire décrit, point de départ de la visite
sur la route   en ville

Château - Ruines	Édifice religieux : catholique - protestant
Calvaire - Fontaine	Bâtiment (avec entrée principale)
Panorama - Vue	Remparts - Tour
Phare - Moulin	Porte de ville
Barrage - Usine	Statue - Petit bâtiment
Fort - Carrière	Jardin, parc, bois
Curiosités diverses	Lettre identifiant une curiosité

Autres symboles

Autoroute (ou assimilée)	Bâtiment public
Échangeur complet, partiel, numéro	Hôpital - Marché couvert
Grand axe de circulation	Gendarmerie - Caserne
Voie à chaussées séparées	Cimetière
Voie en escalier - Sentier	Synagogue
Voie piétonne - impraticable	Hippodrome - Golf
Col - Altitude 1429	Piscine de plein air, couverte
Gare - Gare routière	Patinoire - Table d'orientation
Transport maritime : Voitures et passagers Passagers seulement	Port de plaisance
	Tour, pylône de télécommunications
Aéroport	Stade - Château d'eau
	Bac - Pont mobile
Numéro de sortie de ville, identique sur les plans et les cartes MICHELIN	Bureau principal de poste restante
	Information touristique
	Parc de stationnement

Dans les guides MICHELIN, sur les plans de villes et les cartes, le Nord est toujours en haut. Les voies commerçantes sont imprimées en couleur dans les listes de rues.

Les plans de villes indiquent essentiellement les rues principales et les accès aux curiosités, les schémas mettent en évidence les grandes routes et l'itinéraire de visite.

Abréviations

A Chambre d'Agriculture	J Palais de Justice	POL. Police
C Chambre de Commerce	M Musée	T Théâtre
H Hôtel de ville	P Préfecture, Sous-préfecture	U Université

Ⓥ Signe concernant les conditions de visite : voir nos explications en fin de volume.

Signe particulier à ce guide

.... Parc naturel

CURIOSITÉS

description

par ordre alphabétique

Hunawihr.

ALTKIRCH

6 129 h. (les Altkirchois)

Carte Michelin n° 87 pli 19 ou 242 pli 39.

Cette petite ville conserve un quartier ancien perché sur une colline dominant la vallée de l'Ill. D'abord établie dans la vallée puis reconstruite sur la colline à la fin du 12ᵉ s., elle appartint aux comtes de Ferrette *(voir p. 171)*, puis releva de la Maison d'Autriche.

Les traités de Westphalie (1648) la donnèrent à la France.

Un château occupait la place actuelle de l'église qui elle-même se trouvait, jusqu'en 1845, sur la place de la République.

CURIOSITÉS

Place de la République. – En son centre, se trouve une fontaine moderne dans le style du 15ᵉ s. portant sous un fin clocheton, seul reste de l'ancienne église, une statue de la Vierge.

Hôtel de ville. – Cette construction date du 18ᵉ s. A droite, l'ancienne demeure du bailli, ornée d'un balcon en fer forgé, abrite le musée sundgauvien.

Ⓥ **Musée Sundgauvien.** – Il rassemble, parmi des collections régionales variées (histoire, archéologie, folklore), des peintures d'artistes locaux (Henner, Lehmann), quelques belles statues et une maquette d'Altkirch autrefois.

Église Notre-Dame. – Construite au siècle dernier dans le style roman, elle présente, à l'intérieur, dans le transept gauche, les remarquables statues en pierre polychrome du « Mont des Oliviers » ainsi qu'une copie par Henner du Christ de Prud'hon. Dans le transept droit, on remarque, sous un tableau d'Oster de Strasbourg « Réception de saint Morand, patron du Sundgau, par le comte de Ferrette », une Pietà du 17ᵉ s.

EXCURSIONS

Luemschwiller. – *7 km au Nord-Est par la route de Mulhouse et une petite route à droite.*

L'église du village recèle un beau retable peint et sculpté : les volets peints représentent des scènes de la Vie de la Vierge (début 16ᵉ s.) ; le corps sculpté montre la Vierge entre sainte Barbe et sainte Catherine (15ᵉ s.).

Circuit de 22 km. – *Quitter Altkirch à l'Ouest par la D 419 vers Dannemarie. A 4 km, prendre à droite la D 25. Dans le village d'Hagenbach, prendre à gauche.*

Gommersdorf. – De vieilles maisons du Sundgau longent la route, de part et d'autre.

A Dannemarie, tourner à gauche avant l'église.

Ballersdorf. – Joli village, bien situé sur une route pittoresque.

Continuer par la D 419 qui descend dans la vallée de l'Ill et ramène à Altkirch.

AMMERSCHWIHR

1 639 h. (les Ammerschwihriens)

Carte Michelin n° 87 pli 17 ou 242 pli 31.

Située au pied de coteaux couverts de vignobles, Ammerschwihr a été incendiée par les bombardements de décembre 1944 et janvier 1945. Seules, l'église St-Martin, la façade de l'ancien hôtel de ville, la Porte Haute et deux tours des fortifications (la Tour des Voleurs et la Tour des Bourgeois) témoignent de l'intérêt pittoresque qu'offrait cette petite ville.

Reconstruite dans le style propre à l'Alsace, mais adapté aux exigences de la vie moderne – un très beau groupe scolaire en fait foi – Ammerschwihr, réputée pour ses maisons et ses rues fleuries, a repris sa place parmi les jolies cités alsaciennes.

CURIOSITÉS

Église St-Martin. – A l'intérieur, d'époque gothique, remarquer : à l'entrée du chœur, les statues de la Vierge et de saint Jean encadrant le Christ ; dans la chapelle latérale gauche, un Christ des Rameaux (15ᵉ-16ᵉ s.) ; dans le bas-côté droit, un bel escalier Renaissance conduisant à la tribune. Le chœur est éclairé par des vitraux modernes.

Porte Haute. – *A la sortie Ouest de la ville, vers Labaroche.* Sur la tour quadrangulaire de cet édifice, surmontée d'un nid de cigognes, sont peints un curieux cadran solaire et les armes de la ville.

★ ANDLAU

1 760 h. (les Andlaviens)

Carte Michelin n° 87 pli 16 ou 242 pli 27 – Schéma p. 141 – Lieu de séjour.

Ce village fleuri, niché dans la verte vallée de l'Andlau, conserve, avec quelques maisons anciennes, une église, reste d'un monastère qui fut célèbre. Sur la crête, au Nord, subsistent les vestiges de son château *(description p. 78)*.

L'abbaye d'Andlau. – En 887, Richarde, vertueuse épouse de l'empereur Charles le Gros, est accusée d'inconduite par son mari. Pour démontrer son innocence, elle se soumet à l'épreuve du feu. Justifiée, mais meurtrie par le soupçon, elle quitte son château et s'en va dans la forêt. Un ange lui apparaît et lui enjoint de fonder un monastère à l'endroit que lui indiquera une ourse. A l'entrée du val d'Eléon, elle aperçoit la bête annoncée. En ce lieu s'élèvera l'abbaye d'Andlau. En souvenir de son origine, la maison logera et nourrira gratuitement les montreurs d'ours de passage et entretiendra un ours vivant. Telle est la légende. En fait, Richarde a déjà fondé Andlau depuis sept ans quand Charles le Gros la répudie. C'est là qu'elle se retire. Elle est canonisée en 1049. Les religieuses d'Andlau, de noble naissance, avaient le droit de quitter le couvent et de se marier. Seule l'abbesse prononçait des vœux définitifs.

Au 17e s., l'abbaye commence à décliner. La Révolution marque sa fin.

★ÉGLISE *visite : 1/2 h*

Hormis la partie haute du clocher construite au 17e s., l'église est un beau témoin de l'art du 12e s. Elle est précédée d'une construction massive sous laquelle s'ouvre un porche.

Sur la façade et sur le côté gauche court une frise où sont figurés des animaux, des monstres, des scènes réalistes ou allégoriques.

Sous le porche, le **portail**★★, partie la plus intéressante de l'édifice, offre les plus remarquables sculptures romanes d'Alsace. De chaque côté, de petits personnages soutiennent des rinceaux enserrant des animaux ; dans des arcatures se superposent des couples représentant vraisemblablement les bienfaiteurs de l'abbaye. Sur le linteau se déroulent des scènes de la Création et du Paradis terrestre ; sur le tympan le Christ remet une clef à saint Pierre et un livre à saint Paul.

◷ **Intérieur** – L'intérieur de l'église a été largement remanié au 17e s., sauf la chapelle au-dessus du porche (12e s.). Les escaliers de l'ancien jubé et les clôtures du transept sont de style gothique flamboyant (15e s.).

La chaire (18e s.) est supportée par une statue de Samson.

Le chœur, très surélevé, est décoré de belles stalles (15e s.). Au fond, très restaurée, se trouve la châsse de sainte Richarde (14e s.).

La **crypte**★ s'étend sous le chœur et le carré du transept. Quelques vestiges de la partie Ouest remontent à l'époque de sainte Richarde mais l'ensemble date du 11e s. On montre, dans le dallage, une cavité qui aurait été creusée par l'ourse légendaire et que garde une ourse en pierre de facture romane.

EXCURSION

◷ **Chapelle Ste-Marguerite.** – *6 km au Sud-Est par les D 253 et D 335. Traverser le village d'Epfig pour prendre la D 603 vers Kogenheim.*
A la sortie du hameau de Ste-Marguerite, au-dessus de la plaine du Rhin, se dresse, au milieu d'un vieux cimetière, la petite chapelle du 11e s. dont la nef et le transept donnent l'impression d'une croix.

Les façades Ouest et Sud sont curieusement doublées d'une galerie à petites arcades.

★★ AVIOTH   103 h.

Carte Michelin n° 57 pli 1 ou 241 pli 15.

A proximité de la frontière belge, dans un site retiré, se dresse au milieu d'un humble village une église magnifique, apparition vraiment inattendue dans ce cadre rustique.

★★BASILIQUE *visite : 1/2 h*

La découverte de la statue d'une Vierge miraculeuse, qui devint l'objet d'un pèlerinage dès le début du 12e s, entraîna sa construction à partir de la deuxième moitié du 13e s. Celle-ci se poursuivit jusqu'au début du 15e, dans un style flamboyant ; une belle pierre de tons chauds et dorés a été employée.

Le **portail Ouest** est de proportions et d'exécution harmonieuses avec ses voussures ornées de 70 figures et son linteau évoquant la Passion. Au-dessus du portail, près du gâble, est représenté le Jugement dernier : on remarque, parmi les statues placées dans les contreforts, des anges sonnant de la trompette.

Le **portail Sud** est consacré à la Vierge et à l'enfance du Christ. Ses soubassements sont ornés de draperies sculptées, de style champenois.

A gauche du portail Sud on voit la **Recevresse**★, élégant petit édifice de style flamboyant, finement ajouré, attenant à la porte de l'ancien cimetière. Elle était destinée, semble-t-il, à recevoir les offrandes des pèlerins, d'où son nom.

Basilique d'Avioth. – Portail Sud et Recevresse.

L'intérieur très lumineux comporte, fait exceptionnel dans la région, une coursière (chemin de circulation) et un déambulatoire sur lequel donnent des chapelles peu profondes établies entre des contreforts qui sont à l'intérieur de l'église, suivant une disposition d'origine champenoise.

La basilique a conservé plusieurs œuvres d'art d'une savoureuse veine populaire. La gracieuse chaire de 1538, dont la pierre est finement sculptée d'un décor Renaissance porte encore des traces de polychromie ; elle est ornée d'un panneau central représentant le Couronnement de la Vierge. Tout à côté, l'Ecce Homo est flanqué d'un Pilate en costume de cour du St-Empire.

Dans le **chœur**, remarquer le maître-autel du 14e s., décoré des symboles des quatre évangélistes. A gauche de l'autel, posée sur un trône de pierre du 15e s. et tout de blanc vêtue, se présente au regard du pèlerin la vénérable statue de **N.D. d'Avioth**, sculptée dans du tilleul vers 1110. On admirera depuis le chœur les 14 statues polychromées adossées en hauteur aux piliers du sanctuaire et formant une curieuse cour silencieuse à la Vierge miraculeuse. A droite de l'autel, le tabernacle gothique est du 15e s. : son haut pinacle vient presque à toucher le sommet de l'arcade dans laquelle il s'inscrit.

Des travaux de restauration ont fait apparaître, sur la clôture et les voûtes du chœur, des peintures et des fresques des 14e s. et 15e s., notamment près du tabernacle une Vierge à l'Enfant avec saint Jean-Baptiste et sainte Agnès.

Buffet d'orgues du 18e s., restauré.

AVOLSHEIM
513 h. (les Avolshémiens)

Carte Michelin n° 87 plis 5, 15 ou 242 pli 23 – Schéma p. 141.

Le village conserve un très vieux baptistère pré-roman (9e s.), en forme de trèfle, et surtout, à 500 m au Sud-Est, une église célèbre qui passe pour être la plus ancienne d'Alsace.

ÉGLISE ST-PIERRE (DOMPETER) *visite : 1/4 h*

Face à un magnifique tilleul d'âge vénérable, et entourée d'un cimetière, cette petite église dresse en pleins champs sa silhouette trapue et coiffée d'un clocher à huit pans. Quoiqu'en partie reconstruite aux 18e s. (tour) et 19e s. (chœur, murs et plafond de la nef) puis restaurée après une longue période d'abandon, elle demeure un émouvant témoignage des débuts de l'art roman, ayant été consacrée en 1049 par le pape Léon IX.

Parmi ses éléments d'origine du 11e s., on remarque la base du clocher-porche avec son narthex au curieux portail surmonté d'une statue de saint Pierre, les portes latérales aux linteaux ornés de symboles, et, à l'intérieur, les piles massives et carrées supportant de lourdes arcades en plein cintre. De frustes chapiteaux romans, un calvaire baroque et d'intéressantes statues du 15e s. au 18e s. retiennent aussi l'attention.

BACCARAT
5 437 h. (les Bachâmois)

Carte Michelin n° 62 pli 7 ou 242 pli 22.

Cette petite ville est célèbre par sa cristallerie fondée en 1764.

CURIOSITÉS

⊘ **Musée du Cristal.** – Installé dans un ancien château dominant le principal carrefour urbain, ce musée expose des pièces anciennes et contemporaines réalisées en cristal composé de silice, d'oxyde de plomb et de potasse. Fondu à haute température, ce cristal se façonne ensuite comme le verre. Soufflés à la bouche, les articles ainsi obtenus, brillants, éclatants, sont taillés ou gravés à la main. Du début à la fin de sa fabrication, une pièce toute simple passe entre 20 « mains » différentes.

Église St-Rémy. – Élevée en 1957, elle surprend par son toit double à larges auvents. Le clocher, pyramide de 55 m de haut, se dresse à côté de l'église. La décoration intérieure, faite d'un immense bas-relief constitué par des éléments de béton éclairés de cristaux de couleurs (plus de 50 teintes différentes), a pour thème « La création du monde ». Remarquer aussi le tabernacle et les fonts baptismaux symétriques par rapport au chœur.

★ BAINS-LES-BAINS
1 792 h. (les Balnéens)

Carte Michelin n° 62 pli 15 ou 242 pli 34 – Lieu de séjour.
Plan dans le guide Rouge Michelin France.

Cette station thermale est bâtie sur les rives du Bagnerot, au centre d'une région boisée ; ses environs sont aménagés pour les curistes et les touristes avec parcours pédestres et sentiers cyclables.

Les eaux débitées par onze sources, à une température variant de 33 à 51 °C, sont indiquées dans le traitement des maladies des artères (artérite des membres inférieurs, hypertension artérielle) et du cœur (séquelles d'infarctus du myocarde, angine de poitrine). Elles alimentent deux établissements : le Bain romain qui occupe l'emplacement des sources captées par les Romains et le Bain de la Promenade. A 500 m à l'Est, sur la D 434, de la chapelle N.D. de-la-Brosse, s'offre une **vue** agréable sur les coteaux dominant la vallée du Bagnerot.

★★★ BALLON D'ALSACE (Massif du)

Carte Michelin n° 🖫🖫 pli 8 ou 🖫🖫🖫 plis 35, 39.

Le massif du Ballon d'Alsace constitue l'extrémité Sud de la chaîne des Vosges. On y rencontre des belles forêts de sapins et d'épicéas, de charmants sous-bois, des fonds de ravins très frais et, sur les hauteurs, de grands pâturages, émaillés de fleurs alpestres. Du point culminant (alt. 1 250 m), le panorama est superbe ; par temps favorable, les Alpes sont visibles. Malheureusement, le brouillard y est fréquent.

★★ 1 ROUTE DU COL
De St-Maurice-sur-Moselle à Giromagny
26 km – environ 1 h 1/2 – schéma ci-dessous

Cette route, la plus ancienne du massif, fut construite sous le règne de Louis XV.

St-Maurice-sur-Moselle. – 1 857 h. (les Fremis). Lieu de séjour. Situé à proximité de sites remarquables, ce petit bourg industriel (tissage et scieries) est aussi voisin des centres de sports d'hiver du Rouge-Gazon et du Ballon d'Alsace. C'est le point de départ pour les excursions au Ballon de Servance et dans la vallée des Charbonniers *(p. 48)*.

Au cours de la montée au col du Ballon, la route (D 465) offre de jolies vues sur la vallée de la Moselle, puis pénètre dans une superbe forêt de sapins et de hêtres.

Plain du Canon. – *1/4 h à pied AR.* Le sentier d'accès, en descente vers une maison forestière, part de la D 465, à hauteur d'un panneau touristique accroché à un arbre. Descendre directement devant la maison, puis prendre le sentier qui monte en lacet à gauche. Le nom de ce lieu-dit est dû à un petit canon dont se servait autrefois le garde-forestier pour provoquer un écho.

La vue est jolie sur le vallon boisé de la Presles, dominé par le Ballon d'Alsace et par le Ballon de Servance, surmonté d'un fort.

Après le lieu-dit **la Jumenterie,** perpétuant le souvenir d'un établissement fondé en 1619 par les ducs de Lorraine pour l'élevage des chevaux, très belle vue à droite sur la vallée de la Moselle et le Ballon de Servance. On atteint la région des hauts pâturages.

Monument à la mémoire des Démineurs. – Œuvre de J. Rivière et d'E. Deschler, il commémore le dévouement de ceux qui moururent en exécutant leur périlleuse tâche.

Col du Ballon. – Belle vue sur le sommet du Ballon d'Alsace, surmonté de la statue de la Vierge et, plus à droite, sur la trouée de Belfort, où brillent des étangs, et le Jura du Nord. Un sentier part vers la statue de Jeanne d'Arc.

★★★ **Ballon d'Alsace.** – *1/2 h à pied AR.* Le sentier d'accès s'amorce sur la D 465, devant la « Ferme-Restaurant du Ballon d'Alsace ». Il se dirige à travers les pâturages, vers la statue de la Vierge. Avant le retour de l'Alsace à la France, cette statue se trouvait exactement sur la frontière. Le Ballon d'Alsace (alt. 1 250 m) est le sommet important le plus méridional des Vosges. Il domine de sa croupe gazonnée les derniers contreforts de la chaîne. Du balcon d'orientation, le **panorama**★★ s'étend au Nord jusqu'au Donon, à l'Est sur la plaine d'Alsace et la Forêt Noire, au Sud jusqu'au Mont Blanc.

Descendre le long de la crête en pente douce jusqu'à la statue de Jeanne d'Arc ; de là, rejoindre directement la D 465.

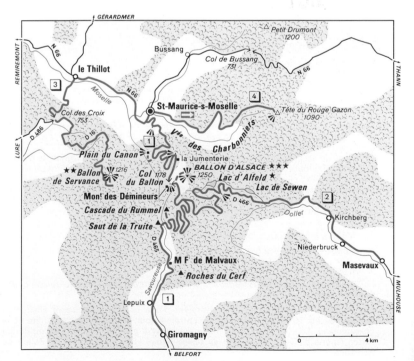

BALLON D'ALSACE (Massif du)★★★

Au cours de la descente, très pittoresque, dans la vallée de la Savoureuse, les vues lointaines se succèdent sur la vallée de la Doller et la plaine d'Alsace d'abord, puis sur les lacs d'Alfeld et de Sewen.

La route entre de nouveau en forêt, et, après une échappée à droite, elle laisse à gauche la route de Masevaux. Les versants, hérissés de rochers, sont couverts de sapins et de hêtres magnifiques.

Cascade du Rummel. – *1/4 h à pied AR.* Accès au pont, puis à la cascade, toute proche de la D 465, par un chemin signalé.

Saut de la Truite. – C'est, 1 200 m en aval de la cascade du Rummel, une fine cascade formée par la Savoureuse au creux d'une fissure rocheuse.

Maison forestière de Malvaux. – Bien située dans un joli site à l'entrée du défilé rocheux.

Roches du Cerf. – Elles bordent un verrou glaciaire et portent des stries horizontales creusées par les moraines latérales du glacier. Une école d'escalade utilise les possibilités naturelles de ce site.

A la sortie d'une gorge étroite, on atteint **Lepuix**, petite localité industrielle.

Giromagny. – 3 694 h. L'industrie textile qui fit la prospérité de Giromagny laisse de plus en plus la place aux industries annexes de l'automobile.

★★② VALLÉE DE LA DOLLER
Du Ballon d'Alsace à Masevaux
22 km – environ 3/4 h – schéma p. 47

★★★**Ballon d'Alsace.** – *1/2 h à pied AR. Description p. 47.*
La descente vers le lac d'Alfeld est très belle. Elle permet de découvrir en avant le Grand Ballon, point culminant des Vosges (alt. 1 424 m), puis une très jolie vue sur la vallée de la Doller, le Jura et les Alpes.
Après un parcours en forêt, le lac apparaît au fond d'un cirque d'origine glaciaire.

★**Lac d'Alfeld.** – Le lac-réservoir d'Alfeld constitue, avec ses 10 ha de superficie et sa profondeur de 22 m, l'une des plus jolies nappes d'eau des Vosges. Il assure un débit régulier à la Doller, notamment pendant la période de fonte des neiges. Avant la crise de l'industrie textile, il permettait à la Doller d'alimenter de façon régulière les nombreuses usines qui ont disparu depuis. Un cadre pittoresque de hauteurs boisées, où perce la roche, l'entoure. Le barrage qui le retient fut construit de 1884 à 1887. Long de 337 m, il s'appuie sur une moraine laissée par les anciens glaciers qui s'avançaient jusqu'à Kirchberg. *Pour la pêche, voir le chapitre des Renseignements pratiques en fin de guide.*

Lac de Sewen. – Ce petit lac, séparé du lac d'Alfeld par un talus moranique, est peu à peu envahi par la tourbe. On trouve sur ses bords des plantes alpestres et nordiques.

En aval, la D 466 longe la Doller qui coule entre de hautes pentes de prairies très vertes, coupées de bois de sapins et de hêtres. La vallée est dominée par l'église romane de **Kirchberg** perchée sur une moraine, et, à l'entrée de **Niederbruck,** à gauche, par une statue monumentale de la Vierge à l'Enfant due au sculpteur Antoine Bourdelle.

Masevaux. – *Page 80.*

★★③ BALLON DE SERVANCE
21 km – environ 1 h 1/4 – schéma p. 47

St-Maurice-sur-Moselle. – *Page 47.*

Le Thillot. – *Page 100.*
Par la D 486 au Sud, gagner le col des Croix et prendre à gauche la D 16, ancienne route stratégique, qui s'élève en corniche, offrant de jolies vues sur la vallée de l'Ognon, avant de sinuer en forêt.

★★**Panorama du Ballon de Servance.** – *Laisser la voiture au départ de la route militaire (interdite) du fort de Servance et prendre, à droite, le sentier jalonné qui conduit (1/4 h à pied AR) au sommet du Ballon (alt. 1 216 m).*
On découvre un magnifique panorama : à l'Ouest, sur la vallée de l'Ognon, le plateau glaciaire d'Esmoulières, semé d'étangs, et le plateau de Langres ; au Nord-Ouest, les Monts Faucilles ; plus à droite, la vallée de la Moselle ; au Nord-Est, du Hohneck au Gresson en passant par le Grand Ballon, très lointain, se silhouette la chaîne des Vosges ; à l'Est, s'arrondit la croupe, toute proche, du Ballon d'Alsace ; au Sud-Est et au Sud, vue sur les contreforts vosgiens.

④ VALLÉE DES CHARBONNIERS
12 km – environ 1/2 h – schéma p. 47

St-Maurice-sur-Moselle. – *Page 47.*

A l'Est de St-Maurice-sur-Moselle, prendre la route qui longe le ruisseau des Charbonniers.

Les habitants de cette vallée descendraient d'une colonie suédoise et allemande embauchée au 18e s. par les ducs de Lorraine pour l'exploitation des forêts et le charbonnage. Au village des Charbonniers, tourner à gauche dans la route du Rouge Gazon (sports d'hiver) : de la **Tête du Rouge Gazon,** vues en direction du Ballon de Servance.

BITCHE

7 768 h. (les Bitchois)

Carte Michelin n° 57 pli 18 ou 242 pli 11.

Au pied de sa glorieuse citadelle qui fut longtemps gardienne d'un des plus importants passages des Vosges, la petite ville de Bitche, de création relativement récente (17e s.), demeure encore aujourd'hui marquée par le voisinage du vaste Camp militaire qui s'étend, au Nord-Est, jusqu'à la frontière allemande. Son plan est assez curieux, le tracé de la rue principale épousant la forme de la citadelle.

★ CITADELLE *visite : 1 h 1/2*

Rebâtie par Vauban en 1679 puis démantelée, à nouveau reconstruite en 1741, elle opposa une résistance victorieuse aux Prussiens en 1793 et en 1870-1871. Il en subsiste les impressionnants remparts de grès rouge, visibles de loin malgré leur ceinture de gros arbres, et l'infrastructure souterraine. La citadelle pouvait abriter une garnison d'environ mille hommes.

Gravir à pied la rampe et le passage voûté de l'entrée Nord pour atteindre *(1/2 h à pied AR)* le tertre culminant (mât du drapeau) d'où l'on a une vue circulaire sur Bitche et les hauteurs boisées qui l'entourent. A l'aide de jumelles on peut distinguer, à l'Ouest, quelques-unes des cloches cuirassées de l'ouvrage Maginot du Simserhof *(décrit ci-dessous).*

Musée historique. – Il contient notamment un beau plan en relief de Bitche.

EXCURSIONS

★ **Le Simserhof.** – *4 km à l'Ouest par la D 35 puis la route militaire prise en face de l'ancien casernement du Légeret.*

La visite de cet ouvrage souterrain, l'un des plus importants de la Ligne Maginot *(voir p. 30),* constitue une initiation à un type de fortifications dont le rôle qu'elles ont joué en 1940 est resté bien méconnu. Achevé en 1935, il était conçu pour une garnison interarmes (infanterie de forteresse, artillerie, génie) de 1 200 hommes disposant d'une autonomie complète de 3 mois en vivres, munitions, carburant.

De l'extérieur, on ne voit que le bloc d'accès, orienté au Sud, avec sa porte blindée de 7 t, ses créneaux de flanquement précédés de fossés « Diamant », et les cloches de tir ou d'observation, qui surmontent les blocs de combat, disséminés dans un espace de plusieurs kilomètres de façon à dominer la plaine en contrebas (on remarque quelques-unes de ces émergences depuis la D 35A, route de Hottwiller, 1 km au départ de la D 35). Arbres et taillis ont remplacé les réseaux de barbelés et les rails fichés en terre qui interdisaient les approches de l'ouvrage.

La partie enterrée du fort se compose de deux secteurs : l'un « arrière », de service, l'autre « avant », de combat, distribués sur un même niveau et reliés par une galerie de 5 km avec voie ferrée. La longueur totale des galeries du Simserhof atteint 10 km. On visite d'abord le secteur « arrière », dont l'immense tunnel d'entrée dessert des galeries secondaires conduisant aux quartiers d'habitation, salles communes, cuisines, bureaux, magasins d'approvisionnement, etc., ainsi qu'à la **centrale électrique** dont les installations sont entretenues en état de fonctionnement. Dans les galeries sont exposés des tubes de canons des deux dernières guerres. Le magasin à munitions fait office de musée (périscopes, diascopes, épiscopes, clichés photographiques). On voit aussi le local des cuves à mazout et celui des batteries de filtres à air.

C'est par l'inchangé petit train électrique que l'on accède au secteur « avant » (PC de combat, soutes à obus, etc.), relié aux blocs de tir par des puits verticaux dotés de monte-charge et d'escaliers. On visite enfin l'un des blocs, dont l'étage inférieur est occupé par la base du corps de tourelle pivotant et élevable ; l'étage supérieur contient les deux canons de 75 jumelés dont on peut suivre la rotation et la visée.

Ossuaire de Schorbach. – *6 km au Nord-Ouest par les D 962 et D 162B à gauche.* Près de l'église, on découvre un petit bâtiment percé d'arcatures romanes au travers desquelles se distingue un entassement d'os.

BOURBONNE-LES-BAINS

2 926 h. (les Bourbonnais)

Carte Michelin n° 62 plis 13, 14 ou 242 pli 33 – Lieu de séjour.
Plan dans le guide Rouge Michelin France.

La station thermale de Bourbonne, que connaissaient les Romains et qui fut très en faveur du 16e au 18e s. occupe les deux rives de la Borne : le versant Nord porte la vieille ville ; sur l'autre rive s'étend la ville thermale qui est la 1re station de l'Est de la France. Ses eaux chaudes (66 °C) sont employées contre les arthroses et fractures et dans le traitement des voies respiratoires.

Bourbonne possède de beaux parcs. Dans le parc de l'hôtel de ville au sommet de la colline, la porte d'entrée (début 16e s.) de l'ancien château féodal abrite le **musée** municipal (produits des fouilles locales et collections d'oiseaux naturalisés).

EXCURSIONS – Carte Michelin n° 66 plis 4, 5

Parc animalier de la Bannie – *3 km au Sud-Ouest par la D 26.* Cerfs et sangliers évoluant dans leur milieu naturel.

Jonvelle. – *199 h. 17 km. Quitter Bourbonne au Sud-Est par la D 417.*
A 1 300 m à l'Ouest de ce charmant village rural par la route passant devant le cimetière, on peut visiter les **thermes**, mis au jour depuis 1968, d'une villa gallo-romaine du 2e s. ; remarquer les soubassements de briques des piscines et l'élégante mosaïque qui pave encore l'une d'elles.

Un **musée** de machines agricoles anciennes a été aménagé dans un hangar voisin.

La BRESSE
5 370 h. (les Bressauds)

Carte Michelin n° 87 pli 18 ou 242 pli 35 – Schéma p. 71 – Lieu de séjour.

Cette petite ville dont la fondation remonte au 7ᵉ s. étend son habitat dispersé dans une vallée très pittoresque de la montagne vosgienne. C'est la « Belle Vallée » des aïeuls de Paul Claudel, que le poète s'est plu à célébrer. Très tôt, ses habitants furent régis par un droit coutumier propre et la Bresse demeura jusqu'en 1790 une petite république presque autonome vivant des fromages et du tissage. A peu près détruite durant l'automne 1944, La Bresse a été reconstruite à neuf.

CURIOSITÉS

Église St-Laurent. – Elle fut rebâtie au 18ᵉ s., à l'exception du chœur gothique ; ses **vitraux** modernes en « verre éclaté » représentent, dans la nef, apôtres et prophètes ; dans le chœur, un Christ en croix entre une Assomption et un Saint Laurent ; quatre verrières racontent les destructions de la Bresse.

Vallée du Chajoux. – Au Nord-Est de La Bresse, cette petite vallée est parcourue par un torrent poissonneux qui court entre des versants boisés et semés de chalets. A 6,5 km, puis à 8 km (face aux téléskis de Lispach) elle longe deux jolies petites retenues d'eau.
Les fromageries ou « marcaireries » des environs sont spécialisées dans la fabrication du « munster » *(détails p. 22)*.

BRIEY
4 195 h. (les Briotins)

Carte Michelin n° 57 pli 3 ou 242 pli 5.

La découverte du minerai de fer dans le riche **bassin de Briey**, où les travaux de sondage débutèrent en 1882, donna un vif essor à la production nationale.
Dans les années 50, Briey, situé au cœur d'une prospère région industrielle, connaît une expansion étonnante. En 1960, Le Corbusier élève au Nord-Ouest de la ville, en pleine zone forestière et dans un site dominant superbement la contrée, sa troisième « **Cité Radieuse** », après celles de Marseille et Nantes. Les 339 logements couvrent sur 17 étages une surface de 36 000 m² et peuvent abriter près de 2 000 personnes.
Aujourd'hui la ville, paisible mais active sous-préfecture, poursuit sa reconversion.
Le circuit dans le Pays du Fer *(décrit p. 174)* peut aussi être entrepris à partir de Briey.

CURIOSITÉS

Église St Gengoult. – Elle est à cinq vaisseaux (nef principale et doubles bas-côtés), de souche romane, et élargie à l'époque gothique. En haut du collatéral gauche le Christ aux liens, en pierre, date du début du 16ᵉ s. ; dans la dernière chapelle collatérale droite, Pietà en bois polychrome de la fin du 15ᵉ s. : la Vierge dans un geste maternel se saisit de son voile pour essuyer les plaies de son fils.
Le chœur de l'église abrite, derrière le maître-autel, un poignant **calvaire★**, groupe de six personnages de taille humaine, sculptés dans le bois vers 1530 par des artistes de l'école de Ligier-Richier, sinon par le maître lui-même.

Belvédère. – Sur le côté gauche de l'église, un petit jardin offre une vue dominante sur le plan d'eau de la **Sangsue,** créé par une retenue du Woigot ; il est le point de départ de plusieurs promenades pédestres en forêt et accueille des activités nautiques.

★ BRUCHE (Vallée de la)

Carte Michelin n° 87 plis 5, 15, 16 ou 242 plis 23, 24, 27.

C'est une promenade charmante que d'accompagner la Bruche depuis sa source jusqu'à Molsheim, en faisant un court crochet vers Niederhaslach et son église intéressante.

Jean-Frédéric Oberlin. – En 1767, le **Ban de la Roche,** situé sur la rive droite de la Bruche, est un bien pauvre vallon, plusieurs fois dévasté par les guerres, peu fertile, et dont la population se décourage, malgré les efforts de ses pasteurs successifs.
Mais voilà que Jean-Frédéric Oberlin (1740-1826) est nommé pasteur au petit village de Waldersbach. Pendant les 59 années de son apostolat, il transforme, aidé de son épouse, la vie de sa paroisse. Avec le concours de femmes du bourg dont la plus connue est **Louise Scheppler,** il met en place de véritables écoles maternelles et prolonge la scolarité des enfants jusqu'à 16 ans. Aidé de ses paroissiens, il dote le vallon de routes, fonde des caisses de prêts, développe l'agriculture et l'artisanat. Il crée enfin une petite activité industrielle en faisant venir des métiers à tisser. Oberlin, précurseur de toutes les œuvres sociales, demeure, en Alsace, l'objet d'une vénération justifiée.

La Bruche. – Elle prend son cours près du col de Saales, qui fut de 1871 à 1918 l'un des points de la frontière franco-allemande, et se jette dans l'Ill, tout près de Strasbourg. Sa vallée se creuse entre la chaîne des Vosges gréseuses et l'extrémité des Vosges cristallines. Sur la rive gauche, à hauteur de Wisches, on voit des carrières de porphyre.
La Bruche alimente quelques usines de textiles et des scieries. C'est en partie grâce à elle que la région de Schirmeck et de Rothau connaît une grande activité industrielle.

DE SAALES A SCHIRMECK *41 km – environ 2 h*

Saales. – 919 h. Située à l'origine de la vallée de la Bruche, Saales commande le col du même nom qui procure un passage facile d'un versant des Vosges à l'autre.

Peu après Saales, la route descend en pente douce la pittoresque vallée, largement épanouie, de la Bruche.

A partir de Bourg-Bruche, les parties hautes de la vallée sont couvertes de sapins, en plantations régulières. Les bruyères et les genêts égaient, en saison, les pentes qui descendent vers la rivière.

Aux environs de St-Blaise-la-Roche, la Bruche, étroite et calme, bordée de trembles et de bouleaux, coule entre les prés.

St-Blaise-la-Roche. – 245 h. Ce petit bourg est un important carrefour routier.

Fouday. – Le pasteur Oberlin *(p. 50)* y repose dans le petit cimetière attenant au temple luthérien. Celui-ci, à l'intérieur, présente une simple nef carrée que des galeries de bois ceignent sur trois côtés, mais conserve l'abside à voûte d'arêtes qui constituait le chœur de l'ancienne église romane.

Vallon du Ban de la Roche. – L'aspect encore sauvage de ce vallon est cependant adouci par la présence de quelques coquettes habitations isolées.

Waldersbach. – Dans ce hameau charmant et bien exposé, aux maisons couvertes de grandes toitures de tuiles, l'ancien presbytère protestant abrite le **musée Oberlin** consacré aux souvenirs personnels et à l'action du grand philanthrope.

> *A Rothau, prendre à droite la D 130.*

Le Struthof. – *Page 170.*

Schirmeck. – *Page 154.*

DE SCHIRMECK A MOLSHEIM (par la vallée)

29 km – environ 1/2 h

Schirmeck. – *Page 154.*

La route (N 420) suit la rive gauche de la Bruche qu'elle longera presque constamment. Vignes et arbres fruitiers font leur apparition.

Wisches. – 1 726 h. Ce petit village marque la limite entre les pays de langue française et de dialectes alsaciens.

A la sortie d'Urmatt à droite, gigantesque scierie.

Niederhaslach. – *Page 118.*

La vallée se resserre entre des versants boisés, en vue du village d'**Heiligenberg** (435 h) que l'on aperçoit, campé sur un promontoire de la rive gauche.

Mutzig. – 5 116 h. Cette petite ville de garnison, autrefois fortifiée, s'orne d'une jolie fontaine et d'une porte du 13ᵉ s., surmontée d'une tour. La bière est, entre autres industries, la spécialité de Mutzig.

C'est à Mutzig qu'en 1833 naquit **Chassepot,** l'inventeur du fusil de ce nom. Le Chassepot qui armait l'infanterie française en 1870, était très supérieur au fusil allemand : plus précis, tirant plus vite (7 coups contre 5 par minute), il portait à 800 m contre 600 m. Le manque de munitions rendit vains tous les avantages que Chassepot avait assurés à son pays.

Près de la rivière (la Bruche), l'ancien **château des Rohan** (17ᵉ s.), évêques de Strasbourg fut converti en manufacture d'armes après la Révolution.

Il abrite aujourd'hui un centre culturel et un **musée** municipal d'armes à feu et armes blanches.

De Mutzig à Molsheim, le parcours se déroule à flanc de coteau à travers le vignoble qui produit le Riesling.

★**Molsheim.** – *Page 96.*

CARLING-MERLEBACH (Région industrielle de)

Carte Michelin n° 57 plis 6, 15, 16, 17 ou 242 plis 10, 11.

Situés à la frontière allemande, dans la région boisée de St-Avold, ces deux centres miniers sont le cœur du bassin houiller lorrain, qui prolonge le gisement de la Sarre.

Le pays du charbon et de la grande industrie chimique. – De riches réserves, et une productivité élevée caractérisent le bassin houiller de la « Sarre lorraine ». Le siège de la Houve détient le record européen d'extraction avec 7 200 kg/homme/jour alors que la moyenne pour les cinq sièges lorrains encore en service est de 4 600 kg. Les **Houillères du Bassin de Lorraine** ont assuré en 1987, avec 22 000 emplois, une extraction de près de 9 millions de tonnes, soit la moitié de la production française.

La houille est soit transformée sur place en coke ou en énergie électrique, soit livrée à la clientèle (industrie, ensembles résidentiels, réseaux de chaleur urbains...) dans tout le quart Est de la France, ville de Paris comprise.

Les cokeries. – Celles du bassin de Lorraine utilisent une technique qui permet de produire un coke métallurgique de qualité, à partir des charbons flambants lorrains longtemps considérés comme impropres à cette fabrication.

Les usines chimiques. – A côté de la cokerie de Carling, un ensemble d'usines pétrochimiques a pris une grande extension pour répondre aux besoins en ammoniac de synthèse, en engrais ou en styrène (produit de base pour la fabrication de nombreuses matières plastiques), en éthylène ou en polyéthylène.

CARLING-MERLEBACH (Région industrielle de)

CIRCUIT AU DÉPART DE ST-AVOLD
96 km – environ 2 h 1/2

St-Avold. – *Page 143.*

Quitter St-Avold par la N 33 vers Carling.

Après avoir dépassé le cimetière américain de St-Avold *(à droite),* un des plus grands d'Europe occidentale, et son mémorial, la route franchit l'autoroute A 32 et passe devant le poste de transformation de l'E.D.F.

Carling. – 3 391 h. Cette importante cité ouvrière groupe plusieurs usines dépendant des Charbonnages de France, parmi lesquelles des usines chimiques de C.D.F.-Chimie et une cokerie dont la capacité d'enfournement est de 6 000 t de charbon par jour.

Carling. – Centrale Émile-Huchet.

L'imposante **centrale Émile-Huchet★**, à cycle combiné gaz-charbon, développe une puissance installée de 1 200 MW. Elle comprend six groupes électrogènes avec six tours hyperboliques servant à refroidir l'eau des condenseurs et six cheminées de 130 m de haut évacuant les fumées, préalablement dépoussiérées. Le groupe le plus important, mis en service en 1983, a une puissance de 600 MW ; les deux groupes les plus anciens ont été arrêtés à la même époque.

Une partie du charbon qui alimente cette centrale est amenée en suspension dans l'eau par deux pipe-lines.

Prenant ensuite à droite la route de Merlebach, on a sur la droite une vue générale sur les aménagements de Carling.

On traverse L'Hôpital et Ste-Fontaine.

L'Hôpital (6 567 h.) **et Ste-Fontaine.** – On est sur la « route des puits », en plein pays du charbon, impressionnant avec ses chevalements, ses cheminées d'usines, ses cités industrielles, ses terrils, appartenant aux Houillères du Bassin de Lorraine.

Freyming-Merlebach. – 16 218 h. Ce centre houiller très important a le plus haut rendement d'Europe. L'exploitation de magnifiques couches verticales (« dressants ») s'y fait par les procédés les plus modernes.

A la sortie de Freyming-Merlebach, prendre la N 3, en direction de Forbach.

A gauche, la frontière allemande longe la route : les maisons du côté Nord sont sarroises, celles du côté Sud font partie de la commune française de Cocheren.

Après le pont S.N.C.F., on voit, sur la gauche, la cokerie de Marienau.

Marienau. – La cokerie peut enfourner chaque jour 4 000 t de charbon. Une usine de la C.D.F.-Chimie y distille les goudrons à basse température : elle produit, en particulier, du phénol, de la naphtaline et des brais (résidus goudronneux utilisés comme aggloméant dans la fabrication de certains produits) pour l'électro-métallurgie.

Forbach. – 27 321 h. En quittant la N 3 à l'entrée de Forbach, en direction de Grosbliederstroff, on atteint l'église puis derrière celle-ci, le Schlossberg, colline boisée et couronnée par les ruines d'un château fort : vue étendue sur la ville de Marienau.

Par la rue Ste-Croix et la D 31, on arrive à Behren.

Behren-lès-Forbach. – 11 152 h. Cité de mineurs.

Centrale de Grosbliederstroff. – Cette centrale thermique importante est équipée de 2 groupes de 110 MW chacun ; elle utilise l'eau de la Sarre et est alimentée en charbon depuis Marienau-Forbach, par un téléphérique de 13 km.

Emprunter ensuite la N 61, puis la D 910.

Sarreguemines. – *Page 152.*

Au Sud de Sarreguemines, prendre à gauche la D 33 qui suit le cours de la Sarre.

Zetting. – 702 h. Village dont le site verdoyant est dominé par une petite église à tour ronde pré-romane (9e ou 10e s.) et abside gothique encadrant la nef (ancien sanctuaire rural transformé au 15e s.). A l'intérieur, richement orné, on remarque le buffet d'orgues Renaissance, la Mise au tombeau des 14e et 15e s., aux six personnages polychromes, et, surtout, les **vitraux**, du 15e s., éclairant le chœur : de gauche à droite, scènes de l'Ancien puis du Nouveau Testament. Quelques fragments de fresques ont été restaurés : Vierge à l'Enfant au-dessous de l'orgue ; les quatre évangélistes à la voûte de la première travée de la nef.

Faire demi-tour et quitter la D 33 pour prendre à gauche la D 910 puis la D 31c en direction de Gaubiving.

Aussitôt, des pentes du **Kelschberg**, on a une vue intéressante sur les puits du bassin houiller, les installations annexes et la cokerie de Marienau.

Revenir à St-Avold par les D 30c, D 30, puis N 3.

Cette dernière longe la vallée de la Rosselle, verdoyante et boisée.

CHARMES
5 457 h. (les Carpiniens)

Carte Michelin n° 62 Sud du pli 5 ou 242 pli 26.

Cette petite ville, bâtie sur les rives de la Moselle, fut plusieurs fois détruite au cours des siècles. En 1633, Richelieu et le duc Charles IV de Lorraine y signèrent un traité donnant Nancy à la France.
En août-septembre 1914, elle fut sauvée grâce à la bataille de la « Trouée de Charmes ». Les troupes du général de Castelnau repoussèrent les Allemands qui, vainqueurs à Morhange, voulaient prendre à revers les défenses du camp retranché de Nancy. En 1944, une partie de la ville fut incendiée.
Le centre de la ville a été presque entièrement reconstruit. Mais la cité a conservé son église des 15e s. et 16e s., avec l'intéressante chapelle des Savigny, datée de 1537. Toute proche, la « maison des loups », demeure seigneuriale de la Renaissance, vit la signature du fameux Traité de Charmes.
Le nom de la cité reste lié à celui de **Maurice Barrès** qui y vit le jour en 1862 et y demeura attaché sa vie durant. Les admirateurs du célèbre écrivain pourront voir sa maison et la tombe familiale où il est inhumé, dans « la terre de ses morts ». A l'Ouest, les vastes forêts de Charmes et de Ternes assurent un environnement agréable à la cité.

Chamagne, situé à 4,5 km au Nord de Charmes, a vu naître, en 1600, le grand peintre paysagiste Claude Gellée dit « Le Lorrain ».

EXCURSIONS

Monument de Lorraine. – *3,5 km au Sud, par la D 28 puis, à droite, la D 28c étroite et en montée jusqu'au terre-plein situé devant le monument « de Lorraine ».* Derrière le monument commémorant la victoire de la « Trouée de Charmes », une table d'orientation en céramique reproduit le champ de bataille et l'emplacement des armées en présence. La vue est étendue sur le théâtre des combats et la vallée de la Moselle.

⊘ **Forteresse de Châtel-sur-Moselle.** – *10 km au Sud-Est de Charmes.*
Postée en un lieu stratégique commandant un passage sur la Moselle, cette place-forte qui défendait l'importante châtellenie des comtes de Vaudémont et des sires de Neufchâtel, a joué dès le Moyen Age un rôle notable. Commencée au 11e s., la construction s'échelonne jusqu'au 15e s., époque à laquelle on procède à une importante adaptation à l'artillerie.
Aujourd'hui ruinée, la forteresse présente des restes de remparts et des soubassements nombreux mais aussi d'intéressantes **salles souterraines**. Un chantier-école de bénévoles travaille une grande partie de l'année à fouiller, dégager et mettre en valeur ce site historique.

★★ La COLLINE INSPIRÉE

Carte Michelin n° 62 Sud-Est du pli 4 ou 242 pli 25.

La butte de Sion-Vaudémont, en forme de fer à cheval, est isolée en avant des côtes de Meuse. C'est un des plus célèbres belvédères sur le pays lorrain en même temps qu'un de ces hauts lieux historiques « où souffle l'esprit » selon la formule de **Maurice Barrès**, qui lui donna le nom de « Colline inspirée ». Dans ce véritable sanctuaire de la Lorraine, de grands pèlerinages rassemblent les foules, surtout à Pâques au début d'octobre.

Vingt siècles de prières. – Il y a 2 000 ans, les Celtes adorent déjà sur la colline les dieux de la Guerre et de la Paix. Au 4e s., le christianisme chasse les idoles et le culte de la Vierge remplace celui des divinités païennes. Au 10e s., saint Gérard, évêque de Toul, fixe cette dévotion d'une façon définitive. Elle s'étend à toute la contrée, grâce à la protection des comtes de Vaudémont et des ducs de Lorraine. On prie sur la colline pour les Croisés qui guerroient en Terre Sainte. Plus tard, c'est sous la bannière de N.-D.-de-Sion que le duc René II défait le Téméraire devant Nancy *(voir p. 108).* Enfin, à une époque plus récente, lorsque par trois fois la guerre et son pesant cortège de désolations s'éloignent, le sanctuaire accueille les foules venues remercier la Vierge.
Le 10 septembre 1873, quand les derniers soldats prussiens eurent quitté la Lorraine non annexée, 30 000 pèlerins vinrent célébrer le couronnement de N.-D.-de-Sion. Ce jour-là, une plaque symbolique apportée par les Lorrains de la partie

La COLLINE INSPIRÉE★★

annexée fut placée dans l'église. Elle portait une croix de Lorraine brisée, avec une inscription en patois : « Ce n'a me po tojo » (ce n'est pas pour toujours).

Le 24 juin 1920, toute la province se trouva de nouveau assemblée sur la colline, mais cette fois pour célébrer la victoire. Au cours d'une cérémonie, Maurice Barrès fut chargé de masquer sous une palmette d'or la brisure d'autrefois, et les mots « Ce n'ato me po tojo » (ce n'était pas pour toujours) furent gravés au-dessus de la plaque.

Le 8 septembre 1946, une fête de l'Unité française réunit 80 000 personnes autour de la Vierge de Sion et le général de Lattre de Tassigny plaça sur l'autel une nouvelle croix de marbre portant l'inscription : « Estour inc potojo » (maintenant c'est pour toujours).

Le 9 septembre 1973, une

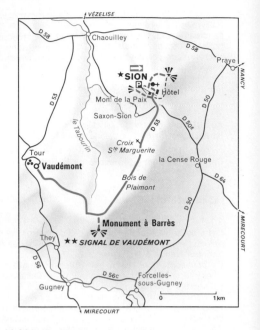

« fête de la Paix » rassemble 10 000 pèlerins, dont des invalides et ex-prisonniers de guerre allemands. Une banderole de marbre portant le mot « Réconciliation » est apposée au-dessus des inscriptions précédentes, et un « Monument de la Paix » érigé à l'entrée du Plateau.

★SION Visite : 1/2 h

Le sanctuaire. – *Laisser la voiture au parc de stationnement et monter jusqu'à l'hôtel Notre-Dame. Prendre à gauche en longeant le cimetière, pour gagner l'esplanade plantée de tilleuls séculaires.*

Église. – Elle date, pour l'essentiel, du milieu du 18e s., et semble être le piédestal de la tour monumentale (1860) qui se dresse au-dessus du porche.

L'abside, restaurée dans sa pureté originelle (début 14e s.), abrite la statue de N.-D.-de-Sion : Vierge couronnée, en pierre dorée, du 15e s. Au-dessus de l'autel du bas-côté gauche sont fixées les plaques apposées lors des quatre pèlerinages de 1873, 1920, 1946 et 1973.

Un **musée** archéologique et missionnaire a été aménagé à l'extrémité du préau. L'histoire de la « Colline inspirée » y est retracée.

★**Panorama**. – *A la sortie de l'église, prendre à droite, longer le préau et tourner à droite, à l'angle du mur du couvent.* A hauteur d'un calvaire, le panorama atteint toute son ampleur (table d'orientation – alt. 497 m). C'est là qu'on découvre ce « vaste paysage de terre et de ciel » dont parle Barrès.

Un autre point de vue est aménagé à l'Ouest du plateau. On y accède par une allée d'arbres à gauche, à l'entrée du parking. Tout près, en contrebas, se trouve le village de Saxon-Sion.

★★SIGNAL DE VAUDÉMONT visite : 1/2 h

2,5 km au Sud de Sion. En quittant Sion, laisser à droite le chemin en descente sur Saxon-Sion et, à hauteur d'un calvaire, prendre, tout droit, la D 53, route de crête qui traverse toute la colline.

Après avoir dépassé, à droite, une croix de mission érigée vers 1622 par Marguerite de Gonzague, épouse de Henri II de Lorraine, la route traverse le bois de Plaimont à la sortie duquel on aperçoit le monument à Barrès.

Au sommet du signal de Vaudémont (alt. 541 m), s'élève le **monument à Barrès** haut de 22 m, en forme de lanterne des Morts, érigé en 1928 à la mémoire de Maurice Barrès. **Panorama★★** superbe sur le plateau lorrain.

On peut poursuivre jusqu'au village de **Vaudémont,** pointe opposée de la colline, où s'élève la « tour Brunehaut », ruine du château de Vaudémont, berceau de la famille des ducs de Lorraine.

Afin de donner à nos lecteurs l'information la plus récente possible, les Conditions de visite des curiosités décrites dans ce guide ont été groupées en fin de volume.

Les curiosités soumises à des conditions de visite y sont énumérées soit sous le nom de la localité soit sous leur nom propre si elles sont isolées.

Dans la partie descriptive du guide, p. 43 à 198, le signe ⓥ placé en regard de la curiosité les signale au visiteur.

★★★ COLMAR
63 764 h. (les Colmariens)

Carte Michelin n° 🎴 pli 17 ou 🎴 pli 31 – Schéma p. 141.
Plan d'agglomération dans le guide Rouge Michelin France.

Le grand charme de Colmar réside dans le caractère purement alsacien de ses rues, bordées de jolies maisons sculptées et ornées. Tous les touristes visiteront son musée d'Unterlinden. Capitale du vignoble, Colmar est aussi un excellent centre d'excursions.

UN PEU D'HISTOIRE

Le domaine des Colombes. – Une villa franque s'élève dans la plaine du Rhin, au bord d'une rivière, la Lauch, affluent de l'Ill. C'est une résidence impériale : Charlemagne y fait de fréquents séjours et son fils, Louis le Débonnaire, l'imitera. Autour de l'habitation principale vit tout un petit peuple d'ouvriers et d'artisans. Au centre, symbole de noblesse et de puissance, une tour abrite un colombier qui aurait transmis son nom à la cité future. Villa Columbaria, le domaine des Colombes, serait devenu Columbra, puis Colmar.

Roesselmann, héros de l'Indépendance. – Colmar est en lutte ouverte contre l'évêque de Strasbourg qui convoite cette petite ville florissante. C'est Roesselmann, le fils d'un tanneur, qui y exerce la plus haute magistrature, au grand dépit de tous les nobles des environs. En 1261, ceux-ci prêtent main-forte à l'évêque pour se débarrasser de leur ennemi commun. Roesselmann, proscrit mais non résigné, se réfugie chez Rodolphe de Habsbourg, futur empereur, dont l'aide lui permet de réoccuper les lieux.
Mais un matin, une troupe aux couleurs de Rodolphe pénètre dans la ville sans encombre : ce sont les soldats de l'évêque déguisés. Roesselmann se précipite, à la tête de la milice bourgeoise. L'envahisseur est repoussé. Mais Roesselmann a payé de sa vie la liberté de Colmar.

Hagenbach le tyran. – En 1469, l'archiduc Sigismond, qui représente l'empereur d'Allemagne en Alsace, a d'impérieux besoins d'argent. Charles le Téméraire lui consent un prêt mais réclame, en gage, une partie de la province... Dans la région concédée, il délègue un bailli, Pierre de Hagenbach. Sa cruauté est telle que les villes d'Alsace se hâtent de rembourser. Mais Hagenbach refuse de céder la place. Battu et fait prisonnier, il est condamné à avoir la tête tranchée. L'honneur de l'exécution revient au bourreau de Colmar. Le glaive du bourreau est conservé au Musée d'Unterlinden.

Réjouissances révolutionnaires. – L'autel de la déesse Raison est édifié dans l'église St-Martin : c'est un extraordinaire échafaudage simulant une montagne, surmonté d'une urne enflammée, entouré d'allégories. En l'honneur de la déesse, des chœurs alternent avec des harangues de Hérault de Séchelles, le représentant de la Convention.
Le 26 septembre 1796, on organise une « Fête des Vieillards ». Un brave Colmarien, centenaire, en est le héros. Mais prié, au banquet, de prendre la parole, il ne sait que réunir toutes ses forces pour crier ingénument : « Vive le Roi ! »

Colmar « capitale de la fidélité ». – Après 1870, Colmar reçut souvent cette dénomination liée notamment à l'action de trois de ses enfants : l'**abbé Wetterlé,** Jacques Preiss, député au Reischtag et l'écrivain Jean-Jacques Waltz, passé à la postérité sous le nom de **Hansi.** Ce dernier, dessinateur talentueux, caricaturiste et aquarelliste plein d'une truculence souvent goguenarde et toujours malicieuse, sut cristalliser la résistance de sa ville aux influences allemandes en développant toute une imagerie à la fois poétique et humoristique de l'Alsace immortelle. Ses caricatures vengeresses à l'égard des nouvelles autorités militaires de la région croquées sous une apparence grotesque, ses paysans alsaciens rougeauds et bonasses, ses villageoises touchantes dans leurs costumes régionaux, tout ce petit monde plus vrai que nature, à mi-chemin entre l'authenticité et la légende, toutes ces images d'un patriotisme à la fois humoristique, outrancier et d'une désarmante sincérité ont emporté l'adhésion de nombre de ses contemporains et laissé une image colorée de l'Alsace qui perdure parfois aujourd'hui.

La libération de 1945. – Colmar se trouve être, au début de février 1945, l'objectif de l'attaque en tenaille montée par le **général de Lattre de Tassigny,** pour liquider la « **poche de Colmar** » *(voir p. 31)*.
Le 1er février, les lignes allemandes sont percées au nord de Colmar par l'infanterie américaine qui arrive aux abords de la ville mais cède le pas, pour l'entrée dans Colmar (le 2 février), au général français Schlesser qui commande une fraction des chars de la 5e D.B.

★★LE MUSÉE D'UNTERLINDEN *visite : 2 h* (AY)

Ⓥ Ce musée est situé sur la place d'Unterlinden traversée par le Logelbach (canal des Moulins). Il occupe un ancien couvent, dont le nom signifie « Sous les tilleuls », qui fut édifié au 13e s. Deux veuves de noble famille y fondèrent une communauté, régie d'abord par la règle de saint Augustin puis par celle de saint Dominique. Pendant plus de cinq siècles, le couvent fut célèbre par le mysticisme et l'austérité des moniales. La Révolution dispersa celles-ci et le couvent, délaissé, fut transformé en quartier de lanciers. Il reçut son affectation actuelle en 1849 et connaît à nouveau aujourd'hui la célébrité grâce aux œuvres de Grünewald, de Schongauer et d'Isenmann qu'il abrite.

★**Cloître.** – Le cloître a été construit au 13e s., en grès rose des Vosges. Au milieu de la galerie Ouest, une arcade est plus grande et plus ornée que les autres. Elle surmonte ce qui était le lavabo dont on peut encore voir la cuve. Dans un angle du cloître se trouve un curieux puits de style Renaissance.

Salles du rez-de-chaussée. – Consacré à l'art rhénan, le rez-de-chaussée présente de riches collections de peinture, sculptures et arts mineurs de la fin du Moyen Age et de la Renaissance, dont le retable d'Issenheim est le fleuron. *Il est recommandé de visiter les salles 3, 9 à 11b et 12 en préliminaire à la découverte du chef-d'œuvre.*

Salles 3 et 12. – Sculptures et arts mineurs du Moyen Age et de la Renaissance : vitraux des 15e s. et 16e s., statues provenant de St-Martin de Colmar, tapisseries du 15e s., retable en bois sculpté de Bergheim...

Salles 9 à 11b. – Collection de **primitifs** rhénans (provenant des établissements religieux de la région) et allemands : prédelle de Bergheim, panneaux du retable à volets (1462-1465) de la collégiale St-Martin exécuté par **Gaspard Isenmann** sur le thème de la Passion... On voit aussi un portrait de femme par Holbein l'Ancien, scène allégorique de Cranach l'Ancien, la Mélancolie, une austère nature morte aux bouteilles et aux livres (vers 1470), considérée comme la plus ancienne peinture du genre. Nombreuses gravures sur cuivre de Schongauer *(voir p. 41).*

Chapelle. – *Accès par la salle 12.* On a une vue d'ensemble de l'ancienne chapelle des Dominicaines depuis la **tribune** (peinture et sculpture des 15e et 16e s.) : on saisit l'organisation du célèbre retable à volets en embrassant dans une même perspective les trois plans successifs de ses trois compartiments centraux.

Œuvres de Schongauer. – Sous la tribune, volets d'une Annonciation peinte vers 1470 pour le couvent d'Issenheim. Au milieu de la nef, les 24 panneaux peints du retable des Dominicains de Colmar représentent une **Passion**★★ (atelier de Schongauer) ; au revers, scènes de la vie de la Vierge.

★★★**Retable d'Issenheim.** – Peint au début du 16e s. par Mathis Gothardt-Nithardt, plus connu sous le nom de **Mathias Grünewald**, pour le maître-autel du couvent d'Issenheim, il fut transporté à Colmar en 1793.

Le couvent des Antonites d'Issenheim avait été fondé en 1298. On y soignait les malades atteints du « feu de saint Antoine » ou « mal des Ardents » (ergotisme gangréneux). Le prieur, en 1500, fit décorer son église par les plus grands artistes de l'époque.

« Par le mélange de mysticisme et de réalisme, l'éclat, le dramatique et la lumière surnaturelle dont le maître d'Issenheim entoure ses visions, les peintures du couvent des Antonites restent l'œuvre unique, du moins la seule connue, d'un artiste qui n'eut son pareil en aucun temps, dans aucun pays. » (J.-K. Huysmans).

Il comporte une partie sculptée, au centre, deux volets fixes, deux paires de volets mobiles et une partie basse ouvrante. Pour des raisons de conservation, ses différentes parties ont été dissociées et sont présentées séparément, dans le chœur. En plusieurs points de la chapelle et fixées au mur, des maquettes avec volets articulés permettent de comprendre le jeu des volets.

Le visiteur découvre d'abord le retable volets fermés, avec son admirable **Crucifixion**, scène pathétique et dramatique, peut-être la plus impressionnante de toute la peinture religieuse occidentale. A la prédelle, émouvante Mise au tombeau. Au revers, Annonciation et Résurrection. La partie centrale révélée par la première ouverture présente la Nativité et le Concert des Anges. Au revers, Visite de saint Antoine à saint Paul et Tentation de saint Antoine.

La partie sculptée compose le compartiment central découvert à la seconde ouverture : elle comprend trois magnifiques statues de bois doré représentant saint Antoine entre saint Jérôme et saint Augustin, œuvre attribuée à Nicolas de Haguenau *(voir p. 40)* ; le haut-relief de la partie basse, représentant Jésus au milieu des apôtres, est de Sébastien Beychel. Volées en 1823, les deux statues d'un gentilhomme et d'un paysan aux pieds de saint Antoine, ont retrouvé leur place en 1985 à la suite d'échanges avec le Badisches Museum de Karlsruhe qui les avaient recueillies.

Colmar. – Le retable d'Issenheim (partie centrale).

En sortant de la chapelle, gagner le sous-sol.

Sous-sol. – Deux salles d'art moderne (Renoir, Picasso, Léger, Rouault, Mathieu, Vasarely, Braque, Minaux...). Salle gallo-romaine. En prolongement, les deux nefs en plein-cintre de l'ancienne **cave** du couvent (13e s.), admirablement conservés, abritent les collections archéologiques de la préhistoire à l'époque mérovingienne.

De retour dans le cloître, jeter un coup d'œil à la cave du vigneron, reconstituée avec ses pressoirs du 17e s.

Gagner le 1er étage par l'escalier de la galerie Ouest.

1er étage. – Il est composé de salles consacrées à l'histoire de Colmar et de la province, aux costumes et à l'art alsacien, à des collections de meubles, d'armes, de ferronerie, de porcelaines et de faïences du 18e s. de Strasbourg, de Rouen, de Moustiers et de Saxe. Parmi les reconstitutions d'intérieurs, on remarquera la chambre gothique, aux murs et plafond lambrissés, et le salon des demoiselles anglaises (18e s.) au splendide **plafond peint** en trompe-l'œil dans le goût baroque.

★★LA VILLE ANCIENNE *visite : 2 h*

Partir de la place d'Unterlinden. Suivre la rue des Clefs.

On passe devant l'hôtel de ville du 18e s., ancien bâtiment à chaînage de grès rose qui appartenait à l'abbaye de Pairis *(voir p. 120).*

A la place Jeanne d'Arc, tourner à droite dans la Grand'Rue.

ⓥ **Église St-Matthieu** (BZ). – Cette ancienne église des Franciscains, aujourd'hui temple protestant, possède deux beaux **vitraux** des 14e et 15e s. Le plus remarquable est le **vitrail de la Crucifixion★** (15e s.), attribué à Pierre d'Andlau, placé en haut du collatéral droit.

Tourner à gauche au coin du temple protestant pour s'avancer sur la place du 2-Février que borde, à l'Est, la façade de l'Ancien Hôpital.

Ancien Hôpital (BZ). – Cet édifice, de style classique, présente une majestueuse façade coiffée d'un toit à lucarnes alsaciennes.

Revenir à la Grand'Rue que l'on continuera à suivre.

★**Maison des Arcades** (BZ B). – De style Renaissance (1609), la façade, flanquée aux angles de deux tourelles octogonales, repose sur dix arcades en plein cintre. Passer devant la **maison du Pèlerin** (BZ E) (1571), pour atteindre la place de l'Ancienne Douane, pittoresque avec ses maisons à pans de bois comme la **maison au Fer Rouge** (BZ D). Sur la gauche, la **fontaine Schwendi** (BZ F), œuvre du sculpteur colmarien Bartholdi, célèbre celui qui introduisit en Alsace le cépage du Tokay *(voir p. 80).* Sur la droite s'élève l'Ancienne Douane (ou Koïfhus).

★**Ancienne Douane** (BZ K). – C'est la plus importante des anciennes constructions civiles de Colmar. Elle se compose de deux corps de logis. Le corps principal fut bâti en 1480. Son rez-de-chaussée servait d'entrepôt pour les marchandises passibles d'un impôt municipal. Dans la grande salle du 1er étage, salle de la Décapole *(voir p. 27),* se réunissaient les représentants des dix villes libres d'Alsace. La seconde partie a été ajoutée à la fin du 16e s.

C'est un joli bâtiment orné d'une galerie de bois et flanqué d'une tourelle d'escalier à pans coupés, dont le rez-de-chaussée est percé de trois arcades formant passage. Traverser le passage pour admirer, sur l'autre côté de la façade, le bel escalier extérieur. La loge du portier, en 1771, vit naître le futur général Rapp.

Prendre, face à l'Ancienne Douane, la rue des Marchands qui est, avec la Grand'Rue, l'une des voies les plus pittoresques de Colmar. La maison Pfister s'élève à droite, à l'angle de la rue Mercière.

★★**Maison Pfister** (BZ N). – Un chapelier de Besançon se fit construire, en 1537, cette maison, ornée de fresques et de médaillons, la plus jolie du vieux Colmar.

Sur un rez-de-chaussée à arcades court une élégante galerie de bois coupée, à l'angle de la rue, par un oriel au toit pyramidal.

Accolée à la maison Pfister, au n° 9, très belle maison (1609) à galerie de bois et figure sculptée d'angle représentant un marchand.

Sur le côté gauche de la rue des Marchands, en face de la maison Pfister, la **maison Schongauer** ou maison à la viole, du 15e s. (BZ L) appartint à la famille de ce peintre.

Face à la maison à la viole, petite **maison au cygne** (BZ Q) où l'on dit que le peintre habita de 1477 à 1490.

Un peu plus loin, au n° 34, a vécu le peintre Isenmann.

ⓥ **Musée Bartholdi** (ABZ M¹). – La maison natale du sculpteur Bartholdi (1834-1904), auteur de la statue de la Liberté de New York, du Lion de Belfort, de la fontaine des Terreaux à Lyon, a été aménagée en musée. Le rez-de-chaussée est consacré à des expositions historiques et artistiques temporaires. Au 1er étage, les appartements, meublés comme au temps de Bartholdi, renferment souvenirs et maquettes de l'artiste. Au 2e étage, salles retraçant les différentes étapes de la réalisation de la statue de la Liberté.

En face du musée, passer sous les arcades, où se tenait jadis la halle aux noix, pour voir, sur la place de la Cathédrale, la façade de l'Ancien Corps de garde.

★**Ancien Corps de garde** (BZ R). – Cette maison fut construite en 1575. C'est de la jolie loggia Renaissance qui décore la façade que le Magistrat de la ville prêtait serment et qu'étaient prononcées les condamnations infamantes. Dans l'angle, remarquer la plus ancienne maison de Colmar, la **maison Adolphe** (BZ S) (1350), restaurée.

En face de l'Ancien Corps de garde s'élève la collégiale St-Martin, que l'on appelle couramment à Colmar : la Cathédrale.

COLMAR

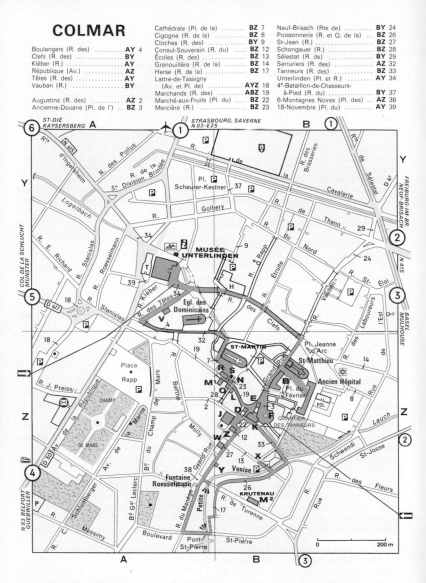

★Collégiale St-Martin (BZ). – Tout égayé du chatoiement de ses tuiles vernissées, ce noble édifice aux élévations de grès rouge remplaça aux 13e et 14e s. une église romane.

Extérieur. – Le portail principal, à l'Ouest, devait être à l'origine encadré par deux tours. Seule, la tour Sud fut achevée. Elle est surmontée d'un étrange clocheton en forme de chapeau chinois et porte sur une de ses faces un cadran solaire avec l'inscription « Memento Mori » (pense à la mort). Sur le tympan de la porte du centre figure : en haut, le Christ-Juge entre des anges et, en bas, l'Adoration des Mages. **Le portail St-Nicolas**, qui donne accès au croisillon droit du transept, est décoré des sculptures les plus remarquables de toute l'église. Son archivolte est ornée de treize statuettes dont l'une, sous le quatrième dais à gauche, est le portrait du maître d'œuvre qui a signé en français : « Maistres Humbret ». Le tympan, gothique dans sa partie supérieure, roman dans sa partie inférieure, représente : en haut, le Christ ressuscitant les Morts ; en bas, la légende de saint Nicolas. A gauche du saint, les trois jeunes filles qu'il a sauvées du déshonneur, accompagnées de leur père ; à droite, les trois jeunes hommes qu'il a donnés comme époux à ses protégées.

Intérieur. – Le vaisseau tout entier baigne dans une lumière dorée et frappe par l'ampleur des volumes et la qualité du mobilier. On admirera la nef gothique (21 m de hauteur) du 13e s. voûtée d'ogives et dépourvue de triforium. Quant au chœur, du 14e s., il présente un caractère original par le curieux passage qui le ceinture reliant les chapelles extérieures en formant une sorte d'étroit déambulatoire. Ces chapelles rayonnantes sont décorées d'intéressantes sculptures : **Crucifixion★** du 14e s. dans la chapelle absidale, « Vierge de Colmar » du 15e s. et Cène de la même époque dans les deux chapelles suivantes à gauche. Au milieu du 18e s. on installa au fond de l'église de superbes orgues dues au facteur Silbermann. Il n'en subsiste que l'imposant buffet, l'actuel instrument ayant été construit en 1974. On notera en sortant deux beaux vitraux du 14e s. (les plus précieux de l'édifice), à côté des escaliers qui montent à la tribune : les dix scènes enchâssées dans ces verrières rapprochent des épisodes de la vie du Christ et de grands moments de l'histoire du peuple élu.

Sortir de l'église par l'une des portes de la façade Ouest, prendre à droite puis à gauche dans la rue des Serruriers.

Ⓥ **Église des Dominicains** (AY). – La première pierre du chœur fut posée en 1283 par l'Empereur Rodolphe de Habsbourg. Mais la construction de l'édifice ne fut exécutée dans son ensemble qu'aux 14ᵉ et 15ᵉ s. A l'intérieur, remarquable par l'élancement de ses piliers sans chapiteaux, autels et stalles du 18ᵉ s. ; magnifiques **vitraux**★ du 14ᵉ et du 15ᵉ s. (superbe effigie du Roi Salomon, au-dessus du portail Sud).

Le célèbre tableau de Martin Schongauer, la **Vierge au buisson de roses**★★, est exposé à l'entrée du chœur, dans un retable ouvert *(illustration p. 41)*. Il fut exécuté en 1473. La Vierge et l'Enfant, d'une grâce charmante, se détachent sur un fond d'or, couvert de rosiers blancs et rouges, tout peuplés d'oiseaux.

Prendre la rue des Boulangers puis tourner à droite dans la rue des Têtes.

★ **Maison des Têtes** (AY V). – *Au n° 19.* Cette belle maison Renaissance (1608) doit son nom aux nombreuses têtes sculptées qui figurent parmi les ornements de sa façade. Elle s'agrémente d'un joli pignon à volutes et d'un oriel vitré à deux étages *(illustration p. 39)*. Un restaurant y est installé.

Regagner la place d'Unterlinden.

★« PETITE VENISE »

3/4 h à pied au départ de la place de l'Ancienne Douane.

Au fond de la place, prendre à gauche la rue des Tanneurs qui longe le canal et le **quartier des Tanneurs** ; celui-ci a fait l'objet d'une restauration aussi complète qu'exemplaire, achevée en 1974.

En franchissant le pont sur la Lauch, on pénètre dans le **quartier de la Krutenau** qui constituait jadis un faubourg fortifié, peuplé de maraîchers et qui a gardé son aspect pittoresque.

Suivre, à droite, le quai de la Poissonnerie.

Traverser le pont suivant pour aller voir, à l'angle des rues des Écoles et du Vigneron, la **fontaine du Vigneron** (BZ X) qui chante la gloire des vins d'Alsace, par Bartholdi.

Reprendre le quai de la Poissonnerie, puis suivre la rue de la Poissonnerie bordée de pittoresques maisons de bateliers. Elle aboutit à la rue de Turenne, l'ancienne Krutenau, autrefois marché aux légumes dans sa partie la plus large.

Ⓥ **Museum d'Histoire Naturelle** (BZ M²). – Installées dans une maison remontant au 17ᵉ s., les collections de la Société d'Histoire Naturelle de Colmar donnent un aperçu de la faune, de la géologie et de l'écologie forestière de la région. Une salle égyptienne et une série d'objets ethnographiques, notamment en provenance des îles Marquises, complètent la visite.

Prendre la rue de la Herse puis à droite la ruelle qui conduit à la Lauch.

Petite promenade aménagée le long de la berge qui mène au pont St-Pierre. Du pont St-Pierre, on découvre la plus jolie **vue**★ sur la « **Petite Venise** », avec la tour de l'église St-Martin à l'arrière-plan dans l'axe de la rivière.

Prendre à droite la rue du Manège qui aboutit à la place des Six Montagnes-Noires sur laquelle s'élève la **fontaine Roesselmann** (ΛZ), autre œuvre de Bartholdi, dédiée au héros colmarien *(détails p. 55)*.

A droite de la place, s'avancer sur le pont : bordée de saules, la rivière qui se faufile entre deux rangées de vieilles maisons compose un pittoresque tableau.

Prendre ensuite la rue St-Jean.

Sur la gauche, s'élève la **maison des Chevaliers de St-Jean** (BZ W), bel édifice de la Renaissance orné de deux galeries superposées. De l'autre côté de la rue, subsiste un portail gothique (BZ Y) de l'ancien bâtiment. La place du Marché-aux-Fruits est bordée par la **maison Kern** (BZ Z) Renaissance, la jolie façade en grès rose, de style classique, du **Tribunal civil**★ (BZ J), sur la gauche, et l'Ancienne Douane en face.

Colmar. – La Petite Venise.

COMMERCY
7 958 h. (les Commerciens)

Carte Michelin n° 🖾 pli 3 ou 🖾 pli 17.

Située sur la rive gauche de la Meuse, Commercy tire de ses forges et fonderies (tréfileries, fabrique de fers à cheval et d'appareils pour soudure à l'électricité), favorisées par la présence du canal et de la voie ferrée Paris-Strasbourg, une certaine activité industrielle. C'est une des rares petites villes de province à avoir conservé un vélodrome. Ses madeleines constituent une spécialité renommée et une industrie florissante.

Ⓥ **Château.** – Précédé par une majestueuse esplanade en fer à cheval, il est situé dans l'axe de la perspective que forment la rue Stanislas et l'allée de tilleuls conduisant à la forêt de Commercy.
Remontant au Moyen Age, il appartint au 17ᵉ s. au cardinal de Retz qui y écrivit une partie de ses Mémoires. Rebâti au début du 18ᵉ s. par d'Orbay, il devint une des résidences favorites de Stanislas Leszczynski qui y reçut Voltaire. Incendié en 1944, il a depuis été restauré et abrite divers services municipaux ou publics. La façade postérieure est particulièrement imposante.
La visite permet de voir les grandes pièces de réception et surtout les soubassements médiévaux comprenant portes, tours, salles à voûtes d'ogives et cheminées gothiques armoriées, etc.
Il ne reste plus rien du parc, célèbre au temps de Stanislas par son canal de 500 m de long que terminait un « pavillon royal » conçu par Héré.

EXCURSIONS

Euville. – *3 km au Sud-Est.* Cette bourgade, célèbre au 19ᵉ s. pour ses carrières de pierre qui alimentèrent d'illustres chantiers comme l'Opéra, la gare du Nord, la Sorbonne ou le pont Alexandre III à Paris, s'est dotée en 1901 d'une pompeuse
Ⓥ **mairie** dans le plus pur style de l'Art Nouveau nancéen *(voir p. 113).*

Vallée du Rupt de Mad. – *85 km – environ 2 h 1/2. Quitter Commercy au Nord par la D 958. Carte Michelin n° 🖾 plis 12, 13.*
Cette vallée agreste constitue un itinéraire touristique entre Commercy et Metz. La route emprunte une longue côte sinueuse et boisée.
Après avoir traversé **Broussey-en-Woëvre,** village lorrain typique, la D 33 puis la D 907 traversent une région d'étangs et de bois caractéristiques de la plaine de la Woëvre. Avant Apremont-la-Forêt, la D 12 que l'on prend à droite, étroite, entre vignes et mirabelliers, conduit à la Butte de Montsec.

★★**Butte de Montsec.** – *Page 94.*

Par la D 119, on redescend dans la vallée du Rupt de Mad où l'on prend la D 33 à gauche puis la D 28 qui la prolonge.

Thiaucourt-Regniéville. – 1 106 h. A l'Ouest de ce bourg s'élève un cimetière américain où sont inhumés 4 153 soldats tombés lors de la réduction du « saillant » de St-Mihiel en septembre 1918 *(voir p. 146).* Sur l'autre versant, cimetière allemand de la même époque.
La rivière s'encaisse peu à peu dans un vallon verdoyant, pour traverser les côtes de Moselle.

Ⓥ **Jaulny.** – 172 h. **Château** féodal des 11ᵉ-12ᵉ s. dont le gros œuvre et les remparts subsistent. L'intérieur est aménagé et on peut y voir un beau plafond aux poutres sculptées du 15ᵉ s., des grilles et rampes d'escalier attribuées à Jean Lamour, des peintures et tapisseries, du mobilier lorrain, des souvenirs militaires, ainsi que des objets de différentes époques : pierres taillées, bronzes, sculptures, etc.
Toujours par la D 28, puis la D 952, après être passé sous l'élégante courbe que décrit le moderne viaduc de la voie ferrée, continuer de suivre le Rupt de Mad jusqu'à son confluent avec la Moselle, à Arnaville. La basse vallée du Rupt de Mad est plus épanouie.
Avant Arnaville, la route est bordée, à droite, depuis 1970 par la petite retenue d'un barrage construit pour servir à l'alimentation en eau de la ville de Metz.

★ # CONTREXÉVILLE
4 582 h. (les Contrexévillois)

Carte Michelin n° 🖾 pli 14 ou 🖾 pli 29 – Schéma p. 191 – Lieu de séjour. Plan dans le guide Rouge Michelin France.

La ville est bien située dans un vallon arrosé par le Vair et richement boisé.
C'est une station hydrominérale très fréquentée. Ses eaux sont employées dans le traitement des maladies des reins et du foie, de la goutte, du cholestérol, de l'obésité et des rhumatismes.
Contrexéville constitue un bon centre d'excursions et de détente qui, grâce à son climat frais et stimulant, plaira aux amis de la nature.
Le **lac de la Folie** *(1,5 km au Nord-Ouest)* est un plan d'eau de 12 ha, joliment situé dans les bois. *Pour la pêche, voir le chapitre des Renseignements pratiques en fin de guide.*

EXCURSION

Bulgnéville. – 1 128 h. *7,5 km à l'Ouest par la D 164.*
Cette bourgade, à la lisière de la forêt, possède quatre fontaines, dont la fontaine
Ⓥ des Curtilles, de 1750, restaurée. De l'ancienne **église,** reconstruite au 18ᵉ s., subsiste une chapelle du 15ᵉ s. qui renferme une Mise au tombeau de la même époque et un magnifique haut-relief du 16ᵉ s. représentant la Lignée de sainte Anne : sainte Anne, ses trois filles dont la Vierge, ses trois gendres et ses sept petits-enfants dont Jésus. Boiseries et chaire du 18ᵉ s.

** DABO-WANGENBOURG (Région de)

Carte Michelin n° 87 plis 14, 15 ou 242 plis 19, 23.

Cette région, située à la limite de la Lorraine et de l'Alsace, est très pittoresque. Ses beaux paysages montagneux, ses fraîches vallées, dominées par les ruines de châteaux féodaux, ses forêts immenses séduiront le touriste.

Un décor typique. – La région de Dabo-Wangenbourg appartient aux Petites Vosges. Le grès qui la compose se découpe en longues arêtes, surgit en falaises verticales, en pitons dénudés, en rochers romantiques. Ici et là, les roches éruptives s'allient au grès rouge pour corser le paysage. Rien n'est plus caractéristique à cet égard que l'escarpement porphyrique d'où descend la cascade du Nideck.
Les massifs gréseux, d'apparence farouche et tourmentée, sont séparés par des vallées fraîches et calmes dont les eaux coulent sur des lits de sable fin.

Le pape saint Léon. – L'ancienne et puissante maison de Dabo, que l'on nomme aussi Dagsbourg, descend du duc d'Alsace Étichon, père de sainte Odile *(voir p. 149).*
Il est fait mention en 890 d'un château de Dagsbourg. C'est en ce château que maints historiens situent, en 1002, la naissance de Bruno de Dabo, le plus illustre personnage de la lignée, qui sera le pape Léon IX, puis saint Léon *(voir aussi p. 65).* Sa vocation s'est affirmée dès l'enfance. Devenu évêque de Toul, il se rend au conclave, à Rome. C'est alors, raconte une ancienne chronique, que les coqs, rencontrés tout le long du chemin, lui annoncent sa prochaine dignité papale. « Léon pape, Léon pape », disent-ils, « dans la langue du pays ».
Les traités de Nimègue (1678-1679) enlèvent aux comtes de Dabo leurs possessions territoriales et décident la ruine de leur château. Démantelé en 1679, il est rasé onze ans plus tard.

DE LA VALLÉE DE LA ZORN
A LA VALLÉE DE LA BRUCHE

110 km – environ une demi-journée

Reliant les hautes vallées de la Zorn et de la Bruche, l'itinéraire proposé permet de découvrir des paysages romantiques, marqués d'escarpements rocheux.

★**Saverne.** – *Page 152.*

Quitter Saverne par ④ du plan, D 132.

★**Château du Haut-Barr.** – *Visite : 1/2 h. Description p. 76.*

Emprunter les D 132, D 38 et D 98 qui suivent la vallée de la Zorn.

★**Vallée de la Zorn.** – Cette riante vallée, aux versants couverts de hêtres et de sapins, a toujours été le passage le plus fréquenté des Vosges du Nord. De nos jours, le canal de la Marne au Rhin et le chemin de fer de Paris à Strasbourg l'empruntent. La Zorn y coule, abondante et claire, sur un lit de sable et de cailloux.
Après Stambach, en avant, se dressent les ruines féodales du château de **Lutzelbourg**. 3 km après Lutzelbourg (798 h. – Lieu de séjour), la route s'écarte du canal, équipé en ce point, depuis 1969, d'un élévateur à bateaux transversal sur plan incliné, première réalisation mondiale de ce type.

★**Plan incliné de St-Louis-Arzviller.** – *On peut l'observer dans d'excellentes conditions de la D 98C.*
Long de 108,65 m dans sa partie inclinée, pour une dénivellation de 44,55 m, cet ouvrage *(illustration p. 17)* a remplacé en 1969 l'ancien escalier de 17 écluses, étagées sur moins de 4 km, le long de la voie ferrée, dont le franchissement nécessitait une journée entière.
Un chariot-bac, d'une longueur de 43 m, se déplaçant transversalement sur les rails d'une rampe de béton par un système de contrepoids reliés au chariot-bac par des câbles, permet de faire passer d'un bief à l'autre, en 20 minutes, une péniche automotrice de 350 t.

★**Rocher du Nutzkopf.** – *Accès par la D 98 D à partir de Sparsbrod, puis une route forestière à gauche, enfin un sentier signalé à gauche (3/4 h à pied AR).* Au sommet (alt. 515 m) de ce curieux rocher tabulaire, **vue★** sur le rocher de Dabo, le village de la Hoube, la verdoyante vallée du Grossthal.

Revenir sur la D 98c puis prendre les D 45 à droite et D 96 à gauche.

Ⓥ **Cristallerie de Vallerysthal.** – C'est le baron de Klinglin qui transporta en 1838 la très ancienne verrerie de Plaine-de-Walsch au Val de Valléry. Entreprise prospère dont les produits sont très prisés durant la deuxième moitié du 19e s., notamment en Allemagne, la verrerie comptera 1 300 salariés en 1914. Du temps de sa splendeur, l'antique maison a conservé sa « salle des trésors » qui recèle près de 40 000 modèles du 18e s. à nos jours.

Faire demi-tour pour retrouver la D 45 que l'on prend à droite.

Aux approches de Schaeferhof, on aperçoit, en avant et à gauche, le village de Haselbourg perché au sommet d'une colline.
Un peu plus loin, alors que la route (D 45) s'élève dans la pittoresque **vallée du Kleinthal**, le rocher de Dabo apparaît.

Dabo. – 2 946 h. (les Daboisiens). Lieu de séjour. Le **site★** de Dabo est fort agréable et les belles forêts environnantes en font une station estivale agréable.

★**Rocher de Dabo.** – *Signalisation « Rocher St-Léon ».* Le rocher de grès de Dabo porte
Ⓥ aujourd'hui deux tables d'orientation et une chapelle dédiée à saint Léon. Dans la tour de la chapelle est encastrée la statue du pape Léon IX. A gauche du portail percé sous la tour et permettant d'entrer dans la chapelle, une petite porte s'ouvre sur l'escalier (92 marches). **Panorama★** : du haut de la tour, il est possible de repérer les principaux sommets des Vosges gréseuses (Schneeberg, Grossmann, Donon, etc.). La vue est curieuse sur le village de Dabo qui présente la forme d'un X.

DABO-WANGENBOURG (Région de)★★

Après la traversée du village de Dabo, la route, agréable, sinueuse, variée, pénètre dans une superbe forêt et procure de belles échappées sur le rocher et le pays de Dabo, le plateau fertile du Kochersberg et la plaine d'Alsace, puis sur la verdoyante vallée de la Mossig.

Obersteigen. – Lieu de séjour. Agréable station estivale de moyenne altitude (500 m). Bâtie en grès, l'église est l'ancienne chapelle d'un couvent d'Augustines fondé au début du 13e s. Son architecture, d'un style homogène, marque la transition du roman au gothique : arcs plein cintre, chapiteaux à crochets ; remarquer les colonnettes annelées du portail.

Prendre à gauche la D 224.

Vallée de la Mossig. – Les blocs de grès en saillie donnent aux hauteurs qui encadrent la Mossig une physionomie très particulière. C'est le grès des environs de Wasselonne qui servit à la construction de la cathédrale de Strasbourg. Après Romanswiller, belle vue sur les Vosges gréseuses.

Wasselonne. – 4 862 h. (les Wasselonnais). Ancienne place forte dominée par un château fort réduit à une vieille tour. Ses maisons s'étagent sur les pentes d'une colline, dernier contrefort du Kochersberg. Elle garde de ses fortifications une porte de ville, ancien donjon. L'église protestante date du 18e s. (orgues de Silbermann) ; dans le cimetière *(route de Westhoffen),* curieuse chaire à coupole. La foire de Wasselonne (derniers dimanche et lundi d'août) est un événement régional, avec son grand corso fleuri.

Faire demi-tour pour retrouver la D 218 que l'on prend au Sud.

Wangenbourg. – 1 176 h. (les Wangenbourgeois). Lieu de séjour. C'est une charmante station estivale, dans un joli **paysage**★ de prairies semées de chalets et de forêts dominées par le Schneeberg.
Pour accéder aux **ruines du château** *(1/4 h à pied AR),* laisser la voiture sur le parking, 200 m après l'église, passer près d'un énorme tilleul et suivre un chemin dans le prolongement de la rue principale. Le château date des 13e-14e s. et appartint à l'abbaye d'Andlau. Il subsiste un donjon pentagonal et d'importants vestiges de murs. Par le donjon, on peut accéder à la plate-forme : belle vue sur la région. Un sentier, en partie tracé dans les fossés du château, permet de faire le tour de l'énorme rocher de grès qui porte les ruines. Par un pont, on accède à l'ancienne cour.
Les bois d'alentour sont sillonnés par de nombreux et excellents sentiers munis de bancs de repos.

Après Wolfsthal, la D 218 monte dans la **forêt de Haslach** qui est fort belle. Un parcours agréable conduit à la maison forestière puis laisse sur la gauche une stèle commémorant la construction de la route.
A 500 m, commence une descente parfois sinueuse qui se poursuivra jusqu'à Oberhaslach. On aperçoit en avant et à gauche, toute proche, la tour ruinée du château du Nideck.

★★**Château et cascade du Nideck.** – *Laisser la voiture sur le parking situé en contrebas de la maison forestière du Nideck, et prendre le sentier signalé par des panneaux (1 h 1/4 à pied AR).*
Une tour du 13e s. et un donjon du 14e s., qui se dressent dans un **site**★★ romantique, sont les restes de deux châteaux incendiés en 1636. Le poète de langue allemande Chamisso a célébré ce site. Du haut de la tour et du haut du donjon, belle vue sur la forêt, la vallée de la Bruche, le château de Guirbaden et les hauteurs du Champ du Feu.

Passant ensuite à droite du donjon, suivre à gauche le sentier de la cascade. Après un abri en bois puis un petit pont, prendre à droite jusqu'au belvédère (très dangereux, bien que muni d'un garde-fou).

Du belvédère, la **vue**★★ est superbe sur la vallée glaciaire et le gouffre boisé, dans lequel la cascade du Nideck se jette du haut d'une muraille de porphyre. Pour voir la cascade, continuer, au-delà du belvédère, par un sentier aménagé *(1/2 h AR).*

Revenir à la D 218 et faire 1,200 km.

Belvédère. – Il est situé à 20 m de la route, à hauteur d'une borne commémorant sa construction. Belle **vue**★ sur le château du Nideck, la vallée et les rochers qu'il domine.
Ensuite, la vue se dégage à gauche sur les ravins boisés de la Hasel et de ses affluents et, au loin, sur la vallée de la Bruche et les hauteurs qui la dominent au Sud. Descente de la vallée étroite et très fraîche de la Hasel vers Oberhaslach, Niederhaslach et la Bruche.

Oberhaslach. – 1 145 h. Lieu de séjour. Pèlerinage assez fréquenté, surtout le dimanche qui suit le 7 novembre. Saint Florent qui en est l'objet passait, au 7e s., pour adoucir les animaux les plus sauvages. Il est resté le protecteur des animaux domestiques.
La chapelle, restaurée en 1987, rappelle l'endroit où le saint vivait en ermite avant de devenir évêque de Strasbourg.

Niederhaslach. – *Page 118.*

★**Vallée de la Bruche.** – *Page 50.*

DOMBASLE-SUR-MEURTHE

9 854 h. (les Dombaslois)

Carte Michelin n° 62 pli 5 ou 242 pli 22.

Dombasle, située entre la Meurthe et le canal de la Marne au Rhin, est le siège d'une importante usine chimique du Groupe **Solvay et Cie,** produisant principalement du carbonate de soude, du sel et du chlore, et dont les installations se succèdent sur 500 m de part et d'autre de la N 4. Cette unité de production à feu continu, équipée des plus gros fours à chaux du monde, constitue un site industriel fort intéressant à traverser. Le calcaire qui alimente ces fours arrive par chemin de fer de la carrière de St-Germain-sur-Meuse.

En sortant de Dombasle au Nord-Ouest, on ira voir l'**église de Varangéville,** à gauche, entre la rivière et le canal. Commencée à la fin du 15e s., de style gothique flamboyant, elle présente à l'intérieur une superbe « forêt » de piliers à nervures palmées et d'intéressantes statues, dont une Vierge à l'Enfant de la première moitié du 14e s. et une Mise au tombeau du 16e s.

★ DOMRÉMY-LA-PUCELLE

205 h.

Carte Michelin n° 62 pli 3 ou 242 pli 25.

Le monde entier connaît le nom de cet humble village des bords de la Meuse où naquit, le 6 janvier 1412, la fille de Jacques d'Arc et d'Isabelle Romée. Jeanne y vécut toute sa vie de petite paysanne lorraine, obéissante et pieuse. C'est là qu'elle entendit les voix qui lui ordonnaient de partir délivrer la France et le roi *(voir p. 181).* Un important pèlerinage a lieu chaque année, le 2e dimanche de mai, fête de Jeanne d'Arc, à la basilique du Bois-Chenu.

Église. – Contemporaine de Jeanne-d'Arc, elle a été très remaniée. On en a changé l'orientation et on y pénètre par l'ancien chœur. Mais elle garde encore quelques objets que virent les yeux de l'enfant : un bénitier (à droite en entrant) et une statue de sainte Marguerite (14e s.) adossée au 1er pilier de droite. Dans le croisillon gauche, la cuve baptismale, du 12e s., est celle sur laquelle fut tenue Jeanne d'Arc. Les vitraux sont modernes.

★**Maison natale de Jeanne d'Arc.** – C'était une maison de paysans aisés, aux murs épais, émouvante par sa simplicité et qui était, jadis, entourée d'autres maisons. Au-dessus de la porte, un écusson, aux armes de la France, est accolé de deux autres plus petits, portant, à droite, les armes de la famille de Jeanne d'Arc ; à gauche, trois socs de charrue. On lit encore l'inscription : « Vive labeur – 1481 – Vive le Roi Louis ». Dans une niche, l'effigie de Jeanne agenouillée est le moulage d'une statue du 16e s. (original au musée).
A gauche de la maison, un petit musée présente des cartes, documents, gravures relatifs à l'histoire de la région, à la jeunesse de Jeanne, à sa mission et à son culte.

Basilique du Bois-Chenu. – *1,5 km par la D 53, route de Coussey.*
La basilique, commencée en 1881, a été consacrée en 1926. Elle marque l'un des endroits où Jeanne entendit les voix de sainte Catherine, de sainte Marguerite, de saint Michel lui recommandant d'être bonne et pieuse, puis lui dictant sa mission prodigieuse. Le Bois-Chenu est, à ce titre, un de ces lieux « où souffle l'esprit ». Commencer la visite par la crypte dont l'entrée se trouve à gauche. Dédiée à la Vierge, elle est un lieu de prière pour la Paix et pour les soldats, vivants et morts. En quittant la crypte, monter le bel escalier à double rampe. Des écussons rappellent les villes qui ont vu Jeanne d'Arc. A l'intérieur de la basilique, des fresques de Lionel Royer retracent la vie de la sainte. Les mosaïques du chœur et de la coupole évoquent l'envoi de Jeanne en mission et son entrée dans la gloire céleste.
Sortir par la porte latérale. Un chemin de croix conduit dans le Bois-Chenu.

★★ DONON (Massif du)

Carte Michelin n° 87 plis 14, 15 ou 242 pli 23, 27.

La montagne et le col du Donon, marquant la limite entre l'Alsace et la Lorraine, présentent une grande importance historique et géographique. Les Celtes, les Romains, les Francs et naturellement tous les peuples germaniques ont emprunté le col. La montagne fut le siège d'un culte antique, sans doute celui de Mercure. Le massif du Donon occupe la partie Sud des Vosges gréseuses où elles atteignent leur point culminant au Donon (alt. 1 009 m). Autour de ce sommet, sorte de château d'eau de la région, naissent de nombreux ruisseaux dont les pittoresques vallées coupent en étoile les vastes et magnifiques forêts qui couvrent le massif. Une route côtoie chacune d'elles. Pistes de ski de fond et remonte-pente. Le dernier ours des Vosges a été tué au Donon en 1786.

VALLÉES DE LA SARRE ROUGE ET DE LA SARRE BLANCHE

Circuit au départ du col du Donon *55 km – environ 2 h*

Col du Donon. – Alt. 727 m. Lieu de séjour.

Montée au Donon. – Alt. 1 009 m. *1 h 1/2 à pied AR environ.*

On peut laisser la voiture au col du Donon et prendre le sentier qui s'amorce à droite de l'hôtel Velléda, ou bien suivre, en auto, sur 1,3 km, la route qui s'embranche à 1 km du col, à droite, sur la D 993. Dans ce cas, laisser la voiture sur le parking (barrière) et continuer les 2 derniers kilomètres à pied.

Une table d'orientation est située à chaque extrémité de l'amoncellement de dalles de grès formant le sommet. Le **panorama**★★ se déploie sur la chaîne des Vosges que l'on a sous les yeux, ainsi que le plateau lorrain, la plaine d'Alsace et la Forêt Noire.

Entre les deux tables s'élève un petit temple, construit en 1869. Vestiges gallo-romains sur les pentes.

A 50 m en contrebas, relais de télévision.

Le trajet, en descendant du col du Donon, s'effectue d'abord dans la pittoresque **vallée de la Sarre Rouge** ou vallée de St-Quirin puis sur le plateau lorrain.

Après une légère montée, laisser à gauche la route de Cirey-sur-Vezouze. La D 145 devient D 44 à la limite départementale : on passe en Lorraine.

Aussitôt, commence une très agréable descente, généralement sinueuse, dans la vallée boisée, étroite et fort pittoresque de St-Quirin. La route, très encaissée, épouse les sinuosités de la Sarre Rouge, ruisseau plutôt que rivière, qui la côtoie de très près.

Grand Soldat. – Hameau qui vit naître Alexandre Chatrian, collaborateur d'Émile Erckmann, lui-même natif de Phalsbourg *(p. 124).*

Ⓥ **Abreschviller.** – 1 309 h. (les Abreschvillois). Un **petit train forestier** à vapeur ou diesel conduit à Grand Soldat (6 km).

3 km plus loin, tourner à gauche dans la D 96ᶠ vers St-Quirin.

Vasperviller. – 299 h. Agréablement situé sur les premiers contreforts du Donon, ce village réserve aux amateurs d'art sacré moderne la découverte de sa remarquable petite **église Ste-Thérèse** (1969), due à l'architecte Litzenburger. Faire le tour de l'édifice pour apprécier l'alternance des plans rectilignes et des arrondis qui en modifient à mesure la silhouette de béton.

L'intérieur, d'une distribution à la fois simple et subtile, éclairé de jolis vitraux (« arbre généalogique du Christ »), se compose de trois espaces inégaux imbriqués, convergeant vers la secrète chapelle dédiée à sainte Thérèse.

Du sommet du campanile, ouvert et semblant vouloir aspirer la lumière céleste, accessible par un original escalier-chemin de croix à double révolution, de 75 marches, vue plaisante sur l'agglomération et le vallon que borde la route de St-Quirin.

St-Quirin. – 956 h. Cette localité, construite dans un bassin de prairies, est dominée par une chapelle romane, but d'un pèlerinage très ancien. L'église est surmontée de deux clochers et d'un clocheton coiffés de bulbes superposés. A l'intérieur, orgues de Silbermann (1746), rénovées.

Quitter St-Quirin par la D 96, à l'Ouest, et, 2 km plus loin, prendre à gauche la D 993.

La **vallée de la Sarre Blanche,** que longe la D 993, traverse de belles forêts. Peu peuplée – seules quelques scieries ou maisons forestières s'élèvent en bordure de route – son parcours serait monotone si la beauté du paysage ne venait distraire le visiteur.

En fin de parcours, on repasse en Alsace et, laissant à gauche la route d'Abreschviller, on regagne le col du Donon.

VALLÉE DE LA PLAINE
Du col du Donon à Badonviller *45 km – environ 1 h 1/4*

Col du Donon. – Alt. 727 m. Lieu de séjour.

La descente très pittoresque s'effectue à travers une magnifique futaie de sapins puis on entrevoit, en avant et à droite, sur la vallée de la Plaine, les villages jumeaux de Raon-sur-Plaine et de Raon-les-Leau (à droite, à l'intérieur du virage, mémorial des évadés de guerre et des passeurs).

Raon-sur-Plaine. – 141 h. Localité située dans un beau bassin de prairies d'où l'on découvre des vues sur le Donon. Une petite route conduit en 4 km dans la montagne, à proximité d'une **voie romaine,** très bien conservée, courant sous bois durant environ 500 m.

La **vallée de la Plaine** ou **vallée de Celles** est semée de maisons à toits rouges, à la limite du bois, qui ajoutent au charme du paysage où le vert clair des prairies offre un heureux contraste avec le vert plus foncé des sapins couvrant les pentes des collines.

Lac de la Maix. – *1/4 h à pied AR, en prenant à Vexaincourt à gauche, une route forestière étroite.*

Un sentier fait le tour de ce petit lac, aux eaux d'un vert profond, que domine une chapelle.

Ⓥ Entre Allarmont et Celles-sur-Plaine, l'ancienne **scierie de la Hallière** est le siège d'un écomusée rassemblant des équipements et des outils jadis utilisés pour le sciage ou le travail du bois.

A Celles-sur-Plaine, prendre la route de Badonviller (D 182).

Le parcours au milieu de forêts de sapins offre de belles vues dans la première partie de la montée. La **route★** fait traverser ensuite le minuscule village de **Pierre Percée.**

Passant devant le monument aux morts du 363ᵉ R.I. dû au sculpteur Sartorio, elle grimpe au pied des ruines d'un château fort des comtes de Salm *(parc de stationnement),* juché sur une éminence naturelle et dont subsiste un donjon du 14ᵉ s. De là, **vues★** étendues sur le lac de retenue de Pierre Percée et son romantique écrin de collines et de forêts.

1 km plus loin, un **belvédère** aménagé *(parc de stationnement)* ouvre une échappée sur la vallée de Celles.

La D 182 aboutit à Badonviller.

Badonviller. – 1 812 h. Cette petite localité industrielle, détruite en partie en août 1914, fut trente ans plus tard une des premières villes libérées par la 2ᵉ D.B. lors de la bataille d'Alsace déclenchée au début de novembre 1944.

EBERSMUNSTER

503 h.

Carte Michelin n° 87 pli 6 ou 242 pli 28.

Cette paisible localité fut autrefois le siège d'une abbaye bénédictine célèbre qui aurait été fondée par le duc Étichon et sa femme, parents de sainte Odile *(voir p. 149)*. Le couvent et son église, détruits pendant la guerre de Trente Ans, furent réédifiés par la suite. Une porte de la fin du 18ᵉ s. donne accès aux anciens bâtiments conventuels. Dans l'église, chaque dimanche de mai, ont lieu les « Heures musicales d'Ebersmunster », concerts d'orgue et de chorales.

ÉGLISE ABBATIALE *Visite : 1/4 h*

Édifiée vers 1725 par un architecte originaire du Vorarlberg, Peter Thumb, l'église se signale de loin par ses trois clochers à bulbe. L'**intérieur**★★ passe pour la plus belle réalisation du baroque en Alsace, au début du 18ᵉ s. Sa luminosité, la gaieté du décor peint et stuqué composent un cadre raffiné au mobilier élégamment sculpté : Samson porte-chaire (fin 17ᵉ s.), stalles (fin 17ᵉ s.) et leurs statues (fin 19ᵉ s.), confessionnaux (1727), autels latéraux (1730), orgue d'André Silbermann (1732). Par un sens aigu de la mise en scène chère au baroque, c'est vers le **maître-autel** (1728) festif et solennel que le regard est attiré. Coiffée d'une immense couronne en baldaquin, cette monumentale composition toute en sculptures et en dorures s'élève jusqu'à la voûte du chœur.

★ EGUISHEIM

1 438 h.

Carte Michelin n° 87 pli 17 ou 242 pli 31 – Schéma p. 141 – Lieu de séjour.

Centre viticole, ce bourg fort ancien s'est bâti de façon concentrique autour du château des comtes d'Eguisheim où, plutôt qu'à Dabo même *(voir p. 61)*, serait né le Pape Léon IX en 1002 et dont, seul vestige authentique, subsiste l'imposante enceinte octogonale.

Enfoui dans les vignes, au pied des ruines de ses trois fameuses tours, il est demeuré presque intact depuis le 16ᵉ s.

Dans les ruelles qui avoisinent la Grand'Rue, subsistent de pittoresques maisons à oriels *(voir p. 39)* et à pans de bois, souvent fleuries de géraniums. On verra également deux jolies fontaines Renaissance.

Le circuit des remparts, fléché, emprunte l'ancien chemin de ronde.

Église. – A l'intérieur de l'église moderne, à droite en entrant, une chapelle s'ouvre sous le clocher. On y voit l'ancien portail représentant au tympan (12ᵉ s.) un Christ entre saint Pierre et saint Paul ; le linteau est formé par le défilé des Vierges Sages et des Vierges Folles. De beaux vitraux modernes représentent des scènes de la vie de Léon IX. Bel orgue Callinet du 19ᵉ s.

EXCURSION

★**Route des Cinq Châteaux.** – *Circuit de 20 km, plus 1 h 3/4 à pied AR environ. Gagner Husseren (p. 143) par la D 14. A la sortie du bourg, emprunter, à droite, la route forestière « des cinq châteaux ». A 1 km, laisser la voiture (parc de stationnement) et atteindre les « trois châteaux » d'Eguisheim à pied (5 mn de montée).*

Donjons d'Eguisheim. – Weckmund, Wahlenbourg, Dagsbourg, tels sont les noms de ces trois donjons de grès rouge, carrés, massifs, qui s'élèvent sur le sommet de la colline. Ils appartenaient à la puissante famille d'Eguisheim et furent brûlés à la suite de la guerre dite « des Six Oboles » *(voir p. 101).*

Ayant repris la voiture, poursuivre la route « des cinq châteaux ».

Le chemin offre de beaux points de vue tout au long de son parcours.

Château de Hohlandsbourg. – Sur la gauche, à 6 km environ des donjons d'Eguisheim, se dressent les ruines du château de Hohlandsbourg, ancienne seigneurie des Habsbourg, remontant au 13ᵉ s. et démantelée au 17ᵉ s. *(un sentier y donne accès).* Vue magnifique sur le donjon de Pflixbourg et le sommet du Hohneck à l'Ouest, le Haut-Koenigsbourg au Nord, sur Colmar et la plaine d'Alsace à l'Est.

Donjon de Pflixbourg. – *Accessible par un sentier situé 2 km plus loin, sur la gauche.* Ancienne résidence du représentant de l'empereur en Alsace, la forteresse échut en fief à la famille des Ribeaupierre au 15ᵉ s. Une citerne voûtée jouxte le donjon. Belle vue sur la vallée de la Fecht à l'Ouest et la plaine d'Alsace à l'Est.

La route rejoint la D 417 en direction de Colmar.

A la sortie de Wintzenheim, tourner à droite dans la N 83 puis de nouveau à droite dans la D 1ᵇⁱˢ pour regagner Eguisheim.

ENSISHEIM

5 780 h.

Carte Michelin n° 87 pli 18 ou 242 pli 35.

Habitée dès le 5ᵉ millénaire avant J.C. comme l'attestent les fouilles effectuées au Sud de la ville, Ensisheim fut mentionnée pour la première fois dans un document daté de 765. Elle connut un destin brillant lorsqu'en 1135 elle devint capitale des possessions des Habsbourg en Alsace, Pays de Bade et Suisse du Nord. A son apogée, au 17ᵉ s., la ville abritera plus de 200 familles nobles. La guerre de Trente Ans apporta son cortège de désolation à la petite cité qui sera saccagée sept fois.

Après la prise de Mulhouse, le 21 novembre 1944, Ensisheim fut exposée au feu de l'artillerie et aux bombardements jusqu'au 6 février 1945, date de sa libération.

CURIOSITÉS

Hôtel de la Couronne. – Il est installé dans une gracieuse construction de 1609, décorée de pignons à volutes et d'une loggia sculptée à deux étages, que surmonte une terrasse entourée d'une galerie. Turenne y logea en 1675 avant la bataille de Turckheim.

Palais de la Régence. – C'est un bel édifice construit en 1535 sur plan gothique, mais dont l'ornementation est Renaissance. Au rez-de-chaussée, les très jolies voûtes des arcades sont décorées d'écussons aux armes de plusieurs villes d'Alsace. Sur la façade, du côté de l'église, une tourelle octogonale renferme l'escalier.

Ⓥ **Musée du Mineur.** – *Au rez-de-chaussée.* Il offre à travers une grande variété de matériels et de documents un large aperçu sur l'activité minière du bassin potassique d'Alsace et du mineur en particulier.

Ⓥ **Musée historique et archéologique.** – *Au 1er étage.* Il conserve un aérolithe tombé sur Ensisheim en 1492. Celui-ci, qui serait le premier dont l'Histoire ait enregistré la venue, était, dit-on, de forte taille (130 kg) lorsqu'il chut du ciel. A force d'en offrir des morceaux à chaque visiteur de marque, on l'aurait réduit à ses mesquines dimensions actuelles (54 kg).

Le musée expose également le produit des plus récentes découvertes archéologiques : des céramiques, des outils, une sépulture d'enfant, remontant au néolithique ancien, des objets de l'âge du Bronze et de l'époque gallo-romaine.

La salle de la Régence éclairée par de larges fenêtres à meneaux est couverte d'un beau plafond de bois.

EXCURSION

★**Écomusée de Haute-Alsace.** – *9 km au Sud-Ouest par la D 4 bis jusqu'à* Ⓥ *Ungersheim, la D 44 en direction de Feldkirch-Bollwiller, la D 200 à gauche puis la D 430 à gauche jusqu'à l'Écomusée.*

C'est sur un vaste terrain en friche de la commune d'**Ungersheim**, au pied d'une ancienne mine de potasse, qu'a été construit à partir de 1980 ce curieux village, d'une certaine façon l'un des plus vieux d'Alsace.

Silencieux mais éloquents témoins de savoir-faire séculaires, une cinquantaine de maisons rurales à colombages, harmonieusement distribuées entre cours, jardins et sentiers font revivre l'art de bâtir et les techniques ancestrales des charpentiers, maçons et artisans d'une Alsace révolue. Initialement vouées à la pioche des démolisseurs, patiemment repérées puis minutieusement étudiées, savamment démontées et remontées enfin, elles appartiennent à des époques allant du 15e s. au 19e s. Exemple un peu à part, la **maison-forte** date de la fin du 12e s. Elle provient de la grand-rue de Mulhouse et s'insérait au cœur du tissu urbain entourée de son fossé en eau. Le logis se trouvait à l'étage et n'était accessible que par un précaire escalier extérieur, selon un schéma courant dans les donjons de châteaux-forts.

Regroupées selon leurs régions d'origine, Sundgau, Ried, Kochersberg, Bas-Rhin, les maisons d'habitation voisinent avec des granges et étables parfois encore peuplées d'animaux. Huit couples de cigognes reviennent nicher sur les toits patinés. Les bâtiments portent les noms de leurs villages de provenance. Un moulin à huile, une boulangerie, une distillerie, des ateliers (forgeron, sabotier) font revivre de vieux corps de métiers. *Restauration et hébergement sur place.*

★ ÉPINAL   40 954 h (les Spinaliens)

Carte Michelin n° 🆖 pli 16 ou 🆖 pli 30 – Schéma p. 99 – Lieu de séjour.

Située à un important carrefour de routes, Épinal est bâtie sur les deux rives de la Moselle. La ville a connu la grande célébrité par son imagerie, que fonda Pellerin au 18e s. *(voir p. 68),* puis sa prospérité par l'industrie du coton aujourd'hui en déclin. Depuis 1969, une usine produisant des fils métalliques nécessaires à la fabrication des pneumatiques Michelin existe au Nord de la ville.

Le mercredi avant Pâques voit revivre à Épinal une ancienne tradition : la coutume des Champs-Golots qui marque la fin de l'hiver, le dégel des ruisseaux et des champs. Un bassin, rue du Général-Leclerc et le bassin du Plateau de la Justice sont remplis d'eau et les enfants y traînent des bateaux illuminés, fabriqués par eux-mêmes. Les fêtes de la St-Nicolas voient saint Nicolas et le père Fouettard visiter les écoles maternelles, distribuant pain d'épices et oranges.

★★MUSÉE DES VOSGES ET DE L'IMAGERIE **(AZ)** *visite : 3/4 h*

Ⓥ Le musée est situé dans l'île de la Moselle. Le rez-de-chaussée est occupé par une belle **collection lapidaire** composée de monuments funéraires gallo-romains, de fragments d'architecture du Moyen Age et de sculptures. Deux salles abritent, l'une des collections de monnaies et de médailles avec des vestiges préhistoriques, gallo-romains et mérovingiens, l'autre (ornée d'une cheminée en pierre datée de 1583), une exposition ethnographique et folklorique.

Au 1er étage, parmi les pastels, aquarelles et les magnifiques **dessins** exposés dans leurs cadres d'époque (collection Oulmont), remarquer les œuvres de Lagneau, Boucher, Guardi, Hubert Robert, Tiepolo, Vestier etc. Une présentation de peintures contemporaines fait suite, avec Picasso, Lotiron, Brianchon, Oudot, Planson, Savin..., de l'école de Paris, et des peintres lorrains ou alsaciens (Guillaume, Lehmann, E. Ventrillon, E. Cournault).

Le 2e étage est consacré à la peinture ancienne : **chefs-d'œuvre** de Rembrandt (la Vierge Marie, collection des princes de Salm), et Georges de la Tour (Job visité par sa femme, le Vielleur), œuvres de Claude Gellée, Brueghel, Sébastien Vrancx, Mommers, Primatice, Vouet, Van Loo, Hubert Robert.

ÉPINAL

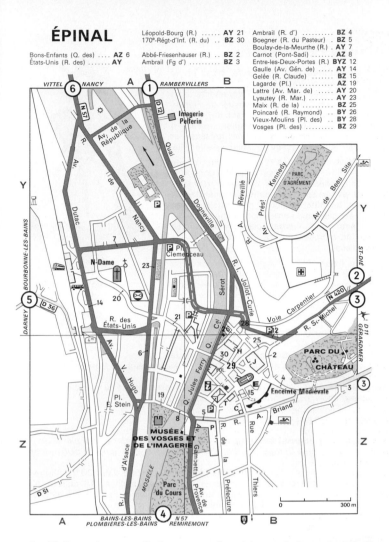

Au 1er étage, dans une aile à part, est présenté le **musée international de l'Imagerie** où l'histoire de l'imagerie est retracée depuis l'origine de la gravure sur bois jusqu'à notre époque. Dans la galerie, une exposition permanente et constamment renouvelée montre les images populaires des principaux centres imagiers de France : pièces rarissimes d'Épinal, Chartres, Orléans, Toulouse, Metz, Avignon, Beauvais, Rennes, Rouen..., images des 18e et 19e s., empreintes d'une sensibilité franchement naïve et d'un vrai sens populaire.

★ VIEILLE VILLE *visite : 1/2 h*

★ **Basilique St-Maurice** (BZ E). – Remontant dans ses parties les plus anciennes au 11e s. (éléments du transept et de l'avant-corps), St-Maurice fut, du 13e s. à la Révolution, à la fois église paroissiale et collégiale du chapitre des Dames Chanoinesses nobles d'Épinal. Diverses influences régionales se manifestent dans son architecture.

Extérieur. – Place St-Goëry, la façade Ouest procède de la tradition mosane avec ce massif avant-corps du 13e s., formant beffroi communal, qui enserre comme une gangue le rez-de-chaussée de la tour romane d'origine (le portail a été percé seulement en 1843).
Au flanc gauche de l'édifice le portail des Bourgeois (15e s.) constitue l'entrée principale. Précédé par un porche profond, d'aspect très champenois, il a été mutilé pendant la Révolution mais garde encore sa grandeur.

Intérieur. – Bourguignonne dans son élévation à trois étages, arcades, triforium, fenêtres hautes, que séparent des cordons moulurés, la nef du 13e s., se prolonge au-delà du transept, par le lumineux « chœur des chanoinesses » qui relève de l'art champenois par la légèreté de ses lignes (14e s.).
Parmi les œuvres d'art nous recommandons une Mise au tombeau (15e s.) dans le croisillon droit et, dans la chapelle voisine, une statue de Vierge à la rose (14e s.).
Après avoir quitté l'église, sur le côté droit de laquelle se remarquent des travées reconstituées de l'ancien cloître détruit en 1797, pénétrer dans le **quartier du Chapitre**, au Sud, qui conserve un ensemble de maisons de chanoinesses des 17e-18e s. De là, il est possible d'accéder à l'enceinte médiévale, dont les bases des tours et les murs de grès rouge ont été dégagés.

Place des Vosges (BZ). – Bordée de maisons à arcades, elle a un charme tout provincial. Entre une librairie et un café s'élève la maison du Bailli, du 17e s., agrémentée d'une loggia (galerie d'art).

AUTRES CURIOSITÉS

★**Parc du Château** (BZ). – *En auto, accès par la porte de la rue St-Michel.*
Ce parc forestier de 26 ha, agrémenté d'un « mini-zoo », est l'un des plus vastes de France. Tracé sur l'emplacement de l'ancien château d'Épinal, dont subsistent quelques ruines, il occupe le sommet de la colline gréseuse et boisée qui s'avance jusqu'au milieu de la ville.

Église Notre-Dame (AY). – Reconstruite de 1956 à 1958, cette église possède un portail dont les panneaux d'émail cloisonné représentent les symboles des quatre évangélistes. A l'intérieur, la voûte de béton, horizontale, est un damier de caissons carrés. Un immense vitrail à la gloire de la Vierge éclaire le chœur. Le Chemin de croix est une œuvre moderne pleine d'expression.

Parc du Cours (AZ). – Agréablement situé au bord de la Moselle dont il épouse une courbe, c'est un grand parc public très soigné en même temps qu'une plantation d'essai de beaux arbres exotiques, parfois séculaires, mêlés aux essences vosgiennes.

La cantinière.

ⓥ **Imagerie Pellerin** (AY). – *Accès par le quai de Dogneville, au n° 42.*
Fondée en 1796, cette fabrique perpétue la tradition des fameuses « images d'Épinal ». Au sous-sol se trouvent le magasin d'exposition-vente et un diaporama.
Demander à visiter l'atelier artisanal avec démonstration de la fabrication : tirage sur presse ancienne, coloris aux pochoirs, lithographie.

EXCURSION

Cimetière et Mémorial américains. – *7 km au Sud. Quitter Épinal par ④ du plan, N 57. 1 800 m après Dinozé, s'embranche à droite le chemin long de 500 m menant au cimetière.*
Situé sur un plateau boisé dominant la Moselle, ce vaste terrain (20 ha) aligne, sur des pelouses impeccables, ses croix et ses stèles israélites, de marbre blanc, derrière une chapelle et un mémorial érigés à la mémoire des soldats américains tombés en 1944-45, dont 5 255 demeurent enterrés ici.

ÉTAIN   3 811 h. (les Stainois)

Carte Michelin n° 57 pli 12 ou 242 pli 9.

Ce gros bourg doit son nom aux nombreux étangs qui couvraient autrefois la région. Il a été entièrement reconstruit après sa destruction au cours de la guerre de 1914-1918.

Église. – Ce beau monument des 14e et 15e s., endommagé, a été restauré. A l'intérieur un arc sculpté s'ouvre sur le chœur, de style flamboyant, éclairé par de grands vitraux modernes de Grüber consacrés à la vie de saint Martin. Remarquer les clefs de voûtes sculptées du chœur. Le chemin de croix, dont l'exécution fut interrompue par la guerre 1939-1945, est demeuré inachevé.
Dans le bas-côté droit, la chapelle du Sacré-Cœur renferme le groupe de N.-D.-de-Pitié, « Marie contemplant Jésus mort », attribué à Ligier Richier.

EXCURSION

Senon. – 273 h. *9,5 km au Nord par la N 18 puis la D 14 à gauche qui passe par Amel-sur-l'Étang.*
ⓥ Ce village de Woëvre possède une **église** de l'époque de transition du gothique à la Renaissance (1526-1536), restaurée. Son toit extrêmement élevé et aigu est étayé par une charpente en béton. Elle présente trois nefs d'égale hauteur et conserve de beaux chapiteaux Renaissance.

★ FALKENSTEIN (Château de)

Carte Michelin n° 87 plis 2, 3 ou 242 plis 11, 12 – Schéma p. 194.

Ce château domine la vallée de Falkensteinbach que longe la N 62.

Accès, à partir de Philippsbourg par les D 87 puis D 87ᴬ qui mènent en 3 km, à un carrefour de chemins, où laisser la voiture (3/4 h à pied AR). Prendre le deuxième chemin à gauche, signalé par des triangles bleus. Au bout de 1/4 h, monter quelques marches, tourner à gauche puis à droite. Franchir une porte et tourner à gauche pour contourner le rocher où se trouve le château. Passer une deuxième porte.

On aperçoit alors à gauche, creusée dans le roc, une vaste caverne appelée Salle des Gardes, autour de laquelle six niches sont taillées dans la paroi.

Entre la porte d'arrivée et la caverne, prendre, sous une autre petite porte, l'escalier (muni d'un garde-fou).

On y remarquera plusieurs cavités naturelles, aux parois curieusement sculptées par les eaux, et des cavernes superposées, creusées par l'homme.

Plus loin, après une passerelle et des escaliers, on atteint le sommet du château ; gagner le belvédère.

De là, beau **panorama**★ : au Nord-Est, Maimont et les ruines de Schoeneck, au Nord-Ouest, Waldeck ; au Sud-Est, Lichtenberg puis Dabo ; au Sud, les montagnes encadrant la Bruche.

Situé sur un rocher de grès qui domine la forêt, le château, fondé en 1128, a été foudroyé et incendié en 1564. Les Français achèvent de le détruire en 1677. Mais la ruine qui demeure est encore imposante.

La légende veut que, dans la cave, un tonnelier-fantôme vienne quelquefois frapper, à minuit, autant de coups de maillet qu'il y aura de barriques de vin dans l'année.

★★ GÉRARDMER

9 647 h. (les Géromois)

Carte Michelin n° 62 pli 17 ou 242 pli 31 – Schéma p. 71 – Lieu de séjour.

Gérardmer (prononcer « Gérardmé ») doit à son site magnifique, à son lac, à son cadre de montagnes couvertes de sapins, comme aussi à ses **usines textiles**, une grande renommée. Incendiée en novembre 1944 pendant les jours qui précédèrent sa libération, la cité a été reconstruite.

Station estivale très fréquentée et parfaitement équipée, dotée de nombreux hôtels, de villas éparses dans la verdure, Gérardmer est aussi, grâce aux pentes qui l'environnent, une station de sports d'hiver en même temps qu'un excellent centre d'excursions, au cœur d'une des contrées des Vosges les plus richement boisées. Son office de tourisme, créé en 1875, est le plus ancien de France.

★**Le lac de Gérardmer.** – Le lac de Gérardmer, le plus grand des Vosges, est une belle nappe d'eau longue de 2,200 km, large de 750 m et profonde de 38 m. *Pour la pêche, voir le chapitre des Renseignements pratiques en fin de guide.*

★**Tour du Lac.** – Cette charmante promenade *(6,5 km)* peut être effectuée à pied ou entièrement en auto. En dehors de quelques passages en forêt, elle offre des vues variées sur le lac et sur les montagnes qui l'enchâssent. On peut aussi faire le tour du lac en vedettes ou en canots électriques ; voiliers, barques, pédalos.

EXCURSION

Circuit de 61 km. – *Environ 2 h. Quitter Gérardmer par ⑧ du plan, D 417.*

A l'entrée du **Tholy** (1 550 h. – les Cafrancs – Lieu de séjour), prendre à droite la D 11, route d'Épinal – 5 km après le Tholy, à gauche et 200 m avant l'hôtel « Grande Cascade », prendre la route en descente qui, au bout de 800 m, conduit à la cascade.

★**Grande cascade de Tendon.** – Double chute qui dévale (32 m) joliment de plusieurs paliers successifs, à travers les sapins.

Devant Faucompierre, tourner à droite et, par les D 30 et D 44, gagner Bruyères où en prenant la rue (route de Belmont) à gauche du cimetière, on arrive au pied du mont Avison. *Laisser la voiture.*

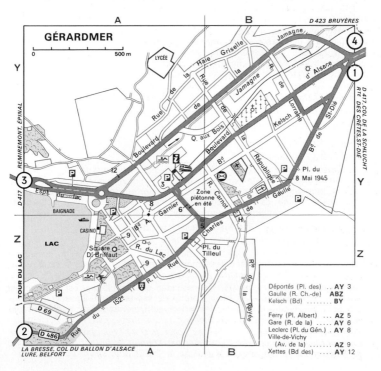

Déportés (Pl. des)	**AY** 3
Gaulle (R. Ch.-de)	**ABZ**
Kelsch (Bd)	**BY**
Ferry (Pl. Albert)	**AZ** 5
Gare (R. de la)	**AY** 6
Leclerc (Pl. du Gén.)	**AY** 8
Ville-de-Vichy (Av. de la)	**AZ** 9
Xettes (Bd des)	**AY** 12

Tour-belvédère du Mont Avison. – *3/4 h à pied AR.* Élevée sur le sommet (alt. 601 m) d'une des buttes entourant Bruyères, cette tour haute de 15 m domine le carrefour de vallées où s'étale la ville. De la plate-forme (82 marches, table d'orientation), **panorama★** s'étendant jusqu'aux sommets vosgiens de la Tête des Cuveaux, du Hohneck, du Donon.

⊘ **Champ-le-Duc.** – 458 h. La vieille **église** (12ᵉ s.) du village, construite en grès rouge, demeure, malgré son incendie par les Suédois en 1635, un bel exemple de l'art roman primitif rhénan. Typiques de cette période sont la nef, avec ses piles fortes et faibles alternées sous des arcs de décharge, la croisée du transept avec sa voûte aux boudins épais, l'abside en cul-de-four percée de trois petites fenêtres en plein cintre. Un chapiteau sculpté à la croisée du transept représente deux cavaliers affrontés dans lesquels la tradition populaire veut voir une entrevue de Charlemagne et de son fils Charles (en 805).

Granges-sur-Vologne. – 2 758 h. (les Gringeauds). Bourg industriel : usines textiles.

Prendre à gauche la D 31, et, à Barbey-Seroux, la route forestière, à droite (deuxième intersection) traversant la forêt de la Vologne. A 2,4 km, à une bifurcation près de laquelle se trouve une maison, prendre à gauche et laisser la voiture à environ 150 m de là, pour gagner « le champ de roches ».

★**Champ de roches de Granges-sur-Vologne.** – Cette extraordinaire coulée morainique, horizontale et longue d'environ 500 m, scinde la forêt en ligne droite, comme un fleuve de pierre figé. La surface de son amoncellement rocheux, exempte de végétation et faite de blocs arrondis, serrés les uns contre les autres et de dimensions comparables, paraît constituer, en effet, un « pavage » remarquablement homogène.

Revenir à Barbey-Seroux et à Granges, puis par la D 423, rejoindre Gérardmer.

★★ GÉRARDMER (Région de)

Carte Michelin n° 🆖 plis 17, 18 ou 🆖 plis 31, 35.

Les circuits ci-après feront connaître le versant lorrain des Vosges, région de vallées, de lacs dans des sites boisés, que limite la superbe route des Crêtes.

Les glaciers des Vosges. – La région de Gérardmer a subi l'empreinte des glaciers qui couvraient autrefois les Vosges *(voir p. 15)*. L'un d'eux, partant du Hohneck, emplissait la vallée où reposent aujourd'hui les lacs de Retournemer, de Longemer, de Gérardmer, et rejoignait, près de Remiremont, les glaciers de la Moselotte et de la Moselle. En disparaissant, il laissa des moraines qui arrêtèrent les eaux de la Vologne descendant de la montagne. En aval du lac de Longemer, la rivière a cherché une issue par une autre vallée. Elle a creusé la gorge du Saut des Cuves et, par la vallée des Granges, rejoint la Moselle.

Arrêtées par un barrage morainique, les eaux du lac de Gérardmer, déviées, ont formé la rivière de la Jamagne, affluent de la Vologne. Les lacs des Corbeaux et de Blanchemer, les petits lacs d'Alfeld et de Lispach sont aussi d'origine glaciaire.

L'industrie textile. – A l'apogée du coton vosgien, à la fin des années trente, plus de 40 000 ouvriers font tourner 57 000 métiers répartis dans près de 250 usines. Durant les vingt dernières années, le bouleversement des marchés et l'automatisation très poussée du matériel textile ont considérablement amenuisé le potentiel industriel qui avait fait les beaux jours de nombre de vallées vosgiennes. En 1987, une quinzaine d'entreprises importantes assurent encore le tiers de la production cotonnière française. Un certain nombre de petites affaires se maintiennent en fabriquant jusqu'au produit fini (linge de table, vêtements).

Cette région est une des plus importantes régions d'industrie textile des Vosges. Gérardmer, où survit le tissage du lin, continue la tradition qui a fait longtemps sa réputation, la production du linge de maison. Le blanchiment sur pré sur la Corbeline, au Beillard et au bord du lac de Longemer, n'est pratiquement plus utilisé.

★① LACS DE LONGEMER ET DE RETOURNEMER

Circuit au départ de Gérardmer

28 km – environ 1 h – schéma p. 71

★★**Gérardmer.** – *Page 69.*

Sortir par ① du plan, D 417.

★**Saut des Cuves.** – *Laisser la voiture à proximité de l'hôtel du Saut des Cuves. Prendre à droite, en amont du pont, le sentier qui mène à la Vologne que franchissent deux passerelles permettant de faire un petit circuit.* Le torrent tombe en cascade parmi de gros rocs de granit. La plus importante de ces chutes se nomme le Saut des Cuves. De petits promontoires rocheux permettent d'en avoir de jolies vues.

Xonrupt-Longemer. – 1 350 h. (les Xonrupéens). Lieu de séjour.

A la sortie de Longemer, prendre à droite la D 67.

★**Lac de Longemer.** – Long de 2 km, large de 550 m, profond de 30 m, ce lac est environné de prés verts, parsemés de fermes aux toits bas et écrasés *(pour la pêche, voir le chapitre des Renseignements pratiques en fin de guide).*

★**Lac de Retournemer.** – Alimenté par les cascades de la Vologne, ce petit lac est remarquable par la pureté et le bleu profond de ses eaux qui reposent au creux d'une conque de verdure et reflètent les arbres qui l'entourent *(voir le chapitre des Renseignements pratiques en fin de guide).*

Rejoindre, par la pittoresque D 34ᴰ, au Collet, la D 417 qui ramène à Gérardmer. On peut également rejoindre Gérardmer par Xonrupt en faisant demi-tour au lac de Retournemer et en prenant à gauche la D 67ᴬ pour suivre la rive Ouest.

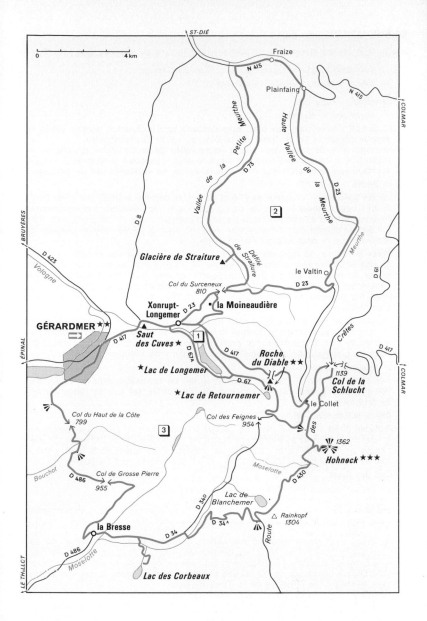

★ 2 **VALLÉE DE LA MEURTHE
ET DE LA PETITE MEURTHE**

Circuit au départ de Gérardmer
55 km – environ 2 h – schéma ci-dessus

★★ **Gérardmer.** – *Page 69. Sortir par ① du plan, D 417.*

★ **Saut des Cuves.** – *Page 70.*

⊘ **La Moineaudière.** – Après 2 km sur la D 23, prendre à droite la route forestière signalée *(sens unique)* qui conduit à la Maison d'enfants de la Moineaudière, installée dans un joli site à la lisière d'une forêt d'épicéas. On y présente des cactus et plantes grasses, coquillages, insectes, fossiles, et surtout une riche collection minéralogique dont un quartz « fantôme » du Brésil, de 650 kg.

> *Continuer à descendre, le long de la route forestière. On débouche sur la D 417 : tourner à droite pour regagner la bifurcation de la D 23.*

Après un parcours en forêt, on atteint, près du Valtin, la **haute vallée de la Meurthe** dont les versants sont couverts de pâturages et de forêts. En aval du Rudlin, la vallée s'étrangle en un pittoresque défilé. La Meurthe, rapide et claire, anime plusieurs scieries.

> *A Plainfaing, prendre à gauche la N 415 puis, la D 73 encore à gauche.*

Le retour s'effectue par la **vallée de la Petite Meurthe** qui, d'abord large et cultivée, se resserre entre des forêts. Les scieries chantent au bord de la rivière, et la route pénètre dans le défilé de Straiture aux parois escarpées couvertes de sapins.

Glacière de Straiture. – A 0,7 km au-delà de l'amorce d'une petite route à droite, se trouve, au Sud-Est, un sentier qui franchit la rivière, permettant d'atteindre la « Glacière de Straiture ». C'est un amas de rocs entre lesquels on peut trouver, en plein été, des morceaux de glace.

> *A l'extrémité du défilé, la route franchit la Petite Meurthe et rejoint le col du Surceneux, d'où l'on regagne Gérardmer.*

★★★③ LA BRESSE - LE HOHNECK - LA SCHLUCHT
Circuit au départ de Gérardmer
54 km – environ 2 h 1/2 – schéma p. 71

★★ Gérardmer. – *Page 69.*

Sortir par ② du plan.

La D 486 s'élève dans les bois, puis descend vers le Bouchot dont la vallée verdoyante sépare le col du Haut de la Côte du col de Grosse-Pierre.

La route offre de jolies vues sur la haute vallée de la Moselotte et celle de son affluent, le ruisseau de Chajoux : les « essarts » (cultures semi-forestières après défrichement), accrochés aux flancs de la vallée, ne manquent pas de pittoresque.

La Bresse. – *Page 50.*

Lac des Corbeaux. – A hauteur de l'hôtel du Lac, se détache à droite une route bordée de très beaux arbres (en fin de parcours), vers le lac des Corbeaux, solitairement situé au milieu d'un cirque abrupt couvert d'épaisses forêts. Il est profond de 23 m. Un sentier permet d'en faire le tour *(1/2 h)*. Pour la pêche, voir le chapitre des Renseignements pratiques en fin de guide.

Après la Bresse, on remonte le cours de la Moselotte que l'on franchit, laissant à gauche la D 34ᴰ vers le col des Feignes. 2 km plus loin, après un lacet à droite, laisser la route du col de Bramont pour emprunter la D 34ᴬ sinueuse, appelée « route des Américains ». Bientôt, on atteint les pâturages d'où l'on découvre une belle vue à droite sur la haute vallée de la Thur, Wildenstein et le barrage de Kruth-Wildenstein.

Prendre à gauche la **route des Crêtes** (D 430) qui contourne le Rainkopf. A gauche, en contrebas, au fond d'une conque boisée, le **lac de Blanchemer** *(Pour la pêche, voir le chapitre des Renseignements pratiques en fin de guide)*, repose, entouré d'un liseré de prairies. Puis on atteint les « Chaumes » du Hohneck.

★★★ Le Hohneck. – *Page 138.*

Peu après, au loin à gauche, apparaît le lac de Longemer dans la vallée de la Vologne, puis la **vue★** devient superbe sur cette vallée, les lacs de Retournemer et de Longemer.

Col de la Schlucht. – *Page 138.*

★★ Roche du Diable. – *1/4 h à pied AR. Laisser la voiture près du tunnel de Retournemer et prendre un sentier très raide par lequel on atteint aussitôt le belvédère. La* **vue★★** s'étend sur la vallée de la Vologne, les prairies qui en tapissent le fond, entre les lacs de Retournemer et de Longemer, et sur les versants qui l'encadrent.

★ Saut des Cuves. – *Page 70.*

GORZE
1 254 h. (les Gorziens)

Carte Michelin n° **57** pli 13 ou **242** plis 9, 13.

Ce bourg s'est formé autour d'une abbaye bénédictine fondée au 8ᵉ s. par saint Chrodegang, évêque de Metz, et détruite en 1552. Une bulle de sécularisation (1572) abolit l'ancienne bénédictine et créa une collégiale de chanoines, qui s'établit dans l'église paroissiale du 12ᵉ s. Ces événements et quelques autres sont évoqués dans la Maison de l'Histoire de la Terre de Gorze.

Le village a conservé d'anciennes demeures Renaissance, 17ᵉ s. et 18ᵉ s. Il est bordé d'une forêt dont les sentiers balisés offrent d'agréables promenades.

CURIOSITÉS

ⓥ **Église.** – Le contraste est frappant entre l'extérieur, roman, et l'intérieur, début gothique (fin 12ᵉ, début 13ᵉ s.), qui témoigne d'une influence rhénane. Le clocher central est du 13ᵉ s. ; remarquer l'absence d'arcs-boutants et l'étroitesse des fenêtres. Au tympan du porche latéral Nord, Vierge entre deux orants, du 13ᵉ s. Au tympan de la petite porte à côté : curieuse figuration du Jugement dernier, de la fin du 12ᵉ s.

De belles boiseries du 18ᵉ s. ornent le chœur. Remarquer, au revers du porche Nord, un grand Christ en bois attribué à Ligier Richier.

Autres vestiges. – Le palais abbatial, bâti en 1696, fait partie de l'hospice départemental. C'est une construction baroque due à Philippe-Eberhard de Lowenstein et de Bavière, prince-abbé de Murbach. On remarquera : l'escalier et les fontaines ornés de scènes mythologiques, la chapelle décorée de motifs baroques.

EXCURSIONS

Gravelotte. – 507 h. *8,5 km au Nord, par les D 103ᴮ et D 903.* Ce village entra dans l'Histoire lors des indécis mais furieux combats franco-allemands qui se déroulèrent alentour les 16 et 18 août 1870 et dont le caractère particulièrement meurtrier est demeuré proverbial.

ⓥ Son **musée de guerre** contient d'intéressantes reliques des deux armées : uniformes, documents, armes – dont une mitrailleuse française Reffye, premier engin de ce type utilisé en Europe –, ainsi qu'un diorama illustrant la bataille.

Aqueduc romain de Gorze. – *8,5 km à l'Est.* De cet aqueduc, qui daterait du 1ᵉʳ s. et enjambait la Moselle, 7 arches subsistent en bordure de la D 6, au Sud d'**Ars-sur-Moselle** (rive gauche), où des fouilles ont mis au jour des éléments de canalisations et de maçonnerie. A **Jouy-aux-Arches** (rive droite), un tronçon de 16 arches, mieux conservées, enjambe la N 57.

★ GUEBWILLER

11 083 h. (les Guebwillerois)

Carte Michelin n° **87** pli 18 ou **242** pli 35 – Schémas p. 139 et 141.

Sur la rive droite de la Lauch, cette petite ville industrielle a conservé de sa riche histoire d'intéressants témoins architecturaux. Durant tout le Moyen Age le vignoble resta la principale richesse de la cité et de ses environs. Sa conversion industrielle au 19ᵉ s. lui valut encore des heures d'intense prospérité, alors que les activités textiles (soie et surtout coton) se développaient rapidement.

Chef-lieu de la principauté de Murbach. – Ancien chef-lieu des possessions de la proche abbaye de Murbach, Guebwiller se développa du 8ᵉ s. au 18ᵉ s. sous la tutelle des princes-abbés. Ceux-ci y avaient leur château et y battaient monnaie. En 1275, le prince-abbé accorde une charte de franchises aux habitants : la bourgade, accédant au rang de cité, est dotée de fortifications. Au 18ᵉ s., avec la sécularisation, le chapitre de chanoines vient résider à Guebwiller. La ville voit alors fleurir un ensemble de bâtiments religieux dont la monumentale église Notre-Dame donne une image assez parlante de l'opulence.

Théodore Deck (1823-1891). – Surnommé le « Bernard Palissy du 19ᵉ s. », cet enfant de Guebwiller fut un faïencier et céramiste de génie. On lui doit l'invention, en 1874, des émaux cloisonnés sur faïence. Son traité sur « La Faïence », paru en 1887, fait encore autorité. Il assumera les trois dernières années de sa vie les lourdes fonctions de Directeur de la Manufacture de Sèvres. Une importante collection de ses œuvres est exposée au musée du Florival.

La nuit de la St-Valentin. – A la fin du 13ᵉ s., les bourgeois de Guebwiller avaient entouré leur cité de remparts qui servirent bientôt contre les Armagnacs. Le 14 février 1445, jour de la Saint-Valentin, les assaillants franchissent les fossés gelés. Mais une femme, Brigitte Schick, a aperçu l'ennemi. Elle donne l'alarme en allumant une botte de paille sur le point le plus menacé du rempart. Puis elle pousse de tels cris que les Armagnacs, croyant toute la défense alertée, détalent, abandonnant leurs échelles. Elles sont conservées depuis dans l'église St-Léger.

CURIOSITÉS

★**Église N.-Dame** (B). – Élevée de 1760 à 1785 par le dernier prince-abbé de Murbach, cette église s'impose au regard par ses proportions majestueuses. La façade néo-classique est décorée de statues représentant les vertus théologales et cardinales. A l'intérieur★★, l'élévation magistrale déploie une pompe toute romaine. Les deux bras du transept s'achèvent par des absides semi-circulaires qui forment avec celle du chœur un jeu trinitaire d'esprit baroque. Mais c'est vers le maître-autel que le regard est attiré par l'exceptionnelle composition en haut-relief de l'Assomption★★ (1783), où le sculpteur Sporrer a laissé libre cours à ses dons de metteur en scène. Du même artiste on admirera les stalles au décor raffiné et le buffet d'orgues.

★**Église St-Léger** (A). – C'est un bon exemple de style roman tardif rhénan. La façade, la nef, le transept et les bas-côtés datent des 12ᵉ et 13ᵉ s. L'abside et le chœur sont du 14ᵉ s. Les bas-côtés ont été doublés au 16ᵉ s.

★★**Façade Ouest.** – Encadrée de deux hautes tours, elle comporte un porche surmonté d'arcatures et de baies, qui s'ouvre sur trois côtés. Le portail central est en plein cintre. Sur le tympan est figuré un Christ bénissant, assis sur un trône.

Intérieur. – Le chœur contient de jolies boiseries du 18ᵉ s. A la voûte du bas-côté droit sont suspendues les échelles abandonnées par les Armagnacs en 1445, ex-voto insolites à la Vierge et à saint-Valentin *(voir ci-dessus)*.

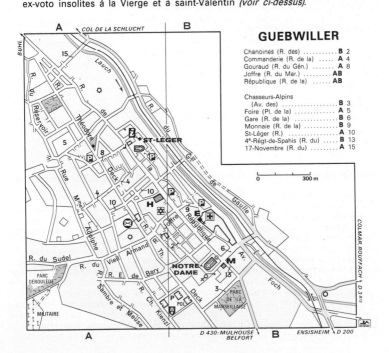

GUEBWILLER

Chanoines (R. des) .... **B** 2
Commanderie (R. de la) ..... **A** 4
Gouraud (R. du Gén.) .... **A** 8
Joffre (R. du Mar.) .... **AB**
République (R. de la) .... **AB**

Chasseurs-Alpins
  (Av. des) .... **B** 3
Foire (Pl. de la) .... **A** 5
Gare (R. de la) .... **B** 6
Monnaie (R. de la) .... **B** 9
St-Léger (R.) .... **A** 10
4ᵉ-Régt-de-Spahis (R. du) ... **B** 13
17-Novembre (R. du) .... **A** 15

★**Hôtel de ville (A H).** – Bâti en 1514, ce bâtiment gothique flamboyant présente des fenêtres à meneaux et un oriel *(voir p. 39)* à cinq pans. A droite, dans une niche d'angle, Vierge du 16ᵉ s.

Ⓒ **Église des Dominicains (B E).** – Désaffectée, cette église de style gothique est une des rares églises d'Alsace à posséder un jubé. Dans la nef, fresques représentant la Crucifixion, l'histoire des apôtres et des saints et la mission de saint Dominique ; au début du bas-côté Nord, une autre fresque du 15ᵉ s. retrace la Vision de sainte Catherine de Sienne.

Ⓒ **Musée du Florival (B M).** – C'est une des anciennes maisons canoniales (18ᵉ s.) que l'abbaye de Murbach possédait dans la cité qui abrite aujourd'hui les collections touchant à l'archéologie, au folklore, à l'art religieux et à l'histoire de la contrée du Florival. On y remarque notamment une très belle Vierge du 13ᵉ s., un retable du 15ᵉ s. remarquablement présenté et une très émouvante Descente de Croix du 16ᵉ s. attribuée à Quentin Metsys. Mais c'est peut-être l'œuvre artistique de **Théodore Deck** qui donne au musée son originalité. On admirera le **décor★** d'une salle de bain en carreaux de faïence peinte, représentant de luxuriants et colorés paysages lacustres. On remarquera aussi un **vase★** géant réalisé dans cette tonalité turquoise dont Deck s'était fait une spécialité et à laquelle il a laissé son nom, le « bleu Deck ».

★★ GUEBWILLER (Vallée de)

Carte Michelin n° **87** pli 18 ou **242** pli 35.

La **vallée de la Lauch** ou de Guebwiller est surnommée « le Florival » en raison de son aspect riant et fleuri. L'amateur d'art s'accordera le loisir d'admirer les belles églises romanes de Murbach et de Lautenbach.

Le promeneur à pied trouvera dans le fond de la vallée, de part et d'autre de la D 430 et jusqu'à la D 431, au Sud, une « **zone de tranquillité** » *(interdite aux voitures)* couvrant la partie la plus intéressante de la forêt de Guebwiller.

DE GUEBWILLER AU MARKSTEIN

29 km – environ 2 h – schéma p. 139

★**Guebwiller.** – *Page 73.*

Sortir au Nord-Ouest du plan en direction de Buhl.

On remonte la large vallée de la Lauch, dont le fond plat couvert de prairies s'encadre entre des versants tapissés de vignobles et de bois, et où débouche à gauche le pittoresque vallon de Murbach.

★★**Murbach.** – *Page 107.*

★**Lautenbach.** – 1 372 h. Lautenbach remonte au 8ᵉ s. et s'est développée autour d'une abbaye bénédictine. De l'ancienne abbaye, il ne subsiste que l'**église★**, collégiale à partir du 13ᵉ s. et actuellement paroissiale, et plusieurs anciennes maisons canoniales autour d'elle.

Le porche roman est divisé en trois vaisseaux voûtés d'ogives primitives. A l'intérieur on verra dans la nef une belle chaire du 18ᵉ s., au fond du bas-côté gauche une peinture sur bois de l'école de Schongauer, représentant les trois anciens patrons de l'église.

Un Christ évangélique datant de 1491, se dresse à l'entrée du chœur. Celui-ci, qui conserve un vitrail en partie du 15ᵉ s. est garni de remarquables stalles du 15ᵉ s. (détailler les miséricordes historiées) surmontées d'un dais au 18ᵉ s.

A gauche de l'église, subsiste une galerie de cloître du 16ᵉ s.

Peu après Linthal, la vallée de la Lauch, qui était jusqu'ici large et industrielle (filatures, tissages, scieries), devient très étroite et sauvage.

★**Lac de la Lauch.** – Ouvrage artificiel (superficie : plus de 11 ha ; profondeur : 19 m), ce qui n'enlève rien à la beauté tranquille de ses eaux, ce lac, où l'on peut pêcher *(voir le chapitre des Renseignements pratiques en fin de guide)*, repose au fond d'un cirque boisé. Une promenade, longue de 250 m, a été aménagée sur le barrage.

La route pénètre en forêt et s'élève en lacet, réservant quelques échappées sur la vallée et le Grand Ballon. 2 km après avoir contourné le lac de la Lauch, laisser la voiture dans le lacet à droite et prendre à gauche un sentier empierré qui conduit à un promontoire : jolie vue sur la vallée de la Lauch, la plaine d'Alsace et la Forêt Noire.

Le Markstein. – Carrefour sur la route des Crêtes. Centre de sports d'hiver.

HAGUENAU
29 715 h. (les Haguenoviens)

Carte Michelin n° **87** pli 3 ou **242** pli 16.

Haguenau est située sur les bords de la Moder, à la lisière d'une immense forêt (près de 14 000 ha) qui occupait à peu près le même emplacement à l'époque gallo-romaine. La présence d'ermites et la légende selon laquelle **saint Arbogast**, évêque chargé par le roi des Francs d'évangéliser le Nord de l'Alsace, aurait séjourné au cœur de ses fûtaies lui valut le nom de « **Forêt Sainte** » sous lequel elle resta désignée jusqu'à la fin du Moyen Age. Aujourd'hui, composée pour les deux tiers de pins sylvestres et pour le reste de feuillus où dominent chênes, charmes, hêtres et frênes, la forêt de Haguenau joue un rôle économique non négligeable et propose aux amateurs de nature de nombreux sentiers de promenade.

Chef-lieu de la **Décapole** *(voir p. 27)*, république prospère et industrieuse, Haguenau eut longtemps la première place après Strasbourg dans le concert des villes libres alsaciennes du Saint-Empire. De son passé fortifié, la cité garde pour témoins la Porte des Chevaliers et la Tour des Pêcheurs. Le centre-ville est réservé aux piétons.

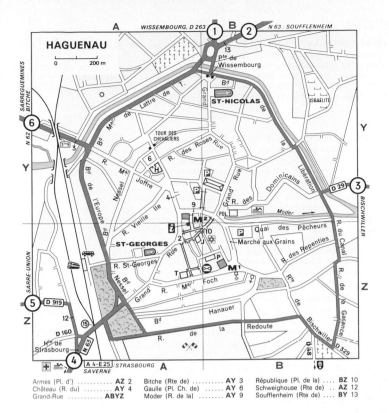

HAGUENAU

Armes (Pl. d') .... **AZ** 2	Bitche (Rte de) .... **AY** 3	République (Pl. de la) .... **BZ** 10
Château (R. du) .... **AY** 4	Gaulle (Pl. Ch. de) ...... **AY** 6	Schweighouse (Rte de) .. **AZ** 12
Grand-Rue .... **ABYZ**	Moder (R. de la) .... **AY** 9	Soufflenheim (Rte de) .... **BY** 13

CURIOSITÉS

★**Église St-Georges (AZ)**. – Ce sanctuaire des 12e et 13e s. allie harmonieusement les styles roman et gothique. Au-dessus de la croisée du transept s'élève un clocher octogonal dont les deux cloches sont les plus anciennes de France (1268). Sur le contrefort du transept Sud, des rainures figurent les étalons des mesures de longueur jadis utilisées à Haguenau.

A l'**intérieur**, la nef ample à l'ambiance encore romane est séparée des bas-côtés par des arcs en plein-cintre reposant sur de puissantes piles circulaires. Le savant réseau d'ogives de la voûte tempère la sobre austérité du vaisseau qu'achève un élégant chœur gothique, réalisé au 13e s. par les sculpteurs strasbourgeois de l'Œuvre Notre Dame *(voir p. 160)*.

On admirera plusieurs œuvres d'art : la **chaire** de pierre, sculptée en 1500 par Veit Wagner et, face à elle, un grand Christ de bois de 1487, œuvre de Clément de Bade. Dans le bras droit du transept, un **retable**★ composite réunit de façon inattendue un panneau central du 19e s. sculpté et polychromé dans une réaliste veine néo-gothique et figurant le Jugement dernier ; deux volets latéraux peints en 1497 par l'artiste haguenovien Diebold Martin représentent la Nativité et l'Adoration des mages. Le bras gauche du transept abrite un retable du 15e s., ordonné autour d'une Vierge à l'Enfant ; le chœur renferme une élégante **custode** flamboyante de 1523.

Les vitraux modernes très colorés ont été réalisés par Jacques le Chevalier entre 1956 et 1970.

★**Église St-Nicolas (BY)**. – Cette église gothique fut fondée par l'empereur Frédéric Barberousse en 1189. Elle appartint aux Prémontrés jusqu'en 1789. De la construction primitive, il ne reste que la tour qui fut gravement endommagée en 1944. Le chœur et la nef datent des années 1300.

Du chœur, vue intéressante sur la longue enfilade de la nef, à la belle régularité harmonieusement rythmée de dix croisées d'ogives.

Dans le bas-côté droit, Pietà en bois du 15e s. ; une porte donne accès à un porche abritant un sépulcre de 1426 près duquel se trouve une cuve baptismale de la fin du 14e.

Les remarquables **boiseries**★ *(pour mieux voir, allumer ; tronc à gauche du chœur)* du 18e s. de la chaire, du buffet d'orgues et des stalles du chœur proviennent de l'ancienne abbaye de Neubourg et furent transportées à St-Nicolas après la Révolution. A l'entrée du chœur, les quatre superbes statues en bois au drapé plein de mouvement appartiennent à la tradition baroque. Elles représentent les Pères de l'Église : saint Augustin, saint Ambroise, saint Grégoire et saint Jérôme.

⊘ **Musée historique (BZ M¹)**. – Récemment réorganisé, il présente d'abondantes collections de façon claire et moderne. Au sous-sol, sont disposées d'importantes séries d'objets préhistoriques et romains provenant de fouilles effectuées dans la région (forêt de Haguenau, Seltz).

Le rez-de-chaussée est l'étage le plus intéressant, avec notamment de remarquables sculptures médiévales (prédelle figurant la Cène) héritées des monuments de la ville. On y verra aussi des monnaies et médailles alsaciennes, dont beaucoup frappées à Haguenau ainsi que des ouvrages sortis des presses haguenoviennes (1489-1557). Au 1er étage sont exposées les collections de céramiques et d'histoire locale.

ⓥ **Musée alsacien** (AY M²). – Aménagé dans l'ancienne chancellerie de la ville, bâtiment restauré du 15e s., ce musée présente, au 1er étage, des collections régionales d'époques diverses : outils et ustensiles en bois (barres de tonneaux), ferronnerie, étains, costumes anciens ; au 2e étage, la « maison du potier » (18e-19e s.) avec atelier de poterie et ses productions, cuisine et salle de séjour meublées, plus une salle consacrée à l'imagerie populaire.

EXCURSIONS

Site du Gros Chêne. – *6 km à l'Est de Haguenau. Sortir par ② du plan.*
En pleine forêt de Haguenau, près d'une modeste chapelle moderne dédiée à saint Arbogast, le Gros Chêne est le point de départ d'un intéressant sentier botanique, d'un « parcours santé » et de promenades en forêt (sentiers balisés). *Auberge et aire de jeux pour les enfants.*

Walbourg. – *10,5 km au Nord de Haguenau par ① du plan.*
Agréablement campé dans un site vallonné, aux confins Nord de la « Forêt Sainte » *(p. 74)*, le paisible village de Walbourg doit son nom à la fondation par des moines bavarois, en 1074, d'une abbaye bénédictine dédiée à sainte Walburge, très vénérée en Bavière.
De l'établissement monastique subsiste une belle abbatiale du 15e s. à nef plafonnée. Le chœur, voûté d'ogives ramifiées, est éclairé par cinq lumineuses verrières du 15e s. Chaire en bois ciré, du 18e s.

Soufflenheim. – 4 462 h. *14 km à l'Est par ② du plan, N 63.*
ⓥ Ce bourg industriel est célèbre pour ses **ateliers** de poteries et de céramiques à décor floral sur fond uni, typiquement alsaciennes : terrines ovales pour la potée, plats, saladiers, moules à kougelhopf, pichets, etc.
Le cimetière abrite une **Cène** dont les personnages grandeur nature ont été façonnés dans l'argile d'après le tableau de Léonard de Vinci, par Léon Elchinger (1871-1942).

Betschdorf. – 3 371 h. *16,5 km au Nord-Est par ① du plan.*
Dans ce village aux jolies maisons à colombages, on fabrique des poteries d'art caractéristiques, en grès gris à décor bleu : cruches, pots, vases.
ⓥ Un petit **musée** présente une collection de grès au sel ainsi que de belles pièces des 18e et 19e s.

ⓥ **Hatten : Casemate d'infanterie Esch.** – *22 km au Nord-Est. Quitter Haguenau par ① du plan. Gagner Hatten par Betschdorf. La casemate s'élève sur la gauche, 1 km après la sortie de Hatten en direction de Seltz.*
La casemate Esch se trouva, en janvier 1945, au cœur de la bataille de chars qui opposa Allemands et Américains, dévastant Hatten et les villages alentour.
La reconstitution d'une chambre de troupe et d'une chambre de tir, l'aménagement des deux autres salles en un petit **musée** (uniformes, armes, équipements divers...) constituent une évocation très parlante du monde défensif de la ligne Maginot. Une maquette (en coupe) d'un bloc d'artillerie avec tourelle à éclipse permet de comprendre l'économie des grands ouvrages souterrains.

★ HAROUÉ (Château d')

Carte Michelin n° 🟦 pli 5 ou 🟦 pli 22 – 29 km au Sud de Nancy.

ⓥ Dans la campagne de Sion, sur les bords du Madon, s'élève l'imposante demeure des princes de Beauvau-Craon, construite à partir de 1720 par Boffrand, architecte du duc de Lorraine Léopold, sur les fondations de l'ancien château des Bassompierre.
Encadré de douves, l'édifice est précédé d'une cour d'honneur que ferment des grilles dues à Jean Lamour. Les statues du parc sont l'œuvre de Guibal qui, comme Lamour, travailla à la place Stanislas de Nancy.
A l'intérieur, on visite la chapelle, le grand escalier dont la rampe a été réalisée par Lamour et les appartements. On y admirera le mobilier Restauration, signé Bellanger, que le roi Louis XVIII offrit à la comtesse du Cayla pour orner le château de St-Ouen, les tapisseries de l'Histoire d'Alexandre (17e s.), tissées à La Malgrange près de Nancy, des portraits par François Pourbus, Rigaud, Gérard et des paysages d'Hubert Robert. Le Salon chinois est ainsi nommé à cause de son décor d'arabesques et de chinoiseries peint par Pillement.

★ HAUT-BARR (Château du)

Carte Michelin n° 🟦 pli 14 ou 🟦 pli 19 – Schéma p. 193.

Le château du Haut-Barr, bâti sur trois gros rochers de grès dominant la vallée de la Zorn et la plaine d'Alsace, a mérité le nom d'« Œil de l'Alsace ». Construit au 12e s., il fut entièrement transformé par l'évêque Manderscheidt, de Strasbourg. Ce fut, dit la légende, cet évêque qui fonda, avec quelques gentilshommes, une association de francs-buveurs nommée « Confrérie de la Corne ». Celle-ci oblige tous ses membres à vider d'un trait une énorme corne d'auroch remplie de bon vin d'Alsace... Certains chevaliers alsaciens assèchent la corne par deux fois sans être autrement incommodét. En revanche, le maréchal de Bassompierre raconte dans ses Mémoires qu'à la suite du cérémonial d'admission, il fut malade pendant cinq jours et ne put souffrir pendant deux ans l'odeur du vin !...

Accès. – *On accède (5 km) au château depuis Saverne, par la rue du Général-Leclerc la D 171, qui sinue entre les sapins. Près de l'entrée du château, parking.*

VISITE *environ 1/2 h*

Du portail d'entrée, une rampe pavée conduit à une deuxième porte, après laquelle se trouvent à droite une chapelle romane restaurée et à gauche le restaurant du Haut-Barr. Au-delà de la chapelle, on accède à une plate-forme *(table d'orientation),* d'où la **vue**★ s'étend sur Saverne, les côteaux du Kochersberg et, au loin, au-delà de la plaine rhénane, sur la Forêt Noire.

Par un escalier de bois (64 marches), appliqué contre la paroi de grès, on peut atteindre un premier rocher, d'où la vue embrasse le même panorama.

Revenir devant le restaurant et, aussitôt après, monter un escalier de 81 marches pour atteindre un deuxième rocher relié par une passerelle, appelée le « Pont du Diable », à un troisième rocher. La **vue**★★ y est encore plus belle et permet un tour d'horizon complet ; on aperçoit les Vosges, la vallée de la Zorn (empruntée par le canal de la Marne au Rhin), le plateau lorrain et, par temps clair, la flèche de la cathédrale de Strasbourg.

A 200 m du château, au Sud, s'érige le **télégraphe Claude Chappe,** reconstitution, sur son emplacement d'origine, d'une tour-relais du fameux télégraphe optique imaginé en 1794 par l'ingénieur Chappe et utilisé de 1798 à 1852 entre Paris et Ⓥ Strasbourg. Un petit **musée** présente des projections de diapositives.

★★ HAUT-KŒNIGSBOURG (Château du)

Carte Michelin n° 🄫🄫 pli 16 ou 🄫🄫🄫 pli 27 – Schéma p. 141.

Ⓥ Ce château féodal *(illustration p. 40),* reconstitué, le plus important des Vosges avec sa triple enceinte, occupe tout le sommet d'un piton, long de 270 m, qui, à l'altitude de 757 m, domine la plaine rhénane.

Ses parties les plus anciennes proviennent du château des Hohenstaufen, élevé dans la première moitié du 12e s. Devenu fief des comtes de Thierstein qui, à partir de 1479, l'agrandirent et l'adaptèrent à l'artillerie, il est incendié par les Suédois, en 1633. Jusqu'en 1901, il a constitué l'une des plus superbes ruines de l'Alsace. Mais la ville de Sélestat, manquant des crédits nécessaires aux travaux de conservation, offrit la ruine à l'empereur Guillaume II qui ordonna la reconstruction du château. Le résultat suscita des controverses acharnées, surtout lorsque fut édifié le haut et mince donjon carré actuel à l'emplacement de la tour ronde du 15e s.

Accès. – *La route d'accès (2 km) s'embranche à l'intersection de la D 159 et de la 1* ⁸¹*, à hauteur de l'hôtel du Haut-Kœnigsbourg. A 1 km, prendre à droite la route à sens unique, qui contourne le château, route à gauche de laquelle on peut laisser la voiture.*

Après avoir traversé deux enceintes, on voit l'hôtellerie et les communs, puis par un pont-levis on gagne le château proprement dit. Aussitôt après, la porte des Lions (1) donne accès au corps de logis qui renferme le puits (2), profond de 62 m, la cave (3) et la cuisine.

Aux étages supérieurs, on visite successivement : les chambres d'amis, la salle des Fêtes dans laquelle, lors de sa dernière visite, en avril 1918, Guillaume II fait apposer, sur la grille de la cheminée, l'inscription célèbre : « Je n'ai pas voulu cela » ; la chambre lorraine ; les appartements de la châtelaine, des chevaliers, la chapelle, la salle de chasse ; la salle des chevaliers, qui renferme de nombreuses armes. Quelques meubles des 15e, 16e et 17e s. ont été répartis dans les salles.

★★**Panorama.** – Du haut du grand bastion, on aperçoit : au Nord, les ruines des châteaux de Franckenbourg, de Ramstein, d'Ortenbourg ; à l'Est, de l'autre côté du Rhin, les hauteurs de Kaiserstuhl, en avant de la Forêt Noire ; au Sud, le Hohneck, et, à l'horizon, le Grand Ballon ; à 200 m environ à l'Ouest, ruine du Œdenbourg.

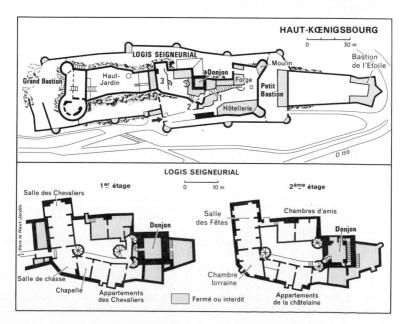

** HOHWALD (Région du)

Carte Michelin n° 87 plis 5, 15, 16 ou 242 plis 23, 24, 27.

Forêts, vignobles, charmants villages forment la toile de fond de cette région d'Alsace.

Châteaux et monastères. – Cette région a une histoire très ancienne. Il ne s'agit pas ici de légendes mais de faits attestés par des témoins de poids : le Mur païen de Ste-Odile, par exemple. Il est à peu près reconnu que ce fameux mur est l'œuvre des Celtes qui mettaient à l'abri de cette enceinte formidable leurs familles et leurs biens. Plus tard, les Romains renforcent l'ouvrage. Les rois mérovingiens s'intéressent à ce pays ; ils résident à Obernai.

Tout ce lointain passé s'incarnait dans les châteaux et les monastères. Si les abbayes ont survécu, tout au moins en tant que pèlerinages (Ste-Odile) ou comme monuments (Andlau), les châteaux dressent partout les ruines de leurs murailles ou de leurs donjons.

Le hêtre envahisseur. – Les forêts de sapins sont l'orgueil du Hohwald et demeurent sa traditionnelle parure. Or, une invasion s'est produite parmi ces sapins : celle du hêtre. Vers 1780, un litige surgit entre Barr et Strasbourg pour la possession de la forêt du Hohwald.

Pendant les 60 ans que dure le procès, nul ne peut toucher à un arbre. La sentence ayant été rendue à Strasbourg, la ville peut enfin jouir de son bien et fait pratiquer de larges coupes parmi les sapins devenus géants. C'est à ce moment que le hêtre se serait faufilé dans les clairières.

Une terre fortunée. – La superbe forêt qui abrite le framboisier et l'airelle ne s'éclaircit que pour céder la place à la vigne. Celle-ci chevauche les coteaux, escalade les remparts des petites villes, tandis que le tabac pousse dans les terres du lœss qui avoisinent Barr et que les houblonnières dressent leurs perches çà et là plus au Nord. Si l'on ajoute à tant de libéralités de la nature la multiplicité des rivières, ruisseaux, torrents qui favorisent les scieries, les tissages et filatures, on reconnaîtra que ce coin d'Alsace mérite bien le nom de « terre bénie ».

☆☆ 1 STE-ODILE

24 km – environ 1 h – schéma p. 79 – description p. 149 et 150

☆☆ 2 CIRCUIT AU NORD DU HOHWALD

91 km – environ une journée – schéma p. 79

☆☆ Le Hohwald. – 407 h. (les Hohwaldais). Lieu de séjour. Le bassin de prairies où la station du Hohwald disperse ses villas et ses hôtels est complètement entouré de belles forêts de sapins et de hêtres invitant à la promenade. Le Hohwald est, aussi, bien placé pour les excursions rayonnantes en auto.

La D 425 suit l'Andlau dans une pittoresque vallée boisée qu'animent des scieries. Sur la gauche, les ruines des châteaux de Spesbourg et du Haut-Andlau apparaissent sur une crête.

☆ Andlau. – *Page 44.*

Entre Andlau et Obernai, la route se déroule au pied de coteaux couverts de vignobles.

Mittelbergheim. – 647 h. Ce bourg pittoresque accroche ses maisons aux flancs d'un coteau. La place de l'Hôtel-de-Ville est bordée de jolies maisons Renaissance aux porches et encadrements de fenêtres en grès des Vosges. La vigne y est cultivée, dit-on, depuis l'époque romaine et ses vins sont très réputés.

Barr. – *Page 140.*

☆ Châteaux du Haut-Andlau et de Spesbourg. – *1 h 1/2 à pied AR. Prendre la D 854 puis, 1 500 m après Holzplatz, un chemin goudronné à gauche, qui mène à la maison forestière d'Hungerplatz. Y laisser la voiture et suivre le chemin tracé sur la crête de la montagne jusqu'aux ruines.*

Le **château du Haut-Andlau☆**, bâti au 14e s. et restauré au 16e s., était encore habité en 1806. Il présente aujourd'hui, entre deux grosses tours, des murs ruinés, percés de fenêtres gothiques. De la terrasse, on aperçoit les coteaux du Vignoble, puis la plaine d'Alsace et, dans le lointain, la Forêt Noire.

Du **château de Spesbourg☆**, l'on découvre vers le Sud une jolie vue sur la vallée d'Andlau et l'Ungersberg. Construit au 13e s. en granit rose, il fut détruit au 14e s. Un donjon carré domine les hauts murs du corps de logis aux belles fenêtres géminées.

Gertwiller. – 793 h. Village renommé pour son vignoble et ses pains d'épice glacés.

Après Gertwiller on distingue, sur les premières pentes des Vosges, le château de Landsberg ; plus à droite, le couvent de Ste-Odile et, plus bas, les ruines des châteaux d'Ottrott.

☆☆ Obernai. – *Page 119.*

Ottrott. – 1 303 h. (les Ottrottois). Au milieu d'un vignoble produisant un des bons vins rouges d'Alsace, « le Rouge d'Ottrott », Ottrott est également fière de ses deux châteaux : le Lutzelbourg, du 12e s., avec son bâtiment carré et sa tour ronde, et le Rathsamhausen, du 13e s., plus vaste et plus orné.

Klingenthal. – Petite localité, jadis célèbre par sa fabrique d'armes blanches. Klingenthal signifie d'ailleurs « Vallée des lames ».

Par la D 204 pittoresquement tracée en forêt, on atteint l'hôtel-restaurant de Fischhütte où laisser la voiture. A 150 m, à droite, un sentier *(6 km à pied AR)* mène aux ruines du **château fort de Guirbaden,** construit au 11e s. et détruit au 17e s. ; il en subsiste encore les quatre murs du corps de logis et le donjon. Vue étendue sur les forêts environnantes, la plaine d'Alsace et la vallée de la Bruche.

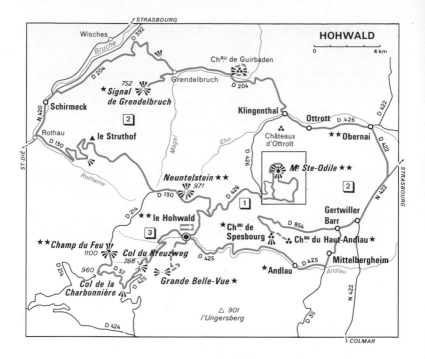

★Signal de Grendelbruch. – *1/4 h à pied AR.* Le **panorama★** que l'on découvre du sommet porte à l'Est, sur la plaine d'Alsace et la Forêt Noire ; à l'Ouest, sur la vallée de la Bruche et la chaîne des Vosges avec le Donon, couronné d'un petit temple.

Plus loin, on découvre à droite une très jolie vue sur Wisches, des vallons profonds et boisés et le Donon. Puis la route atteint la pittoresque vallée de la Bruche *(décrite p. 50).*

Schirmeck. – *Page 154.*

A la hauteur de Rothau prendre à gauche la D 130 dans la vallée de la Rothaine que l'on quitte 3 km plus loin par un coude à gauche.

Bientôt la vue se dégage, très belle sur la vallée. Une route sur la gauche permet d'atteindre la chambre à gaz de l'ex-camp de concentration. 1 km plus loin se détache à gauche le chemin d'accès au camp et au cimetière national des déportés.

Le Struthof. – *Page 170.*

La route court sur un plateau, pénètre en forêt et descend vers la Rothlach.

A 1,5 km, laisser la voiture et prendre à gauche un sentier vers le rocher de Neuntelstein.

★★Rocher de Neuntelstein. – *1/2 h à pied AR.* La **vue★★** est très belle sur Ste-Odile, l'Ungersberg, le Haut-Kœnigsbourg et le Champ du Feu.

Poursuivre la D 130 qui rejoint la D 426 à un carrefour d'où l'on pourrait éventuellement gagner le mont Ste-Odile (décrit p. 149). En prenant à droite, on revient au Hohwald.

★★3 CHAMP DU FEU *11 km – environ 1/2 h – schéma ci-dessus*

★★Le Hohwald. – *Page 78.*

Quitter le Hohwald en prenant la route qui fait face au café-restaurant d'Alsace et traverse la rivière.

★Grande Belle-Vue. – *1 h 1/2 à pied AR.* La vue se dégage bientôt sur le site du Hohwald. A 1 km, à hauteur de l'ancienne pension Belle-Vue, prendre un sentier à gauche. Montée de 3 km en forêt avant d'atteindre les pâturages. Du sommet (100 m, à gauche) : **vue★** à droite sur le Climont, en avant sur le val de Villé, en arrière sur le Haut-Kœnigsbourg.

Le parcours ultérieur s'effectue à travers un frais paysage de prairies et de bois, puis, au col du Kreuzweg (alt. 768 m), la vue se dégage.

Col du Kreuzweg. – Vue sur les vallées du Breitenbach et du Giessen ainsi que sur les monts qui les encadrent ; au-delà, se dessine la dépression de la Liepvrette.

La D 57, en montée vers le col de la Charbonnière, offre des vues superbes sur le val de Villé, la plaine d'Alsace et la Forêt Noire. Les châteaux du Haut-Kœnigsbourg et de Frankenbourg sont visibles sur des promontoires dominant la plaine.

Col de la Charbonnière. – Au-delà des hauteurs qui dominent le val de Villé, on distingue la plaine d'Alsace et, à l'horizon, la Forêt Noire.

Au col, tourner à droite dans la D 214 qui contourne la tour du Champ du Feu.

★★Champ du Feu. – Du haut de la tour d'observation, immense **panorama★★** sur les Vosges, la plaine d'Alsace, la Forêt Noire et, par temps clair, les Alpes Bernoises. Les magnifiques pentes qui l'environnent sont fréquentées l'hiver par les amateurs de ski. Au Nord de la tour, à 1 km à gauche, la D 414 conduit (1,5 km) au Chalet Refuge et aux pistes de ski de la Serva.

HUNAWIHR

Carte Michelin n° 87 pli 17 ou 242 pli 31 – au Sud de Ribeauvillé – Schéma p. 141.

Gagner le centre de ce pittoresque village viticole et, avant la fontaine située près de la mairie, prendre à gauche la rue de l'Église puis gravir un raidillon.

Église. – Son lourd clocher carré tient plus du donjon que du clocher. Elle est entourée d'une enceinte hexagonale datant du 14e s. dont l'unique entrée était défendue par une tour. En faisant le tour de l'édifice, entre les tombes du cimetière catholique, on remarquera les six bastions qui flanquaient l'enceinte. Des abords de l'église, la vue est jolie sur le Taennchel, montagne reconnaissable à sa forme conique, sur les trois châteaux de Ribeauvillé et la plaine d'Alsace.

Elle fortifiée et sert à la fois aux cultes catholique et protestant, ce qui explique l'aspect de la nef. Le chœur est réservé aux catholiques depuis Louis XIV. Dans la chapelle à gauche du chœur, des fresques des 15e-16e s. aux tons ocre-rouge, bleus et jaunes, racontent la vie et les miracles de saint Nicolas et la canonisation de sainte Hune.

★**Centre de réintroduction des cigognes.** – Depuis 1976, les responsables du centre s'attachent à supprimer l'instinct migratoire des cigognes alsaciennes qui étaient en voie de disparition. Désormais, ces échassiers hivernent au centre et se reproduisent sur place ou dans les villages voisins. On en verra plusieurs couples évoluant librement.

Le parc présente aussi un spectacle d'animaux pêcheurs, cormorans, manchots, otaries, loutres.

JOFFRE (Route)

Carte Michelin n° 87 plis 18, 19 ou 242 plis 35, 39.

Cette route fut créée par l'Armée pendant la guerre de 1914-1918 afin d'assurer les communications entre les vallées de la Doller et de la Thur.

Pendant l'hiver 1944-1945, elle reprit son rôle militaire, réanimée par le trafic des troupes françaises qui ne pouvaient utiliser que cette voie d'accès pour attaquer Thann par le Nord *(voir p. 31)*.

DE MASEVAUX A THANN *18 km – environ 1 h*

Masevaux. – 3 328 h. (les Masopolitains). Lieu de séjour. Petite ville industrielle et commerçante, Masevaux fut créée autour d'une abbaye fondée par Mason, neveu de sainte Odile, en mémoire de son fils qui s'était noyé dans la Doller. Elle conserve de jolies places ornées de fontaines du 18e s. et entourées de demeures des 16e et 17e s.

La route s'élève pour atteindre le hameau d'**Houppach,** lieu de pèlerinage. La chapelle Notre-Dame d'Houppach est également connue sous le nom de Klein Einsiedeln. La route descend légèrement, après avoir passé le col du Schirm, dans le bassin très vert de Bourbach-le-Haut.

Col du Hundsrück. – Alt. 748 m. Vues à droite sur le Sundgau *(p. 170)*, région la plus méridionale de l'Alsace, la plaine d'Alsace et le Jura.

La descente qui suit se déroule en forêt. A la sortie du bois, **vue**★★ magnifique sur la vallée de la Thur dominée au Nord par le Grand Ballon (alt. 1 424 m) où se distingue le monument aux Diables Bleus.

A Bitschwiller, on rejoint la N 66 que l'on prend à droite.

★**Thann.** – *Page 171.*

★★ KAYSERSBERG

Carte Michelin n° 87 pli 17 ou 242 pli 31 – Schéma p. 141 – Lieu de séjour.

Bâtie au débouché de la vallée de la Weiss dans la plaine d'Alsace, entourée de vignobles réputés, Kaysersberg est une charmante petite cité fleurie au cachet médiéval. Du château *(1/2 h à pied AR)* se découvre une jolie vue sur le site de la ville.

C'est à Kaysersberg que naquit le docteur **Albert Schweitzer** (1875-1965), prix Nobel de la Paix en 1952. Organiste, musicologue, pasteur et médecin, il mena, en Afrique, un combat exemplaire contre le sous-développement et la maladie.

Sa maison natale, 124 rue du Général-de-Gaulle **(M¹)** abrite un **centre culturel** où une salle lui est consacrée.

Le Mont de l'Empereur. – Le nom de Kaysersberg signifie « le mont de l'Empereur ». « Caesaris Mons », à l'époque romaine, commande l'un des plus importants passages entre la Gaule et la vallée du Rhin.

Au cours de toute son histoire, Kaysersberg continue de justifier son titre. Au 13e s., l'empereur Frédéric II achète le village ainsi que son château. Il les fortifie de manière à résister aux incursions des ducs de Lorraine. Plus tard, Rodolphe de Habsbourg l'honore de sa protection. Adolphe de Nassau l'élève au rang de ville libre.

En 1353, la cité est agrégée à la Décapole *(voir p. 101)*. Charles IV lui confirme ses privilèges. Charles Quint favorise son développement. Maximilien lui donne comme bailli impérial le célèbre **Lazare de Schwendi.** Celui-ci a combattu en Hongrie et pris la ville de Tokay. C'est là qu'il aurait recueilli quelques plants du vin fameux dont il fait don à Kaysersberg. Depuis cette époque, ces quelques plants se sont largement multipliés et ont fait la renommée viticole de la ville.

CURIOSITÉS

COLMAR, N 415

★**Église** (L). – 12e-15e s. On y accède par une petite place décorée d'une fontaine du 18e s. que surmonte une statue de l'empereur Constantin, du 16e s.

La façade s'ouvre par un portail roman, dont certains chapiteaux sont décorés de pélicans et de sirènes à deux queues, motif d'inspiration lombarde. Le tympan représente le couronnement de la Vierge encadrée par les archanges saint Michel et saint Gabriel. A l'intérieur, la nef est dominée par un énorme groupe de crucifiement, en bois sculpté polychrome, de la fin du 15e s.

Le chœur abrite au-dessus du maître-autel un **retable**★★ en bois, en forme de triptyque, œuvre magnifique du maître Jean Bongart de Colmar (1518). Le panneau central, qui représente la Crucifixion, est entouré de douze panneaux sculptés retraçant les phases de la Passion ; au-dessous, le Christ bénissant, entouré des apôtres. Au revers, les peintures (17e s.) figurent la Découverte et l'Exaltation de la sainte Croix.

Le bas-côté Nord abrite un Saint sépulcre de 1514, malheureusement mutilé. La partie la plus remarquable est le groupe des saintes femmes, chef-d'œuvre de Jacques Wirt. Détail qu'on retrouve dans plusieurs églises d'Alsace : dans la poitrine du Christ est ménagée une entaille, destinée à recevoir les hosties pendant la Semaine sainte.

Dans la nef latérale de droite et dans celle de gauche, remarquer la statue de saint Jacques le Majeur (1523) et le bas-relief de la Pietà de 1521.

La fenêtre gauche de la façade présente une belle verrière du 15e s. représentant le Christ en croix flanqué des deux larrons, œuvre de Pierre d'Andlau.

Chapelle St-Michel. – 1463. Elle comporte deux étages. Dans la salle inférieure, transformée en ossuaire, se trouve un bénitier avec une tête de mort à la base. La chapelle supérieure est décorée de fresques. Dans le chœur, à droite de l'autel, curieux crucifix du 14e s.

Cimetière (A). – Les soldats tombés pour la libération de la ville y sont inhumés. Des débris archéologiques donnent à ce cimetière le caractère d'un musée lapidaire. Une galerie de bois du 16e s. abrite notamment la curieuse croix, dite « de la peste », de 1511.

★**Hôtel de ville** (H). – Construit dans le style de la Renaissance rhénane, il offre une jolie façade, une cour tranquille et une pittoresque galerie de bois.

★**Vieilles maisons.** – Dans les rues de l'Église, de l'Ancien-Hôpital, de l'Ancienne-Gendarmerie et du Général-de-Gaulle (encore appelée Grand'Rue).

Puits Renaissance (**B**). – 1618. Situé à gauche, aussitôt avant la place du 1er R.C.A., dans la cour du n° 54 Grand'Rue, il porte une inscription pleine d'humour.

★**Pont fortifié** (F). – Situé dans un décor charmant, au milieu de vieilles maisons, ce pont construit aux 15e et 16e s., crénelé et percé de meurtrières, porte un oratoire.

Kaysersberg. – Le pont fortifié.

★**Maison Brief** (D). – Elle date de 1594.

Hostellerie du Pont (E). – A l'angle de la rue des Forgerons, où l'on verra aussi d'anciennes maisons, elle a été remise en état. C'était l'ancienne maison des Bains. Face au pont, **maison** à colombages à galerie ouverte (**K**).

ⓥ **Musée communal** (M²). – Agréablement présenté, il est installé dans une maison Renaissance à double toit avec tourelle à escalier. Il expose des objets d'art religieux (rare Vierge ouvrante du 14e s., Christ des Rameaux du 15e s.), des souvenirs locaux (cloche du 16e s. provenant d'une porte de ville qui servait de beffroi, masque « cracheur de farine »), des haches néolithiques de Bennwihr, l'outillage d'un chaudronnier romain trouvé aux environs, des objets de tonnellerie, etc.

KEMBS
2575 h.

Carte Michelin n° 87 pli 9 ou 242 pli 40 – Schéma p. 130.

La petite ville de Kembs, qui a donné son nom à l'usine, fut autrefois une importante ville romaine. Un pont en ciment romain, dont on a retrouvé les restes en creusant le canal, unissait les deux rives du Rhin, ce qui infirme la théorie qui voulait que les ponts sur le Rhin aient toujours été construits en bois afin qu'on puisse les brûler en cas d'invasion.

Barrage de Kembs. – *Au Sud.* Construit dans le lit du fleuve en aval de Bâle, il constitue l'unique ouvrage de retenue sur le Rhin pour les quatre premiers biefs. Il dérive une part importante des eaux du Rhin dans le Grand Canal d'Alsace *(voir p. 130).* Depuis 1965, un groupe hydro-électrique utilise le débit conservé dans le lit du Rhin.

★**Usine hydro-électrique.** – *4 km par la D 468 et la première route à gauche.* Réalisée de 1928 à 1932, c'est la première usine du Grand Canal d'Alsace. Endommagée en 1940 et en 1944, elle fut reconquise le 10 décembre 1944 par des unités de la 9e D.I.C. *(voir p. 31).* Elle put être remise en service dès le mois d'août suivant. Elle possède 7 groupes d'une puissance totale maximale de 157 500 kW dont la production annuelle moyenne est de 938 millions de kWh.

★**Bief de Kembs.** – En aval du barrage, il comprend le canal latéral proprement dit et une double écluse de navigation.

Rosenau. – 1591 h. *2 km au Sud de l'usine hydro-électrique.* C'est dans ce petit village que le 19 novembre 1944, au terme d'une course de 70 km parcourue en moins de 6 heures, les chars de la 1re DB, premiers des forces alliées, atteignirent le Rhin *(p. 29).* Un monument rappelle cet exploit.

KIENTZHEIM
925 h.

Carte Michelin n° 87 pli 17 ou 242 pli 31 – Schéma p. 141.

Cette petite cité viticole conserve plusieurs monuments intéressants, une enceinte fortifiée, de vieilles maisons et places, des puits, des cadrans solaires.

CURIOSITÉS

Porte Basse. – Dite du « Lalli », elle est surmontée d'une tête sculptée qui tire la langue aux passants. Cette tête grimaçante, surplombant une tour imprenable, narguait l'assaillant qui avait franchi la première enceinte.

Ancien château. – Remontant au Moyen Age mais transformé au 16e s., il est aujourd'hui le siège de la confrérie St-Étienne qui contrôle la qualité des vins alsaciens.

ⓥ **Musée du Vin d'Alsace.** – Installé dans une dépendance, il rassemble sur trois étages tout ce qui a trait à la vigne et au vin. Les collections, agréablement disposées, comprennent notamment un monumental pressoir ancien et de nombreux instruments devenus rares, comme ce curieux arracheur de ceps.

Église. – Elle a une tour gothique très restaurée. A l'intérieur : sur l'autel latéral gauche, Vierge du 14e s. et, à côté, **pierres tombales★** de Lazare de Schwendi, l'importateur présumé du Tokay de Hongrie, mort en 1583, et de son fils.
Dans la sacristie, ancien ossuaire, fresques du 14e s. et statues de la Vierge des 14e et 17e s.

Chapelle Sts-Félix et Régule. – A l'intérieur, curieux ex-voto, peintures naïves sur toile et sur bois, de 1667 à 1865.

LIVERDUN
6 110 h. (les Liverdunois)

Carte Michelin n° 62 pli 4 ou 242 pli 17.

Liverdun occupe un **site★** agréable dans un méandre de la Moselle qu'il domine. En venant de Frouard par la D 90, pittoresque, on pénètre dans la petite cité par une porte de ville du 16e s. Dans la rue Porte-Haute, à droite, la porte sculptée de la maison dite du Gouverneur date de la fin du 16e s.

Église. – Commencée à la fin du 12e s., elle fut consacrée en 1261. A l'intérieur, tombeau de saint Euchaire : statue du 13e s. dans un encadrement du 16e s. Remarquer la curieuse disposition des bas-côtés, voûtés en berceau brisé comme le transept et dont l'axe est, comme celui du transept, perpendiculaire à la nef. La place de la Fontaine, derrière l'église, est bordée d'arcades du 16e s.

LONGWY

Carte Michelin n° 57 pli 2 ou 242 pli 1
Plan dans le guide Rouge Michelin France.

Ancienne ville fortifiée dont il reste encore quelques vestiges, Longwy, connue pour ses « émaux », est devenue la cité du fer et un centre industriel important.
Longwy subit la domination des ducs de Luxembourg, des comtes de Bar et des ducs de Lorraine. Assiégée par la France en 1647 et 1670, la ville lui fut cédée au traité de Nimègue, en 1678. Louis XIV la fit alors fortifier par Vauban. Sa situation de ville-frontière lui valut d'être occupée par les Prussiens en 1792, en 1815, en 1870 et de 1914 à 1918 par les Allemands.

La région industrielle de Longwy. – Une excursion par la D 98 (au départ de Longwy-Bas, du « Belvédère » : intéressant point de vue sur le bassin sidérurgique) jusqu'à Mont-St-Martin (église romane), puis par la D 26 jusqu'à Saulnes *(10 km),* donne une idée d'un paysage fortement industrialisé.
Le bassin de Longwy, qui présentait, naguère encore, une densité d'appareils à feu exceptionnelle, a conservé une partie de ses usines choisies en raison du potentiel de leur installation. Cette réorganisation d'ensemble, nécessitée par la crise que connaît la sidérurgie depuis 1975, a engendré la réunion en une seule société de toutes celles qui s'étaient implantées dans la vallée. De nos jours, la production de fonte et d'acier est assurée par deux sites, de part et d'autre de la ville.

EXCURSIONS

Cons-la-Grandville. – *7 km au Sud-Ouest. Quitter Longwy par la N 18. A 4 km, prendre à gauche la D 172.*
Bâtie dans une cuvette qu'entoure une boucle de la Chiers, cette bourgade est connue pour l'important château aux belles **façades**★ Renaissance qui la domine de sa masse imposante.
Construit au 16e s. sur l'emplacement d'un ancien château fort dont il ne subsiste qu'une tour ronde, l'actuel édifice offre un saisissant contraste entre ses puissants soubassements et ses fenêtres délicatement ouvragées. Saccagés pendant la guerre de Trente Ans, les bâtiments furent partiellement restaurés au 18e s. La visite intérieure permet notamment de voir les oubliettes et d'admirer dans la salle d'honneur une monumentale cheminée Renaissance au riche décor sculpté.
Durant la Grande Guerre, Maurice Chevalier, blessé, fut soigné dans la vieille demeure transformée en hôpital.

Fort de Fermont. – *13 km au Sud-Ouest. Quitter Longwy par la N 18. A 4 km prendre à gauche la D 172, dépasser Ugny et prendre à droite la D 17ᴬ puis à gauche la D 174.*
Ce gros ouvrage de la Ligne Maginot *(voir p. 30)* repoussa l'attaque allemande le 21 juin 1940 après 3 jours de bombardements intensifs. Dans la bataille, le guetteur Florent Piton fut atteint de plein fouet par un obus (au cours de la visite on passe devant l'endroit où il fut provisoirement inhumé). Cependant, bien qu'invaincu, le commandant de l'ouvrage est obligé de livrer le fort aux Allemands qui s'en emparent le 27 juin 1940. En septembre 1944 il est repris par les Français. L'ouvrage était défendu, entre autres, par cinq canons de 75 et deux mortiers de 81. Avec ses deux blocs d'entrée et ses sept blocs de combat, établis sur une surface de 27 ha, il était conçu pour un effectif de 600 hommes.
On visite les galeries souterraines, la casemate d'artillerie, l'ensemble du casernement (foyer du soldat, dortoirs, cuisines, infirmerie, réserves de vivres, four, cave, etc.), l'usine électrique et le musée (exposition de matériel et souvenirs militaires). Par une issue de secours, on accède au-dessus de l'ouvrage où l'on se rend compte de la disposition de l'ensemble du fort avec ses quatre tourelles à éclipse, ses cloches à vision périscopique et lance-grenades, ses casemates.

Crusnes. – *17 km au Sud-Est. Quitter Longwy par la N 52.* Dans cette cité ouvrière s'élève l'église dédiée à Ste Barbe, patronne des mineurs. Entièrement construite en fer en 1939, elle est décorée de peintures d'Untersteller et d'un chemin de croix taillé dans des blocs de minerai par Serraz.

Pour trouver la description d'une ville ou d'une curiosité isolée, consultez l'index.

★ LUNÉVILLE
23 231 h.

Carte Michelin n° 62 pli 6 ou 242 pli 22.

Lunéville doit au 18e s. ses larges rues, son grand parc et ses beaux monuments. Sa faïencerie, érigée par le roi Stanislas en Manufacture royale, s'est spécialisée dans la faïence de table.

Le petit Versailles. – De 1702 à 1714, Lunéville est le séjour favori de **Léopold,** duc de Lorraine. Grand admirateur du Roi-Soleil, il fait édifier par Germain Boffrand, élève de Mansart, le château actuel, réplique plus modeste de celui de Versailles. La danse, le jeu, les représentations théâtrales, la chasse occupent les loisirs du duc et font accourir toute la noblesse lorraine.
Lunéville devient encore, un peu plus tard, la résidence favorite de Stanislas *(voir p. 108)* qui apporte de nombreuses modifications à l'ordonnance du parc et à la décoration du château. Il s'entoure de littérateurs et d'artistes parmi lesquels Voltaire, Montesquieu, Saint-Lambert, Helvétius.
A cette époque, Lunéville mérite le surnom de « Petit Versailles » grâce à la beauté de son château, à l'ordonnance des jardins et à la qualité de ses hôtes. Stanislas y meurt, le 23 février 1766.

★CHÂTEAU *visite : 3/4 h*

D'une ordonnance majestueuse, il s'ouvre à l'Ouest par une vaste cour d'honneur où se dresse la statue équestre du général de Lasalle, tué à Wagram. Le large corps central, desservi par deux escaliers monumentaux, est flanqué de deux petites ailes séparées par des portiques des grandes ailes encadrant la cour d'honneur. La **chapelle**, inspirée de celle de Versailles, sert de cadre à un spectacle audio-visuel.

Musée (M¹). – On y verra une importante collection de faïences de Lunéville et de St-Clément, l'apothicairerie de l'hôpital de Lunéville, des statuettes en terre de Lorraine de Paul-Louis Cyfflé, une collection unique de portraits calligraphiés par Jean-Joseph Bernard (18ᵉ s), des éléments d'archéologie copte, des tentures flamandes de cuir peint (17ᵉ s.), des peintures caractéristiques de l'art officiel du 19ᵉ s.

L'œuvre de Georges de la Tour, peinte à Lunéville de 1620 à 1652, est évoquée par un montage audiovisuel. Neuf salles sont consacrées à l'histoire de la garnison de cavalerie de Lunéville (2ᵉ Div. de Cav.).

Faïence de Lunéville,
« Bébé », nain du roi Stanislas.

★**Parc des Bosquets.** – Tracé au début du 18ᵉ s. par Yves des Hours et embelli par Louis de Nesle, dit Gervais, pour Léopold, il fut enrichi par Stanislas. A la mort du roi, le château et le parc deviennent propriété de l'autorité militaire. La plupart des bassins sont comblés. En 1936, la ville en devient propriétaire. En 1946, les bosquets sont restaurés dans leurs lignes essentielles du 18ᵉ s., avec parterres, statues et pièces d'eau. La terrasse réapparaît.

AUTRES CURIOSITÉS

Église St-Jacques (B). – Cette ancienne abbatiale fut construite de 1730 à 1747 par Boffrand et Héré, dans le style baroque. La façade s'encadre de deux tours cylindriques surmontées des statues de saint Michel *(à gauche)* et de saint Jean Népomucène *(à droite)*. Sur le fronton, une horloge est soutenue par une statue représentant le Temps. A l'intérieur, remarquer les **boiseries★** Régence (tambour de la porte d'entrée, stalles du chœur, chaire) mais aussi une Pietà en pierre polychrome du 15ᵉ s. *(à gauche du chœur)* et de belles œuvres de Girardet : au fond de l'abside, le Baptême de Clovis, sur un pilier à droite du chœur, saint Joseph portant l'Enfant-Jésus, et, face à la chaire, le Christ en croix. Avant de sortir, on admirera le bel effet décoratif produit par la tribune et le buffet d'orgues dont les tuyaux sont dissimulés habilement, l'ensemble ayant été exécuté sur les dessins de Héré (1751).

Musée de la moto et du vélo (M²). – Quatre salles

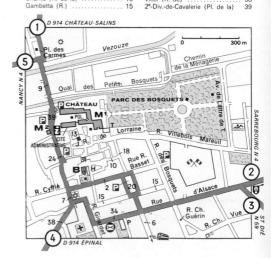

LUNÉVILLE

abritent plus de 200 modèles à 2 ou 3 roues, avec ou sans moteur, dont le plus ancien remonte à 1865. A côté de modèles de grande diffusion, on remarque des machines assez rares comme cette moto de parachutiste anglais (1943) pesant 43 kg ou cette bicyclette équipée d'un moteur diesel auxiliaire de 18 cm³ (1951) ou encore ce vélo à cadre en bois (1910).

*Chaque année, le **guide Rouge Michelin France**
indique (avec adresse et n° de téléphone)
les réparateurs, concessionnaires, spécialistes du pneu
et les garagistes assurant la nuit, les réparations courantes...
Tout compte fait, le guide de l'année, c'est une économie.*

★ LUXEUIL-LES-BAINS

10 531 h. (les Luxoviens)

Carte Michelin n° 🔢 pli 6 ou 🔢 pli 38 – Lieu de séjour.

Luxeuil, station hydrominérale réputée, est spécialisée dans le traitement des affections gynécologiques et des affections veineuses. C'est aussi une ville d'art bâtie en grès rouge, qui possède d'intéressants monuments et nombre de demeures anciennes. La création d'une importante base aérienne, toute proche, lui a donné une nouvelle extension.

Luxeuil fut le siège d'une célèbre abbaye fondée par **saint Colomban,** moine irlandais, passé en France en 590 avec douze religieux. Ayant reproché au roi de Bourgogne ses dérèglements, il fut chassé du pays et dut se réfugier à Bobbio, en Italie.

CURIOSITÉS

★**Hôtel du cardinal Jouffroy** (B). – Le cardinal Jouffroy, abbé de Luxeuil puis archevêque d'Albi, fut jusqu'à sa mort, le favori de Louis XI. Sa maison (15ᵉ s.) la

plus belle de Luxeuil, ajoute au gothique flamboyant de ses fenêtres et de sa galerie quelques éléments Renaissance dont, sur l'un des côtés, une curieuse tourelle (16ᵉ s.), coiffée d'un lanternon, construite en encorbellement. Madame de Sévigné, Augustin Thierry, Lamartine, André Theuriet ont habité cette maison.

Sous le balcon, la 3ᵉ clef de voûte à partir de la gauche représente trois lapins. le sculpteur n'a représenté que trois oreilles en tout, mais le groupe est disposé de telle sorte que chaque lapin paraît avoir deux oreilles.

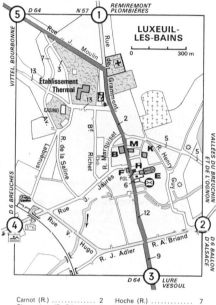

★**Hôtel des Échevins (Musée de la tour des Échevins)** (M). – Édifice important du 15ᵉ s. aux murs crénelés. La décoration extérieure et la fine loggia de style gothique flamboyant contrastent avec l'allure générale de la construction. De remarquables sculptures provenant de la ville gallo-romaine, **stèles★** funéraires ou votives, inscriptions, ex-voto d'époque gauloise, etc. sont disposés au rez-de-chaussée. Le 1ᵉʳ étage est consacré au vieux Luxeuil. Le 2ᵉ et le 3ᵉ étage abritent le **musée Adler** qui rassemble des peintures de J. Adler, Vuillard et Pointelin.

Du sommet de la tour (146 marches) : **vue** sur la ville et, au loin, sur les Vosges, le Jura et les Alpes.

★**Ancienne abbaye St-Pierre** (E). – La plupart de ses éléments ont été conservés bien qu'en partie dénaturés.

Église. – Succédant à une église du 11ᵉ s. dont il reste quelques traces, l'édifice actuel remonte aux 13ᵉ et 14ᵉ s. Des trois tours d'origine subsiste seulement le clocher occidental, reconstruit en 1527, dont le couronnement date du 18ᵉ s. L'abside a été refaite en 1860 par Viollet-le-Duc.

De la place St-Pierre, on découvre le côté Nord de l'église près de laquelle s'élève une statue moderne de saint Colomban. Un portail classique à fronton donne accès à l'intérieur, de style gothique bourguignon.

On y admire l'impressionnant buffet d'orgues soutenu par un atlante posé sur le sol et décoré de magnifiques médaillons sculptés. La chaire, au fin décor Empire, tranche avec l'architecture de l'église ; elle date de 1806 et provient de Notre-Dame de Paris : Lacordaire y prêcha. Le chœur possède quelques stalles intéressantes, du 16ᵉ s. Dans le transept à droite, châsse de saint Colomban et reliquaire contenant une relique d'un compagnon de saint Colomban, saint Gall, fondateur de l'abbaye de St-Gall en Suisse. Dans le transept gauche, statue de saint Pierre, du 14ᵉ s.

Cloître. – Il garde trois de ses quatre galeries de grès rouge : une travée comportant trois baies surmontées d'un oculus remonte au 13ᵉ s., les autres ont été refaites aux 15ᵉ-16ᵉ s.

Bâtiments conventuels. – Ils comprennent au Sud de l'église le « bâtiment des moines » des 17ᵉ-18ᵉ s. et sur la place St-Pierre, le palais abbatial (16ᵉ-18ᵉ s.), aujourd'hui hôtel de ville **(H).**

★**Maison François 1ᵉʳ** (F). – Son nom ne perpétue pas le souvenir du roi de France, mais celui d'un abbé luxovien. Elle est de style Renaissance.

Maison du Bailli (K). – Elle date de 1473. La cour est dominée par un balcon de pierre flamboyant et par une tour polygonale surmontée de créneaux.

Établissement thermal. – Construction du 18ᵉ s. entourée d'un beau parc. Sources chaudes.

EXCURSION

Vallées du Breuchin et de l'Ognon. – *Circuit de 94 km – environ 2 h 1/2. Quitter Luxeuil par ② du plan, D 6.*

La route remonte la vallée du Breuchin qui, avec celle de l'Ognon, enserre le vaste plateau glaciaire d'Esmoulières, boisé et parsemé d'étangs, et devient très verdoyante après Faucogney.

A partir du col du Mont de Fourche, la D 57, prise à droite, suit la crête de partage des eaux (à gauche, la Moselle coulant au Nord ; à droite, le Breuchin et l'Ognon coulant au Sud), joliment parée de genêts en saison.

Col des Croix (alt. 678 m). – Marque la frontière entre Lorraine et Franche-Comté ainsi que la limite de partage des eaux entre mer du Nord et Méditerranée.

> *Au col des Croix d'où l'on pourrait gagner Château-Lambert (p. 100), laisser à gauche la route du Thillot (p. 100) et, en avant, celle du Ballon de Servance (p. 48), pour prendre à droite la D 486 qui descend la vallée de l'Ognon.*

Peu après le col, jolie vue sur cette vallée.

Servance. – 1 244 h. A la sortie du bourg, à droite, un sentier *(1/4 h AR)* mène au Saut de l'Ognon, petite chute de 13 m s'échappant d'une étroite gorge rocheuse.

> *Presque en face du Saut de l'Ognon, à l'Est de la D 486, on prend la D 133 d'où se détache à 4 km, à droite, la petite route de Belfahy.*

Belfahy. – 74 h. Ce village, dont l'altitude (871 m) favorise le développement d'une petite station de ski, offre de belles vues.

La descente vers la D 97 procure des vues, à gauche, sur Plancher-les-Mines et la vallée du Rahin. La D 97, prise à droite, emprunte la vallée du Raddon.

Fresse. – 743 h. Dans l'église, on voit une belle chaire sculptée, du 18ᵉ s., provenant de l'abbaye de Lucelle *(p. 171)*, une statue de la Vierge à l'Enfant, en pierre polychrome, du 13ᵉ s. et une statuette de sainte Barbe, patronne des mineurs de Fresse, du 18ᵉ s.

> *A la sortie de Mélisey, prendre à droite la D 72 et, à 7,5 km, après les Guidons, à gauche la D 137 qui, traversant le plateau glaciaire, rejoint la D 6 par laquelle on regagne Luxeuil.*

★★ MARMOUTIER   2 024 h. (les Maurimonastériens)

Carte Michelin n° 87 pli 14 ou 242 pli 19.

Les amateurs de belles églises visiteront ce qui subsiste de l'abbaye bénédictine de Marmoutier. L'ancienne abbatiale constitue, en effet, l'un des plus remarquables exemples de l'architecture romane en Alsace.

L'abbaye fut fondée par saint Léobard, disciple de saint Colomban *(voir p. 85)*. Dotée de biens royaux, elle devient rapidement illustre et, au 8ᵉ s., prend le nom de « Maurmunster », du nom de son réformateur, l'abbé Maur. La Révolution la fait disparaître.

★★ ÉGLISE *visite : 1/2 h*

La façade, le narthex et les tours datent des 11ᵉ et 12ᵉ s. ; la nef fut bâtie aux 13ᵉ et 14ᵉ s. Le chœur ne remonte qu'au 18ᵉ s. La **façade Ouest★★** est la partie la plus intéressante de l'édifice. Construite dans le grès rouge des Vosges, elle comporte un lourd clocher carré et deux tours d'angle octogonales. La décoration se borne à souligner l'ossature générale du monument par des bandes lombardes. Le porche comporte une voûte d'ogives centrale, entre deux voûtes en berceau.

Ⓥ **Intérieur.** – Le narthex est voûté de coupoles, c'est la seule partie intérieure romane.

Marmoutier. – Façade de l'église.

Dans les bras du transept se trouvent des monuments funéraires, élevés en 1621 et martelés pendant la Révolution. Le chœur renferme de belles boiseries : stalles Louis XV et quatre stalles surmontés de feuillages et de branches d'arbres ; au couronnement des stalles, petits anges charmants. La chaire est du 16ᵉ s. ; les orgues de Silbermann furent construites en 1710.

Des restes d'une église pré-carolingienne ont été découverts sous le transept *(accès par la crypte ; entrée dans le bras Sud du transept)*.

Sindelsberg. – *1,5 km au Nord-Ouest par l'ancienne route de Saverne et une petite route goudronnée, à gauche.*

Des abords d'une ancienne église conventuelle (13ᵉ-14ᵉs.) se découvre une jolie vue plongeante sur Marmoutier.

MARSAL
280 h.

Carte Michelin n° 57 pli 15 ou 242 pli 18 – 11 km au Sud-Est de Château-Salins.

Situé dans la partie Est du Parc Naturel Régional de Lorraine *(voir p. 10)*, dans une campagne jadis partiellement inondable, ce village du Saulnois conserve de nombreux vestiges gallo-romains et une partie de son enceinte fortifiée par Vauban, au 17ᵉ s., dont une porte, sobre et élégante, restaurée, la Porte de France.
Marsal a gardé son ancienne collégiale du 12ᵉ s. sur plan basilical, sans transept, avec une nef romane et un chœur gothique.

Ⓥ **Maison du Sel.** – Elle retrace l'histoire de cette substance précieuse, recueillie dans les terrains salifères de la vallée de la Seille depuis l'Antiquité.
Les « briquetages », bâtonnets d'argile et d'herbes mêlées, découverts lors des fouilles archéologiques, sont à l'origine de l'industrie salicole régionale, élément important de l'activité économique du pays.

EXCURSION

Vic-sur-Seille. – 1519 h. *7 km à l'Ouest par la D 38.* Les évêques de Metz y établirent leur administration puis leur résidence, du 13ᵉ s. au 17ᵉ s. Quelques restes de leur château fort subsistent encore. Petite ville qui eut ses heures de prospérité aux 15ᵉ-16ᵉ s. grâce à ses gisements salins, Vic est bien connue des amateurs de peinture pour avoir donné naissance à **Georges de La Tour** (1593-1652).
Sur la place du Palais s'élèvent la maison de la Monnaie, gothique du 15ᵉ s., et l'ancien couvent des Carmes, du 17ᵉ s.
L'**église** (15ᵉ-16ᵉ s.) présente, sur son côté gauche, un portail dont le linteau évoque la légende de saint Marian, ermite ; à l'intérieur, voir surtout la grande Vierge à l'Enfant, du 15ᵉ s., qui décore l'entrée de la chapelle N.-D.-de-Bonsecours, à gauche du chœur.

MARVILLE
551 h.

Carte Michelin n° 57 pli 1 ou 241 pli 15.

Fondée à l'époque gallo-romaine, Marville (Major villa) est située sur un promontoire s'avançant entre les vallées de l'Othain et du Crédon. De la fin du 16ᵉ s. à 1659, elle vécut sous la domination espagnole, tout en gardant un statut privilégié de « ville libre ».
En suivant la Grand'Rue en direction de la Grande-Place, on trouve des vestiges des maisons des 16ᵉ et 17ᵉ s.

Église St-Nicolas. – L'édifice fut commencé au 13ᵉ s., mais l'ensemble de la construction primitive appartient surtout au style gothique du 14ᵉ s. Il comprend une nef de cinq travées, flanquée de bas-côtés. A la fin du 15ᵉ s., il fut agrandi de chapelles fondées par de riches bourgeois ou des corporations. Remarquer la balustrade (début du 16ᵉ s.) de la tribune de l'orgue et, dans la chapelle du transept droit, la belle Vierge (13ᵉ-14ᵉ s.) autrefois au portail occidental.

Cimetière de la chapelle St-Hilaire. – Le chemin goudronné qui y conduit s'amorce sur la N 43. Au sommet de la colline, le cimetière de l'ancienne église St-Hilaire, dite église-mère, renferme une centaine d'intéressantes tombes sculptées (la plupart sont déposées à la chapelle). Remarquer un Christ captif et surtout une belle Pietà avec, au soubassement, les statues des apôtres. Un ossuaire fermé par un mur à colonnettes contient, dit-on, 40 000 crânes.

★★ METZ
118 502 h. (les Messins)

Carte Michelin n° 57 plis 13, 14 ou 242 plis 9, 10.

Occupant un site défensif de premier ordre au confluent de la Seille et de la Moselle qui s'y divise en plusieurs bras, Metz se trouve au contact des Côtes *(voir p. 16)*, de la plaine de la Woëvre et du plateau lorrain. Aussi joue-t-elle le rôle, au cœur de la Lorraine, d'un important nœud de communications : routes et autoroutes, voies ferrées, Moselle canalisée, lignes aériennes. Un réseau de télédistribution par câble couvre toute la ville.
Mais Metz c'est aussi une métropole religieuse, qui compta près de 50 églises, une cité militaire jadis fortifiée et encore pourvue de vastes casernes, un centre commercial et administratif, un foyer intellectuel avec son Université fondée en 1972 et son Institut européen d'Écologie. Surnommée « la riche » au Moyen Age, la cité reste avant tout, de nos jours, une grande ville commerçante.
Pour le touriste enfin, Metz apparaîtra comme une ville à l'atmosphère attachante bien qu'un peu austère, riche en promenades et en monuments intéressants, parmi lesquels figure une des plus belles cathédrales gothiques de France.

UN PEU D'HISTOIRE

Metz, cité gallo-romaine. – Deux grandes voies romaines reliant Trèves à Lyon et Strasbourg à Soissons se croisent à Dividorum, l'actuelle Metz, faisant de la capitale des Médiomatriques un grand centre d'échanges qui compte, au 2ᵉ s., 40 000 habitants et possède un amphithéâtre de 25 000 places. Dès le 3ᵉ s., Dividorum possède un évêché et, au 4ᵉ s., des fortifications y sont édifiées pour protéger l'Empire des invasions germaniques.

Metz, ville impériale et royale. – C'est à Metz que réside Sigisbert, roi d'Austrasie, avec Brunehaut, son épouse. Mariée en 566, celle-ci voit successivement régner et périr violemment son époux, son fils et son petit-fils. Elle-même sera exécutée, attachée à la queue d'un cheval sauvage. Plus tard, Charlemagne porte à Metz une affection particulière. C'est l'abbaye St-Arnoult qui est choisie pour contenir les restes de sa femme, Hildegarde, et de ses enfants morts en bas âge. Louis le Débonnaire y est déposé.

Trois saints. – **Saint Livier,** noble messin, combat les Huns et les poursuit jusque dans leur camp. Là il se transforme en apôtre. Mais insensible à sa parole, Attila le fait saisir et décapiter. Alors se produit le miracle : le saint prend sa tête entre ses mains et gravit une montagne au sommet de laquelle a été creusé son tombeau. **Saint Clément** est le premier évêque de Metz. La légende le montre triomphant du « Graoully », un immonde serpent à l'haleine empoisonnée. Historiquement, saint Clément n'aurait vu le jour qu'au 3e s. et triomphé que d'un seul monstre : le paganisme. Cela n'enleva rien à la célébrité du « Graoully » à Metz. **Saint Arnoult** qui a vécu au 7e s., est laïc, premier ministre, marié et père de deux fils (l'un sera l'aïeul de Charles Martel) quand la population de Metz le supplie de devenir son évêque. Il accepte, tandis que sa femme prend le voile.

La république messine. – Au 12e s., Metz se constitue ville libre et devient la capitale d'une république, ayant à sa tête un maître-échevin, choisi parmi les Paraiges, associations de familles patriciennes si puissantes et si riches qu'elles prêtent couramment de grosses sommes aux ducs de Lorraine, aux comtes de Bar et même aux rois de France et à l'Empereur. Le maître-échevin est appelé Sire.

Le siège de 1552. – En 1552, Henri II se lance à la conquête des Trois Évêchés : Metz, Toul et Verdun. Il se proclame Protecteur de Metz qui voit la fin de ses franchises. Charles Quint réunit alors une armée formidable pour assiéger la ville : 12 000 cavaliers, 7 000 pionniers, 60 000 gens de pied et 114 pièces d'artillerie. Metz est défendue par François de Guise, qui fait évacuer les bouches inutiles. Ambroise Paré soigne la garnison. François, toujours sur la brèche, donne l'exemple de l'intrépidité. Toutes les attaques sont repoussées. Après deux mois de lutte, Charles Quint a perdu les 2/3 de son effectif ; il est obligé de lever le siège. « La fortune est femme, s'écrie-t-il : mieux aime-t-elle un jeune roi qu'un vieil empereur. »

La capitulation de 1870. – Le 19 août, après avoir perdu la bataille de St-Privat, l'armée de Lorraine est encerclée dans Metz par le neveu de Guillaume 1er, le prince Frédéric-Charles qui commande la 2e armée allemande et dispose de 160 000 hommes *(voir p. 28)*. Le 27 octobre, **Bazaine** livre la ville, 173 000 hommes, 60 généraux, 58 drapeaux, 1 570 canons, 260 000 fusils. Mutte, la célèbre cloche messine sonne lugubrement la capitulation. Bazaine est protégé par des gendarmes prussiens contre les huées de la population.

1918 : le retour à la France. – Après quarante-sept ans de présence allemande, Metz va connaître son retour à la France. Le 19 novembre 1918, les troupes françaises font leur entrée. Le 8 décembre, les présidents Poincaré et Clemenceau sont dans la ville.

1944 : la bataille de Metz. – La prise de Metz fut une étape importante dans la marche de la 3e Armée américaine vers l'Allemagne. La ville fut farouchement défendue et le siège en fut long et difficile. Une ceinture de forts l'entourait et en faisait une des plus puissantes forteresses du monde.
Le 4 septembre 1944, le 20e Corps du général Walker arrive au contact des premières défenses. La bataille va durer deux mois et demi, avec des phases très dures. L'artillerie se déchaîne sur les forts, mais épargne la ville en souvenir de La Fayette qui y tint garnison en 1777. Le 19 novembre, jour anniversaire de l'entrée des Français en 1918, les Américains pénètrent dans Metz. Les derniers Allemands se rendent le 22, mais il faudra des semaines d'intense bombardement pour réduire les forts.

★★★CATHÉDRALE ST-ÉTIENNE *visite : 1 h 1/2*

Située dans la ville haute, elle donne sur la **place d'Armes** (DV **3**) tracée au 18e s. à l'emplacement de l'ancien « cloître » et bordée par l'hôtel de ville dont la sobre façade Louis XVI est ornée de deux frontons ; remarquer aussi la statue du maréchal Fabert (1599-1662), fils d'un riche bourgeois messin.

Heurs et malheurs. – Au 12e s., il existe en ce lieu deux églises distinctes : N.-D.-la-Ronde et St-Étienne. Séparées par une petite ruelle, elles sont orientées de façon différente. Leur reconstruction sous une voûte commune, donnera la cathédrale.
Au 18e s., alors que le quartier de la cathédrale est touché par l'urbanisme classique français, on ajoute un portail en souvenir de la guérison de Louis XV. A la Révolution, la cathédrale, propriété de la nation, est « à louer ». Les statues des portails et la plupart des monuments intérieurs sont détruits.

Metz. – Cathédrale St-Étienne.

Enfin, au 20e s., on remplace le portail Louis XV par un portail néo-gothique avec porche construit de 1900 à 1903 et orné extérieurement de statues de prophètes dont l'un, Daniel (le plus à droite), reproduisait les traits de l'empereur Guillaume II. En 1940, la moustache fut enlevée pour faire disparaître la ressemblance.

Extérieur. – Bâtie en pierre jaune de Jaumont, comme bon nombre de bâtiments messins, la cathédrale de Metz s'impose par l'harmonie de ses élévations, encore que la surélévation de sa toiture, refaite en cuivre après l'incendie qui la ravagea en 1877, ait été préjudiciable à l'envol de ses tours.
Les façades latérales sont les plus remarquables. Pour bien voir celle de droite, il faut se placer sur le trottoir longeant l'hôtel de ville, de l'autre côté de la place, bien dégagée.

Tours. – Deux tours symétriques flanquent l'église, celle du Chapitre, à gauche, celle de Mutte, à droite, commencées toutes deux au 13e s.
La **tour de Mutte** quoique appartenant à l'ensemble architectural de la cathédrale, est le beffroi communal de Metz. Le 3e étage date du 15e s. C'est là qu'est logée la fameuse cloche messine « Dame Mutte ». Cette cloche (10 943 kg) qui n'appartient pas à l'église, mais à la ville, fut fondue en 1605. Son nom lui vient du mot « ameuter », c'est-à-dire convoquer. Elle sonnait pour tous les grands événements comme le mentionne l'inscription qu'elle porte. Du haut de la tour *(300 marches)*, panorama sur la ville, la vallée de la Moselle et la centrale nucléaire de Cattenom.

Portails. – A gauche de la tour de Mutte, le portail de la Vierge et son porche sont une restitution d'un ensemble 13e s. disparu.
Les côtés du portail de N.-D.-la-Ronde (2e travée du flanc gauche) sont ornés de draperies sculptées d'inspiration champenoise et de petits bas-reliefs du 13e s. : à gauche, figures d'animaux fantastiques rappelant celles des Bestiaires du Moyen Age et à droite, scènes de la vie du roi David, de sainte Marguerite et de saint Étienne.

Intérieur. – Ce qui frappe tout d'abord, c'est la hauteur de la nef (41,77 m) des 13e-14e s. Très aiguë, elle est rendue plus saisissante encore par l'abaissement des collatéraux. C'est, après le chœur de Beauvais et avec la nef d'Amiens, le plus haut vaisseau de France. Il est largement éclairé, ainsi que le chœur et les bas-côtés.
Une frise garnie de draperies et de feuillages, à l'imitation des décorations habituelles des jours de fêtes, court tout autour de l'édifice, entre le triforium et les fenêtres hautes aux dimensions impressionnantes.
Remarquer, à l'extrémité droite de la nef, le petit orgue (1) de chœur du 16e s., suspendu en nid d'hirondelle. Son emplacement inhabituel lui confère des performances acoustiques remarquables.

Les **verrières★★★** forment un ensemble somptueux. D'une surface de plus de 6 000 m², elles

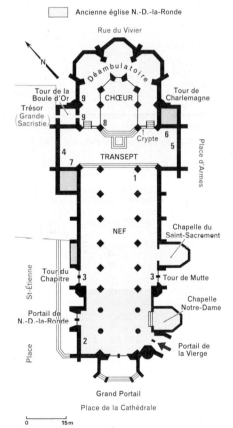

CATHÉDRALE ST-ÉTIENNE

☐ Ancienne église N.-D.-la-Ronde

Rue du Vivier

N

Déambulatoire

Tour de la Boule d'Or
CHŒUR
Tour de Charlemagne
Trésor (Grande Sacristie)
Crypte
TRANSEPT
Place d'Armes

NEF

Chapelle du Saint-Sacrement

St-Étienne
Tour du Chapitre
Tour de Mutte
Chapelle Notre-Dame
Portail de N.-D.-la-Ronde
Place

Portail de la Vierge

Grand Portail
Place de la Cathédrale

0   15 m

ont fait surnommer la cathédrale : la « lanterne du Bon Dieu ». Œuvres de maîtres-verriers illustres ou anonymes, complétées ou renouvelées au cours des siècles, elles sont d'âges et de styles très variés : 13e, 14e (Hermann de Munster), 16e (Théobald de Lyxheim, puis Valentin Bousch), 19e et 20e s. (Pierre Gaudin, Jacques Villon, Roger Bissière, Marc Chagall).
La façade est percée d'une magnifique rose de 11,50 m de diamètre (14e s.). Verrière de Hermann de Munster (14e s.), malheureusement amputée de sa partie inférieure par la construction du grand portail en 1766.
La chapelle Notre-Dame ou du Mont Carmel (2e travée du bas-côté droit) n'est autre que le chœur de l'ancienne collégiale N.-D.-la-Ronde.
Dans la 1re travée du bas-côté gauche (2), on voit un beau vitrail du 13e s., une Vierge à l'Enfant du 16e s. très vénérée des Messins sous le vocable de N.-D.-de-Bon-Secours et une cuve de porphyre provenant des anciens thermes romains.
Sous les deux tours (4e travée) les vitraux abstraits (3) des tympans ajourés sont l'œuvre de R. Bissière (1959).

METZ

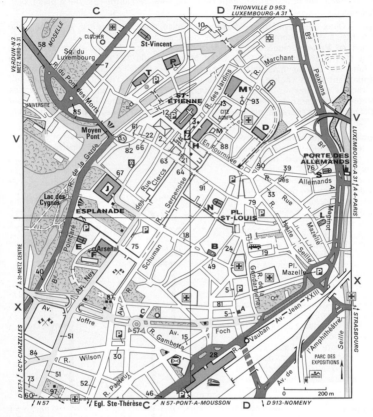

Dans la 5e travée du bas-côté droit, la chapelle du Saint-Sacrement, ancienne chapelle des Évêques, du 15e s., présente d'intéressantes voûtes en étoile. On remarquera les vitraux de Villon datant de 1957.

Transept. – Reconstruit à la fin du 15e et au début du 16e s., c'est la partie la plus ajourée de l'édifice. Il comporte entre autres deux immenses verrières hautes de 33,25 m et larges de 12,75 m : celle de gauche (début 16e s.) **(4)**, ornée de trois roses, est due à Théobald de Lyxheim ; celle de droite **(5)** Renaissance, est du Strasbourgeois Valentin Bousch. Ces 800 m² de vitraux dispensent une lumière magnifique.

Dans le mur Est du bras droit, vitrail du 13e s. **(6)**.

Remarquer la voûte en étoile de la partie médiane du transept.

Dans le bras gauche, côté Ouest, vitrail de Chagall « scènes du Paradis terrestre » (1963) **(7)**. Sur le triforium, 16 lancettes du même artiste (1968) forment une double fresque évoquant fleurs ou oiseaux édéniques.

Chœur. – Il a été rebâti au début du 16e s. Très surélevé, il est éclairé par de splendides vitraux du 16e s., de V. Bousch. Remarquer, à gauche, le trône épiscopal de saint Clément **(8)**, en marbre cipolin, taillé dans un fût de colonne, remontant à l'époque mérovingienne.

Dans le déambulatoire on remarquera les deux vitraux de Chagall **(9)** qui surmontent les portes de la sacristie et de la tour de la Boule d'or, à gauche. Le peintre les a exécutés en 1960, les illustrant de scènes empruntées à l'Ancien Testament (le songe de Jacob ; le sacrifice d'Abraham ; Moïse ; David).

⊘ **Crypte.** – Elle a été aménagée au 15e s. pour servir de soubassement au nouveau chœur. Plutôt qu'une crypte, c'est une église basse conservant dans sa partie centrale des éléments de la crypte romane du 10e s. On y a remonté le tympan mutilé du portail de la Vierge, du 13e s. et elle abrite un certain nombre d'objets de fouilles et de culte, de sculptures et de reliquaires distraits du trésor.

Remarquer surtout une **Mise au tombeau** du 16e s. et deux curiosités locales : le « Gueulard », tête en bois sculpté du 15e s., provenant des grandes orgues et qui ouvrait la bouche quand elles jouaient la note la plus grave ; et, suspendu à une voûte, le fameux « Graoully », le dragon légendaire terrassé par saint Clément, que l'on promenait jusqu'en 1785, lors des processions des Rogations et de la Saint-Marc, à travers la ville (Rabelais, qui habita Metz, en fait mention dans son « Pantagruel »).

Ⓥ **Trésor.** – Ce qu'il reste du trésor, très riche jusqu'à la Révolution, est conservé dans la sacristie du 18ᵉ s., aux boiseries Louis XV.

On remarque entre autres : l'anneau d'or de saint Arnoult (art chrétien primitif) ; un reliquaire en émail de Limoges du 12ᵉ s. ; des crosses d'évêques en ivoire des 12ᵉ et 13ᵉ s. ; la mule du Pape Pie VI ; de précieux objets cultuels, tels qu'un Christ en ivoire du 17ᵉ s., une Vierge en argent du 19ᵉ s., un ciboire orné d'émaux, un autel portatif.

★PORTE DES ALLEMANDS (DV) *visite : 1/2 h*

Vestige de l'ancienne enceinte dont le tracé suivait la Moselle et les avenues à double chaussée contournant aujourd'hui Metz au Sud et à l'Est, elle pose, à cheval sur la Seille, sa silhouette massive de château fort. Son nom vient d'un ordre teutonique de frères hospitaliers, établi dans son voisinage au 13ᵉ s.

C'est un ensemble de deux portes : la première, du 13ᵉ s., située du côté de la ville, est flanquée de deux tours arrondies coiffées d'un toit d'ardoise en poivrière. Du côté de la campagne, la seconde et ses deux grosses tours crénelées sont du milieu du 15ᵉ s. Une galerie à arcades (15ᵉ s.) réunit les quatre tours. Des remaniements ont eu lieu au 19ᵉ s.

Au Nord, autres restes de l'enceinte et base d'une tour ronde, la tour aux Sorcières, du 16ᵉ s.

Metz. – Porte des Allemands.

Église St-Eucaire (DV S). –

Son beau clocher carré date du 12ᵉ s., sa façade du 13ᵉ s. Le carré du transept d'époque romane a été remanié aux 14ᵉ et 15ᵉ s. La petite nef du 14ᵉ s., assise sur d'énormes piliers, paraît disproportionnée. Les bas-côtés aux arcades basses s'ouvrent sur de curieuses chapelles du 15ᵉ s., voûtées d'ogives retombant sur des culs-de-lampe sculptés. Des ruptures de symétrie donnent à l'ensemble un aspect original.

★ESPLANADE (CV) *visite : 1/2 h*

L'esplanade est une fort belle promenade : de la terrasse, jolie vue sur le mont St-Quentin couronné de son fort et sur un bras de la Moselle.

★**Église St-Pierre-aux-Nonnains** (CX E). – C'est sous le règne de Constantin, vers Ⓥ 310, que les Médiomatriques bâtirent à cet emplacement une **basilique civile** pour y administrer la justice. Lors du sac de Metz par Attila, en 451, l'édifice fut partiellement endommagé mais l'essentiel de ses murs, construits d'un solide appareil de petits moellons renforcés tous les 90 cm par un double chaînage de briques rouges, put être réutilisé et transformé en chapelle vers 610-620. Les moniales que, selon la tradition, le duc Eleuthère établit alors en ce lieu, suivaient la règle de saint Colomban *(voir p. 85)*. Les fragments superbes du **chancel** qui vint orner l'édifice à cette époque, précieux exemples de sculpture mérovingienne, sont conservés au musée d'Art et d'Histoire *(voir p. 92)*. Vers 990, l'abbaye qui suivait désormais la règle bénédictine fut réorganisée et la vaste chapelle partagée en trois nefs par des arcades en plein cintre. A la période gothique, les nefs furent voûtées d'ogives et un élégant cloître (15ᵉ s.) dont une aile a subsisté vint compléter les bâtiments conventuels.

L'antique basilique souffrit beaucoup de l'artillerie de Charles-Quint, lors du siège de 1552, pour être finalement désaffectée et enserrée dans la nouvelle citadelle. La chapelle, dénaturée, servit de station de pigeons voyageurs lors du siège de 1870.

Les **fouilles** entreprises au 20ᵉ s. ont permis de retrouver le sol romain et de reconstituer en bonne partie l'histoire du vénérable édifice qui passe pour être la plus vieille église de France. Grâce à d'importantes restaurations le volume de la nef du 10ᵉ s. et la charpente qui la recouvrait ont été restitués.

Ⓥ Un **spectacle « images et sons »** anime à certaines heures l'église, évoquant des épisodes marquants de l'histoire de l'abbaye de St-Pierre-aux-Nonnains et de la cité de Metz.

Ⓥ **Chapelle des Templiers** (CX F). – Les Templiers l'édifièrent au début du 13ᵉ s. C'est un octogone dont chaque pan, sauf un, est percé d'une petite fenêtre en plein cintre. La huitième face est ouverte sur un chœur carré que prolonge une abside. Les édifices de ce genre sont rares et cette chapelle est unique en Lorraine. Les peintures en sont modernes à l'exception de celle qui décore une niche, à droite (14ᵉ s.).

Ⓥ **L'arsenal** (CX). – C'est au cœur de la vieille citadelle, réutilisant partiellement les murs de l'arsenal du 19ᵉ s., qu'a vu le jour ce centre ultra-moderne dédié à la musique et à la danse.

La grande salle à scène centrale, conçue par l'architecte Ricardo Bofill, est destinée à accueillir les spectacles les plus variés. Sa forme si particulière, son acoustique très élaborée reprennent les solutions techniques qui ont fait la qualité et assuré la célébrité de la salle du Musikverein de Vienne. Environnés de marqueteries de bois aux tons chauds, les 1 500 spectateurs se retrouvent comme au sein d'un gigantesque instrument de musique.

Palais de Justice (CV J). – Bâti au 18e s., cet édifice succède à l'hôtel du Gouvernement, qui remplaçait lui-même l'hôtel de la Haute-Pierre, appartenant au duc de Suffolk, le favori de la reine Marie d'Angleterre.

On voit, dans la cour intérieure, deux bas-reliefs : l'un à gauche, représente le duc de Guise secourant les soldats du duc d'Albe après la levée du siège de 1552 ; l'autre, à droite, glorifie la paix de 1783 conclue entre l'Angleterre, la France, les États-Unis et la Hollande.

Le grand escalier est orné de belles rampes de fer forgé.

★★ MUSÉE D'ART ET D'HISTOIRE (DV M¹) *visite : environ 1 h*

Le musée occupe les bâtiments de l'ancien couvent (17e s.) des Petits Carmes, du grenier de Chèvremont (15e s.) et plusieurs salles qui relient ou prolongent cet ensemble monumental. Dans les sous-sols, sont conservés « in situ » des vestiges de thermes antiques.

Les œuvres exposées – pour la plupart découvertes à l'occasion de fouilles pratiquées à Metz et dans la région – témoignent de l'importance de la ville, gauloise par son origine, grand carrefour de routes à l'époque gallo-romaine, foyer de renouveau culturel sous les Carolingiens.

Par leur présentation ordonnée autour d'une pièce majeure, elles évoquent le cadre de la vie quotidienne, l'art de bâtir et le goût de décorer jusqu'à l'époque de la Renaissance.

Architecture et cadre de vie. – La vie sociale à l'époque gallo-romaine est évoquée par les vestiges des grands thermes du Nord, ceux du rempart de la ville et du grand collecteur de l'égout, des statuettes de divinités, des monuments funéraires.

De même, la vie religieuse avant l'expansion du christianisme est illustrée par la haute colonne de Merten surmontée d'un Jupiter terrassant un monstre et le grand retable sculpté où le dieu Mithra immole un taureau.

A proximité, est présentée l'archéologie paléochrétienne. Un ensemble important du haut Moyen Age s'articule autour du **chancel** (balustrade liturgique) de St-Pierre-aux-Nonnains. Les 34 panneaux sculptés de ce chancel offrent une décoration admirable et diverse.

Le portail de Ste-Marie-de-la-Citadelle présente un fragment de son linteau de rosaces et de modillons moulurés.

Les maisons messines traditionnelles du Moyen Age et de la Renaissance ont leurs toitures masquées par des murs de façade, leurs gargouilles et leurs originaux cheneaux de pierre.

Le **Grenier de Chèvremont★** est un édifice de 1457 fort bien conservé dans lequel s'engrangeait le produit de la dîme prélevée sur les céréales. Il frappe par sa monumentale façade percée de fenêtres, son couronnement crénelé, ses robustes arcades de pierre qui portent la poutraison de chêne, son sol de gros pavés. Au rez-de-chaussée il abrite de belles œuvres d'art religieux régional : Pietà, Vierge couchée, Crucifixion, statues de saint Roch et de saint Blaise du 15e s., retable de sainte Agathe.

A proximité : ateliers de techniques artisanales.

D'étonnants plafonds du début du 13e s., découverts dans l'hôtel de Voué et peints à la détrempe sur panneaux de chêne ornent deux salles voisines ; ils présentent un bestiaire fantastique ou fabuleux.

On observera enfin un bel escalier baroque, un important plafond à décor héraldique du 15e s. et des peintures murales Renaissance découvertes en 1982.

Beaux-Arts. – *1er et 2e étages.* Intéressants tableaux des écoles française (Nattier, Delacroix, Hubert Robert, Corot), allemande (Dormition de la Vierge par J. Polak – 15e s.), flamande et italienne.

Art moderne et contemporain ; artistes régionaux.

Collection militaire. – Rassemblée par Jacques Onfroy de Bréville (JOB), illustrateur de livres scolaires et d'histoire, elle présente des armes, uniformes et accessoires, de Napoléon 1er à la guerre de 1914.

Histoire naturelle. – Riche collection zoologique.

AUTRES CURIOSITÉS

★**Vue du Moyen Pont** (CV). – Charmante perspective sur les bras de la Moselle, les îles, le temple protestant de style néo-roman (1901) et les deux petits ponts se reflétant dans l'eau.

A l'arrière plan, face à la fontaine, théâtre (CV T) du 18e s. ; plus loin encore, préfecture (CV P), également du 18e s. (ancien hôtel de l'Intendance).

★**Place St-Louis** (DVX). – C'est, au centre d'un quartier de la vieille ville, un long rectangle irrégulier bordé, sur un côté, de maisons à contreforts et arcades, des 14e, 15e et 16e s., qui abritaient jadis les boutiques des changeurs.

Au fond de la place, à droite, remarquer, au coin de la rue de la Tête d'Or, les trois petites têtes romaines, dorées, qui ressortent sur le mur. Elles sont à l'origine du nom de la rue.

★**Église St-Maximin** (DX L). – Bossuet prononça à St-Maximin sa seconde oraison funèbre à la mémoire de Henry de Gournay, maître-échevin de Metz.
A l'intérieur, le beau chœur à pans, qui date de la fin du 12e s. comme le carré du transept et le clocher, est orné de **vitraux** de Jean Cocteau. Remarquer aussi la chapelle des Gournay, des 14e-15e s., communiquant avec le bras droit du transept par deux arcs en anse de panier ; à l'entrée, sur le pilier central, belle tête de Christ sculptée.

Église St-Martin (DX B). – Son soubassement est constitué par un mur gallo-romain, visible des deux côtés de l'entrée, reste de la première enceinte fortifiée de la ville. La principale beauté de cette église du 13e s. réside dans l'originalité de son **narthex★** très bas : ses trois parties voûtées d'ogives que soutiennent quatre piliers romans cantonnés de colonnettes s'ouvrent sur une nef très élancée. Le transept et le chœur datent du 15e s. On y voit des vitraux des 15e, 16e et 19e s., un buffet d'orgues Louis XV et des pierres tombales des 15e, 16e et 18e s.

Ⓥ **Église St-Vincent** (CV). – Son chœur gothique, flanqué de deux élégants clochers, contraste avec sa façade, reconstruite au 18e s., qui imite celle de l'église St-Gervais de Paris.
L'intérieur, exécuté de 1248 à 1376, est gothique, à l'exception des deux premières travées de la nef (18e s.).

Ⓥ **Église Notre-Dame-de-l'Assomption** (DV N). – C'est dans cette église des Jésuites érigée à partir de 1665 mais dont la façade au vaste fronton sculpté fut ajoutée au 18e s., qu'un prédicateur imagina de parer Louis XV, convalescent, du titre de « Bien-Aimé ».
L'intérieur, décoré au 19e s., est richement lambrissé. Les confessionnaux, de style Pompadour, viennent de Trèves, ainsi que l'orgue baroque construit par Jean Nollet.

Ⓥ **Ancien couvent des Récollets** (DV D). – Il abrite aujourd'hui le Centre européen d'Écologie. Son cloître du 15e s. a été restauré.

Église Ste-Thérèse-de-l'Enfant-Jésus (CX). – *Accès par l'avenue Leclerc-de-Hauteclocque.* Achevée en 1954, elle est flanquée d'un mât de 70 m. Beaux vitraux de Untersteller.

Gare centrale (DX). – Édifice néo-roman construit par les Allemands en 1908 : exemple souvent cité de style « kolossal ».

EXCURSIONS

Scy-Chazelles. – *4 km à l'Ouest par D 157A* (CX) *puis à droite.*
Ⓥ Dans le village, on visite la **maison de Robert Schuman** (1886-1963) située près de l'église fortifiée (12e s.) où ce dernier a été inhumé. De cette stricte bâtisse lorraine, au cadre rustique, se dégage une atmosphère de calme et de sérénité dans laquelle cet homme généreux et modeste aimait à méditer. Sa bibliothèque, ses diplômes et ses décorations sont autant de souvenirs du « Père de l'Europe », mort ici à 77 ans, après une longue carrière politique.
Dans le parc, au-delà de la terrasse, sculpture de Lechevallier : La flamme européenne.

Ⓥ **Château de Pange.** – *10 km à l'Est par les D 999, D 70 et D 6.*
Bâtie de 1720 à 1756 sur les bords d'un modeste affluent de la Moselle, la Nied française, la demeure a gardé de cette époque une sobre façade classique. Située aux confins du duché de Lorraine, en regard de la république messine, elle succédait à une ancienne forteresse.
La salle à manger d'époque Louis XV a conservé de belles boiseries vertes et un poêle lorrain d'un modèle primitif.

Ⓥ **Vallée de la Canner en chemin de fer.** – *Départ de Vigy, 15 km au Nord-Est de Metz par D 2 puis D 52.*
De Vigy à Hombourg (12 km), un petit train touristique à locomotive à vapeur longe la sauvage vallée de la Canner, au cœur des moutonnements boisés du plateau lorrain.

Ⓥ **Big Bang Schtroumpf.** – *15 km au Nord. Accès en train depuis Metz par la gare Big Bang Schtroumpf. En voiture quitter Metz par l'autoroute vers Paris jusqu'à la sortie Semécourt, puis suivre les fléchages sur 2 km jusqu'au parking du parc.*
Ce vaste parc de loisirs occupe sur 40 ha un ancien site industriel. Il propose une centaine d'attractions réparties en cinq grands domaines : la Zone de l'Europe, la Cité des Eaux, la Planète Métal, le Continent Sauvage, le Village des Schtroumpfs... Des manèges fantastiques, une salle de cinéma ultra-moderne équipée d'un écran de 10 m sur 20 m, de vertigineuses « montagnes russes » (coaster) réservent leurs surprises aux amateurs de sensations fortes. La Rivière des Rapides, sur les traces d'Ulysse, le Marais d'Arkel et ses grenouilles géantes, la magique Forêt d'Excalibur mais aussi plusieurs théâtres et spectacles en plein air s'adressent selon les cas aux petits ou aux grands.
De nombreuses boutiques et des points de restauration variés sont en outre proposés afin de pouvoir passer la journée entière, voire la soirée sur place.

Ⓥ **Parc zoologique d'Amnéville.** – *21 km au Nord de Metz par D 953.*
Disséminés sur 6 ha de forêt, les enclos renferment environ 500 animaux de près de 100 espèces. On remarquera plusieurs magnifiques félins dont certains, fait assez rare, se sont reproduits en captivité. On notera la présence d'aurochs (monumentaux bœufs sauvages), espèce à peu près disparue depuis plusieurs siècles et recréée en zoo à Munich.

★ MEUSE (Côtes de)

Carte Michelin n° ▨▨ plis 11, 12 ou ▨▨▨ plis 23, 27.

De Verdun à St-Mihiel s'élève à l'Est de la Meuse un relief de côtes *(voir p. 16)* caractéristique. Le revers est occupé par la forêt, tandis qu'au pied de la côte se pressent les villages au nom significatif de « sous-les-côtes ». La dépression – la Woëvre – est formée de terrains argileux, parsemée d'étangs et de prairies.
L'itinéraire proposé permet de visiter un des champs de bataille de la guerre de 1914-1918 où les combats furent particulièrement acharnés.

DE VERDUN A ST-MIHIEL *83 km – environ 2 h 1/2*

★★**Verdun.** – *Visite : 1 h 1/2. Description p. 182.*

Sortir par ③ du plan, D 903.

Peu après Verdun, jolie vue à droite sur la vallée de la Meuse. La route domine d'amples vallonnements boisés.

A 7 km de l'embranchement D 903-D 964, prendre à droite la DS^{T}3¹, signalée Les Éparges, Hattonchâtel, puis à droite la D 154.

Les Éparges. – Cet éperon, long de 1 400 m, domine à 362 m la plaine de la Woëvre. Véritable montagne de boue, il constituait un observatoire remarquable. « Qui a les Éparges tient toutes les routes sous son feu. » Les Allemands s'en emparèrent dès le 21 septembre 1914 et le transformèrent en forteresse. La lutte prit alors le caractère d'une guerre de mines, et les corps à corps, presque quotidiens, se poursuivirent pendant de longs mois. Le 10 avril 1915, la crête fut définitivement reprise par les Français.
L'académicien Maurice Genevoix, alors jeune officier, a évoqué ensuite de façon poignante « les abominations des Éparges, cette traversée d'enfer qui avait duré deux mois... en ce printemps de 1915 ». Faisant allusion à ses graves blessures de guerre, il précise : « Je ne suis pas tombé cette fois-là, sur l'insatiable colline ; ni en avril, dans les dernières mêlées qui nous ont enfin rendus maîtres au prix de dix mille jeunes morts. Autant de morts chez les Allemands, vingt mille en tout sur une ligne de front qui n'excédait pas douze cents mètres. A mon seul régiment, depuis l'attaque du 17 février, les pertes additionnées dépassaient l'effectif total... »

A l'entrée des Éparges, prendre à gauche la direction Site des Éparges.

Site des Éparges. – Des sentiers balisés proposent, à partir du Cimetière national du Trottoir, des itinéraires pédestres conduisant aux différents lieux du souvenir. Dépassant le Cimetière national, la route grimpe en lacets à travers un épais couvert de conifères. Bientôt, sur la gauche, s'élève un monument « A la gloire du Génie », érigé en 1963. On arrive à l'extrémité (« Point X ») de la Crête des Éparges, dans la « zone rouge » où le sol, complètement bouleversé par les combats de mines, laisse encore voir de nombreux entonnoirs de plusieurs dizaines de mètres de diamètre.
Du monument élevé au Point X (table d'orientation), vue étendue sur la Woëvre et les villages « sous-les-côtes ».

Faire demi-tour et gagner la D 908 par St-Rémy-la-Calonne et Combres-sous-les-Côtes. Dans la traversée de St-Maurice-sous-les-Côtes, prendre la D 101 à droite puis le chemin stratégique à gauche, assez étroit, pour gagner Hattonchâtel.

★**Hattonchâtel.** – Ce village, construit sur un promontoire des Hauts de Meuse et jadis fortifié, tire son nom d'un château construit au 9ᵉ s. par Hatton, 29ᵉ évêque de Verdun. Les chanoines de la collégiale rebâtirent l'église et édifièrent la chapelle et le cloître (1328-1360).
Par la cour du cloître, gagner la chapelle où se trouve, au fond à droite, un magnifique **retable**★ d'autel en pierre polychrome datant de 1523 et attribué à Ligier Richier. Trois scènes séparées par des pilastres Renaissance représentent : à gauche, le Portement de croix et sainte Véronique ; au centre, la Crucifixion et la Pâmoison de la Vierge ; à droite, l'Ensevelissement du Christ. Dans l'église, au maître-autel : retable du 14ᵉ s. ; sur le tabernacle de l'autel de droite : belle statue de la Vierge (16ᵉ s.) ; vitraux modernes de Grüber.
ⓒ La mairie, plaisante construction néo-romane, abrite depuis 1975 le **musée Louise Cottin** (1907-1974). De la centaine de toiles présentées dans les deux salles du musée se dégage une impression de grande sérénité et de lumière. Prix de Rome en 1934, l'artiste excelle dans les portraits, les natures mortes et les scènes de genre.
ⓒ Au bout du promontoire, l'ancien **château** démantelé en 1634 sur l'ordre de Richelieu, a été restauré (1924-1928) dans le style du 15ᵉ s : vues étendues sur la Woëvre et jusqu'à Nancy.

Gagner Vigneulles-lès-Hattonchâtel, prendre la D 908 vers Woinville, puis la D 119 vers Montsec.

★★**Butte de Montsec.** – Au sommet d'une colline isolée (alt. 375 m), les Américains ont élevé un **monument**★ pour commémorer l'offensive du 12 au 16 septembre 1918 qui permit à la 1ʳᵉ Armée américaine de réduire le saillant de St-Mihiel et de faire 15 000 prisonniers. Ce mémorial, auquel on accède par un escalier monumental, est formé de colonnes surmontées d'une rotonde dont le couronnement porte les noms des unités ayant combattu dans ce secteur. Un plan-relief en bronze de toute la région et des flèches d'orientation permettent de reconstituer les diverses phases de l'offensive. De ce monument, on découvre un **panorama**★★ très étendu : à l'Ouest sur la Woëvre et les côtes de Meuse ; au Nord-Est sur le **lac de Madine** (retenue de Nonsard-Pannes : base de plaisance).

Faire demi-tour. Reprendre la D 119 jusqu'à St-Mihiel.

★**St-Mihiel.** – *Page 146.*

MEUSE (Vallée de la)

Cartes Michelin n°ˢ 57 plis 1, 11, 12, 56 pli 10 et 62 pli 3 ou 241 plis 15, 19, 23, 27, 31.

Née dans le Bassigny, non loin de Bourbonne-les-Bains, la Meuse, pacifique rivière, fait presque figure de grand fleuve aux approches de Sedan. Pourtant elle a été appauvrie par la perte de son affluent, la Moselle, aujourd'hui réunie à la Meurthe. On peut voir près de Pagny-sur-Meuse le « Val de l'Ane », ancien lit de la rivière, et à Toul le coude brusque du nouveau cours. Ce détournement est dû à une capture de la Moselle par un affluent de la Meurthe dont le lit, plus bas, a attiré les eaux.

L'aspect de son cours varie très souvent, selon que la Meuse coule au pied des côtes – les Hauts de Meuse – ou en arrière de celles-ci, dans une large plaine alluviale (comme après Dun-sur-Meuse), ou en méandres lorsqu'elle aborde le massif ardennais.

DE COMMERCY A VERDUN 55 km – environ 2 h

Commercy. – *Page 60.*

Au départ de Commercy, la D 964 suit la rive gauche de la Meuse qui serpente dans un vaste paysage de prairies. Après Sampigny, elle coupe un méandre pour suivre la rive droite et passe au pied de la pointe avancée du « saillant de St-Mihiel » *(détails p. 146).*

★ **St-Mihiel.** – *Page 146.*

A droite, on aperçoit le fort ruiné de Troyon, vaillamment défendu en septembre 1914 : monument.

ⓥ **Génicourt-sur-Meuse.** – L'**église** est de style flamboyant. Remarquer à l'intérieur de beaux vitraux de l'école de Metz, du 16ᵉ s., ainsi qu'un maître-autel surmonté d'un retable de la Passion et, à sa droite, un autre autel daté lui aussi de 1530. Les intéressantes statues de bois du Calvaire sont attribuées à Ligier Richier. Des fresques du 16ᵉ s. ont été mises au jour en juin 1981.

A Dieue-sur-Meuse, on traverse le canal de l'Est et la Meuse pour passer sur la rive gauche où l'on prend la D 34 à droite.

ⓥ **Dugny-sur-Meuse.** – 1 237 h. Ce bourg possède une belle **église** romane du 12ᵉ s. aujourd'hui désaffectée : c'est un édifice de dimensions modestes, surmonté d'un clocher constitué par une grosse tour carrée ornée, au premier étage, d'une suite d'arcatures en plein cintre sur colonnettes ; il est coiffé d'un hourd de bois. A l'intérieur, gros piliers carrés ; la nef est voûtée en charpente, signe des influences rhénanes, la Lorraine étant, vers 1125-1150, soumise au Saint-Empire.

★★ **Verdun.** – *Visite : 1 h 1/2. Description p. 182.*

DE VERDUN A STENAY 53 km – environ 1 h 1/2

La route suit la vallée qui s'épanouit, entre l'Argonne à l'Ouest et les côtes de Meuse à l'Est.

★★ **Verdun.** – *Visite : 1 h 1/2. Sortir par ① du plan, D 964. Description p. 182.*

Après Sivry la route s'élève sur les hauteurs de la rive droite et descend vers Liny-devant-Dun et Dun-sur-Meuse.

Dun-sur-Meuse. – 749 h. (les Dunois). A l'endroit où la Meuse se dégage du plateau lorrain, la partie la plus ancienne de cette petite ville occupe un site pittoresque sur une butte. Elle a subi de nombreuses destructions lors de sa libération par les Américains en novembre 1918.

De l'esplanade devant l'église édifiée au 16ᵉ s., on a une vue étendue sur la vallée de la Meuse.

Franchissant ensuite le canal et la rivière, on gagne Mont-devant-Sassey adossée à un côteau au flanc duquel s'élève une église du 12ᵉ s., restaurée.

Mont-devant-Sassey. – 114 h. Le village de Mont-devant-Sassey est bâti au pied d'un coteau de la rive gauche de la Meuse. Au flanc de ce ⓥ coteau s'élève une **église** intéressante. Commencée au 11ᵉ s., elle subit de nombreuses modifications. Au cours des guerres du 17ᵉ s., des bandes armées la transformèrent en forteresse.

C'est un édifice de plan rhénan, avec des tours carrées sur le transept. Le chevet, posé sur une vieille crypte, est très élevé. Un porche gothique, s'ouvrant par une porte classique et décoré de naïves statues, précède le portail, ensemble monumental du 13ᵉ s. Consacré à la Vierge qui symbolise ici l'Église Universelle, il reproduit l'ordonnance des portails des grandes cathédrales gothiques : un trumeau mutilé supporte un tympan à 3 registres, encadré de 4 voussures garnies de personnages sculptés.

Mont-devant-Sassey. – La Crypte.

MEUSE (Vallée de la)

La Meuse est de nouveau franchie à Stenay où l'on rejoint la D 964.

Stenay. – 3 882 h. Sur la rive droite de la Meuse et sur le canal de l'Est, cette ancienne place forte est un petit centre industriel, avec papeterie et fonderie d'acier. Ses fortifications furent remaniées par Vauban à la demande de Louis XIV qui, quelques années plus tard, en 1689, ordonna le démantèlement de la place. Au cours de la guerre 1914-1918, le Kronprinz y installa pendant 18 mois son quartier général.

Ⓥ Un vaste et intéressant **musée de la bière**, installé dans une ancienne malterie, initie le visiteur à l'histoire et à la technique du brassage de la bière depuis l'Antiquité. Le profane y découvre comment, à partir de matières premières fort simples, eau de source, orge transformée en malt, et houblon pour conférer cette amertume si particulière à la bière, le brasseur obtient ce breuvage.

En lisière de la ville, l'hôtel du gouverneur de la citadelle remontant au 16e s., abrite
Ⓥ un petit **musée** d'archéologie, d'arts et traditions populaires.

MIRECOURT
8 511 h. (les Mirecurtiens)

Carte Michelin n° 🗓 Nord-Ouest du pli 15 ou 🗓🗓 plis 25, 26.

Bâtie au confluent des rivières du Madon et du Val d'Arol, au cœur d'une région riche en vergers, cette active petite cité (culture, élevage, fabrique de meubles) est surtout renommée, depuis le 18e s., pour sa suprématie dans l'art de la **lutherie**. Un certain nombre d'artisans, encore aujourd'hui, s'y consacrent à la fabrication d'instruments de musique à cordes. Une « école nationale de lutherie » a été créée en 1970 pour relancer cette industrie.

Ⓥ Mirecourt est également connue pour ses dentelles et ses broderies. Un petit **musée**, installé à l'hôtel de ville, rappelle ces deux traditions.

La ville conserve certains témoins architecturaux de son passé, et la mémoire de son plus illustre enfant, **saint Pierre Fourier** (1565-1640), fondateur de la congrégation Notre-Dame, dont la statue s'élève près de la maison natale.

Ⓥ **Église.** – Construite à partir de 1303 mais achevée au 15e s., elle est surtout remarquable par son clocher-porche, pittoresquement encastré dans la ligne d'immeubles bordant la rue principale.

L'intérieur, aux voûtes gothiques, abrite trois chapelles des 16e et 17e s., ainsi que plusieurs tableaux de peintres lorrains du 17e s., visibles dans le chœur.

Mirecourt. – Les halles.

Halles. – Datant de 1617, c'est un petit et massif bâtiment, à étage sur arcades, à la façade flanquée de deux tours carrées.

Ⓥ **Chapelle de la Oultre.** – En franchissant le Madon par le pont St-Vincent (jolie vue sur l'étagement de la vieille ville), aller jeter un coup d'œil sur cette chapelle, qui remonte au 11e s. (nef) mais dont le transept et le chœur sont seulement du 16e s.

EXCURSION

Vomécourt-sur-Madon. – 41 h. *8 km au Nord, par les D 413, D 55 et D 55 F.* Sa petite église romane présente, en façade et au chevet, une intéressante décoration sculptée, de facture archaïque, notamment sur le tympan du portail, que surmonte un Saint Martin partageant son manteau.

★ MOLSHEIM
6 998 h. (les Molshémiens)

Carte Michelin n° 🗓🗓 plis 5,15 ou 🗓🗓 plis 23, 24 – Schéma p. 141.

Cette charmante petite ville ancienne s'élève dans la vallée de la Bruche, au pied de coteaux dont les vignes produisent le Riesling *(voir p. 22 : Le Vignoble alsacien)*. Aux portes de la ville, sur la route de Sélestat, se sont installées les usines Messier-Hispano-Bugatti, spécialisées dans les trains d'atterrissage.

CURIOSITÉS

★**La Metzig.** – Ce gracieux édifice de style Renaissance fut construit en 1554 par le Corps des bouchers qui tenait ses réunions au premier étage, le rez-de-chaussée étant occupé par des boucheries. Son aspect est typiquement alsacien, avec ses pignons à volutes, son perron, sa loggia qui se termine en beffroi *(illustration p. 39)*. Des deux côtés de l'horloge, deux anges sonnent les heures. Un élégant balcon de pierre sculpté se développe sur les côtés, à hauteur du 1er étage.

Au centre de la place s'élève une fontaine à deux vasques superposées, dominée par un lion qui porte les armes de la ville.

Église (B). – Elle appartenait à la fameuse Académie des Jésuites, fondée en 1618 par l'archiduc Léopold d'Autriche, évêque de Strasbourg de 1607 à 1625. La renommée de cette Académie, qui comprenait une faculté de théologie et une de philosophie, s'étendait fort loin. Le cardinal de Rohan la transféra à Strasbourg en 1702, afin de lutter contre l'influence de l'Université de cette ville.

L'édifice, élevé de 1615 à 1617, est cependant construit selon les formules du style gothique. L'intérieur, restauré en 1969, est remarquable par ses dimensions nobles et harmonieuses, ses vastes tribunes et sa voûte en résille. Les deux bras du transept sont décorés de stucs d'avant 1632 (restaurés en 1988) et de peintures du 18e s. Sous celles-ci, on a découvert d'intéressantes peintures du 17e s. se rapportant à la Vie de saint Ignace, à la Nativité et à la Visitation. La chaire (1631) et les portes, celles des sacristies en particulier, sont ornées de jolies sculptures. Dans le bras gauche du transept, cuve baptismale en grès blanc, datant de 1624, et orgues de Silbermann, de 1781.

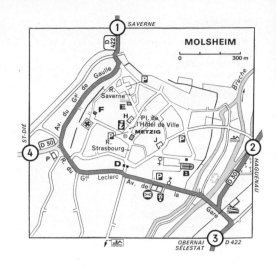

Le Prieuré des Chartreux (F). – Il abrite un musée consacré à l'histoire de la ville de la préhistoire à nos jours.
Dans le même bâtiment, la fondation Bugatti présente des souvenirs de la famille et quelques modèles de voitures.

Porte de Ville (D). – Ancienne porte fortifiée.

Maison ancienne (E). – Belle maison à tourelle en bois et fenêtres délicatement ouvragées.

MONTFAUCON (Butte de)

Carte Michelin n° 56 pli 10 ou 241 pli 19 – Schéma p. 186.

Ce mamelon de 336 m, point culminant de la région, sur lequel s'élevait le village de Montfaucon, fut fortifié et utilisé comme observatoire par les Allemands pendant la guerre de 1914-1918.
Pour commémorer la victoire de la 1re Armée américaine au cours de l'offensive Meuse-Argonne (26 septembre-11 novembre 1918), le Gouvernement des États-Unis y a fait ériger un monument grandiose.

Le monument. – Un escalier monumental conduit à une colonne de 57 m de haut surmontée d'une statue de la Liberté, au sommet de laquelle on accède par un escalier de 235 marches. L'ensemble domine la route d'une hauteur de 70 m. Au pied du monument, s'ouvre une petite salle dans laquelle une carte, gravée dans le marbre, et un historique des opérations retracent les différentes phases de la bataille.

★**Panorama.** – Du haut de la colonne, on découvre le panorama du champ de bataille Nord-Ouest de Verdun : butte de Vauquois, Cote 304, collines de la rive droite de la Meuse et dans le lointain, phare de Douaumont. Les massifs de l'Argonne, au Sud-Ouest, et de l'Ardenne, au Nord-Ouest, assombrissent l'horizon.
Près du monument, on peut voir encore des blockhaus (observatoire dit « du Kronprinz ») ainsi que les ruines de l'ancienne église de Montfaucon. Ce village fut entièrement détruit en 1918 et reconstruit à une centaine de mètres à l'Ouest.

MONTMÉDY
2 324 h. (les Montmédiens)

Carte Michelin n° 57 pli 1 ou 241 pli 15.

C'est une ville double, avec Montmédy-Haut et Montmédy-Bas. La ville haute, fortifiée à la Renaissance et transformée par Vauban, a conservé ses remparts.
Montmédy fut d'abord la capitale du comté de Chiny et le comte Arnould III y éleva un château fort. Rattachée au milieu du 15e s. au duché de Bourgogne, elle passa peu après aux Habsbourg d'Autriche et, au 16e s., à l'Espagne.
En 1657, Louis XIV y conduisit son premier siège, assisté du maréchal de la Ferté. La ville ayant été attribuée à la France en 1659, ses fortifications furent transformées par Vauban. En 1914, sa garnison, encerclée, fut presque entièrement massacrée alors qu'elle tentait une sortie en direction des lignes françaises. La mairie et la sous-préfecture furent détruites.

Montmédy-Haut. – La ville haute est perchée sur un piton isolé. On y pénètre par le Nord en franchissant deux portes successives à pont-levis et une voûte commandant la citadelle.

MONTMÉDY

★Remparts. – La promenade des remparts à travers glacis, courtines, bastions et souterrains permet d'appréhender la complexité et l'ingéniosité du système défensif de la citadelle. Du haut des remparts, la **vue** s'étend sur la ville basse, la vallée de la Chiers et les nombreux villages environnants.

Musées de la Fortification et Jules Bastien-Lepage (M). – Situés à l'entrée de la citadelle, ces musées sont consacrés l'un à l'histoire de la fortification (maquettes, armes anciennes), l'autre à l'intéressante œuvre et à divers souvenirs évoquant la vie du peintre meusien Jules Bastien-Lepage (1848-1884).

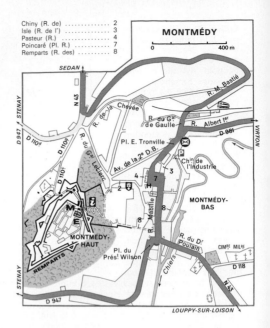

Chiny (R. de) 2
Isle (R. de l') 3
Pasteur (R.) 4
Poincaré (Pl. R.) 7
Remparts (R. des) 8

MONTMÉDY

Eglise (E). – Construit au milieu du 18e s., ce vaste édifice d'une sobre ampleur a conservé dans le chœur ses stalles et ses boiseries.

EXCURSION

Louppy-sur-Loison. – 111 h. *14 km. Quitter Montmédy par la N 43, au Sud-Est.* Un important **château** Renaissance y fut construit au début du 17e s. par Simon de Pouilly, gouverneur de Stenay, qui le légua à son neveu d'Imécourt, ancêtre des actuels propriétaires. La visite de l'extérieur permet de voir le pigeonnier, la chapelle et des portails richement sculptés.
Près de l'église, on voit encore les restes d'un château fort.

L'EUROPE en une seule feuille : carte Michelin n° 920.

La MOSELLE

Cartes Michelin nos 57 plis 3, 4, 13, 14, 62 plis 4, 5, 15, 16 et 66 plis 7, 8 ou 242 plis 5, 6, 30, 34, 35.

La Moselle, née dans les Vosges près de Bussang *(voir p. 99)*, cesse vite d'être un torrent pour devenir une paisible rivière sinuant dans des paysages agrestes. A Neuves-Maisons, elle aborde les « côtes » *(p. 16)* auxquelles elle donne son nom. Le sous-sol, particulièrement riche en minerai de fer, attire dès lors les grosses entreprises métallurgiques.

Deux grands ensembles sidérurgiques. – Deux zones d'une exceptionnelle densité industrielle se sont développées dans cette région de la Lorraine : la première axée sur la vallée de la Fensch et la vallée de l'Orne *(voir p. 175)*, la seconde, autour de Longwy (vallée de la Chiers). La vallée de la Moselle proprement dite ne présente, entre Neuves-Maisons et Thionville, que des installations dispersées.

La Moselle industrielle. – De rivière touristique, la Moselle est donc passée à l'état de voie industrielle jalonnée de localités abritant ou ayant abrité pour la plupart forges, fonderies, aciéries, tôleries, tréfileries, etc. : Neuves-Maisons, Frouard, Pompey, Dieulouard, Pont-à-Mousson, Pagny-sur-Moselle, Ars, Hagondange et Thionville.

L'aménagement de la Moselle. – Jusqu'en 1964, la desserte par voie d'eau du bassin sidérurgique était assurée par des péniches de 300 t qui empruntaient la Moselle canalisée vers le Sud, de Thionville à Frouard, puis le canal de la Marne au Rhin.
Une convention internationale, signée en octobre 1956 entre la France, l'Allemagne fédérale et le Grand-Duché de Luxembourg a jeté les bases d'un vaste aménagement permettant l'utilisation de convois poussés de 3 000 t sur l'axe mosellan de Coblence à Thionville. En 1964, cet aménagement était inauguré.
Les travaux poursuivis en amont sont terminés et Neuves-Maisons est desservi depuis 1979. L'activité des ports (Thionville-Illange, Mondelange-Richemont, Hagondange, Metz, Nancy-Frouard et Neuves-Maisons) a trait surtout au déchargement de charbon, de minerai de fer, d'engrais. Les expéditions sont constituées essentiellement de produits métallurgiques et de laitiers de hauts fourneaux, de céréales, de denrées alimentaires et de matériaux de construction.
Il faut noter aussi le rapide essor de la navigation de plaisance sur la Moselle avec l'aménagement de plans d'eau (voile, canotage, ski nautique, etc.). En outre, les efforts entrepris pour réduire la pollution ont permis à la rivière de devenir plus poissonneuse. Sur les berges, enfin, des pistes cyclables ont été construites.

★HAUTE VALLÉE DE LA MOSELLE
D'Épinal au col de Bussang
101 km – environ 4 h 1/2 – schéma ci-dessous

Au **col de Bussang** (alt. 731 m) se trouve le monument de la source de la Moselle. Ce modeste ruisselet encombré de mousses deviendra le noble cours d'eau arrosant Épinal, Metz, Trèves. Mais, tout de suite, il se grossit du superflu des sources minérales de Bussang et donne à des usines ses forces naissantes. C'est ensuite un gros torrent. La rivière ne prend son aspect majestueux qu'aux environs de Rupt-sur-Moselle. Son cours assagi décrit de beaux méandres entre des collines boisées. Elle coule tranquillement vers Remiremont et Épinal.

Remonter la Moselle, d'Épinal où elle sort de la montagne jusqu'à Bussang où elle prend sa source, constitue l'un des meilleurs itinéraires de pénétration dans les Vosges.

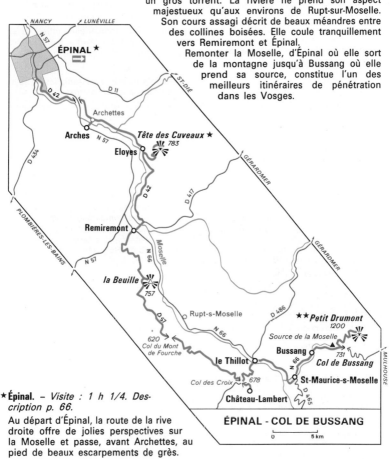

ÉPINAL - COL DE BUSSANG

★**Épinal.** – *Visite : 1 h 1/4. Description p. 66.*

Au départ d'Épinal, la route de la rive droite offre de jolies perspectives sur la Moselle et passe, avant Archettes, au pied de beaux escarpements de grès.

A Archettes, franchir la Moselle.

Arches. – 2 095 h. Son renom est dû à une célèbre papeterie. Un moulin à papier y tournait déjà en 1469. **Beaumarchais,** son plus illustre propriétaire, l'acheta en 1779 afin d'y fabriquer le papier nécessaire à l'édition des œuvres complètes de Voltaire.

Pour cette entreprise considérable, il installa une imprimerie à Kehl, en territoire étranger, l'interdit officiel ayant été jeté en France sur la plupart des œuvres du grand philosophe. C'est de là que sortirent les deux éditions dites de Kehl, l'une de 70 volumes in-8°, l'autre de 92 volumes in-12°, si recherchées des bibliophiles.

L'usine fabrique aujourd'hui des papiers de grande qualité pour les livres et estampes, des papiers à dessin, des papiers spéciaux et industriels.

Eloyes. – 3 347 h. Ce petit bourg est un centre d'industries textile et agro-alimentaire.

★**Tête des Cuveaux.** – *1/2 h à pied AR. Suivre la route qui se dirige vers la crête marquée par une forêt d'épicéas et laisser la voiture au parking (aire de pique-nique).*

En prenant à droite sur la crête, on atteindra un belvédère (au sommet, table d'orientation). De là, beau **panorama★** sur la vallée de la Moselle, le plateau lorrain et les Vosges.

Après la traversée de localités industrielles et de la grande moraine frontale de l'ancien glacier de la Moselle, qui exhausse le fond de la vallée, on atteint Remiremont. La route offre de jolies vues sur la ville et les hauteurs boisées qui l'encadrent.

Remiremont. – *Page 128.*

Un beau parcours en forêt conduit sur la crête qui, des abords de Remiremont au col des Croix, sépare le large et profond sillon où coule la Moselle d'un vaste plateau glaciaire, parsemé d'étangs et drainé par des cours d'eau tributaires de la Saône.

De cette longue crête, des échappées s'offrent sur les deux versants.

La Beuille. – Prendre, après avoir parcouru environ 6 km sur la D 57, le chemin goudronné qui s'amorce à gauche et conduit au parking surplombant le Chalet de la Beuille (refuge des Amis de la Nature). De la terrasse-belvédère du chalet, jolie **vue★** sur la vallée de la Moselle et, dans l'axe, le Ballon d'Alsace.

Château-Lambert. – 1 km après le col des Croix, on découvre ce charmant village Ⓥ rural dont l'habitat s'éparpille sur la pente. Il est possible d'y voir un petit **musée** de la Montagne, consacré aux traditions populaires, **l'église** du 17e s. (à l'intérieur, chaire de la même époque) et l'oratoire St-Antoine.

Revenir au col des Croix. Prendre la direction du Thillot, laissant la route qui passe à proximité du Ballon de Servance *(p. 48)* et descend sur Plancher-les-Mines.

Le Thillot. – 4 867 h. (les Thillotins). Cette localité industrielle active (tissage, filatures, tannerie, menuiseries industrielles) voit passer maints excursionnistes attirés par le charme des environs et la proximité des Hautes-Vosges.

St-Maurice-sur-Moselle. – *Page 47.*

Entre St-Maurice et Bussang, des moutonnements morainiques remplissent le fond de la vallée. Des fermes à pignon de bois occupent leurs sommets.

Bussang. – 1 920 h. (les Bussenets). Lieu de séjour. Bussang occupe un joli site dans la vallée de la Moselle naissante. Villégiature estivale, c'est aussi un centre de sports d'hiver.

Le **théâtre du Peuple** fondé en 1895 par Maurice Pottecher (1867-1960) comporte une scène mobile à laquelle la nature sert de fond et compte 1 100 places. Les acteurs, souvent des amateurs, gens du pays, y jouent des pièces folkloriques écrites par son fondateur, et aussi des œuvres de Shakespeare, Molière, Labiche etc. *(voir le chapitre des Renseignements pratiques en fin de guide).*

★★**Petit Drumont.** – *1/4 h à pied AR.* La route forestière d'accès s'embranche sur la D 89 à proximité du col de Bussang et à 100 m à peine de la **source de la Moselle** (alt. 715 m – monument par Gilodi, 1965). *Prudence recommandée. Quitter la voiture près de l'auberge et prendre le sentier qui s'élève à travers les « chaumes ».* Au sommet du Petit Drumont (alt. 1 200 m) est installée une table d'orientation du C.A.F., en deux demi-cercles. Le **panorama★★** s'étend du Hohneck au Ballon d'Alsace. Au Sud, par temps très clair, les Alpes Suisses sont visibles.

Col de Bussang. – *Page 99.*

De là, on rejoint l'itinéraire décrit en sens inverse, p. 176.

LES COTEAUX DE LA RIVE GAUCHE
De Thionville à Sierck-les-Bains *49 km – environ 1 h 1/2*

Thionville. – *Page 173.*

Sortir par ① du plan, N 53.

L'itinéraire parcourt d'abord les coteaux bordant la rive gauche de la Moselle, offrant des vues dégagées, et, dans une région très riche en sanctuaires religieux, fournit bientôt l'occasion de comparer les styles modernes des églises reconstruites de Roussy et Boust, villages proches l'un de l'autre.

Roussy-le-Village. – 794 h. L'église St-Denis (1954), en pierre et béton, est surtout intéressante pour ses sculptures intérieures de Kaeppelin et ses vitraux de Barillet.

Gagner Boust par la D 56, à l'Est, puis la D 57 prise à droite.

Boust. – 685 h. Bâtie en pierre de taille, sur une éminence, l'église St-Maximin (1962), œuvre de l'architecte Pingusson, est remarquable par sa nef circulaire que prolonge un long pédoncule flanqué d'un campanile.

Revenir à la D 56.

Usselskirch. – Dans le cimetière jouxtant la route, à droite, se dressent une tour romane solitaire, reste d'une église du 12e s., et, le long de l'allée centrale, un chemin de croix, en pierre, du 17e ou 18e s. (8 stations), malheureusement mutilé. En poursuivant la route, on passe devant la centrale nucléaire de Cattenom, comportant 4 tranches de 1 300 MW.

Devant Cattenom, dont on aperçoit le clocher roman, tourner à gauche dans la D 1 que l'on quitte, à l'entrée de Fixem, pour prendre à gauche la D 62.

Rodemack. – 650 h. A 5 km de la frontière luxembourgeoise, cette ancienne cité conserve du temps de sa splendeur – Rodemack était le siège d'une importante seigneurie – une imposante forteresse, restaurée au 17e s., et une porte fortifiée, au Sud, au bord de la rivière, marquée par deux tours rondes. Les maisons du village – anciennes maisons des baillis des Margraves de Bade –, au crépi gris et aux fenêtres cintrées, les entrées de caves et celles des granges sont typiques de la Lorraine.

L'église, de 1783, frappe par la simplicité de son architecture, par sa statuaire et par son mobilier.

Comme de nombreux villages de la région, Rodemack possède ses Bildstöcke (croix votives de place ou de carrefour) : on en voit un sur la place de la Fontaine, un autre au coin de la route qui mène au château du 19e s., situé sur la hauteur.

Revenir à Fixem et suivre tout droit après l'église pour gagner la D 64.

Haute-Kontz. – 369 h. De la terrasse de l'église (tour du 11e s.), belle **vue** sur un méandre de la rivière et le bourg de Rettel en face.

La route file entre les pentes du Stromberg couvertes de vignobles (vin blanc réputé) et la Moselle, pour franchir cette dernière à Contz-les-Bains.

Sierck-les-Bains. – *Page 157.*

Carte Michelin n° 87 plis 9, 19 ou 242 pli 39.

Traversée par l'Ill et le canal du Rhône au Rhin, Mulhouse est d'abord une cité industrielle prospère. Le textile depuis 1746 et, au début de ce siècle, la potasse ont déterminé la croissance de l'agglomération. A l'heure actuelle, la place prépondérante revient aux constructions mécaniques (métiers à tisser, machines à imprimer les tissus), et automobiles (Peugeot). Les industries chimiques, polygraphiques et de l'habillement s'y développent : usine Rhône-Poulenc de Chalampé (matières plastiques), usine franco-allemande de PEC-Rhin (engrais) d'Ottmarsheim. L'électronique et les équipements électriques sont bien représentés (Clemessy).
Depuis 1975, Mulhouse a acquis une dimension universitaire avec la création de l'Université de Haute Alsace dont l'originalité consiste à développper des enseignements à filières professionnalisées. Groupés dans un ensemble universitaire et technique moderne (**BV U**), les Ecoles Nationales d'Ingénieurs (Textile, Chimie), le Centre de Recherches Textiles et l'Institut de Recherches Polytechniques dispensent un enseignement varié, en relation avec le tissu industriel local.

Le démon de l'indépendance. – Dès la fin du 13e s. Mulhouse, ville d'Empire, se déclare ville libre. Elle consent toutefois à faire partie de la **Décapole**, ou Confédération de dix villes alsaciennes *(voir p. 27).* Au 15e s. éclate la **guerre des « Six Oboles »**. Un meunier réclame à un bourgeois de Mulhouse une dette de six oboles. Le tribunal le déboute. Un hobereau achète la créance et, la ville ayant refusé de payer, entame les hostilités, avec l'appui de la noblesse d'Alsace et du duc Sigismond, en noyant douze bourgeois. La lutte dure plusieurs années. Les nobles doivent finalement s'incliner et payer une contribution. Sigismond doit emprunter 80 000 florins d'or à Charles le Téméraire, en engageant son landgraviat d'Alsace.
Lorsque les traités de Westphalie donnent l'Alsace à la France, la ville conserve sa chère indépendance. Elle se donne à la France en 1798. La fête de la Réunion a lieu le 15 mars. Le traité est lu sur la place de l'hôtel de ville (depuis place de la Réunion). Un arbre de la liberté est planté, au pied duquel on jette les armes de la ville. Le drapeau de Mulhouse est roulé dans un étui aux couleurs françaises, sur lequel on écrit : La République de Mulhouse repose dans le sein de la République française.

Trois grands citoyens. – En 1746, trois grands Mulhousiens : Samuel Koechlin, J.-J. Schmaltzer et J.-J. Dollfus, fondent, dans leur ville natale, la première manufacture d'étoffes imprimées. Au moyen d'un outillage primitif, ils gravent dessins et couleurs sur des tissus que l'on baptise « indiennes » et qui connaissent une grande vogue.
En 1826, la Société industrielle de Mulhouse, fondée par vingt-deux industriels désireux de grouper leur action économique et sociale, reconnue d'utilité publique en 1832, apporte à la ville des forces nouvelles. Elle crée des écoles de dessin, de chimie, de tissage et de filature, organise la première école de commerce en France. Dès 1851, elle étudie la question des cités ouvrières : les groupes de maisons avec jardins de Dornach commencent à s'édifier.

Libération (hiver 1944-1945). – Au soir du 20 novembre 1944, la 1re DB investit Mulhouse. Le front s'étant stabilisé sur la Doller, la ville ne sera complètement dégagée qu'à partir du 20 janvier 1945, début de l'action menée par la 1re DB, la 2e DIM et la 9e DIC pour libérer les cités et mines de potasse, dans le cadre de l'offensive générale pour la réduction de la poche de Colmar *(p. 29).*

★★★ MUSÉE DE L'AUTOMOBILE (BU M⁹) *visite : 2 h*

Cette fabuleuse collection de 500 voitures anciennes (réserve comprise) a été passionnément constituée, pendant une trentaine d'années par les frères Schlumpf, propriétaires d'une filature de laine peignée dans la vallée de la Thur, en amont de Thann. Crise du textile, troubles sociaux, acquisitions imprudentes de nombreuses voitures coûteuses, faillite, jugement : le musée est acquis par une association et ouvert au public en 1982.
La collection évoque plus de cent ans de l'histoire et de l'évolution de l'automobile, de la Jacquot à vapeur de 1878 à la Xenia Citroën « an 2000 » et représente 98 marques européennes dont certaines sont fort rares, voire uniques.

Bugatti « Royale ».

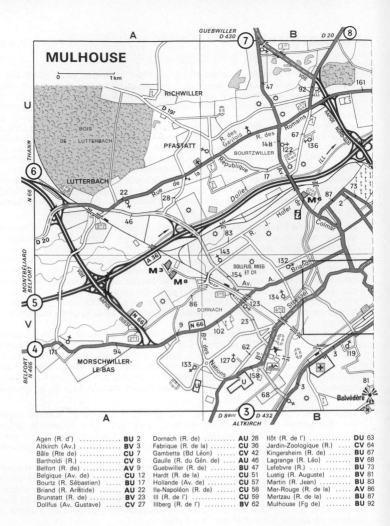

MULHOUSE

Les modèles sont pour la plupart en état de marche et plusieurs ont appartenu à des célébrités comme le président Poincaré (Panhard X 26), le roi Léopold de Belgique (Bugatti 43 roadster sport), Charlie Chaplin (Rolls Royce phantom III limousine).

Les voitures sont parfaitement présentées le long d'allées bordées de lampadaires 1900, réplique du pont Alexandre III à Paris. Beaucoup peuvent être admirées comme d'authentiques œuvres d'art pour le raffinement de leur carrosserie (Peugeot 174 coach 1927), l'aérodynamisme de leur ligne (Bugatti type 46 coach surprofilée 1933), la finition de leurs roues, moyeux et articulations (la Gardner Serpollet), pour le dessin de leurs calandres (Alfa Romeo 8 C 1936), bouchons de radiateurs (la cigogne d'Hispano-Suiza) ou griffes aux noms prestigieux (Isotta Fraschini), pour la qualité et le matériau de leurs garnitures (Renault NM landaulet 1924), selleries (De Dion Bouton BG tonneau 1908), et commandes (Delage F biplace course 1908).

Le quartier qui magnifie les Bugatti est un peu une collection dans la collection. D'origine italienne, Ettore Bugatti (Milan 1881 – Neuilly 1947) abandonna ses études de beaux-arts pour la mécanique. A 17 ans, il entre comme apprenti dans une fabrique de cycles. A 20 ans, il conçoit sa première voiture qui remporta le grand prix de la ville de Milan. Il collabore ensuite avec le baron de Dietrich à Niederbronn, puis s'associe à Mathis avec lequel il construit en 1904 la Hermès Simplex, voiture unique au monde. C'est en 1909 qu'il fonde son usine à Molsheim. A la fois ingénieur et artiste, il met au point en 1911, une voiturette qui deviendra la BB Peugeot, surnommée Bébé.

Son exigence en matière de qualité, de fiabilité et de fini dont témoignèrent 310 brevets et 3 000 victoires sur les circuits où la seule « 35 » s'imposa 1 852 fois de 1925 à 1927, se manifesta dans les 120 voitures de course (la 59/50 B qui participa au grand prix de Comminges), de sport, de grand luxe.

Le joyau de cette série incomparable est constitué par deux Royale : une limousine et le « coupé Napoléon », voiture personnelle d'Ettore Bugatti.

Les carrosseries d'un certain nombre d'entre elles ont été réalisées d'après les dessins de son fils Jean.

Parmi les autres marques rivalisent les Panhard et Levassor (celle de 1893, la première à avoir été présentée sur un catalogue avec options et la voiture des records de 1926), les Mercedes (la W154 de course de 1939 et la 300 SLR des 24 heures du Mans en 1955), les Alfa Romeo (la disco volante légère de 1953, produite à trois exemplaires seulement), les Porsche (917 K record du Mans), les Gordini... On pourra suivre aussi l'évolution des grandes firmes Peugeot, Renault, Citroën avant la Seconde Guerre mondiale.

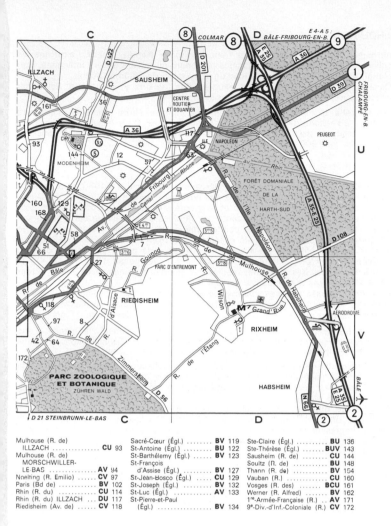

★AUTRES MUSÉES TECHNIQUES *visite : 2 h*

★Musée français du Chemin de fer (AV M³). – Il est consacré au matériel roulant : locomotives, voitures et wagons, restaurés, ayant circulé sur le réseau français. Dans le hall a été reconstituée une locomotive Stephenson (1846), l'Aigle.

Sur les douze voies que compte la galerie, on remarque, entre autres, trois types de locomotives à vapeur : la Saint-Pierre (1844) dont le corps est en bois de teck, la Sézanne (1847), la Continent (1852), qui roulait déjà à 120 km/h. On admire aussi la voiture-salon des aides de camp de Napoléon III (1856), décorée par Viollet le Duc, la première locomotive électrique (1900) dite Boîte à sel, une voiture-salon Pullmann (1926), élément du train de luxe Flèche d'Or, et une voiture-lit (1929), qui composait le Train Bleu, bel ensemble de la Compagnie Internationale des Wagons-Lits. La voiture de la grande-duchesse de Luxembourg, qui roula de 1895 à 1930, et la voiture présidentielle française, décorée par Lalique, séduisent par leur raffinement.

Une locomotive Nord, présentée en coupe, permet de comprendre le principe des chaudières tubulaires. Une Micheline de 1936 côtoie un autorail de 1922.

Remarquer la dernière des locomotives à vapeur, de 1949, avec animation sonore et un bogie de train sur pneus, tels qu'ils ont équipé la ligne Paris-Strasbourg cette même année.

Parmi les engins électriques figurent l'autorail Bugatti de type présidentiel (194 km/h en 1935) et la fameuse locomotive BB 9 004, détentrice de 1955 à 1981 du record du monde de vitesse sur rail : 331 km/h.

Dans la même enceinte, le **musée du sapeur-pompier** abrite des pompes en bois remontant au 18e s., deux pompes à vapeur, une collection de casques du monde entier, des uniformes, documents, petits matériels.

Un central téléphonique a été reconstitué.

★Musée de l'Impression sur étoffes (FZ M²). – Installé dans un bâtiment de la Société Industrielle de Mulhouse *(p. 101)*, ce musée retrace l'histoire de l'impression sur étoffes en France, du 18e s. à nos jours. Son centre de documentation contenant 6 millions d'échantillons est accessible aux chercheurs et aux professionnels du textile.

Gagner le premier étage. A gauche de l'entrée, la salle technique présente le passé industriel de la région en soulignant l'évolution des techniques de la gravure et de l'impression, depuis l'impression à la planche en relief des 18e et 19e s jusqu'à l'impression au cadre plat du 20e s, sans oublier les perfectionnements de l'impression au rouleau de cuivre dont les machines ont été mues par différentes sources d'énergie : l'homme, la vapeur puis l'électricité. Dans les trois grandes salles

du musée, les collections de toiles françaises (Jouy, Nantes, Alsace...) ainsi que les collections de toiles teintes artisanales provenant du monde entier : indiennes, ikat, plangi, batik sont présentées à tour de rôle, selon des thèmes définis.
Dans la galerie, à mi-étage sont exposés des foulards et mouchoirs, fleuris ou anecdotiques, évoquant l'histoire européenne du 19e s.

Electropolis (AV M⁸). – Ce gros bâtiment cubique abrite des éléments divers touchant à l'histoire de l'électricité et ses applications. On y remarque l'alternateur géant (actionné par une machine à vapeur) qui permit d'éclairer l'Exposition Universelle de 1900. L'ensemble pèse 170 tonnes.

★PLACE DE LA RÉUNION (FY)

★**Hôtel de ville** (FY H). – Montaigne passa par Mulhouse en 1580 et admira ce bâtiment. Relatant ses souvenirs dans son ouvrage « Voyage en Suisse et en Italie », il le qualifia de « Palais magnifique et tout doré ». Construit en 1552 dans le goût de la Renaissance rhénane, il présente, sur la place de la Réunion qui a gardé son cachet ancien, une belle façade peinte, enrichie d'un double perron couvert. Les allégories qui la décorent ont été exécutées en 1699 et restaurées en 1968. Sur le côté droit du bâtiment est suspendu un masque de pierre grimaçant, copie du « Klapperstein » ou « Pierre aux Clabaudeurs », qui pesait 12 à 13 kg. On le suspendait au cou des personnes médisantes qui étaient condamnées à faire le tour de la ville, assises à rebours sur un âne.
La visite du musée historique permet de voir certains aménagements intérieurs de l'hôtel de ville : vitraux aux armes de Henri IV, des Habsbourg, de Mulhouse et de certains cantons suisses. On peut accéder à la salle du Conseil au 1er étage.

★★**Musée historique** (FY M¹). – Par leur richesse, leur variété, la qualité d'une présentation respectueuse du bâtiment et de son histoire, les collections sont une évocation de l'histoire de la ville, de sa région et de la vie quotidienne.

Le rez-de-chaussée et le 3e étage abritent des collections archéologiques, de la préhistoire au gallo-romain, enrichies d'un ensemble de bijoux du néolithique.
Le 1er étage est l'étage officiel du gouvernement de la République de Mulhouse. Collections du Moyen Age.
Au 2e étage, objets relatifs à l'histoire de Mulhouse : tableaux, manuscrits, armes, meubles... On verra l'original du Klapperstein, et la **coupe en vermeil** offerte par la ville au représentant du Directoire en 1798, lors de la réunion de Mulhouse à la France. Vie quotidienne aux 18e s. et 19e s. : reconstitution de salons mulhousiens ; très curieux **lit** camouflé sous l'apparence d'un buffet peint.

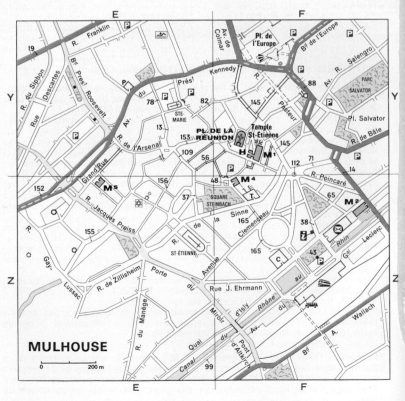

MULHOUSE

0   200 m

Dans l'ancien **Grenier d'Abondance** *(accès au 2e étage par une passerelle créée au 18e s.)*, collections de jouets : maisons de poupées, trousseaux, vaisselle, jeux de société. Galerie d'art populaire : reconstitutions d'intérieurs régionaux, poteries, sculptures sur bois, etc. Remarquer un monumental piano mécanique et un traîneau du 18e s.

Des collections de numismatique, d'orfèvrerie, d'étains et d'enseignes sont présentées dans le grenier proprement dit dont la charpente date de 1510.

⊙ **Temple St-Étienne** (FY). – Ce temple protestant qui s'élève place de la Réunion, présente, aux fenêtres latérales, d'intéressants **vitraux**★ du 14e s. provenant de l'ancienne église démolie au 19e s.

AUTRES CURIOSITÉS

⊙ **Musée des Beaux-Arts** (FZ **M⁴**). – *4, place Guillaume-Tell.*
Œuvres de Breughel d'Enfer, de Teniers, de Ruysdael et d'autres peintres des 17e et 18e s. ; œuvres des peintres alsaciens : **Henner** (1829-1905), portraitiste et peintre de nus, et **Lehmann** (1873-1953).

★★**Parc zoologique et botanique** (CV). – Ce beau parc de 25 ha présente plus de
⊙ 1 200 animaux, dont certains rares ou en voie de disparition (lémuriens, singes, panthères, tapirs...).

A 300 m au Sud-Ouest du zoo, par les rues A.-Lustig et A.-de-Musset, la tour métallique du **Belvédère** (BV) (20 m – 110 marches – table d'orientation), proche du pylône géant (165 m) de la télévision, réserve un beau panorama sur Mulhouse, la Forêt Noire, le Jura et, par temps clair, les Alpes.

Place et Tour de l'Europe (FY). – Dallée de carreaux en marqueterie de marbre représentant les armoiries de grandes villes européennes, la place est réservée aux piétons.
Pour en avoir une vue d'ensemble, monter sur la terrasse fléchée « Jardin suspendu » *(accès à droite du grand magasin)*.
De l'autre côté de la place, du sommet de la tour, belle **vue** sur la ville et les environs.

⊙ **Musée de la chapelle St-Jean** (EZ **M⁵**). – Installé dans l'ancienne chapelle des Chevaliers de St-Jean-de-Jérusalem, il présente des sculptures et pierres tombales et des peintures murales du 16e s. : Histoire de saint Jean-Baptiste.

EXCURSION

★**Musée du Papier peint** (à Rixheim) (DV **M⁷**). – *6 km à l'Est, direction Bâle. Accès*
⊙ *par la rue de Mulhouse et la rue Wilson (signalisation) : voir plan p. 103.*
Inauguré en 1984, il occupe l'aile droite d'une ancienne commanderie des Chevaliers Teutoniques où, dans les années 1790, Jean Zuber installa une fabrique de papiers peints, toujours en activité, lui-même et sa famille occupant le bâtiment central, du 18e s. La collection comprend quelque 130 000 documents.
Au rez-de-chaussée sont disposées les énormes machines d'impression pouvant imprimer jusqu'à 16 couleurs.
Au 1er étage, une présentation chronologique permet d'étudier l'histoire du papier et l'évolution des styles : le musée possède une précieuse série de papiers peints de la manufacture Réveillon à Paris, celle-là même qui fut saccagée par les Révolutionnaires en 1789.
Le 2e étage recèle une superbe **collection**★★ de ces papiers panoramiques qui firent la gloire de Zuber dans la première moitié du 19e s. et furent exportés dans le monde entier, mais surtout en Amérique du Nord. Ce sont essentiellement d'immenses paysages aux fraîches couleurs parmi lesquels le fameuses Vues de la Suisse (1802), de l'Hindoustan (1807), de l'Eldorado et de l'Amérique du Nord. Les Zones terrestres (1855) juxtaposent, dans une même vision fantastique, mer glaciale, Suisse, Algérie, Bengale et Canada. Les 21 lés de cette vaste composition ont nécessité l'emploi de 2 047 planches.
L'époque 1900 est représentée par d'intéressants échantillons peints dans le style de l'Art Nouveau.

Vous trouverez, en début de guide,
un choix d'itinéraires de visite régionaux.

Pour organiser vous-même votre voyage,
consultez la carte des principales curiosités.

★★ MUNSTER (Vallée de)

Carte Michelin n° 🔠 plis 17, 18 ou 🔢 plis 31, 35.

Des moines irlandais, venus au 7e s. pour achever l'évangélisation de l'Alsace, fondent une abbaye qui donnera son nom au bourg créé dans son ombre : Munster (monastère). Le bourg devient ville, secoue l'autorité des abbés, s'allie avec neuf villages voisins et forme avec eux une commune membre de la Décapole d'Alsace *(voir p. 27)*.
La Révolution ruine l'abbaye et dissout l'union des localités de la vallée. Celle-ci vit, depuis des siècles, de son industrie fromagère *(voir p. 22)*. Une autre industrie naît au 18e s. : André Hartmann, dont le nom est resté célèbre dans la région, fonde à Munster, dans ce qui reste des bâtiments de l'abbaye, l'une des premières usines de textiles.

DE COLMAR AU LAC DE FISCHBOEDLE
33 km – environ 1 h

★★★**Colmar.** – *Visite : compter une demi-journée. Description p. 55.*

Sortir par ⑤ du plan, D 417.

On aperçoit, en avant, les « trois châteaux » d'Eguisheim et sur la droite, au sommet d'un versant, les hôtels et les villas des Trois-Épis, dominés par le Galz et son monument commémoratif. La route s'engage dans la large vallée de la Fecht et l'on ne tarde pas à distinguer, en avant et à gauche, au sommet d'une éminence boisée, les ruines du haut donjon de Pflixbourg.

Pour le touriste qui vient de Colmar, la **vallée de la Fecht** se présente comme un large sillon dont le fond, tapissé de prairies, se rétrécit peu à peu entre des hauteurs de plus en plus élevées.

Sur le versant Nord, exposé au soleil, la vigne garnit les pentes inférieures.

Soultzbach-les-Bains. – 573 h. Calme petite cité médiévale, connue pour ses sources thermales, Soultzbach a conservé maintes maisons à colombages, souvent fleuries.

ⓥ L'**église** paroissiale, très restaurée, abrite trois remarquables **autels**★★ étincelants de dorure, joyaux de sculpture sur bois. Ils ont été exécutés entre 1720 et 1740 par un ébéniste réputé, Jean-Baptiste Werlé. A gauche dans le chœur, beau tabernacle du 15e s. que supporte un Saint Christophe. L'orgue Callinet est de 1833.

Gunsbach. – 702 h. C'est dans ce village, où son père était pasteur jusqu'en 1925, que vécut Albert Schweitzer de juin 1875 (il avait 6 mois) à septembre 1965. Le ⓥ rez-de-chaussée de sa maison est aménagé en **musée** : mobilier, livres, photos, fiches de malades, sermons, partitions... tous les souvenirs de ce grand homme y sont exposés.

Le versant Sud de la vallée de la Fecht est complètement boisé. A Munster, la vallée se divise en deux branches, les Grande et Petite Vallées, arrosées par la Grande et la Petite Fecht.

★**Munster.** – 4 740 h. (les Munstériens). Lieu de séjour. Munster est un centre de cure. Sur la place du Marché, l'église protestante, en grès rouge, est de style roman. Au Sud de la place, on voit l'aile subsistante de l'ancien palais abbatial tandis qu'au Nord se trouve l'hôtel de ville, du 16e s., très restauré. Munster est aussi le point de départ de l'excursion au Petit Ballon *(p. 122).*

La D 10 remonte la vallée de la Grande Fecht qui offre sur les versants boisés qui l'encadrent des vues de plus en plus belles, à mesure que la route s'enfonce dans la montagne.

Luttenbach-près-Munster. – 698 h. Voltaire y séjourna plusieurs mois en 1754.

Muhlbach. – 668 h. Lieu de séjour. Sur la place du village, en face de l'église est ⓥ installé le **musée de la Schlitte**, reconstitution du milieu naturel où glissaient naguère encore les traîneaux chargés de bois des hautes forêts vosgiennes *(voir p. 18).*

Metzeral. – 1 006 h. (les Metzeralois). Lieu de séjour.

A Metzeral, prendre la D 10ⱽᴵ : 1 km plus loin tourner à droite pour franchir la Fecht et laisser la voiture.

Le chemin *(3 km à pied, environ 1 h)* s'élève, parfois en corniche, dans le vallon sauvage de la Wormsa, creusé par les anciens glaciers qui y ont laissé de nombreuses traces (moraines, cuvettes et marmites glaciaires), et aboutit au lac de Fischboedle.

★**Lac de Fischboedle.** – *Pour la pêche, voir le chapitre des Renseignements pratiques en fin de guide.* Situé à 790 m d'altitude, ce petit lac presque circulaire dont le diamètre n'atteint pas 100 m, est l'un des plus beaux des Vosges. Il fut créé vers 1850 par Jacques Hartmann, le manufacturier de Munster. Les rochers et les sapins, qui se mirent dans ses eaux, lui font un cadre admirable. Le torrent du Wasserfelsen qui alimente le lac forme une jolie cascade à l'époque de la fonte des neiges.

Lac de Schiessrothried. – *1 h à pied AR par le sentier en lacet qui part à droite lorsqu'on arrive au lac de Fischboedle. Il est directement accessible en auto de Muhlbach par la D 310.* Ce lac de 5 ha, transformé en réservoir, est situé à 920 m d'altitude au pied du Hohneck.

Au-delà de Metzeral, au Sud, on suivra l'itinéraire décrit p. 114 si l'on désire rejoindre la Route des Crêtes, 3 km avant le Markstein.

DE MUNSTER AU COL DE LA SCHLUCHT (par le Linge)
32 km – environ 1 h 1/2

★**Munster.** – *Voir ci-dessus.*

Sortir par la D 417 au Nord-Ouest et prendre la D 5ᴮᴵ en montée sinueuse.

★★**Hohrodberg.** – Lieu de séjour. Cette station estivale s'étale, dans un joli site, sur des pentes bien ensoleillées. De ces pentes, on découvre une **vue**★★ étendue, au Sud-Ouest, sur Munster, sa vallée et, de gauche à droite, du Petit Ballon au Hohneck, les sommets qui se dressent derrière celle-ci.

Le Collet du Linge. – A droite de la route s'étend un cimetière militaire allemand.

A la bifurcation du Collet du Linge, prendre à gauche.

Le Linge. – *Visite : 1/2 h. Mémorial-musée.* Après de violents combats, les troupes françaises s'établirent définitivement, en août 1915, sur les pentes Ouest des sommets du Linge et du Schratzmaennele, au contact immédiat des Allemands qui en occupaient la crête. En prenant à droite, on atteint le sommet du Linge, tout proche à travers les vestiges des organisations allemandes et des tranchées creusées dans le grès.

La D 11ⱽᴵ domine bientôt le Val d'Orbey.

Col du Wettstein. – Cimetière des Chasseurs où reposent 3 000 soldats français.

On descend ensuite dans la Petite Vallée par la D 48 qui rejoint la D 417 près de Soultzeren.

La route s'élève vers le col de la Schlucht en offrant des perspectives de plus en plus belles sur la vallée de la Fecht puis sur la Petite Vallée. On aperçoit le Hohneck. Sur la droite, avant un virage, part la route qui mène au lac Vert *(p. 138).*
Après un très beau parcours en forêts et de superbes échappées vers la plaine d'Alsace et la Forêt Noire, on domine de très haut le cirque magnifique où naît la Petite Fecht.

Col de la Schlucht. – *Page 138.* De là, on rejoint la route des Crêtes *(p. 138).*

★★ MURBACH   89 h.

Carte Michelin n° 87 pli 18 ou 242 pli 35 – Lieu de séjour.

Dans un site retiré, au creux d'un agréable vallon boisé, Murbach groupe ses maisons à jardinets autour d'une église remarquable de style roman rhénan, dernier vestige de la fameuse abbaye de Murbach.

Orgueilleux comme le chien de Murbach. – Une grande partie de la Haute-Alsace est dominée pendant dix siècles par la puissante abbaye bénédictine de Murbach. Celle-ci, fondée par saint Pirmin en 727, a été richement dotée par l'un des plus grands seigneurs d'Alsace, le comte Eberhard. Au 9e s. elle est riche et célèbre, sa bibliothèque est remarquable. La communauté possède des biens dans plus de 200 localités, de Worms à Lucerne. « Orgueilleux comme le chien de Murbach », dit la chronique populaire, car les armes de l'abbaye portent un lévrier noir. Depuis le 12e s. les abbés ont le titre de prince du Saint-Empire et les moines sont tous nobles. Avec les châteaux forts qu'elle contrôle, l'abbaye représente une puissance féodale considérable ; son atelier monétaire frappe monnaie de 1544 à 1666. Mécontents de cette tutelle, les paysans de la vallée de St-Amarin pillent, en 1789, le château abbatial de Guebwiller, ville où l'abbaye avait été transférée en 1759.

Murbach. – L'église.

★★ÉGLISE *visite : 1/4 h*

Elle est réduite au chœur et au transept, surmonté de deux tours, et date du 12e s. La nef a été démolie en 1738.
Le **chevet**★★ est la partie la plus remarquable de l'édifice. Son mur plat, légèrement en saillie, est richement orné dans ses parties hautes. Une galerie de 17 colonnettes dissemblables règne au-dessus de deux étages de fenêtres.
Le tympan du portail Sud, avec sa composition en faible relief, deux lions affrontés dans un encadrement de rinceaux et de palmettes, rappelle certains ouvrages orientaux.
A **l'intérieur**, dans la chapelle à gauche du chœur se trouve le sarcophage des sept moines tués par les Hongrois en 926. Le croisillon Sud abrite, dans un enfeu, le gisant du comte Eberhard (14e s.).
Après avoir visité l'abbatiale, on gagnera (chemin de croix en contre-bas) la chapelle N.-D. de Lorette (17e s.) : jolies vues plongeantes sur l'église et le site de Murbach qui se découvrent au travers des arbres et des arbustes.

EXCURSION

Buhl. – 2 674 h. *3 km à l'Est.* La grande **église** néo-romane de ce bourg actif (métallurgie, plastiques) abrite le seul triptyque peint d'Alsace de quelque importance (7 m de large), qui ne soit pas conservé dans un musée. Le **retable de Buhl**★★ fut vraisemblablement réalisé aux alentours de 1500 par des artistes de l'atelier de Schongauer *(voir p. 41)*, pour les dominicaines du couvent de Colmar. L'admirable Crucifixion centrale est entourée de quatre scènes de la Passion du Christ. Au revers du retable le Jugement dernier est encadré d'épisodes de la vie de la Vierge.

*Les guides Rouges, les guides Verts et les cartes Michelin
composent un tout.
Ils vont bien ensemble, ne les séparez pas.*

Carte Michelin n° 🖸🖸 plis 4, 5 ou 🖸🖸🖸 plis 17, 18.

Qui aime les cités harmonieusement construites, les belles perspectives, les traditions de grandeur et d'équilibre de l'urbanisme du 18ᵉ s., doit venir admirer l'ancienne capitale des ducs de Lorraine. Nancy n'est pas seulement riche en monuments, cette ville d'art est en même temps une métropole culturelle : ses instituts scientifiques et techniques, son école des Mines, ses centres nationaux d'enseignement et de recherches forestières en témoignent.

UN PEU D'HISTOIRE

Une création des ducs de Lorraine. – La fondation de Nancy ne remonte qu'au 11ᵉ s. Sa naissance n'était pas appelée par une disposition naturelle de la montagne ou de la vallée. Quand la bourgade est choisie comme capitale par Gérard d'Alsace, fondateur du duché héréditaire de Lorraine, c'est entre deux marais de la Meurthe qu'est édifié le premier château fort. Le seul avantage de Nancy est alors d'être à peu près au centre des possessions éparpillées du nouveau duc. Elle ne comprend guère que quelques couvents et le château ducal.
En 1228, un incendie la détruit. A peine les cendres refroidies, on rebâtit. Au 14ᵉ s., une enceinte fortifiée entoure ce qui est aujourd'hui le vieux quartier. Il subsiste de cette enceinte la porte de la Craffe.

La mort du Téméraire. – Le dernier duc de Bourgogne, Charles le Téméraire convoite la Lorraine qui s'interpose entre ses deux possessions de la Bourgogne et des Flandres. Il l'enlève au duc **René II** en 1476. L'année suivante, après la défaite du Téméraire en Suisse, René rentre à Nancy et donne le signal de la révolte. Charles accourt en furieux et assiège la ville. Il est tué au cours d'une opération devant St-Nicolas-de-Port *(voir p. 147)*. Son corps est retrouvé dans un étang glacé, à moitié dévoré par les loups. Le lieu où fut déposé son cadavre est signalé dans la Grande-Rue.

La croix de Lorraine. – La croix à double traverse (la traverse supérieure figu-rant l'écriteau) ou « croix de Jérusalem » fait déjà partie à cette époque du patrimoine de la maison de Lorraine : elle rappelle le souvenir d'une relique de la vraie croix conservée en Anjou depuis le 13ᵉ s. et tenue en grande vénération par le grand-père de René II, le « bon roi René » ; elle évoque aussi la tradition faisant du frère de Godefroy de Bouillon, roi de Jérusalem, le fondateur de la lignée paternelle du duc.
Utilisée comme marque de reconnaissance par les troupes de René II sur le champ de bataille de Nancy, la croix, désormais dénommée « de Lorraine » dans le langage courant, deviendra un symbole patriotique *(voir p. 54)*. En juillet 1940, les forces navales de l'amiral Muselier l'adopteront, les premières, comme emblème de la France au combat.

Les ducs et leur ville. – Les ducs de Lorraine, qui ont grandi en prestige, vont développer leur ville. René II et son successeur Antoine se construisent un nouveau palais. A la fin du 16ᵉ s., le duc Charles III crée, au Sud de la Vieille Ville, une Ville Neuve. N'ayant pas la permission de créer un évêché à Nancy, le duc y fonde un chapitre primatial. Cela suffit pour que Nancy prenne un énorme essor religieux : en l'espace de quarante ans, treize monastères s'y installent. Malheureusement, ce ne sont ni les moines ni les nonnes qui font la prospérité d'une cité. Charles III se désole de ne pas compter plus de familles dans sa ville. Et voici que la **guerre de Trente Ans** décime la maigre population du duc de Lorraine !... Les « malheurs de la guerre », illustrés par **Jacques Callot**, graveur nancéien, atteignent cruellement Nancy.
Léopold, bénéficiaire d'une ère de tranquillité, aura beaucoup à faire pour relever tant de ruines. Il ne se contentera pas, d'ailleurs, de ce travail de restauration ; il élèvera les beaux hôtels qui font la gloire de la place de la Carrière et des voies environnantes.

L'enterrement d'un duc de Lorraine. – Un ancien adage lorrain dit qu'il est en Europe trois cérémonies magnifiques : le couronnement d'un empereur à Francfort, le sacre d'un roi de France à Reims et l'enterrement d'un duc de Lorraine à Nancy. Voici un aperçu de cette cérémonie funèbre.
Le **duc Charles III** meurt le 14 mai 1608. Embaumé et recouvert de somptueux velours et draps d'or, il est exposé pendant près d'un mois dans la « Chambre des Trespas », veillé par des gens d'église. Le 8 juin, dans la Salle d'honneur, une effigie du défunt est étendue sur un lit de parade, en grand costume de cour, avec les attributs de la dignité ducale. Alors, devant les plus hauts personnages de la cour, a lieu le simulacre du souper de l'effigie. Les plats sont présentés devant un fauteuil vide : « Au souper pour feu Son Altesse ! A la viande pour feu Son Altesse ! » crie un héraut en annonçant chaque plat. Cette série de scènes macabres dure du 9 juin au 13 juillet... Après un dernier souper, on passe dans la Salle funèbre, voilée entièrement de noir et seulement éclairée de cierges : deux nouveaux jours d'offices et de prières. Le 16, on crie par toute la ville « l'Édit funèbre ». Le 17, le cortège se déploie, formé par 300 pauvres, 300 bourgeois, tous les nobles et tous les prêtres. On s'arrête à l'église St-Georges. Le 18, tout recommence pour la dernière étape qui s'achève aux Cordeliers, 2 mois et 4 jours après le décès, parmi les fastes d'une mise en scène prodigieuse.

Stanislas le Magnifique. – François III, duc de Lorraine, échange son duché contre celui de Toscane. Louis XV installe à sa place, sur le trône de Nancy, son beau-père Stanislas Leszczynski, roi détrôné de Pologne, à la mort duquel la Lorraine reviendra tout naturellement à la France. Il s'agit d'accoutumer la Lorraine à la domination française... Or, nul mieux que ce Polonais ne saura se faire aimer des Lorrains par ses largesses et les embellissements qu'il laissera à sa capitale d'adoption. Il sait

choisir des artistes de génie qui construiront une œuvre impérissable, noble et gracieuse à la fois, symbole ravissant du 18e s. et suprême parure de Nancy : la place Stanislas, avec ses grilles, ses pavillons, ses balcons et ses fontaines.
Durant trente ans, Stanislas joue, en Lorraine, le rôle d'un gouverneur de province. Il consacre son temps, et la pension que lui alloue son gendre, à embellir Nancy. C'est un homme paisible qui aime sa fille, la reine de France, la paix, la bonne chère, les jolies femmes et pratique une philosophie facile et une religion indulgente. Mais surtout, il aime bâtir. Il a la passion des plans, des constructions, des ateliers. Souvent, il rend visite à Jean Lamour, le génial ferronnier des grilles de Nancy. Avec beaucoup de tact, il prévoit une sépulture qui ne l'associera pas aux cendres des véritables souverains de la Lorraine. Il reposera, ainsi que sa femme, dans l'église de Bonsecours, reconstruite par ses soins. Lors de la Révolution, le sanctuaire est dévasté, les tombes sont profanées.

Terre de France. – De 1871 à 1918, Nancy accueille les populations réfugiées. Les arrivants sont si nombreux que toute une ville moderne s'ajoute aux trois villes existantes, la Vieille Ville, la Ville des Ducs et celle de Stanislas. Le nouveau Nancy, riche de nombreuses industries, s'accroît chaque jour : de 40 000 habitants en 1850, la ville en compte 66 000 en 1876, 103 000 en 1901.
Entre 1900 et 1910 l'influence de l'**Ecole de Nancy** *(voir p. 113)* se manifeste dans l'architecture nancéenne avec un retard d'une dizaine d'années sur les arts décoratifs mais avec une vigueur qui en font une des capitales européennes de l'Art Nouveau au même titre que Bruxelles, Vienne ou Paris. Nancy conserve encore aujourd'hui un ensemble remarquable de constructions élevées selon les canons décoratifs de l'Art Nouveau : la brasserie Excelsior, no 3 rue Mazagran, élevée en 1910 et dont le décorateur fut Louis Majorelle ; la maison construite en 1906 par Eugène Vallin, no 86 rue Stanislas ; l'immeuble du journal Est Républicain, no 5 bis avenue Foch, construit en 1912, en sont quelques exemples parmi de nombreux autres.
La guerre de 1914 trouve Nancy ville ouverte. Elle est sauvée par la résistance des armées Castelnau et Dubail *(voir p. 29)*. Elle sera souvent bombardée par avions et par pièces à longue portée, installées à 26 km.

1944 : la libération de Nancy. – Dès le mois d'août, les troupes allemandes en retraite traversent Nancy. Une partie d'entre elles sont massées dans la forêt de Haye où l'aviation alliée les attaque sans relâche.
Dans la matinée du 15 septembre, à 11 h, les premiers chars de l'armée du général Patton arrivent et, avec l'aide de la Résistance, libèrent la ville.

★★★LA PLACE STANISLAS ET LA VILLE DU 18e S.
visite : 2 h

★★★**Place Stanislas** (BY). – Deux grands noms dominent l'œuvre : celui d'**Emmanuel Héré**, l'architecte, et celui de **Jean Lamour**, l'auteur des grilles. Le résultat de leur collaboration est une harmonie parfaite de proportions, d'ordonnance et de détail. La place forme un rectangle à pans coupés mesurant 124 m sur 106 m. Edifiée de 1751 à 1760 entre la Vieille Ville et la Ville Neuve, elle se nomme d'abord place Royale ; la statue de Louis XV sculptée par le nîmois Guibal et le brugeois Cyfflé en marque le centre. La statue est détruite sous la Révolution. Sous la Restauration, la place prend le nom de Stanislas dont la statue est inaugurée en 1831.

Les grilles. – De fer forgé rehaussé d'or, elles ornent les quatre pans coupés et les débouchés des rues Stanislas et Ste-Catherine. Leur légèreté, leur élégance, leur fantaisie sont inimitables.
Les grilles du Nord composent chacune un triple portique. Elles encadrent les fontaines de Neptune et d'Amphitrite, œuvres de Guibal.

Les pavillons. – La place est entourée de cinq pavillons élevés et de deux réduits à un rez-de-chaussée percé d'arcades monumentales. Cette disposition, tout en donnant une impression d'espace plus grand, laisse intact le merveilleux équilibre de la place. Les façades d'Emmanuel Héré sont nobles, gracieuses et symétriques sans monotonie. Les balcons forgés par Lamour ajoutent à la richesse et à l'élégance de l'ensemble.

Nancy. – La place Stanislas.

★★ **Musée des Beaux-Arts (BY M²)**. – Ce beau musée, installé dans un des pavillons de
la place Stanislas, agrandi d'un pavillon moderne, est consacré à la peinture en
Europe, du 14e s. à nos jours.

Le rez-de-chaussée est réservé à la peinture de la fin du 19e et du 20e s. : de Monet
(Coucher de soleil sur Etretat), Manet (portrait de Méry Laurent), Courbet, à Bonnard,
Dufy, Utrillo et Modigliani ; salle consacrée au verrier Daum.

Au 1er étage, primitifs italiens, Pérugin, Tintoret, Francesco di Nomé ; primitifs
rhénans ; natures mortes anversoises ; paysages flamands et hollandais du 17e s. ;
Rubens (la Transfiguration), Jordaens ; portraits et compositions des écoles
françaises des 17e et 18e s. : Poussin, Claude Lorrain, Vouet, Boucher, Van Loo,
Tocqué... Au 2e étage, consacré au 19e s. français, on remarquera la célèbre toile
de Delacroix Mort de Charles le Téméraire à la bataille de Nancy et deux lumineux
tableaux du nancéen Emile Friant (La Toussaint, Idylle sur la passerelle). Le cabinet
d'art graphique, dessins et estampes présente tout l'œuvre gravé à l'eau-forte de
Jacques Callot *(voir p. 37).*

Hôtel de ville (BY H). – Erigé de 1752 à 1755, son pavillon est le plus vaste. Les
armoiries de Stanislas ornent son fronton : aigle de Pologne, cavalier de Lithuanie,
buffle des Leszczynski.

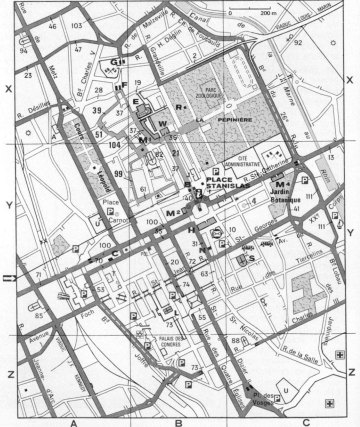

NANCY

Dominicains (R. des)	**BY**	31
Gambetta (R.)	**BY**	35
Grande-Rue	**BXY**	37
Héré (R.)	**BY**	40
Mazagran (R.)	**AY**	53
Mengin (Pl. Henri)	**BY**	55
Mouja (R. du Pont)	**BY**	63
Poincaré (R. R.)	**AY**	71
Point-Central	**BY**	72
Ponts (R. des)	**BYZ**	73
Raugraff (R.)	**BY**	74
St-Dizier (R.)	**BY**	
St-Georges (R.)	**CY**	
St-Jean (R.)	**BY**	
Stanislas (R.)	**BY**	100
Trois-Maisons (R. du Fg des)	**AX**	103

Adam (R. Sigisbert)	**BX**	2
Albert-1er (Bd)	**DV**	3
Alliance (Pl. d')	**CY**	4
Anatole-France (Av.)	**DV**	6
Armée-Patton (R.)	**DV**	7
Auxonne (R. d')	**DV**	8
Barrès (R. Maurice)	**CY**	10
Barthou (Bd. Louis)	**EX**	12
Bazin (R. H.)	**CY**	13
Braconnot (R.)	**BX**	19

Carmes (R. des)	**BY**	20
Carrière (Pl. de la)	**BY**	21
Cathédrale	**CY**	**S**
Chanoine-Jacob (R.)	**AX**	23
Clemenceau (Bd G.)	**EX**	25
Craffe (R. de la)	**AX**	28
Europe (Bd de l')	**DY**	32
Foch (Av.)	**DV**	33
Gaulle (Pl. Gén.-de)	**BX**	36
Haut-Bourgeois (R.)	**AX**	39
Ile de Corse (R. l')	**CY**	41
Jaurès (Bd Jean)	**EX**	42
Jaurès (Bd Jean) VANDŒUVRE	**DX**	43
Jeanne-d'Arc (R.)	**DEX**	44
Jeanne-d'Arc (Av.) VANDŒUVRE	**EY**	45
Keller (R. Charles)	**AX**	46
Lamour (R. J.)	**AX**	47
Leclerc (Av. Gén.) VANDŒUVRE	**DY**	49
Loups (R. des)	**AX**	51
Mareville (R. de)	**DX**	52
Mirecourt (Route de)	**EX**	59
Monnaie (R. de la)	**BY**	61
Nabécor (R. de)	**EX**	64
N.-D.-de Bon Secours (Égl.)	**EX**	**K**
N.-D. de Lourdes (Égl.)	**DX**	67
Oudinot (R. Mar.)	**EX**	68
Poincaré (R. H.)	**AY**	70

L'escalier s'orne d'une rampe de Jean Lamour. Il mène au Salon Carré, dit « de l'Académie », décoré de fresques de Girardet, toutes à la gloire de Stanislas, puis au Grand Salon inauguré le 17 juillet 1866 par l'Impératrice Eugénie ; un petit salon, dit « Salon de l'Impératrice », lui fait suite. Des fenêtres des salons, on a sous les yeux la perspective de la place Stanislas, de la place de la Carrière et du Palais du Gouvernement, au fond. Que l'on imagine la légitime fierté du roi de Pologne, assistant, de ces mêmes fenêtres, à l'inauguration de la statue de Louis XV sur la place récemment achevée...

En face de l'hôtel de ville, prendre la rue Héré qui mène à l'Arc de Triomphe.

★Arc de Triomphe (BY B). – Très profond, il a été construit de 1754 à 1756, en l'honneur de Louis XV, et imite l'arc de Septime-Sévère, à Rome. La façade principale, qui regarde la place Stanislas, est d'inspiration antique. La partie droite, consacrée aux dieux de la guerre, est dédiée au « Prince Victorieux » ; la partie gauche, consacrée aux déesses de la paix, glorifie le « Prince Pacifique », un médaillon représente Louis XV. L'autre façade, plus simple, donne sur la place de la Carrière.

À droite, du côté du parc, monument à Héré.

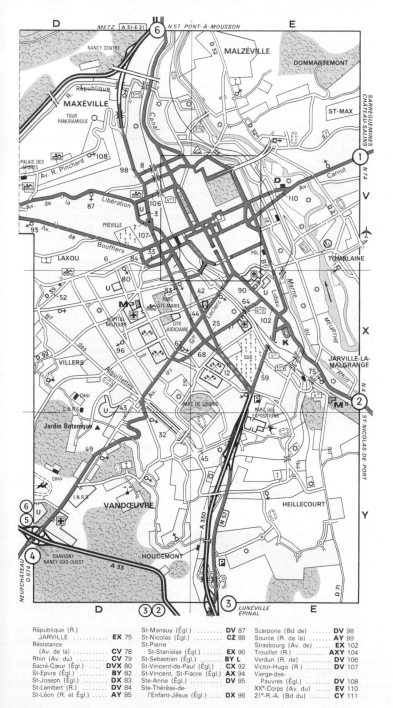

★**Place de la Carrière** (BY 21). – Cette longue place date de l'époque ducale ; elle servait aux exercices équestres mais Héré la transforma. Elle est encadrée par de beaux hôtels du 18e s. Ses angles sont décorés de fontaines. Aux deux extrémités s'ouvrent les grilles de Lamour, enrichies de potences à lanternes.

★**Palais du Gouvernement** (BX W). – A l'opposé de l'Arc de Triomphe, la place Général-de-Gaulle est fermée par le Palais du Gouvernement, ancienne résidence des gouverneurs de Lorraine. Le péristyle de l'édifice se relie aux maisons de la place par une **colonnade**★ d'ordre ionique, surmontée d'une balustrade, de vases et de bustes mythologiques.

Passer à droite du palais du Gouvernement et pénétrer dans la Pépinière.

La Pépinière (BCX). – Cette belle promenade de 23 ha comprend une terrasse, un jardin anglais, une roseraie et un parc zoologique. On y voit la statue du peintre Claude Gellée, dit le Lorrain, par Rodin (BX R).

★★**LE PALAIS DUCAL ET LE VIEUX NANCY** *visite : 2 h*

★★**Palais ducal** (BX M¹). – Bâti dans la seconde moitié du 13e s., le palais est à demi-ruiné à l'époque de René II qui le fait reconstruire après sa victoire sur le Téméraire.
C'est le duc Antoine qui, au 16e s., fait achever la Porterie et la Galerie des cerfs. En 1792, le palais est saccagé. D'adroites restaurations sont opérées en 1850. La partie Nord est entièrement reconstruite.
La façade sur la Grande-Rue, axe principal de la vieille ville, est sobre et même nue. Elle rend plus saisissante l'élégance et la richesse de son unique ornement : la **Porterie**★★ *(illustration p. 36)*. Le style flamboyant et celui de la Renaissance se mêlent pour composer cette admirable porte, surmontée de la statue équestre (reconstituée) du duc Antoine de Lorraine, au-dessus de laquelle s'élève un gâble flamboyant.
Au premier étage, trois balcons à balustrade flamboyante sont soutenus par des souches de tourelles sculptées, représentant des sauvages et des hommes-poissons auxquels se mêlent des amours.
La façade sur les jardins est agrémentée d'une belle galerie gothique qui fait suite à un vaste vestibule voûté.
L'ancien Palais ducal abrite le très beau Musée historique lorrain.

★★★**Musée historique lorrain.** – *Entrée au n° 64 Grande-Rue.*
Ⓥ Il rassemble une documentation d'une valeur exceptionnelle par sa qualité et sa richesse, évoquant d'une façon saisissante l'histoire du pays lorrain et permettant d'admirer ses productions d'art ou de saisir les particularités de son folklore.
Dans le pavillon, au fond du jardin : **galerie d'archéologie** préhistorique, celtique, gallo-romaine et franque. Traverser le jardin.
Au rez-de-chaussée du bâtiment principal, vestibule et galerie aux voûtes d'ogives abritent des collections qui évoquent la Lorraine du Moyen Age au 16e s. (sculptures).
Au 1er étage, la **galerie des Cerfs,** vaisseau de 55 m de long, rassemble les souvenirs de la dynastie des ducs de Lorraine, du 16e s. au 18e s., une collection de tapisseries des 15e et 16e s., des œuvres d'artistes lorrains du 17e s. : **eaux-fortes de Jacques Callot** (à peu près toute son œuvre gravée et 330 cuivres), gravures de Bellange, **peintures de G. de la Tour** (la Servante à la puce, Découverte du corps de saint Alexis) et de Claude Deruet (portrait de madame de Saint-Baslemont). La galerie des Cerfs évoque aussi l'histoire de la Lorraine sous Leopold et François III, abrite des miniatures, des collections de faïences de Lunéville et St-Clément, des biscuits et terres cuites ainsi que des sculptures de Clodion.
Au 2e étage, La Lorraine et Nancy au 18e : histoire militaire, politique et littéraire, collections juives, mobilier, art religieux populaire.
Au 3e étage, La Lorraine de la Restauration à la 3e République (salles consacrées notamment à la guerre 1914-18 et à Lyautey).

★**Église et couvent des Cordeliers** (BX E). – Cet ensemble a été récemment remis Ⓥ en valeur.

★**Église.** – Composée d'une nef unique, suivant l'usage des ordres mendiants, elle a été édifiée, ainsi que le couvent adjacent, à la fin du 15e s., sur l'initiative du duc René II ; des restaurations lui ont partiellement rendu son aspect primitif.
C'était le St-Denis des ducs de Lorraine. Tous les ducs reposent dans la crypte. La plupart des tombeaux étaient dus aux trois grands artistes de la Renaissance lorraine : Mansuy Gauvain, Ligier Richier et Florent Drouin.
Dans la nef, le **gisant de Philippa de Gueldre**★★, seconde femme de René II, a été sculpté, dans un calcaire très fin, par Ligier Richier dont c'est une des plus belles œuvres : la duchesse est représentée sous l'habit des clarisses, ordre à laquelle elle appartint à la fin de sa vie. Contre le mur Sud le **tombeau de René II**★, dont il ne reste que l'enfeu, a été exécuté par Mansuy Gauvain en 1509. L'effigie du cardinal de Vaudémont (mort en 1587), représenté en « priant », est due à Florent Drouin. Celui-ci est aussi l'auteur d'une remarquable Cène, bas-relief inspiré du célèbre tableau de Léonard de Vinci. Dans le chœur remarquer en outre le retable sculpté du maître-autel (1522), des stalles du 17e s. et le lutrin de fer forgé (18e s.) aux emblèmes lorrains. Parmi les peintures il faut citer une Vierge au Rosaire, tableau de Jean de Wayembourg (1595), des œuvres du Lorrain Claude Deruet et une Notre-Dame-de-Lorette attribuée à Guido Reni.

★**Chapelle Ducale.** – *A gauche du chœur de l'église.* Elle s'élève au-dessus du caveau funéraire des ducs de Lorraine. Charles III fait commencer l'édifice en 1607, un an avant sa mort. Il donne comme modèle la chapelle des Médicis, à Florence. Mais les ressources manqueront pour exécuter exactement le plan prévu.

De forme octogonale, la chapelle a ses murs encadrés de seize colonnes, auxquels s'adossent sept cénotaphes en marbre noir. Chacun porte, sur un coussinet doré, les emblèmes de la souveraineté. Jean Richier, petit-neveu de Ligier, et l'Italien Stabili furent les maîtres de l'œuvre ; la coupole à caissons est de Florent Drouin. C'est dans la chapelle ducale que fut exposé, les 30, 31 juillet et 1er août 1934, le corps du **maréchal Lyautey** (1854-1934, *voir p. 189*). C'est également dans cette chapelle qu'eut lieu le mariage de l'archiduc Otto de Habsbourg, en 1951.

Couvent. – Le cloître et une partie des salles de l'ancien monastère ont été restaurés pour abriter un riche **musée d'arts et traditions populaires** comprenant de nombreuses reconstitutions d'intérieurs : mobilier lorrain en chêne ou en bois fruitier, objets familiers, outils d'artisans, etc.

★Porte de la Craffe (AX F). – Elle survit aux anciennes fortifications du 14e s. et porte le chardon de Nancy et la croix de Lorraine (19e s.). La façade opposée est de style Renaissance. L'intérieur a servi de prison jusqu'après la Révolution. On peut y voir les cachots dont les murs sont couverts d'inscriptions gravées par les prisonniers. Par ailleurs sont présentées des sculptures de la fin du Moyen Age et une collection d'instruments de supplice.

Au Nord s'élève la **porte de la Citadelle** (AX G) qui clôturait autrefois le vieux Nancy.

Faire demi-tour et prendre à droite la rue Haut-Bourgeois.

Au n° 29, **hôtel Ferrari** par Boffrand (18e s.) avec balcon armorié, escalier monumental, fontaine de Neptune dans la cour.

Au n° 1 de la rue des Loups, hôtel des Loups par Boffrand ; au n° 4, hôtel de Gellenoncourt, à portail Renaissance. Par la rue Trouillet (au n° 9, hôtel d'Haussonville, Renaissance) et la place St-Epvre, gagner la rue de la Source où se trouvent l'**hôtel de Lillebonne,** lui aussi Renaissance, qui abrite la bibliothèque américaine, au n° 12 et, au n° 10, l'hôtel du marquis de Ville (fontaine Renaissance dans la cour).

Par la rue de la Monnaie, regagner la Grande-Rue.

★★MUSÉE DE L'ÉCOLE DE NANCY (DX M³) *visite : 1 h*

Installé dans le cadre d'une résidence cossue du début du siècle, il en apparaît comme un prolongement naturel. Ce musée à l'ambiance feutrée offre un panorama remarquable de l'extraordinaire mouvement de rénovation des arts décoratifs qui se développa de façon originale à Nancy entre 1885 et 1910 et fera date dans l'histoire des arts décoratifs sous le nom d'École de Nancy.

Émile Gallé. – C'est sous l'impulsion d'Émile Gallé (1846-1904) qu'une École d'arts décoratifs allait se développer en Lorraine. Maître-verrier à la technique éblouissante, céramiste et ébéniste de grand talent, botaniste distingué mais aussi chef d'une entreprise dynamique, Gallé obtiendra très vite une audience internationale et sera un des créateurs de l'Art Nouveau. Il puisera l'inspiration de ses fameux décors au symbolisme raffiné dans une étude très sérieuse du règne végétal mais aussi dans un regard attentif sur le monde des insectes.

Vase de Gallé.

L'École de Nancy. – Gallé sera le théoricien et le chef de file du mouvement qui, regroupant artistes et artisans, et constitué en société en 1901, consacrera le nom d'École de Nancy et se voudra une « alliance des industries d'art ». Ses membres uniront leurs efforts pour essayer de mettre l'art à la portée de tous. En 1900, lors d'une exposition de meubles qu'il avait conçus et décorés, Gallé exprimait ce souci : « la trouvaille à faire, ce serait des formules plastiques très simples et d'une exécution rapide ». Désireuse de relever le niveau technique de tous les arts décoratifs, cette école a laissé une production originale où triomphent la ligne courbe et la profusion ornementale inspirées par l'étude de la nature.

Le **musée** présente une abondante collection d'œuvres caractéristiques du mouvement nancéen : meubles marquetés et sculptés d'Émile Gallé, de Louis Majorelle, d'Eugène Vallin, de Jacques Grüber et d'Émile André ; reliures, affiches et dessins de Prouvé, Martin, Collin, Lurçat ; verreries de Gallé et des frères Daum ; céramiques également de Gallé mais aussi de Bussière et de Mougin ; vitraux de Grüber.

Plusieurs ensembles mobiliers, dont une admirable **salle à manger** de Vallin (plafond et cuirs muraux au délicat décor floral de Prouvé) ainsi qu'une étonnante salle de bain en céramique de Chaplet, témoignent des changements apportés dans le style des intérieurs bourgeois au début de ce siècle. On remarquera aussi au 1er étage un peu discret mais amusant bureau d'homme d'affaires, avec ses capitonnages en cuir travaillé de motifs floraux pour le bureau proprement dit, les sièges, la bibliothèque et le monumental cartonnier. Quelques meubles d'Hector Guimard qui, sans faire partie de l'École de Nancy participa au même renouveau décoratif, complètent l'ensemble.

AUTRES CURIOSITÉS

★**Église N.-D.-de-Bon-Secours** (EX K). – *Avenue de Strasbourg*. Élevée par Héré en 1738 pour Stanislas, sur l'emplacement d'une chapelle construite par René II pour commémorer sa victoire sur Charles le Téméraire et les Bourguignons (1477), cette église est un lieu de pèlerinage renommé. La façade est baroque.

L'intérieur, richement orné, possède des confessionnaux sculptés, de style Louis XV, des grilles de Jean Lamour et une belle chaire rocaille. Dans le chœur se trouvent, à droite : le **tombeau de Stanislas★** et le monument du cœur de Marie Leszczynska, épouse de Louis XV, sculptés par Vassé ; à gauche : le **mausolée de Catherine Opalinska★**, épouse de Stanislas, par les Adam. Derrière l'autel, on remarquera des stalles du 19ᵉ s., et la statue de **N.-D.-de-Bon-Secours**, œuvre, en 1505, de Mansuy Gauvain : cette curieuse Vierge de Miséricorde abrite dans son manteau vingt petits personnages, laïcs et clercs.

○ **Musée de zoologie** (CY M⁴). – Le rez-de-chaussée est occupé par l'**aquarium tropical★** où évoluent maintes espèces de poissons, originaires, notamment, d'Asie et d'Afrique, de la Mer Rouge, des Océans Indien et Pacifique et du Bassin de l'Amazone. Au 1ᵉʳ étage, collections zoologiques.

○ **Jardin botanique Ste-Catherine** (CY). – Créé en 1758, il contient plus de 2 000 plantes dont celles d'un petit alpinum.

○ **Jardin botanique du Montet** (DY). – Situé près de la Faculté des Sciences, au sein d'un vallon, il couvre 25 ha et comprend de nombreuses collections : plantes alpines, ornementales, médicinales, historiques et notamment, en serres (2 100 m²), une collection de plantes tropicales de 6 500 espèces. Conservatoire national de botanique, il contribue à la multiplication des plantes en voie de disparition de France et des DOM-TOM.

Place d'Alliance (CY 4). – Dessinée par Héré et entourée d'hôtels du 18ᵉ s., elle est ornée d'une fontaine par Cyfflé, commémorant l'alliance conclue le 1ᵉʳ mai 1756 entre Louis XV et Marie-Thérèse d'Autriche.

Cathédrale (CY S). – Édifiée dans la première moitié du 18ᵉ s. A l'intérieur, de proportions majestueuses, admirer les belles grilles des chapelles dues à Jean Maire et à Lamour, ainsi que, dans l'abside, la gracieuse Vierge à l'Enfant sculptée par le ○ Nancéien Bagard (17ᵉ s.). Le **trésor** contient l'anneau, le calice, le peigne, l'évangéliaire et le voile de saint Gauzelin, évêque de Toul dans la première moitié du 10ᵉ s., un ivoire du 10ᵉ s., l'étole de saint Charles Borromée...

Maison des Adam (BY N). – *57, rue des Dominicains*. Élégamment décorée par les Adam, fameux sculpteurs du 18ᵉ s., qui l'habitèrent.

Église St-Sébastien (BY L). – *Place Henri-Mengin*. Ce chef-d'œuvre de l'architecte Jenesson, consacré en 1732, impressionne par sa spectaculaire **façade★** baroque concave, ornée de quatre grands bas-reliefs. A l'intérieur, les trois nefs en halle sont recouvertes de curieuses voûtes aplaties, portées par de majestueuses colonnes ioniques. Huit verrières géantes en grisaille éclairent le vaisseau. Le chœur a conservé de délicates boiseries. Les autels latéraux sont de Vallin (École de Nancy).

Chambre de Commerce (AY C). – *Rue Henri-Poincaré*. Réalisation architecturale de l'École de Nancy, ornée de ferronneries de Majorelle et de vitraux de Grüber.

○ **Cristalleries Daum** (EV D). – *17, rue des Cristalleries*. On peut y observer le travail des verriers. Magasin d'exposition.

EXCURSIONS

★★**St-Nicolas-de-Port**. – *12 km par ② du plan. Description p. 147.*

Circuit de 16 km. – *Quitter Nancy par la N 4 à l'Est – 1 h 1/2 de visite.*

○ **Musée de l'Histoire du fer** (EX M⁵). – Il est installé à **Jarville-la-Malgrange**, dans un vaste bâtiment qui témoigne, lui-même, de l'importance de la construction métallique dans l'architecture contemporaine. La galerie du rez-de-chaussée rappelle la place du fer dans l'univers et les généralités physico-chimiques sur le fer, la fonte et l'acier. Dans la partie réservée aux machines, est exposée la Boyotte, première petite locomotive à vapeur, à voie étroite.

La salle du sous-sol offre un raccourci de l'utilisation du fer, de la Préhistoire au Moyen Age. On y admire surtout les techniques très avancées des fabrications d'armes, dès l'époque gauloise, et les procédés – en particulier celui du damas mérovingien – permettant de concilier les qualités de résistance, de flexibilité et de tranchant (voir la vitrine contenant une épée).

Les très vastes collections des 1ᵉʳ et 2ᵉ étages (commencer par le 2ᵉ étage) ont trait à l'évolution de la métallurgie de la Renaissance à nos jours : maquettes, reproductions commentées de tableaux et d'estampes où apparaissent des fourneaux ou des forges, objets d'art en fonte ou en fer, etc.

Revenir à la N 4 que l'on suit, à droite, vers Lunéville. Dans Laneuveville, aussitôt après le pont sur le canal de la Marne au Rhin, tourner à gauche dans la D 126.

La route tourne aussitôt à droite, offrant une jolie vue d'ensemble sur la Chartreuse de Bosserville avant de franchir la Meurthe.

Prendre à gauche la D 2. A 1 km, une allée de platanes conduit à la Chartreuse de Bosserville.

Chartreuse de Bosserville. – Fondée en 1666 par le duc Charles IV, elle est occupée par une école technique. Cet édifice, bâti sur une terrasse dominant la Meurthe, au centre duquel s'élève la chapelle, présente une longue et majestueuse façade des

17e et 18e s., flanquée de deux ailes en retour. Un bel escalier en pierre mène à la terrasse. Bosserville servit, en 1793 et 1813, d'hôpital de campagne. De nombreux militaires français ou étrangers de la Grande Armée, malades ou blessés, y succombèrent. Plusieurs centaines de corps furent déposés dans les anciens étangs du Bois Robin.

Emprunter la petite route de Saulxures-lès-Nancy pour découvrir une vue plongeante sur l'ensemble de la Chartreuse.

La D 2 ramène à Nancy par Tomblaine.

Ⓥ **Château de Fléville.** – *9 km au Sud-Est. Quitter Nancy par l'A 330 jusqu'à la sortie Fléville (à 8 km).*
L'édifice actuel fut élevé au 16e s., à la place d'une forteresse du 14e s. dont il ne reste qu'un donjon carré.
Après avoir franchi les anciens fossés dont les murs sont ornés de beaux vases du 18e s., on pénètre dans la cour d'honneur. Deux ailes en retour flanquent la belle façade Renaissance du corps de logis principal sur laquelle court un long balcon à balustrade.
A l'intérieur, on visite la salle des ducs de Lorraine, la chambre de Stanislas, la chapelle du 18e s. ainsi que plusieurs chambres ornées de peintures et garnies de meubles Louis XV, Régence ou Louis XVI.

Château de Fléville.

A l'issue de la visite intérieure, on pourra faire, si l'on veut, le tour extérieur de l'édifice.

Parc de la forêt de Haye. – *9 km à l'Ouest. Quitter Nancy par ⑤ et la N 4. Pavillon d'informations près de l'entrée, à droite.*
Ce parc de détente a été aménagé au cœur de la forêt de Haye, vaste massif vallonné couvrant 9 000 ha, qui servit de réserve de chasse aux ducs de Lorraine. Peuplé surtout de hêtres, le parc a été pourvu de terrains de sport, de tennis, d'aires de jeu, d'installations de pique-nique et de parcours signalisés pour la marche et la course à pied.
On peut y voir un petit zoo et un musée thématique utilisant d'anciens baraquements militaires.

Ⓥ **Musée de l'aéronautique.** – Présentation de vieux « coucous » dont certains remontent à la période précédant la Première Guerre mondiale.

Ⓥ **Musée de l'automobile.** – Il rassemble environ 70 voitures de toutes marques, allant de 1898, avec notamment une rare de Dion, à 1960 ; remarquer la Mercédès 600 de Georges Pompidou. Collections de bouchons de radiateurs et d'affiches ayant trait à l'automobile. A l'intérieur d'un bus parisien sont exposées plus de 500 miniatures.
A proximité, le hall Patton abrite 35 engins militaires de la dernière guerre

NEUF-BRISACH
2 205 h. (les Néobrisaciens)

Carte Michelin n° 87 pli 7 ou 242 pli 32.

Cette ancienne place forte, construite par Vauban sur plan octogonal régulier, a conservé son sobre cachet du 17e s. malgré les destructions du siège de 1870 et celles de la dernière guerre. A l'intérieur de son enceinte, longue de 2,4 km, elle est partagée en îlots réguliers par des rues qui se coupent à angle droit. Au centre se trouvent l'église de la garnison (début 18e s.) et l'immense place d'Armes aux angles de laquelle sont répartis quatre puits.

Ⓥ En saison, l'association CFTR organise des services touristiques en train à vapeur 1900, le long du Rhin, entre le port de Neuf-Brisach (Volgelsheim) et Marckolsheim, combinés avec des promenades en bateau 1933 sur le fleuve.

★**Promenade des remparts.** – Au Nord-Ouest, il est possible de parcourir à pied les fossés, de la porte de Colmar à la porte de Belfort. Cet agréable trajet *(durée : 1/2 h)* permet de découvrir les principaux éléments des fortifications classiques, bastions à échauguettes, demi-lunes, etc. *(voir croquis p. 33).*

Ⓥ La porte de Belfort abrite un petit **musée** sur l'architecture militaire et le plan-relief de la place forte.

EXCURSION

Pont-frontière de Vogelgrün. – *5 km à l'Est.* On y jouit d'une belle **vue**★ sur le fleuve, l'usine hydro-électrique *(p. 131)* et, sur la rive badoise, Vieux-Brisach (Breisach).

NEUFCHÂTEAU

9 086 h. (les Néocastriens)

Carte Michelin n° 62 pli 13 ou 242 pli 25.

Situé à un carrefour important de routes, Neufchâteau a conservé nombre de demeures anciennes, principalement des 17e-18e s., groupées sur la place Jeanne-d'Arc (au n° 2, maison de famille des Goncourt) et dans les rues adjacentes.

Occupée primitivement par les Romains, la ville fut fortifiée au Moyen Age. Première ville libre du duché de Lorraine ruinée par une révolte, la « Jacquerie », son château et ses remparts furent détruits par ordre de Richelieu. Pendant la Révolution, la ville débaptisée s'appela « Mouzon-Meuse », du nom des cours d'eau qui l'arrosent. Gros marché, Neufchâteau est également une petite cité industrielle : menuiseries, fabriques de sièges, industrie laitière.

Sa foire-exposition, à la mi-août, est la plus ancienne des Vosges.

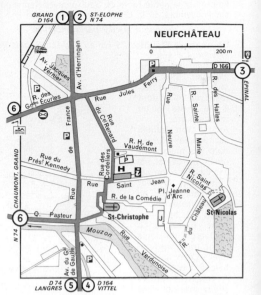

CURIOSITÉS

Hôtel de ville (H). – Ce bâtiment de la fin du 16e s., au portail Renaissance, conserve un bel **escalier★** intérieur à voûte sculptée.

Église St-Nicolas. – Elle se trouve sur la butte qui portait aussi le château des ducs de Lorraine et se compose, en raison de la dénivellation, de deux églises superposées.

Le portail et la tour de l'église supérieure sont modernes, la nef a été édifiée aux 12e et 13e s. L'abside à cinq pans date du 13e s.

Dans la 2e chapelle à droite du chœur, remarquer un célèbre **groupe en pierre★** polychrome (15e s.), où se retrouvent les personnages de la Mise au tombeau, réunis pour l'onction du Christ.

Le beau buffet d'orgues et la chaire sont du 18e s.

Dans les chapelles latérales, les statues et les bas-reliefs datent des 17e et 18e s.

Sous le chœur, et lui servant d'appui, s'étend l'église basse à deux nefs.

Église St-Christophe. – La construction remonte à 1100 environ mais la plus grande partie de l'édifice actuel date du 13e s. : les influences bourguignonnes s'y manifestent dans la façade aux arcatures reposant sur de graciles colonnettes.

Au début du 16e s. fut ajoutée la chapelle aujourd'hui affectée aux fonts baptismaux, qui s'ouvre dans le bas-côté droit : remarquer sa voûte à clés pendantes.

Dans la nef, chaire Louis XV et, dans le chœur, tableaux et boiseries Louis XVI.

EXCURSIONS

St-Elophe. – *9 km au Nord. Quitter Neufchâteau par ② du plan, N 74.*

Fièrement campée sur le rebord d'un plateau, à l'extrémité du village, l'**église**, très remaniée depuis le 11e s., présente néanmoins un puissant clocher du 13e s. (impressionnant bourdon de 4 250 kg), avec un portail ajouté au 16e s.

La nef, du début du 16e s., étonne par son élégance et sa luminosité, dues au calcaire nacré des piliers et des voûtes comme aux hautes fenêtres ogivales de l'abside.

Du mobilier primitif il subsiste plusieurs éléments du début du 16e s. : une Vierge à l'Enfant en pierre polychrome et un baptistère ; le gisant de saint Elophe (décapité au 4e s.), en calcaire, exposé devant le maître-autel ; à droite de la chapelle des fonts baptismaux, une Nativité, en pierre.

La statue monumentale (7 m) du saint, à droite de l'église, date de 1855.

Du parvis, échappées sur la vallée du Vair ; sur le versant opposé, au Sud-Ouest, on distingue le château de Bourlémont.

Pompierre. – 215 h. *12 km au Sud par ⑤ du plan, D 74, et la D 1 à gauche.*

L'église **St-Martin**, bâtie en bordure de la route, présente un **portail★** roman du 12e s. admirablement conservé. Des voussures remarquablement travaillées encadrent un tympan sculpté à trois registres : Massacre des Innocents et Fuite en Égypte, Annonce aux Bergers et Adoration des Mages, Entrée de Jésus à Jérusalem.

La décoration très fouillée des chapiteaux ornés de bêtes affrontées et des colonnettes complète cet ensemble.

★ NEUWILLER-LÈS-SAVERNE   1 059 h. (les Neuwillérois)

Carte Michelin n° 87 pli 13 ou 242 pli 15 – Schéma p. 193.

Au pied des Vosges du Nord, dans un cadre de collines et de forêts, cette agréable bourgade possède encore plusieurs belles maisons anciennes à balcon.
L'intérêt de Neuwiller réside aussi dans ses églises et son cimetière.

★ ÉGLISE ST-PIERRE-ET-ST-PAUL   *visite : 1/2 h*

C'est l'une des plus riches abbatiales d'Alsace. L'église primitive fut transformée au 9ᵉ s. pour recevoir les reliques de saint Adelphe, qui fut évêque de Metz. La partie la plus ancienne est la crypte. Les deux chapelles superposées (11ᵉ s.) sont greffées derrière le chœur. Le chœur, le transept et une travée de la nef furent construits au 12ᵉ s. La nef fut achevée au siècle suivant. Le clocher date de 1768.
Les parties hautes de l'édifice sont romanes. Le flanc gauche, donnant sur une vaste place entourée des maisons des chanoines, est percé de deux portes : à droite, une porte du 13ᵉ s., de chaque côté de laquelle sont les statues de saint Pierre et de saint Paul ; à gauche, une porte du 12ᵉ s. dont le tympan représente un Christ bénissant.

Intérieur. – Au fond de la nef, tribune et orgues de 1773-1777.
Au bas du bas-côté droit, le tombeau de saint Adelphe (13ᵉ s.) repose sur huit colonnes élevées, disposition permettant autrefois aux fidèles de passer sous le tombeau du saint. Remonter le bas-côté droit jusqu'au croisillon où l'on verra une **Vierge★** assise du 15ᵉ s. et, dans la chapelle orientée, une autre Vierge, de la fin du 15ᵉ s. Le chœur est décoré de boiseries du 18ᵉ s.
Dans le bras gauche du transept, on voit un Saint sépulcre polychrome de 1478. Dans la poitrine du Christ, une petite excavation était destinée à recevoir les hosties consacrées pendant la Semaine sainte. Au-dessus du groupe formé par les trois Marie portant des vases de parfums, autour du corps de Jésus, s'élève un gâble gothique flamboyant dont la niche abrite une Vierge du 14ᵉ s.
Au bas du bas-côté gauche, fonts baptismaux romans.

★ Chapelles superposées. – Toutes les deux sont du 11ᵉ s. et de même plan. Des colonnes cylindriques soutiennent les voûtes. Les bases sont les mêmes dans les deux chapelles, mais les chapiteaux cubiques, complètement nus dans la chapelle inférieure, sont décorés de fort beaux motifs dans la chapelle supérieure.
La chapelle haute contient de remarquables **tapisseries★★**. Les quatre panneaux exécutés à la fin du 15ᵉ s. représentent la vie et les miracles de saint Adelphe. L'ensemble, d'une naïveté charmante et d'un coloris délicieux, constitue une belle suite, très bien restaurée.

AUTRES CURIOSITÉS

Église St-Adelphe. – Cette église de transition romano-gothique (12ᵉ-13ᵉ s.) appartient aujourd'hui au culte luthérien.

Cimetière. – Nombreuses tombes d'officiers du 1ᵉʳ Empire.

★ NIEDERBRONN-LES-BAINS   4 446 h. (les Niederbronnois)

Carte Michelin n° 87 pli 3 ou 242 pli 16 – Schéma p. 193 – Lieu de séjour.

Niederbronn, station hydrominérale et climatique fréquentée, est un excellent centre d'excursions.
La cité, fondée par les Romains (vers 48 av. J.-C.), fut détruite lors des invasions barbares du 5ᵉ s. Au 16ᵉ s., le comte Philippe de Hanau entreprend la restauration des bains de Niederbronn, tâche continuée, au 18ᵉ s., par la famille de Dietrich. Sous le Second Empire, la station connaît une grande prospérité. Endommagée au cours de la dernière guerre, elle a repris son essor et ses eaux attirent de nombreux baigneurs.
Elles sont débitées par deux sources : la **source Romaine** (affections rhumatismales, arthrosiques et inflammatoires, séquelles de traumatisme, artérite) qui jaillit en plein cœur de la ville, devant le casino municipal, et la **source Celtique** (calculs rénaux, goutte, pléthore, obésité, cellulite) qui se trouve à la sortie Nord de la station.
Niederbronn est située dans une région pittoresque, à proximité des derniers villages alsaciens où le costume traditionnel sort parfois des armoires.
Situé dans un site paisible, sur un mamelon dominant la ville, le **cimetière militaire allemand** est la dernière demeure de 15 400 soldats des deux guerres.

EXCURSIONS

Châteaux de Windstein. – *8 km au Nord. Quitter Niederbronn par la D 653 ; à Jaegerthal, prendre à gauche la D 53 puis tourner à droite vers Windstein. Laisser la voiture au terminus de la branche gauche de la route, devant l'hôtel-restaurant « Aux châteaux » (parc de stationnement).*
Les deux châteaux de Windstein, distants de 500 m l'un de l'autre, auraient été bâtis, le premier en 1212, le second en 1340. Tous deux, en 1676, appartenant alors au comte de Dürckheim, ont été détruits par les troupes françaises du baron de Monclar.

★ Le Vieux Windstein. – *3/4 h à pied AR.*
Les ruines, incorporées à deux hautes piles gréseuses se dressant sur l'étroit sommet d'une butte boisée (alt. 340 m), se réduisent à quelques vestiges. Mieux conservées sont les parties du château creusées à même la roche : escaliers,

chambres, cachots, puits (profond de 41 m). Le **panorama**★ est agréable sur les sommets environnants. S'avancer sur la plate-forme rocheuse Sud pour contempler la vallée de Nagelsthal en contrebas.

Le Nouveau Windstein. – *1/2 h à pied AR.*
Sur sa propre butte, le « Château Neuf » occupe un site moins pittoresque mais ses ruines témoignent d'une architecture gothique non dénuée d'élégance : il a gardé une partie de son mur d'enceinte, percé de meurtrières, son bastion d'accès, et deux étages d'une tour quadrangulaire ornée de remarquables fenêtres ogivales, certaines trilobées.

★**Château de Falkenstein.** – *10 km au Nord-Ouest, puis 3/4 h à pied AR. Quitter Niederbronn par la route de Bitche, N 62 ; à Philippsbourg, tourner à droite dans la D 87, puis, à 1,5 km à gauche dans la D 87ᴬ. Description p. 68.*

Château de Wasenbourg. – *A l'Ouest : 1 h 1/4 à pied AR. Partir de la gare SNCF et suivre l'allée des Tilleuls.* Après être passé sous la voie de contournement, à hauteur du lieu-dit Roi de Rome, tourner à gauche dans le sentier « promenade et découvertes » qui mène aux ruines du château (13e s.). Belle vue sur Saverne au Sud-Ouest, l'Alsace du Sud-Est, le Palatinat.
A proximité du château, au Nord-Est, vestiges d'un temple romain.

Tour du Wintersberg. – *Circuit de 15 km. Quitter Niederbronn au Nord-Ouest par la N 62 et, à 1,5 km, devant la source celtique, tourner à droite vers le Wintersberg, point culminant des Vosges du Nord (580 m). Du haut de la tour-signal, beau panorama sur les Basses-Vosges et la plaine. Redescendre par le versant Ouest de la montagne.*

NIEDERHASLACH
1 055 h. (les Niederhaslachois)

Carte Michelin nº **87** pli 15 ou **242** pli 23.

Il y avait là autrefois une abbaye dont la légende décrit ainsi la fondation. Saint Florent, ou saint Florentin, ayant guéri la fille du bon roi Dagobert, celui-ci l'autorisa à fonder une abbaye dans la région. Il devait disposer du terrain que pourrait délimiter le trot de son petit âne pendant la durée de la toilette royale. Or, ce jour-là, le roi s'attarda et l'âne du saint partit au grand galop, si bien que l'abbaye reçut de vastes proportions.

★ÉGLISE *visite : 1/4 h*

Commencée au milieu du 13e s., elle fut presque entièrement détruite par un incendie en 1287 et c'est Gerlac, fils d'Erwin von Steinbach, architecte de la cathédrale de Strasbourg, qui la reconstruisit en partie.
D'un style gothique simple et fort élégant, elle présente un portail encadré de statuettes et orné d'un tympan qui illustre l'histoire de saint Florent, guérissant la fille du roi Dagobert. Dans les bas-côtés et l'abside, se trouvent de beaux **vitraux**★ des 14e-15e s. On verra les tombeaux de l'évêque Rachio de Strasbourg, dans le chœur, à gauche du maître-autel, et de Gerlac, dans une chapelle abritant aussi un Saint sépulcre du 14e s., à droite du chœur. Belles stalles de la fin du 17e s.

★ NOIR (Lac)

Carte Michelin nº **87** pli 17 ou **242** pli 31.

Le lac Noir et le lac Blanc ont été associés, vers 1930, en un seul aménagement hydro-électrique. La centrale édifiée sur la rive Nord du lac Noir est reliée par une conduite forcée au lac Blanc, situé 100 m plus haut. La nuit, au moyen de l'excédent de puissance dont dispose le réseau durant les heures de faible consommation d'énergie électrique, l'eau du lac Noir est refoulée à l'aide de pompes dans le lac Blanc ; elle peut donc actionner, pendant les heures de pointe, les turbines de la centrale du lac Noir.

★**Lac Noir.** – Il occupe le fond d'un cirque glaciaire, à l'altitude de 954 m. Une moraine, à laquelle s'appuie un barrage, retient ses eaux vers l'Est ; de hautes falaises granitiques forment, sur le reste du pourtour, un cadre vraiment grandiose.
Pour la pêche, voir le chapitre des Renseignements pratiques en fin de guide.

Le tour du lac. – *1 h à pied AR par un sentier jalonné de croix jaunes. Laisser la voiture au point de stationnement indiqué sur le schéma.* Prendre à gauche un sentier qui s'élève vers un promontoire rocheux d'où la **vue**★ est belle sur le lac, la vallée de Pairis et la plaine d'Alsace.

En poursuivant le tour du lac, le sentier s'élève dans les falaises et offre, en particulier à hauteur de l'usine hydro-électrique, des vues sans cesse renouvelées sur le cirque où s'enchâsse le lac.

★★Rocher-observatoire Belmont. – *1 h 3/4 à pied AR.* Le **panorama**, fort beau sur le lac Noir, s'étend, au Nord, sur le Donon, le Climont et, légèrement à droite, sur le Brézouard, plus proche ; à l'Est, sur la plaine d'Alsace où l'on distingue Colmar ; au Sud, vers la vallée de la Fecht, le Petit Ballon et le Grand Ballon.

★Lac Blanc. – Situé à 1 054 m d'altitude, ce lac *(illustration p. 19),* dans lequel on peut pêcher *(voir le chapitre des Renseignements pratiques en fin de guide),* a une superficie de 29 ha et sa profondeur atteint 72 m.

Il est encastré dans un cirque glaciaire et dominé par un étrange rocher en forme de forteresse que l'on appelle le « **château Hans** ». Les hautes falaises granitiques qui l'entourent sont en partie boisées, ce qui corrige quelque peu la rudesse du décor.

★★ OBERNAI
9 444 h. (les Obernois)

Carte Michelin n° 87 plis 4, 5 ou 242 plis 23, 24 – Schémas p. 79 et 141 – Lieu de séjour.

Il est peu de petites villes qui satisfassent aussi pleinement le touriste épris de couleur locale. Ayant conservé une partie de ses remparts, Obernai blottit au pied du Mont Ste-Odile ses petites rues tortueuses hérissées de pignons aigus. Nombreux sont ceux qui l'élisent comme lieu de séjour ou de vacances. On lui fera tout au moins l'honneur d'une visite, sans hâte et à pied...

UN PEU D'HISTOIRE

La ville de sainte Odile. – D'origine franque, Obernai – alors Ehenheim – est, au 7e s., la résidence du farouche Adalric ou Étichon, duc d'Alsace, dont une demeure voit naître la future sainte Odile *(lire : Un peu d'histoire, p. 149).*

La ville, longtemps dépendante de la célèbre abbaye fondée par la sainte, devient, au 12e s., possession du Saint-Empire et s'entoure d'une double enceinte fortifiée. Au 14e s., elle adhère à la Décapole *(voir p. 27)* et soutient victorieusement l'assaut des Armagnacs, puis au 15e s. des Bourguignons de Charles le Téméraire, le dernier des ducs de Bourgogne et peut-être le plus célèbre. Elle est à son apogée au 16e s. malgré les troubles nés de la réforme, mais la guerre de Trente Ans la ruine à peu près totalement.

Louis XIV l'annexe définitivement en 1679.

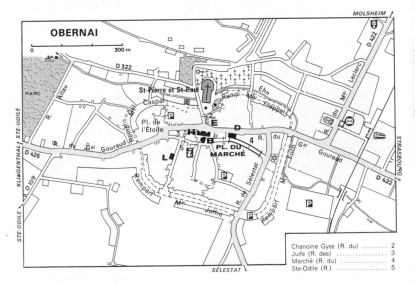

Chanoine Gyss (R. du)	2
Juifs (R. des)	3
Marché (R. du)	4
Ste-Odile (R.)	5

★★ PLACE DU MARCHÉ *visite : 1/2 h*

Elle est fort pittoresque et toute teintée de cette nuance dorée qui va parfois jusqu'au carmin et donne tant de charme aux rues d'Obernai. Au centre, une fontaine de 1904 porte une statue de sainte Odile.

Dans une rue latérale, on verra une maison de pierre **(L)** à 3 étages, du 13e s.

★Hôtel de ville (H). – Des 15e et 16e s., restauré au 19e s., il garde une façade munie d'un oriel et d'un beau balcon sculpté, ajoutés en 1604.

Derrière l'hôtel de ville, jeter un coup d'œil dans la pittoresque ruelle aux Juifs, avec ses habitations à galeries de bois.

★Tour de la Chapelle (B). – Ce beffroi du 13e s. était accolé à une chapelle dont il ne subsiste que le chœur. Le dernier étage, du 16e s., avec sa flèche culminant à 60 m et flanquée de quatre clochetons d'angle ajourés, est de style gothique.

★Ancienne Halle aux Blés (D). – Elle date du 16e s. et a été restaurée.

AUTRES CURIOSITÉS

★**Maisons anciennes.** – Elles abondent aux alentours de l'hôtel de ville, de la Halle aux Blés, de la rue du Marché et de la place de l'Étoile.

Puits aux Six-Seaux (E). – Ce gracieux puits Renaissance à colonnes et à baldaquin possède trois rouelles dont chacune supporte deux seaux. Sa girouette porte la date de 1579.

Église St-Pierre-et-St-Paul. – Construite au 19e s. dans le style gothique, elle contient, dans le bras gauche du transept, un autel du Saint sépulcre (1504) et la châsse renfermant, depuis 1921, le cœur de Mgr Freppel (le prélat, né à Obernai et évêque d'Angers, mort en 1891, avait demandé par testament que son cœur fût transporté à l'église de sa ville natale après le retour de l'Alsace à la France) ainsi que quatre belles fenêtres à vitraux du 15e s. attribués à Pierre d'Andlau ou à son élève Thibault de Lyxheim.
La chapelle de Ste-Odile renferme un triptyque moderne.

Obernai. – Puits aux Six-Seaux.

★★ ORBEY (Val d')

Carte Michelin n° 87 pli 17 ou 242 pli 31.

Le circuit du val d'Orbey est tracé à l'extrémité Nord de la Route des Crêtes *(p. 138)*. C'est une des plus belles promenades que puisse accomplir le touriste au départ des Trois-Épis, permettant d'admirer dans toute leur sévère beauté le lac Noir et le lac Blanc et de parcourir les jolies vallées de la Béhine et de la Weiss. Il conduit à l'un des plus dramatiques champs de bataille de la guerre de 1914-1918 : le Linge.

Visite. – Le circuit décrit ci-dessous peut être abordé aux Trois-Épis pour les touristes venant de Colmar ou de Kaysersberg ; au Bonhomme ou au col du Bonhomme pour ceux qui arrivent de Strasbourg, de Sélestat ou des Vosges lorraines (St-Dié) ; au Collet du Linge par le col de la Schlucht et Hohrodberg pour les visiteurs abordant la région à Gérardmer.

L'abbaye de Pairis. – Situé à 3 km d'Orbey, **Pairis** n'est plus qu'un hameau entourant un hôpital. Celui-ci a été édifié sur les vestiges de l'ancienne abbaye, fondée en 1136 par des moines cisterciens.
Pairis fut, pendant plusieurs siècles, un but de pèlerinages. Ses moines étaient réputés pour leur sainteté et pour leur savoir. L'un d'eux, Martin, désigné par Innocent III pour prêcher la croisade, partit lui-même avec les Croisés. Le monastère a été détruit à la Révolution.

CIRCUIT AU DÉPART DES TROIS-ÉPIS
77 km – environ 4 h 1/2

★★**Les Trois-Épis.** – *Page 179.*

Au départ des Trois-Épis, la D 11 puis la D 11VI longent la crête qui sépare les vallées d'Orbey et de Munster et offrent, tantôt sur l'une, tantôt sur l'autre, de jolies vues. Tracée en forêt, la route contourne le Grand Hohnack et atteint bientôt une zone rendue célèbre par les « communiqués » de la guerre de 1914-1918 *(p. 29)* : la région du Linge.

Le Linge. – *Page 106.*

> Prendre à droite au Collet du Linge puis, après avoir laissé à gauche le chemin de Glasborn, prendre encore à droite au col du Wettstein (cimetière militaire des Chasseurs).

Au-delà, un parcours accidenté, laissant à droite le hameau de Pairis, permet de belles vues sur le val d'Orbey.

★**Lac Noir.** – *Page 118.*

★★**Rocher-observatoire Belmont.** – *Page 119.*

La route qui longe le lac Blanc offre des vues de plus en plus belles sur le cirque rocheux qui enserre le plan d'eau.

★**Lac Blanc.** – *Page 119.*

Au col du Calvaire, on atteint la Route des Crêtes que l'on prend à droite et on pénètre en forêt.
La route procure, par échappées, de jolies vues sur la vallée de la Béhine, dominée par la Tête des Faux, avant d'atteindre le col du Bonhomme.

Col du Bonhomme. – Alt. 949 m. Entre le col de Ste-Marie (au Nord) et le col de la Schlucht (au Sud), il fait communiquer l'Alsace et la Lorraine, de Colmar à Nancy. *Voir aussi p. 138.*

Au col commence une descente sinueuse et continue au cours de laquelle on découvre une jolie vue sur la vallée de la Béhine dominée, en avant et au loin, par le Brézouard et, à droite et plus près, par la Tête des Faux.

Le Bonhomme. – 612 h. (les Bonhommiens). Lieu de séjour. Cet agréable lieu de séjour fut, à trois reprises, éprouvé par la guerre. En 1914-1918, plus de la moitié de ses maisons furent détruites. En 1940, on se battit sur le territoire de la commune, les 18 et 19 juin. A la fin de décembre 1944, de violents combats se déroulèrent au col du Bonhomme, au col du Louchbach, au lac Blanc et au lac Noir.

**Le Brézouard. – *3/4 h à pied AR.*
La plus grande partie de l'excursion du Brézouard peut être effectuée en auto si on l'aborde par le **col des Bagenelles** *(4 km),* d'où l'on a une belle vue sur la vallée de la Liepvrette.

Quitter la voiture au point de stationnement, près du refuge des Amis de la Nature.

Le Brézouard fut, ainsi que la région environnante, bouleversé pendant la guerre de 1914-1918.

Du sommet, le **panorama**** est très étendu. Au Nord, on découvre le Champ du Feu, le Climont et, au loin, le Donon ; au Nord-Est, Strasbourg est visible ; au Sud, le Hohneck et le Grand Ballon. Par temps clair, le Mont Blanc se révèle dans le lointain.

Après le village du Bonhomme, la route passe au pied des rochers qui portent les vestiges du château de Gutenbourg. Par la vallée de la Weiss, on atteint Orbey.

Orbey. – 3 144 h. (les Orbelais). Lieu de séjour. Composé de nombreux hameaux, Orbey s'allonge dans la verdoyante vallée de la Weiss entre des hauteurs sillonnées de sentiers dont la fraîcheur attire et retient le touriste.

Après Orbey, la route s'élève dans le vallon de Tannach puis, décrivant un grand lacet, continue, sinueuse et en corniche, offrant de jolies vues sur la vallée de la Weiss dominée par le piton du Grand Faudé.
Plus loin, elle change de versant et procure une belle vue en avant et à gauche sur la vallée du Walbach, le Galz et son monument, la plaine d'Alsace. Laissant le hameau de Labaroche à gauche, on remarque bientôt en avant le Grand Hohnack et, plus à droite et tout proche, le piton conique du Petit Hohnack, avant d'atteindre la route qui ramène aux Trois-Épis *(p. 179).*

OTTMARSHEIM
2 003 h. (les Ottmarsheimois)

Carte Michelin n° **87** pli 9 ou **242** pli 40 – Schéma p. 130.

Ce petit bourg, situé en bordure de l'immense forêt de la Harth, n'a longtemps été célèbre que par son église, unique exemple de l'architecture carolingienne en Alsace. Maintenant, Ottmarsheim est également connu par son usine hydro-électrique, la seconde des huit usines qui s'élèvent sur le Grand Canal d'Alsace *(détails p. 130 et 131).*

*Église. – Elle fut consacrée par Léon IX, vers 1050. C'est un très curieux édifice octogonal, copie réduite de la chapelle palatine d'Aix-la-Chapelle. Ces monuments circulaires ou polygonaux, caractéristiques de l'architecture carolingienne, sont très rares. On les a pris longtemps pour des temples païens ou des baptistères. En fait, celui d'Ottmarsheim est l'église d'une abbaye de Bénédictines fondée au milieu du 11e s.
Le clocher, dans sa partie supérieure, est du 15e s. ainsi que la chapelle rectangulaire accolée au Sud-Est, alors que la chapelle gothique orientée fut construite en 1582 à gauche de l'abside.
L'intérieur présente un octogone régulier entouré d'un bas-côté de même forme, surmonté d'une tribune garnie sur le côté Ouest d'un orgue du 18e s. L'octogone central est couvert d'une coupole. A gauche de l'abside carrée, une porte, avec grille en fer forgé du 16e s., donne accès à la chapelle gothique : au-dessus de l'entrée, sept médaillons funéraires du 18e s.
De récentes restaurations ont remis en valeur des peintures murales du 15e s. dont les principales se trouvent dans la chapelle orientée de la tribune : Vie de saint Pierre, Christ en majesté présidant au Jugement dernier.

*Centrale hydro-électrique. – L'usine d'Ottmarsheim, le bief et les écluses réalisés de 1948 à 1952 constituent le deuxième tronçon du Grand Canal d'Alsace, première phase de l'aménagement du Rhin *(voir p. 130)* entre Bâle et Lauterbourg.

Écluses. – Très différentes de celles de Kembs, elles marquent sur ces dernières un double progrès : esthétique et pratique. A Kembs, les écluses sont de même largeur, 25 m, et de longueurs différentes, 185 m et 100 m ; leurs portes levantes glissent entre d'énormes pylônes. Ce décalage des écluses et leur lourde superstructure résultent de la technique de l'époque.
A Ottmarsheim, les écluses sont de même longueur, 185 m, et de largeurs différentes, 23 m et 12 m, ce qui ne cause aucun déséquilibre pour l'œil. Leur fermeture est assurée à l'amont par des portes busquées et à l'aval par des portes levantes qui coulissent dans les parois des écluses. La pression de l'eau sur les portes, quand elles sont fermées, les fait adhérer à la paroi et assure l'étanchéité. Le poste de commande seul domine les deux sas.
La montée ou la descente du plan d'eau, beaucoup plus rapide qu'à Kembs (3 m par minute dans le petit sas, ce qui constitue le record d'Europe) permet un éclusage plus rapide : 19 minutes à Kembs, contre 11 minutes à Ottmarsheim, dans le petit sas, et 27 minutes à Kembs contre 18 à Ottmarsheim, dans le grand sas.

Usine. – La salle des machines est plus claire et semble plus vaste que celle de Kembs. Ses quatre groupes, d'une puissance totale maximale de 156 MW, produisent en moyenne 980 millions de kWh par an.

★ PETIT BALLON (Massif du)

Carte Michelin n° 87 plis 17 et 18 ou 242 plis 31, 35.

Le Petit Ballon ou **Kahler Wasen,** bien que formé de roches sédimentaires anciennes et non de roches granitiques, présente une croupe arrondie. C'est le domaine du « chaume », prairie naturelle où montent les troupeaux durant la belle saison et où les « marcaires » fabriquent le fameux « munster ».

DE MUNSTER AU PETIT BALLON *17 km – environ 2 h*

★**Munster.** – *Page 106.*

> *Sortir par la D 417 route de Colmar, que l'on abandonne après 5 km pour tourner à droite dans la D 40.*

Après Soultzbach *(p. 106),* prendre à droite la D 2, route pittoresque qui remonte la vallée verdoyante du Krebsbach, où alternent les pâturages et les forêts.

A **Wasserbourg,** on emprunte une route forestière et on atteint les prairies d'où, à hauteur de l'auberge du Rieth, on découvre une belle vue sur la crête du Hohneck. Après un court passage sous bois, ce sont de nouveau les pâturages, au milieu desquels s'élève la ferme-restaurant du Kahler Wasen. La **vue★** s'étend, fort belle, sur Turckheim, au débouché de la vallée de la Fecht, sur la vallée elle-même et les hauteurs qui la dominent et, au-delà, par temps clair, sur la plaine d'Alsace.

★★**Petit Ballon** (alt. 1 267 m). – *De la ferme-restaurant du Kahler Wasen, 1 h 1/4 à pied AR.* Superbe **panorama** : à l'Est, sur la plaine d'Alsace, les collines du Kaiserstuhl et la Forêt Noire ; au Sud, sur le massif du Grand Ballon ; à l'Ouest et au Nord sur le bassin des deux Fecht.

DE MUNSTER AU MARKSTEIN *22 km – environ 1 h 1/4*

★**Munster.** – *Page 106.*

> *Sortir à l'Ouest par la D 10.*

Muhlbach. – *Page 106.*

Metzeral. – 1 006 h. (les Metzeralois). Lieu de séjour.

> *Continuer dans la D 10 en direction de Sondernach.*

Au-delà de cette localité, la route s'élève à travers des prairies encadrées de bois. Avant un lacet à gauche, jeter un coup d'œil à droite sur le Petit Ballon au sommet gazonné. La route sinueuse pénètre en forêt et décrit deux lacets. Du second, une belle vue se révèle sur la vallée de Munster et, dominant le paysage, Hohrodberg, à flanc de montagne. De beaux sapins bordent la route. Aussitôt avant un nouveau lacet la vue se porte sur la vallée de la Fecht que jalonnent Sondernach et Metzeral. Au fond se silhouettent Hohrodberg et les sommets des Vosges ; plus à droite, la croupe du Petit Ballon domine tout le massif. Dans le virage suivant, se détache à droite la route vers Schnepfenried, but d'une belle excursion.

★**Schnepfenried.** – Cette station de sports d'hiver possède plusieurs remonte-pentes. Grâce à son excellente situation, elle devient un centre fréquenté. Elle offre un beau **panorama★** sur le massif du Hohneck, au flanc duquel on distingue le barrage et le lac de Schiessrothried et, plus à droite, sur Munster et les hauteurs qui dominent sa vallée. Du sommet du Schnepfenried (alt. 1 258 m), au Sud, accessible par un sentier *(1 h à pied AR),* **tour d'horizon★** sur la chaîne du Grand Ballon au Brézouard, la vallée de la Fecht, la Forêt Noire et, par temps très clair, l'Oberland Bernois.

Montée continue dans les bois où les hêtres prennent le pas sur les sapins. Après une courte descente, on atteint la région des pâturages : belle vue à droite sur le massif du Hohneck.

La route, changeant de versant, offre ensuite une vue sur la vallée de la Thur. Prendre à gauche la route des Crêtes. Au passage sous un téléski, on découvre une vue plongeante sur le lac de la Lauch, la vallée de Guebwiller et la plaine d'Alsace.

Le Markstein. – *Page 74.*

DU MARKSTEIN A MUNSTER *39 km – environ 1 h 1/4*

La route du Markstein à Lautenbach par la vallée de la Lauch est décrite en sens inverse p. 74.

★**Lautenbach.** – *Page 74.*

> *Faire demi-tour à l'église de Lautenbach et ressortir de l'agglomération ; tourner à droite dans la route forestière du col de Boenlesgrab.*

Après deux lacets, la route en forte montée offre une belle vue à gauche sur la vallée de la Lauch et le Grand Ballon dont on distingue l'hôtel un peu en contrebas. On arrive au col de Boenlesgrab.

> *A gauche du restaurant du col s'embranche le chemin d'accès du Petit Ballon.*

★★**Petit Ballon.** – *2 h à pied AR depuis le col.*
A partir du col le chemin rocailleux, d'abord forestier, traverse ensuite les pâturages. Très belle **vue** à droite sur Wasserbourg, la vallée du Krebsbach, sur les villages de Soultzbach et de Waldbach dans la vallée de la Fecht, et au-delà sur les Trois Epis que domine à droite le Galz. L'itinéraire passe devant la ferme-auberge du Strohberg, aux deux-tiers du parcours. Après avoir franchi un portillon d'enclos, on suit le sentier à gauche jusqu'au sommet d'où s'ouvre une très belle vue panoramique *(Description ci-dessus).* Le retour peut s'effectuer par le même itinéraire.

Reprendre la voiture au col de Boenlesgrab.

La route forestière qui mène au carrefour du Firstplan traverse de beaux peuplements de hêtres et de sapins, puis la forêt devient plus jeune. A mi-parcours, belle vue sur les vallées du Krebsbach et de la Fecht. Puis au cours de la descente vers Soultzbach, quelques échappées à gauche laissent entrevoir la croupe du Petit Ballon.

Peu après Soultzbach (p. 106), prendre à gauche la D 417.

★**Munster**. – *Page 106.*

★ La PETITE PIERRE
675 h. (les Parva-Pétriciens)

Carte Michelin n° **87** pli 13 ou **242** pli 15 – Schéma p. 193 – Lieu de séjour.

Place fortifiée par Vauban et désaffectée en 1870, la Petite Pierre, station estivale fréquentée, occupe une position dominante au cœur du massif forestier des Petites Vosges. Elle est le point de départ de plus de 100 km de sentiers balisés *(tableau indicateur à la mairie)*. Une réserve nationale de chasse a pour vocation la protection du gros gibier (parc animalier) : cerfs, chevreuils... ; elle embrasse une partie des forêts de la Petite Pierre-Sud et de Bouxwiller.

VILLE ANCIENNE

Y accéder par un chemin en forte montée et, après avoir dépassé un ouvrage avancé, suivre la rue principale.

Chapelle St-Louis. – Construite en 1684 et jadis réservée à la garnison (monuments funéraires de gouverneurs ou commandants d'armes), elle abrite désormais l'intéressant **musée du Sceau alsacien,** qui illustre l'histoire de l'Alsace par le truchement de nombreuses reproductions de sceaux de villes ou de seigneuries, de grands personnages ou de vieilles familles, de métiers ou de corporations, d'ordres religieux ou de chapitres, etc.

Église. – La tour et la nef ont été rebâties au 19e s. mais le chœur gothique remonte au 15e s. et est décoré de **peintures murales** de la même époque : Adam et Ève, le Couronnement de la Vierge, le Jugement dernier, etc. Elle sert aux cultes catholique et protestant depuis 1735.

Château. – Fondé au 12e s., il est devenu le siège de la direction du Parc Régional.

Revenir par la rue des Remparts : points de vue sur la campagne et les sommets boisés.

« **Magazin** ». – Cet ancien entrepôt du 16e s., situé sur les remparts, abrite un petit musée d'art populaire : curieuse collection de moules à gâteaux, dits « springerle ».

PFAFFENHOFFEN
2 261 h.

Carte Michelin n° **87** pli 3 ou **242** pli 16.

Ce bourg industriel (chaussures, métallurgie) fut au 16e s. l'un des lieux de rassemblement des « Rustauds » en révolte *(voir p. 152)*. Il conserve des vestiges de son enceinte fortifiée, des maisons à colombages du 18e s. et une église catholique dont la nef date du 15e s. La mairie abrite au rez-de-chaussée les œuvres (sculptures, peintures figuratives dans le goût de l'impressionnisme) d'un artiste strasbourgeois contemporain, Alfred Pauli.

★**Musée de l'Imagerie peinte et populaire alsacienne.** – *38 (au 1er étage), rue du Dr-Albert-Schweitzer (rue principale).*
Ce musée fait connaître l'originale tradition alsacienne des **images peintes à la main** (sur papier ou vélin, au dos d'une plaque de verre, sur un objet) par les gens du peuple ou par des artistes locaux pour illustrer un événement familial, un gage d'affection, etc.
Parmi les images présentées (surtout des 18e et 19e s.), on remarque notamment : un ensemble de peintures « sous verre », la plupart d'inspiration religieuse, dont la plus ancienne (Sainte Françoise) date de 1756 ; des « églomisés », autre variété de peintures sous verre, à fond noir et dorures ; des collections de « canivets » (médaillons sur papier), de « souhaits de baptême » (le plus ancien, décoré, datant de 1696), d'œuvres de peintres imagiers connus de la région (19e s.) ; des souvenirs de conscription et de régiment, ainsi que plusieurs centaines de « petits soldats de Strasbourg » en carton découpé.
En outre, le musée organise une exposition, renouvelée chaque trimestre, consacrée à d'autres thèmes de l'imagerie.

EXCURSION

Ettendorf (Cimetière juif d'). – *6 km au Sud-Ouest par les D 419A et D 25, 1re route à droite. Traverser le village et prendre une petite route parallèle à la voie ferrée, qui conduit en 500 m au cimetière.*
Les stèles levées de ce cimetière juif, le plus ancien d'Alsace, s'égrènent à flanc de colline sur un vaste espace, s'intégrant parfaitement au paysage.
Tout proche, le village de **Buswiller** conserve de plaisantes maisons à colombages. Au n° 17 de la rue principale, remarquer le pignon ouvragé, au traditionnel badigeon bleu cobalt, d'une ferme datée de 1599, par bonheur épargnée par la guerre de Trente Ans.

PHALSBOURG

4 229 h. (les Phalsbourgeois)

Carte Michelin n° 87 pli 14 ou 242 pli 19.

Le nom de cette petite ville fondée au 16ᵉ s., puis fortifiée par Vauban, était bien connu naguère des écoliers français pour qui « Le Tour de la France par deux enfants » tenait lieu à la fois de livre de lecture, de leçons de choses, de cours d'histoire, de géographie et de morale. Qui ne se souvenait d'André et de son petit frère Julien, quittant Phalsbourg « par un épais brouillard du mois de septembre » et franchissant la porte de France, leur baluchon sur l'épaule.

Phalsbourg a fourni aux armées de la République et de l'Empire un grand nombre d'officiers supérieurs, justifiant le mot de Napoléon « une pépinière de braves ».

Le nom de la cité reste inséparable de la bouillante personnalité du général Mouton, né à Phalsbourg en 1770, élevé à la dignité de maréchal par Louis-Philippe et dont Napoléon se plaisait à dire : « Mon Mouton est un lion ! ».

CURIOSITÉS

Porte de France. – Sa décoration extérieure, faite de trophées, est intéressante.

Porte d'Allemagne. – Remarquer son décor extérieur et une plaque commémorant la visite de Goethe à Phalsbourg le 23 juin 1770.

Ⓥ **Musée.** – Installé au 1ᵉʳ étage de l'hôtel de ville, ancien corps de garde de la forteresse (17ᵉ s.), il consacre à la dimension militaire de la cité une bonne partie de ses collections : uniformes français et étrangers, armes blanches et à feu, équipements de toute nature.

Des œuvres d'artistes locaux, des costumes traditionnels et des objets usuels font revivre les arts et traditions populaires de la contrée.

D'intéressants documents relatent le cheminement littéraire du romancier **Erckmann** (natif de Phalsbourg) et de son collaborateur **Chatrian**, ainsi que des souvenirs de G. Bruno, l'auteur féminin du Tour de la France.

★ PLOMBIÈRES-LES-BAINS

2 298 h. (les Plombinois)

Carte Michelin n° 62 pli 16 ou 242 pli 34 – Lieu de séjour.

Plombières s'allonge dans la vallée de l'Augronne, pittoresque et resserrée. C'est une station hydrominérale renommée et un agréable lieu de séjour.

Les eaux de Plombières sont employées dans le traitement des maladies du tube digestif et des rhumatismes.

De l'empire romain au royaume d'Italie. – Les Romains fondent à Plombières un vaste établissement thermal. Détruite lors des invasions barbares, la station renaît au Moyen Age et depuis cette époque ne cesse de s'accroître et de recevoir des personnages illustres.

Les ducs de Lorraine sont, naturellement, ses fidèles clients. Montaigne y fait une cure en 1580 et Voltaire y passe plusieurs saisons. Mesdames Adélaïde et Victoire, filles de Louis XV, s'y rendent en 1761 et 1762 avec une suite nombreuse. L'impératrice Joséphine et la Reine Hortense y séjournent souvent ; c'est en présence de l'Impératrice qu'en 1802 l'ingénieur Fulton fait l'essai sur l'Augronne du premier bateau à vapeur. La duchesse d'Orléans se trouve aux eaux, en 1842, lorsqu'elle apprend la chute mortelle de son mari sur la route de Neuilly.

Enfin, Napoléon III fait plusieurs séjours à Plombières, au cours desquels il décide des embellissements considérables, et c'est là que le 20 juillet 1858, il a, avec le ministre italien Cavour, la célèbre entrevue au cours de laquelle se décide l'avenir de l'Italie et, par contrecoup, la réunion de la Savoie à la France.

CURIOSITÉS

Plombières thermal. – On peut en faire la visite en suivant l'artère centrale la plus animée de la ville, constituée par les rues Stanislas et Liétard. On découvre ainsi :

Ⓥ Le **Bain Stanislas (A)**, autrefois Maison des Dames du Chapitre de Remiremont, qui date de 1735. Le salon et l'escalier sont intéressants. Visite de l'étuve romaine et de la galerie des captages thermaux (parcours souterrain de 500 m).

Parmi les maisons du 18ᵉ s. (balcons en fer forgé), la **Maison des Arcades (B)**, élevée en 1762 aux frais du Roi Stanislas dont les armes sont sculptées sur la façade. Au rez-de-chaussée, sous les arcades, derrière une grille en fer forgé, voir la source du Crucifix.

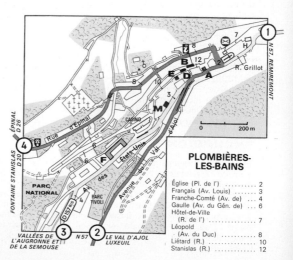

PLOMBIÈRES-LES-BAINS

Le **Bain Romain (D)**, construit en sous-sol *(escalier à l'extrémité de la place)*, dont le vestibule en forme de rotonde présente d'importants vestiges de la piscine romaine (gradins et statue d'Auguste).

Le **Bain National (E)**, à gauche, dont le hall reproduit celui des thermes de Julien. Bâti sur ordre de Napoléon Ier (buste de l'Empereur), il a été reconstruit en 1935, mais conserve sa façade du 1er Empire.

Les **Thermes Napoléon (F)**, qui ne sont pas sur cet itinéraire, furent construits par Napoléon III, dont on voit la statue dans le vaste hall central.

Ⓥ **Musée Louis-Français (M)**. – Œuvres du peintre Louis Français, né à Plombières, et de ses amis de l'école de Barbizon : Corot, Courbet, Diaz, Harpignies, Monticelli, Troyon...

Parc National. – Il fut tracé par Haussmann. Remarquer les beaux arbres aux essences rares.

EXCURSIONS

Fontaine Stanislas. – *A 3,5 km, au Sud-Ouest. Quitter Plombières par ④ du plan, D 20. A 1 km, tourner à gauche deux fois de suite.* Parcours agréable dans une belle forêt de hêtres dont les sous-bois sont magnifiques. *A 1 500 m de la dernière bifurcation, prendre à gauche le chemin de la Fontaine Stanislas.* De la terrasse de l'hôtel, belle vue sur la vallée coupée de champs et de bois. Toute proche, la petite source jaillit d'un rocher couvert d'inscriptions datant du 18e s. et du début du 19e s.

★**Vallées de l'Augronne et de la Semouse.** – *Circuit de 33 km – environ 1 h – Quitter Plombières par ③ du plan, D 157 bis.*

Vallée de l'Augronne. – La route suit la rivière, abondante et claire, qui anime un joli paysage de prairies et de forêts.

A Aillevillers-et-Lyaumont, par la D 19, rejoindre à la Chaudeau, au Nord, la D 20 qui fait remonter la vallée de la Semouse.

★**Vallée de la Semouse.** – Magnifiquement boisée, cette vallée, appelée aussi « Vallée des Forges » en raison des usines métallurgiques qui s'y égrenaient autrefois, est pleine de fraîcheur et de calme.

Sinueuse, très encaissée, elle est juste assez large pour contenir la rivière, la route et parfois d'étroites prairies. Les eaux rapides de la Semouse animaient jadis leur cortège de tréfileries, laminoirs et scieries échelonnés le long de son cours (une tréfilerie subsiste au Blanc Murger).

La D 63, qui ramène à Plombières, procure, dans une descente très rapide qu'il convient d'emprunter avec prudence, une très jolie vue sur la ville.

Circuit de 47 km. – *Environ 2 h. Quitter Plombières par ① du plan, N 57.* La route quitte bientôt la pittoresque vallée de l'Augronne pour escalader le plateau formant ligne de partage des eaux entre les bassins de la Méditerranée et de la Mer du Nord, puis redescend vers la vallée de la Moselle qu'elle atteint à Remiremont.

Remiremont. – *Page 128.*

Quitter Remiremont par ③ du plan, D 23.

Montée pittoresque dans un vallon verdoyant puis en forêt.

A 3,5 km, prendre à gauche la D 57.

Peu après la Croisette d'Hérival, appuyer à droite dans une route forestière goudronnée, étroite et sinueuse, qui s'engage dans la belle forêt accidentée d'Hérival : superbes sous-bois hérissés de rochers.

Peu après avoir laissé à gauche le chemin du Girmont et un café, on atteint la cascade du Géhard.

★**Cascade du Géhard.** – Située en contrebas de la route, à gauche. Elle bondit et bouillonne en une série de cascades tombant dans des marmites de géants. En période de pluie, elle est magnifique.

Après avoir laissé à gauche la maison forestière du Breuil et, à droite, le chemin d'Hérival, prendre à gauche la route qui suit la vallée de la Combeauté ou vallée des Roches.

Vallée des Roches. – C'est un beau et profond défilé resserré entre deux magnifiques versants boisés.

Peu après l'entrée de Faymont, près d'une scierie, tourner à droite. Cinquante mètres plus loin, laisser la voiture et prendre à pied un chemin forestier qui, après un parcours de 300 m, aboutit à la cascade de Faymont.

Cascade de Faymont. – Le site est remarquable par sa parure de résineux et de rochers.

Le Val-d'Ajol. – 5 293 h. (les Ajolais). Lieu de séjour. Chef-lieu d'une des communes les plus étendues de France, le Val-d'Ajol est constitué par plus de 60 hameaux disséminés dans les vallées de la Combeauté et de la Combalotte où plusieurs entreprises (métallurgie, tissage, scieries) maintiennent une activité industrielle.

Tourner à droite en direction de Plombières.

1 800 m après un lacet à droite, la route offre une jolie vue à droite sur la vallée.

Peu après, sur la gauche et en arrière, un chemin en montée conduit à la Feuillée Nouvelle, à 100 m.

La Feuillée Nouvelle. – Depuis la plate-forme on découvre une belle **vue**★ en balcon sur le Val-d'Ajol.

On laisse sur la gauche la piscine du Petit Moulin. La N 57 ramène à Plombières.

Carte Michelin n° 57 pli 13 ou 242 pli 13.

Pont-à-Mousson doit son nom et son origine au pont qui, dès le 9e s., franchissait la Moselle au pied de la butte féodale de Mousson.

Ce rôle de tête de pont a valu à la ville d'être bombardée en 1914-1918 et en 1944.

Intégrée au groupe de la Cie St-Gobain, l'usine de la Société des Fonderies de Pont-à-Mousson, qui s'étend entre le canal latéral à la Moselle et la N 57, produit des tuyaux pour canalisations d'eau et de gaz.

L'Athènes lorraine. – Au milieu du 16e s., la Réforme fait, en Lorraine, de rapides progrès. Pour avoir un clergé capable de les enrayer, Charles III fonde, le 5 décembre 1572, une Université lorraine qu'il installe à Pont-à-Mousson. Pour son entretien, les abbayes de Metz, Toul et Verdun versent, chaque année, une redevance de 2 500 écus d'or. L'Université, dirigée par les Jésuites, connaît vite un grand succès. Pendant la guerre de Trente Ans, la peste et la famine dispersent les élèves. En 1699, Léopold, duc de Lorraine *(voir p. 108)*, réorganise l'Université et crée un jardin botanique. Au siècle suivant, l'Université est transférée à Nancy. En dédommagement, Pont-à-Mousson reçoit une école royale militaire. Duroc, natif de Pont-à-Mousson, futur maréchal du Palais de l'Empereur, y fit ses études.

Le passage de la Moselle, en 1944. – Au début de septembre, l'infanterie américaine de l'armée Patton, venant de Verdun, engage les premiers combats avec une division blindée allemande dont les chars, dissimulés dans les bois à l'Ouest de Pont-à-Mousson, défendent le passage de la Moselle. Pour neutraliser toute résistance, le 3 septembre au soir, les Américains bombardent la ville où ils feront leur entrée le lendemain.

Les Allemands, coupant derrière eux le pont, ont installé leurs batteries sur la rive droite de la rivière et tiennent solidement la butte de Mousson. Durant deux semaines, Pont-à-Mousson et Mousson vont être les cibles réciproques de l'artillerie des deux adversaires. Le 12 septembre, deux régiments passent la Moselle quelques kilomètres en amont, à Manharel, et établissent la première tête de pont américaine entre Toul et Thionville. Les Allemands sont délogés de la butte le 18 septembre.

★ PLACE DUROC *visite : 1/4 h*

Elle est bordée de maisons à arcades du 16e s. Au centre se dresse une fontaine monumentale, offerte à la ville par des ambulanciers américains. Sur le pourtour s'élèvent quelques édifices remarquables : la **maison des Sept péchés capitaux (F)** avec ses jolies cariatides figurant les péchés, le Château d'Amour **(K)**, flanqué d'une tourelle Renaissance, où séjournaient les ducs de Lorraine, et l'hôtel de ville.

★ ANCIENNE ABBAYE DES PRÉMONTRÉS *visite : 1 h*

C'est un bel exemple de l'architecture monastique du 18e s. Séminaire sous la Restauration, puis hôpital, l'abbaye est devenue depuis 1964 un **Centre Culturel de Rencontre** ; de nombreuses manifestations (expositions, danse contemporaine, etc.) y sont organisées. Elle est aussi le siège du Centre Européen d'Art Sacré.

Façade. – Restaurée. Ses trois étages sont soulignés par des frises d'une fine élégance.

Bâtiments conventuels. – Autour d'un joli cloître et ouvrant sur trois galeries vitrées, s'ordonnent les anciennes salles communes des moines (chauffoir, réfectoire, salle capitulaire, grande sacristie, etc.)

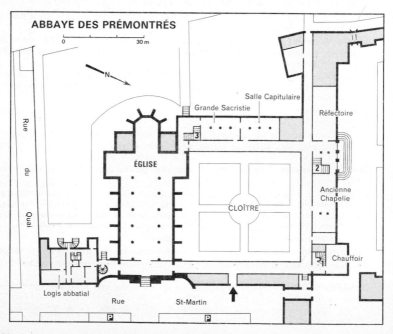

ABBAYE DES PRÉMONTRÉS

0   30 m

N

Rue du Quai

Grande Sacristie

Salle Capitulaire

Réfectoire

ÉGLISE

3

2

Ancienne Chapelle

CLOÎTRE

Chauffoir

Logis abbatial

Rue   St-Martin

P   P

Pont-à-Mousson. – L'ancienne abbaye des Prémontrés.

Les trois **escaliers★** retiennent particulièrement l'attention : le petit escalier rond (**1**), au coin du cloître, près du chauffoir, extrêmement élégant dans son mouvement en spirale ; de l'autre côté de l'ancienne chapelle (salle de concert actuelle) l'escalier de Samson (**2**), ovale, majestueux, une des plus belles pièces de l'abbaye ; enfin le grand escalier carré (**3**) à droite en sortant de la sacristie, dont la vaste cage s'élève jusqu'au 2e étage, masqué par la belle rampe de fer forgé, en avancée, qui s'arrête au 1er niveau.

Intérieur de l'ancienne abbatiale. – Il comporte une nef principale et deux collatéraux presque aussi hauts qu'elle, supportés par des doubleaux baroques qui reposent sur des chapiteaux corinthiens. Les colonnes qui soutiennent l'ensemble sont légèrement galbées. Dans le chœur, observer les vestiges d'une décoration baroque. Dans les niches, de part et d'autre du chœur, groupes sculptés.

Un plancher mobile permet de transformer l'abbatiale en salle de spectacles.

PONT-A-MOUSSON

Les cartes et les plans de villes dans les guides Michelin sont orientés le Nord en haut.

Pour un bon usage des plans de villes, consultez la légende p. 42.

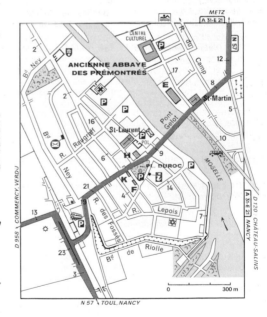

AUTRES CURIOSITÉS

Hôtel de Ville (H). – Cet édifice du 18e s., décoré d'un fronton, est surmonté d'une horloge monumentale que soutiennent deux aigles dont l'un porte en sautoir la croix de Lorraine. A l'intérieur, on voit de belles boiseries *(salon de réunion, 2e étage)*, des tapisseries du 18e s., d'après des cartons de Le Brun évoquant l'épopée d'Alexandre le Grand *(salle des mariages, 1er étage)* ou des scènes mythologiques *(salle du conseil, 2e étage)*.

Eglise St-Laurent. – Le chœur et le transept datent des 15e et 16e s. Le portail central et les deux premiers étages de la tour sont du 18e s., le reste de la façade est de 1895.

A l'intérieur, remarquer dans le bas-côté droit un Christ du 16e s., et le triptyque en bois polychrome d'un retable du 16e s. d'origine anversoise ; dans le bas-côté gauche, une Pietà du 16e s. provenant de la collégiale Ste-Croix et une statue du Christ portant sa croix, par Ligier Richier ; dans le chœur, belles boiseries du 18e s.

Maisons anciennes. – Au n° 6 de la rue Clemenceau, jolie petite cour intérieure, reconstituée dans son état ancien, avec puits Renaissance, balcon et meubles lorrains.

Rue St-Laurent, au n° 9, balcon dans la cour ; au n° 11, façade de briques avec chaînages de pierre ; au n° 19, maison Renaissance construite en 1590 ; au n° 39, maison natale du général Duroc.

Rue de la Poterne, au n° 2, maison Renaissance avec belle porte aux vantaux finement décorés.

Eglise St-Martin. – Elle fut édifiée aux 14e et 15e s., et agrandie de chapelles latérales aux 17e et 18e s. La façade (15e s.) est flanquée de deux tours, différentes par la disposition de leurs étages supérieurs octogones.

A l'intérieur, remarquer la chaire sculptée du 18e s. et l'ancien jubé utilisé comme tribune d'orgues. Dans le bas-côté droit, un enfeu de style flamboyant abrite deux gisants : côte à côte, un chevalier du 13e s. – le mieux conservé – et une dame du 15e s. Dans le chœur, sept tableaux du 18e s. sont surmontés de sept grandes châsses. Dans le bas-côté gauche, la Mise au tombeau à treize personnages, est une œuvre d'atelier mi-champenoise, mi-germanique, de la première moitié du 15e s. (remarquer les costumes des trois soldats endormis au premier plan), dont s'est sans doute inspiré Ligier Richier pour le sépulcre de St-Mihiel *(voir p. 147)*, un demi-siècle plus tard.

Ancien Collège des Jésuites (E). – Actuellement lycée Jacques-Marquette. C'est dans cet édifice qu'était installée l'ancienne Université de Pont-à-Mousson ; très endommagé, il a été reconstruit (remarquer la porte 17e s. au milieu de l'aile droite). La belle cour d'honneur a retrouvé son aspect primitif.

EXCURSIONS

★**Butte de Mousson.** – *7 km à l'Est, puis 1/4 à pied AR. Quitter Pont-à-Mousson au Nord par la N 57. A 200 m, suivre à droite la D 910 et 3 km plus loin, tourner à gauche vers Lesménils pour accéder à la D 34 à droite, 400 m plus loin, vers le village de Mousson.*

Au sommet de la butte a été élevée une chapelle de style moderne.

Les ruines sont celles du château féodal des comtes de Bar. De ce belvédère *(parking)*, **panorama**★ sur le pays lorrain et sur la Moselle au pied de la célèbre côte.

Signal de Xon. – *4 km au Nord-Est. Quitter Pont-à-Mousson au Nord par la N 57, puis suivre la D 910. A 3 km, tourner à gauche vers Lesménils puis, au sommet de la côte, encore à gauche. Après 1 km, laisser la voiture et atteindre à pied le signal.* Belle vue sur Pont-à-Mousson et la vallée de la Moselle.

Vallée de l'Esch. – *17 km au Sud-Ouest. Quitter Pont-à-Mousson au Sud par la N 57. Dans Blénod, après l'église, prendre la route de Jezainville (2e à droite).* A l'entrée de Jezainville, se retourner pour voir, dans l'axe de la route, la butte de Mousson et, sur la droite, la **centrale thermique de Blénod**, avec ses quatre cheminées en ligne, hautes de 125 m : c'est, avec ses quatre groupes de 250 MW chacun, une importante centrale thermique (prévue pour utiliser le charbon et le fuel, elle ne fonctionne plus qu'au charbon).

On pénètre dans la charmante vallée de l'Esch, cœur de la « Petite Suisse Lorraine ». La route étroite, tantôt s'abaisse au niveau de la petite rivière, que l'on voit sinuer à travers les pâturages, tantôt monte au sommet d'une colline d'où se découvre un paysage harmonieux et verdoyant.

Griscourt. – 99 h. Petit village champêtre. Du chevet de l'église, vue reposante sur les prairies de la vallée.

De Griscourt à Martincourt, la route suit, à mi-pente de la vallée encaissée de l'Esch, la lisière de la forêt.

Prény. – 239 h. *13 km au Nord. Quitter Pont-à-Mousson par la D 958 puis à droite la D 952. A Pagny-sur-Moselle, prendre à gauche la D 82.*

Dominant le village, on peut voir, sur une colline de 365 m, d'importantes ruines, restes d'un château féodal du 13e s. démantelé par Richelieu. Les tours, reliées entre elles par de hautes murailles, formaient un ensemble imposant. Ce fut, avant Nancy, la principale résidence des ducs de Lorraine. La forteresse a été définitivement abandonnée au début du 18e s. Des abords de ces ruines, vue sur la vallée de la Moselle.

REMIREMONT
10 860 h. (les Romarimontains)

Carte Michelin n° 🆖🆖 pli 16 ou 🆖🆖🆖 pli 34 – Schéma p. 99 – Lieu de séjour..

Joliment située dans la haute vallée de la Moselle, environnée de monts déjà pentus et de forêts profondes, Remiremont (Romaric mons) fut le siège d'une célèbre abbaye.

De l'autre côté de la rivière, la proche **forêt de Fossard**, occupée dès la préhistoire, conserve sur le Saint Mont des vestiges des fondations religieuses qui s'y succédèrent après le 7e s. Elle est sillonnée de chemins forestiers balisés pour la randonnée pédestre *(départ de St-Etienne).*

Le Chapitre des Dames de Remiremont. – En l'an 620, un noble d'Austrasie nommé Romaric choisit un sommet montagneux au confluent de la Moselle et de la Moselotte pour y fonder un monastère de femmes. Mais, bientôt, l'établissement s'installe dans la vallée, des abbesses remplacent les solitaires et donnent naissance au célèbre Chapitre, riche, puissant et qui relève directement du Saint-Siège et de l'Empereur.

Les chanoinesses, toutes de très haute lignée – elles doivent faire preuve de seize quartiers de noblesses – vivent dans des hôtels érigés autour du couvent. Seules la mère-abbesse, qui porte le titre de princesse du Saint-Empire, et ses deux assistantes prononcent des vœux de célibat, les autres religieuses sont libres, mais cependant astreintes aux offices.

Durant des siècles, le Chapitre fut l'un des plus importants de l'Occident. La Révolution mit fin à sa prospérité. Parmi les quelque 60 abbesses qui l'ont dirigé, certaines sont restées célèbres : Catherine de Lorraine qui repoussa Turenne en 1638 lorsqu'il assiégea la ville, Marie-Christine de Saxe, tante de Louis XVI, Louis XVIII et Charles X, enfin la dernière, Louise-Adélaïde de Bourbon, fille du prince de Condé.

ABBATIALE ST-PIERRE (A) *visite : 1/4 h*

Ancienne abbatiale du chapitre, que domine un clocher à bulbe, l'église est en majeure partie gothique, mais la façade et le clocher ont été rebâtis au 18e s.

On remarquera, dans le chœur, une belle décoration de marbre du 17e s. comprenant un monumental retable, spécialement conçu pour l'exposition des châsses de reliques.

Dans la chapelle à droite du chœur, statue (11e s.) de N.-D.-du-Trésor.

Au-dessous du chœur s'étend une **crypte★** du 11e s., à voûtes d'arêtes que supportent des colonnes monolithes (d'un seul bloc).

Accolé à l'église, l'**Ancien palais abbatial (A J)**, édifice du 18e s., de style classique, présente une belle façade. A proximité, sur la place H.-Utard (**A 12**), subsistent quelques maisons de chanoinesses, des 17e-18e s.

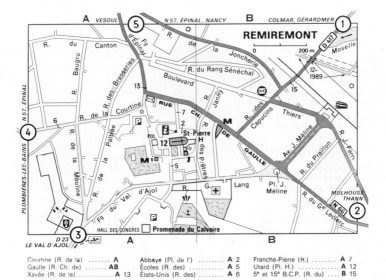

Courtine (R. de la) .... **A**	Abbaye (Pl. de l') .... **A 2**	Franche-Pierre (R.) .... **A 7**
Gaulle (R. Ch. de) .... **AB**	Écoles (R. des) .... **A 5**	Utard (Pl. H.) .... **A 12**
Xavée (R. de la) .... **A 13**	États-Unis (R. des) .... **A 6**	5e et 15e B.C.P. (R. du) .... **B 15**

AUTRES CURIOSITÉS

★**Rue Charles-de-Gaulle** (AB). – Cette coquette rue à arcades aux piliers fleuris de géraniums est un plaisant témoin de l'urbanisme de la fin du 18e s.

Musée municipal (Fondation Ch. de Bruyère) (B M). – *70, rue Ch.-de-Gaulle.* Le rez-de-chaussée est consacré à l'histoire de Remiremont et à l'artisanat lorrain : bois, dentelles, « fixés » (peintures sur verre). Ornithologie dans la galerie extérieure. A l'étage sont exposés des manuscrits précieux et des tapisseries provenant de l'ancienne abbaye, des sculptures gothiques lorraines, de belles faïences du 18e s., des tableaux des écoles italienne, flamande, française, particulièrement des peintres lorrains.

Musée municipal (Fondation Charles Friry) (A M¹). – *12, rue Général-Humbert.* Ancien hôtel des Chanoinesses, formé de deux maisons contiguës du 18e s., il contient des collections de documents, statues, objets d'art, hérités des Dames de Remiremont ou se rapportant à l'histoire locale et régionale, ainsi que de nombreuses peintures des 17e-18e s., dont le Vielleur (atelier de Georges de La Tour), gravures (Goya, Callot) et des pièces de mobilier, d'époques et de provenances diverses. Dans le jardin, qui reconstitue en partie le « Grand Jardin » de l'abbaye, on trouve deux fontaines ornementales et quelques autres vestiges anciens.

Promenade du Calvaire (AB). – Vue sur la ville et au-delà, vers le Nord, sur la vallée de la Moselle.

*Dans le **guide Michelin Camping Caravaning France** de l'année*
vous trouverez les commodités
et les distractions offertes par de nombreux terrains :
magasins, bars, restaurants, laverie, salle de jeux, tennis,
golf miniature, jeux pour enfants, piscines... etc.

** Le RHIN EN ALSACE

Carte Michelin n° 87 plis 3 à 10 ou 242 plis 16, 20, 24, 28, 32, 36, 40.

Le Rhin atteint l'Alsace un peu en aval de Bâle et la quitte à Lauterbourg. Dans ce trajet relativement court, il descend de 250 m à 110 m d'altitude : de là vient la rapidité de son cours et son aspect impétueux. Victor Hugo a dit de lui : « Il est glauque, transparent, limpide, joyeux de cette grande joie qui est propre à tout ce qui est puissant. »

Anciens caprices. – Jadis, le Rhin dispersait ses eaux dans la plaine et il lui prenait souvent fantaisie de changer de lit. A Strasbourg même, l'un des bras du fleuve pénétrait dans les murs de la grande cité alsacienne : l'actuelle rue d'Or marque son emplacement et l'Ancienne Douane (reconstruite) rappelle le temps, pas très éloigné, où la batellerie marchande passait à travers la ville.

Les crues du Rhin étaient redoutables et, pour cette raison, aucune ville, pas même Strasbourg, ne s'est établie immédiatement sur ses bords. En cas de montée des eaux, les riverains prenaient la garde jour et nuit auprès des digues. Malgré cela, les catastrophes étaient fréquentes et maint village alsacien fut englouti.

De 1840 à 1878, de grands travaux furent entrepris pour lutter contre les eaux. On construisit un lit artificiel, large de 200 à 250 m, pour en faciliter l'écoulement.

La navigation. – Le Rhin a toujours constitué une voie idéale pour la navigation et un instrument d'échanges commerciaux entre les pays riverains. Aux 8e et 9e s., les bateliers strasbourgeois le descendaient jusqu'à la mer du Nord pour vendre du vin aux Anglais, aux Danois et aux Suédois. A la fin du Moyen Age, ces mêmes bateliers dominaient le Rhin, de Bâle à Mayence. Leur corporation était la plus importante des corps de métiers strasbourgeois. A plusieurs reprises, elle tint tête aux princes riverains et à l'Empereur lui-même. 5 000 rouliers, disposant de 20 000 chevaux, transportaient vers l'intérieur les marchandises débarquées à Strasbourg. Sous le 1er Empire, la navigation connut une ère de prospérité considérable. En 1826, les premières lignes régulières de vapeurs sur le Rhin font escale à Strasbourg.

Malheureusement, les travaux de régularisation et d'endiguement exécutés dans la plaine d'Alsace au 19e s. ont provoqué un approfondissement du lit du Rhin à raison de 6 à 7 cm par an. Des fonds rocheux se sont découverts et ont rendu difficile sinon impossible en période de basses eaux, la navigation. Et c'est la décadence du trafic.

Pour ramener bateaux, chalands et péniches sur le Rhin alsacien, et notamment au port de commerce ouvert en 1882 à Strasbourg, la France conçoit en 1920 un projet qui remédie à la situation. Le principe consiste à dériver une part importante du débit du fleuve entre Bâle et Strasbourg dans un canal latéral, à pente et à vitesse très faibles, coupé par des écluses permettant d'assurer la continuité de la navigation fluviale.

**LE GRAND CANAL D'ALSACE ET L'AMÉNAGEMENT DU RHIN

Le creusement du canal d'Alsace a été décidé en vue d'exploiter les importantes réserves d'énergie électrique du Rhin entre Bâle et Strasbourg et d'améliorer les conditions de la navigation.

AMÉNAGEMENT DU RHIN

0   20 km

OTTMARSHEIM (980)
Nom de l'ouvrage
et productibilité annuelle
de l'usine en millions de KWh.

Dérivation ------
Barrage-Usine ------
Barrage ------

Hagenau

IFFEZHEIM (685)

A 4

Ca¹ de la Marne au Rhin   Saverne

GAMBSHEIM (595)

D 468

N 4

STRASBOURG   Kehl

A 5

STRASBOURG (868)

Obernai

GERSTHEIM (818)

N 422   N 83   au Rhin   Ill

S

O

G

E

S

Sélestat

RHINAU (946)

d'Alsace   RHIN

Rhône   Canal

MARCKOLSHEIM (938)

A L L E M A G N E

N 415

Colmar

du

VOGELGRÜN (820)
Neuf-Brisach   Breisach   Fribourg

Grand   Canal

A 5

Centrale Nucléaire **FESSENHEIM (1030)**

Ottmarsheim

A 36

Ca¹ de Huningue

OTTMARSHEIM (980)
Niffer

Mulhouse

KEMBS (938)

F O R Ê T   N O I R E

D 419

N 3

BÂLE

S U I S S E

La longueur totale du Grand Canal d'Alsace constitué par les quatre biefs de Kembs, Ottmarsheim, Fessenheim et Vogelgrün, dépasse 51 km. Sa largeur varie de 110 à 140 m (Suez : 100 à 120 m ; Panama : 91,50 m).

Il est intéressant de noter que le remorquage ou la propulsion se fait avec une puissance de traction inférieure au quart de celle qui est nécessaire sur le Rhin, ce qui s'ajoute à l'intérêt économique de l'œuvre. Le tonnage annuel de fret transporté dans les deux sens est de l'ordre de 10 millions de tonnes ; plus de 30 000 bateaux par an empruntent ce canal que longe une route ouverte au public.

Il a débuté par la construction, de 1928 à 1932, du bief de Kembs dont le barrage constitue l'unique ouvrage de retenue sur le fleuve pour les quatre premiers biefs.

★**Ouvrages de Kembs.** – *Page 82.*

Près de la localité de Niffer, part le canal de Huningue, vers Mulhouse. Le Corbusier a étudié la première écluse de liaison Rhin-Rhône.

Chacun des biefs suivants échelonnés sur le canal comprend également une usine hydro-électrique et une double écluse de navigation : les opérations d'éclusage sont généralement suivies par un public attentif.

★**Bief d'Ottmarsheim.** – *Page 121.*

★**Bief de Fessenheim.** – 1956. A moins d'1 km de l'écluse de Fessenheim, on verra la première **centrale nucléaire** française du type « réacteur à eau pressurisée » à forte puissance (2 unités de 900 MW), dont la construction débuta en 1971. Mise en service en 1977, elle a une production annuelle d'environ 12 milliards de kWh *(Sur place, Centre d'information sur l'énergie)*. Le bief de Fessenheim mesure environ 17 km de longueur et comporte des écluses qui, comme celles d'Ottmarsheim, ont la même longueur, 185 m, et des largeurs différentes, 23 et 12 m. Son usine présente quatre groupes d'une puissance totale de 166 MW dont la productibilité annuelle moyenne est de 1 030 millions de kWh.

★**Bief de Vogelgrün.** – 1959. Les caractéristiques de l'usine sont sensiblement les mêmes que celles d'Ottmarsheim et de Fessenheim : bief de 14 km comportant des écluses identiques à celles de Fessenheim.

Son usine possède quatre groupes d'une puissance totale maximale de 130 MW dont la productibilité annuelle moyenne est de 820 millions de kWh.

En aval de Vogelgrün, l'aménagement du fleuve comporte 4 autres biefs mais substitue au canal latéral, pour chacun d'eux :

– une retenue dans le fleuve, créée par un barrage ;
– un canal dérivant les eaux jusqu'à l'usine hydro-électrique et les écluses de navigation ;
– un canal de restitution de ces eaux du Rhin.

Bief de Marckolsheim. – Le premier bief du Rhin canalisé a été achevé en 1961 ; la productibilité annuelle de son usine est de 938 millions de kWh.

Bief de Rhinau. – 1963. La productibilité annuelle moyenne de l'usine est de 946 millions de kWh.

Bief de Gerstheim. – 1967. La productibilité annuelle moyenne de l'usine est de 818 millions de kWh.

Bief de Strasbourg. – 1970. La productibilité annuelle moyenne de l'usine est de 868 millions de kWh. Un bassin de compensation forme un plan d'eau de 650 ha. Un centre nautique est aménagé.

La puissance totale maximale de ces huit usines est de 1 187 MW et leur productibilité moyenne annuelle d'énergie de plus de 7 milliards de kWh.

Cet aménagement du Rhin, mené à bien par la France, est prolongé en aval de Strasbourg par une réalisation complémentaire, franco-allemande cette fois, les deux États se partageant par moitié l'énergie produite : celle des deux biefs de **Gambsheim** (en territoire français, mis en service en 1974 avec une productibilité annuelle de 595 millions de kWh) et d'**Iffezheim** (en territoire allemand, mis en service en 1977 avec une productibilité annuelle de 685 millions de kWh).

Gambsheim. – Le bief et l'usine.

Les ports rhénans. – Outre le port de Strasbourg qui occupe une place de premier plan *(voir p. 169)*, on peut citer les ports de Colmar-Neuf-Brisach et de Mulhouse-Ottmarsheim, mis en liaison avec leur arrière-pays par des jonctions directes entre le Grand Canal d'Alsace d'une part, le canal de Huningue et le canal du Rhône au Rhin d'autre part, et déjà entourés d'une zone portuaire et d'une zone industrielle.

Points de vue sur le Rhin. – Pour avoir une idée de l'importance du trafic rhénan et de la beauté du fleuve, on poussera une pointe sur sa berge. Un quart d'heure est vite écoulé à observer cette belle voie mouvante et – là où le Rhin n'est pas doublé par le Grand Canal d'Alsace – les bateaux montants et descendants, en notant leur nationalité.

Outre la promenade au pont de l'Europe *(p. 169)* que fera tout visiteur de Strasbourg, il est facile, entre Lauterbourg et Strasbourg, d'accéder au Rhin par l'une des routes qui le relient à la D 468.

Enfin, le meilleur moyen de connaître le Rhin est d'effectuer sur le fleuve une courte croisière, au départ de Strasbourg.

★Promenades sur le Rhin. – *Organisées par le Port Autonome de Strasbourg,* ⊘ *15 rue de Nantes.*

Certains hôtels possèdent leur court de tennis, leur piscine,
leur plage aménagée, leur jardin de repos,
*consultez le **guide Rouge Michelin France** de l'année.*

★ RIBEAUVILLÉ

4 611 h. (les Ribeauvilléens)

Carte Michelin n° 87 pli 17 ou 242 pli 31 – Schéma p. 141 – Lieu de séjour.

Ribeauvillé, qui fut le domaine de la très puissante maison de Ribeaupierre, occupe un site pittoresque au pied de la chaîne des Vosges, couronnée de vieux châteaux. Ce bourg doit sa célébrité à son vin fameux : le Riesling, et aux « Sœurs de Ribeauvillé » *(voir p. 24)*.

Le Pfifferdaj. – Ribeauvillé est encore le théâtre d'une des dernières fêtes traditionnelles alsaciennes, celles des Ménétriers ou Pfifferdaj (jour des fifres), d'origine très ancienne, qui a lieu le premier dimanche de septembre. Ce jour-là, les musiciens ambulants de la région se réunissaient dans la ville pour honorer leur suzerain, le sire de Ribeaupierre. Ils formaient une corporation puissante dont les statuts étaient enregistrés par le Conseil souverain de Colmar. Aujourd'hui, le Pfifferdaj est une fête folklorique avec cortège historique et dégustation gratuite à la « Fontaine du Vin »,
place de l'hôtel de ville.

CURIOSITÉS

★Tour des Bouchers (A). – Cet ancien beffroi séparait autrefois la ville haute de la ville moyenne. La partie inférieure date du 13ᵉ s. La partie supérieure, ornée d'une galerie et de gargouilles et qui porte le cadran d'une grande horloge, fut construite en 1536.

Fontaine Renaissance (A E). – Construction en grès rouge et jaune.

Pfifferhüs (restaurant des Ménétriers) **(B).** – Sur une loggia, au-dessus de la porte, deux statues figurent l'Annonciation.

⊘ **Hôtel de ville (A H).** – Un petit musée y est installé : pièces d'orfèvrerie (17ᵉ s.) et hanaps, en vermeil, des seigneurs de Ribeaupierre.

Ribeauvillé. – Vue générale.

Église paroissiale St-Grégoire-le-Grand (A). – A signaler le tympan du portail Ouest de cet édifice des 13ᵉ-15ᵉ s. et les belles ferrures de la porte. Dans la nef, remarquer l'alternance des piliers forts et faibles, souvenir de l'école rhénane, et les beaux chapiteaux. Dans le bas-côté droit, Vierge à l'Enfant en bois peint et doré, du 15ᵉ s., portant la coiffe de la région ; orgues baroques de Rinck.

Nids de cigognes (B D). – Aux entrées Sud et Est de la ville, deux vieilles tours sont surmontées de nids habités de cigognes.

Maisons anciennes. – En flânant dans la rue des Frères-Mertian, la rue des Juifs, la rue Klobb et dans la Grand'Rue, on verra des maisons des 16ᵉ et 17ᵉ s.

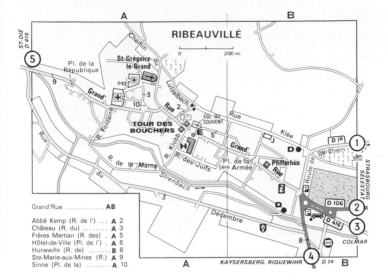

RIBEAUVILLÉ

Grand'Rue .... **AB**

EXCURSIONS

★**Château de St-Ulrich.** – *4 km, puis 2 h 1/2 de marche et de visite. Quitter Ribeauvillé par ⑤ du plan.*
De la Grand'Rue, on a une belle vue d'enfilade sur les ruines du château de St-Ulrich.

> *Laisser la voiture sur une aire de stationnement située en bordure de la D 416, à 800 m environ de la sortie de Ribeauvillé.*

N.-D.-de-Dusenbach. – Ce lieu de pèlerinage groupant une chapelle de la Vierge et une église néo-gothique, a été trois fois dévasté depuis sa fondation au 13ᵉ s., sa dernière reconstruction datant de 1894.
La **Chapelle de la Vierge**, rebâtie en style gothique, occupe une situation impressionnante, au flanc d'un promontoire en à-pic sur le ravin au fond duquel coule le petit torrent de Dusenbach. A l'intérieur, peintures murales de Talenti (1938), et, au-dessus de l'autel, petite statue miraculeuse de **Notre-Dame**, émouvante Pietà du 15ᵉ s. en bois polychrome.

> *Revenir à pied sur le Chemin Sarassin : à 50 m de l'entrée du parking, prendre à gauche le sentier qui conduit aux châteaux.*

A mi-parcours, faire halte au **Rocher Kahl**, éboulis granitique d'où l'on a une belle vue plongeante sur la vallée du Strengbach et ses versants boisés. Le chemin aboutit à un important carrefour de sentiers forestiers : prendre, en face, celui, étroit et montant, qui est signalé « Ribeauvillé par les châteaux ». On atteint les ruines du Haut-Ribeaupierre.

Château du Haut-Ribeaupierre. – Du faîte de son donjon, encore en bon état et facilement accessible, on découvre un magnifique **panorama**★★ sur les ballons du Grand Taennchel et du Hochfelsen au Nord-Ouest, le Haut-Kœnigsbourg au Nord, Ribeauvillé et la plaine d'Alsace au Sud-Est.

> *Faire demi-tour (éviter le sentier direct, abrupt, reliant le Haut-Ribeaupierre à St-Ulrich) et revenir au carrefour forestier, prendre alors le chemin balisé qui descend au château de St-Ulrich.*

★**Château de St-Ulrich.** – Au pied du donjon s'amorce, à gauche, l'escalier d'accès au château (**1** *du schéma ci-contre*). Le **château** n'était pas seulement une forteresse, comme la plupart de ceux des Vosges, mais une habitation luxueuse, digne des comtes de Ribeaupierre, la plus noble famille d'Alsace après l'extinction de celle d'Eguisheim. L'escalier qui passe sous la porte d'entrée du château (**2**) donne accès à une petite cour d'où la vue est belle sur les ruines de Girsberg et la plaine d'Alsace. Au fond de cette cour où se trouve une citerne (**3**), s'ouvre la porte de la Grande Salle romane, couverte autrefois d'un plafond de bois et qui prend jour par neuf belles arcades géminées.
Revenir à la cour de la citerne et prendre l'escalier qui s'y amorce ; laisser à droite l'entrée de la tour du 12ᵉ s. et gagner la chapelle. A l'Ouest de la chapelle s'élève une énorme tour quadrangulaire où l'on monte par un escalier extérieur. Revenir sur ses pas pour visiter les parties les plus anciennes qui comprennent un corps d'habitation roman (**4**) aux fenêtres ornées de fleurs de lys, une cour (**5**) et

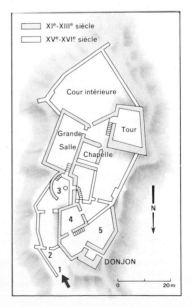

XIᵉ-XIIIᵉ siècle
XVᵉ-XVIᵉ siècle

Cour intérieure

Grande Salle
Tour
Chapelle

N

DONJON

0   20 m

le donjon. Dressé sur un soubassement de granit, le donjon carré est construit en grès rouge. Il domine tout l'ensemble du château et constitue un admirable belvédère. Du sommet, auquel on parvient par un escalier de soixante-quatre marches, **panorama**★★ sur la vallée du Strengbach, les ruines du **château de Girsberg** (du 12e s., abandonné au 17e s.), Ribeauvlllé et la plaine d'Alsace.

Circuit de 47 km. – *Environ 5 h. Quitter Ribeauvillé par ⑤ du plan.*

La D 416 remonte le Strengbach qui coule rapidement à travers la belle forêt de Ribeauvillé. A 7 km, prendre à gauche la route d'Aubure, en corniche. Entre les arbres, la vue filtre à gauche sur la vallée aux versants couverts de sapins.

Aubure. – 293 h. Station bien située sur un plateau ensoleillé, encadrée par de belles forêts de pins et de sapins.

Prendre, à gauche, la D 11III.

Au cours de la belle descente du col de Fréland, à 1,5 km après le col, prendre à gauche une petite route étroite. On longe une très belle **forêt de pins**★, l'une des plus belles de France. Les fûts de 60 cm de diamètre, hauts de 30 m, s'élancent droits, au-dessus d'un sous-bois de bruyères.

Sortir de la forêt (belle vue à droite sur le Val d'Orbey) pour aller faire demi-tour, 1 km plus loin, à hauteur d'une maison. Revenir à la D 11III. La vue se dégage à gauche sur la vallée de la Weiss et une partie du Val d'Orbey.

Après Fréland, et 1,5 km après avoir laissé à droite la route d'Orbey, tourner à gauche dans la N 415.

★★ **Kaysersberg.** – *Page 80.*

On atteint la route du Vin que l'on suivra jusqu'à Ribeauvillé, traversant ainsi les petites cités qui s'égrènent sur les coteaux, au milieu de vignobles aux crus réputés.

Kientzheim. – *Page 82.*

Sigolsheim, Bennwihr, Mittelwihr. – *Page 142.*

Beblenheim. – 883 h. Le village est adossé à un coteau célèbre, le Sonnenglanz (éclat de soleil). Les 35 ha de son vignoble produisent des vins de très haute qualité : Pinot gris – Tokay d'Alsace, Muscat et Gewurztraminer.

★★★ **Riquewihr** – *Description ci-dessous.*

Hunawihr. – *Page 80.*

Retour à Ribeauvillé.

★★ **Haut-Kœnigsbourg.** – *Circuit de 46 m – environ 2 h. Quitter Ribeauvillé par ① du plan, D 1B.*

Bergheim. – *Page 142.*

St-Hippolyte. – 1 179 h. (les St-Hippolytains). Lieu de séjour. Cette charmante petite localité aux nombreuses fontaines fleuries en été possède une jolie église gothique des 14e et 15e s. Prendre à gauche, à l'entrée du village, la direction du Haut-Kœnigsbourg.

A 4 km de St-Hippolyte, tourner à droite, puis 1 km plus loin, à gauche pour prendre la route à sens unique qui contourne le château.

★★ **Haut-Kœnigsbourg.** – *Page 77.*

Rejoindre la D 1B1 que l'on prend à droite, puis prendre, encore à droite, la D 481.

★ **De Schaentzel à Lièpvre.** – Cette jolie route en descente rapide, bordée de majestueux sapins, procure des vues superbes sur la vallée de la Liepvrette et sur les châteaux ruinés qui dominent cette dernière, au Nord.

Revenir à la D 1B1 et prendre à droite la D 42.

Thannenkirch. – 367 h. Charmant village dans un site reposant, environné de forêts.

La descente vers la plaine s'effectue par la **vallée du Bergenbach,** profondément encaissée entre des hauteurs boisées.

Après Bergheim, où l'on reprend la route de l'aller, on aperçoit les trois châteaux étagés de St-Ulrich, de Girsberg et du Haut-Ribeaupierre, puis la vue se dégage sur la plaine.

★★★ RIQUEWIHR   1 045 h. (les Riquewihriens)

Carte Michelin n° 87 pli 17 ou 242 pli 31 – Schéma p. 141 – Lieu de séjour.

Riquewihr, attrayante petite ville d'Alsace, est la perle du vignoble ; la production de son Riesling si réputé est une tâche à laquelle, l'une après l'autre, se sont attachées les générations. C'est surtout à l'époque des vendanges qu'il faut saisir cette vie vigneronne. Ayant par bonheur échappé aux ravages de la guerre, la ville apparaît au touriste émerveillé telle qu'elle était au 16e s.

Les tribulations d'une ville au cours des siècles. – Les villes et les villages ont longtemps constitué une monnaie d'échange. C'est ainsi qu'en 1324, les comtes de Horbourg, seigneurs de Riquewihr, vendent leur fief au duc de Wurtemberg. L'évêque de Strasbourg, tenu à l'écart du marché, lance une expédition de représailles. Pour punir Riquewihr, il faut frapper à la cave. Les soldats absorbent autant de vin que leur robuste capacité le leur permet. Le reste est chargé sur des chariots à destination de Strasbourg.

Riquewihr a maille à partir avec les troupes du duc de Lorraine qui font de fréquentes incursions. Paysans, vignerons et bourgeois leur infligent une sanglante défaite à Scherwiller. Ils ne sont pas toujours aussi heureux mais le vignoble demeure : grâce à ses vins merveilleux, Riquewihr et ses habitants sortent des situations les plus tragiques.

Jusqu'à la Révolution, les ducs de Wurtemberg demeurent les suzerains de la ville de Riquewihr. L'un deux, Henri, que l'on nomme « le Fou », exerce sur la cité une véritable terreur. L'archiduc Ferdinand d'Autriche intervient et le fait emprisonner. Son fils, au contraire, laisse à Riquewihr le souvenir d'un prince magnanime et fastueux.

Puis vient la décadence. Lorsque Louis XIV passe en Alsace, le duc de Wurtemberg qui vient le saluer se fait remarquer par la pauvre mine de son équipage. Et, plus tard, l'un des derniers ducs empruntera 500 000 livres à Voltaire, sous caution de ses vignobles de Riquewihr...

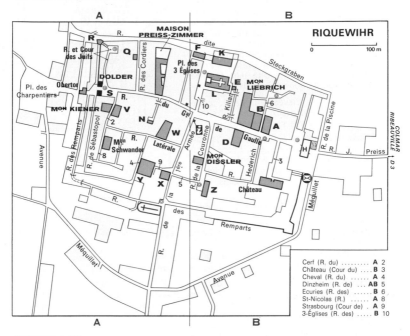

RIQUEWIHR

Cerf (R. du) .... **A** 2
Château (Cour du) .... **B** 3
Cheval (R. du) ...... **A** 4
Dinzheim (R. de) ... **AB** 5
Ecuries (R. des) ..... **B** 6
St-Nicolas (R.) ...... **A** 8
Strasbourg (Cour de) . **A** 9
3-Églises (R. des) ..... **B** 10

VISITE 2 h

Laisser la voiture à l'extérieur de la ville (stationnement payant). Passer sous l'hôtel de ville et prendre en face la rue du Général-de-Gaulle. A gauche s'ouvre la cour du château, au fond de laquelle il se trouve.

Château (B). – Élevé en 1539, il n'a gardé que ses fenêtres à meneaux, son pignon couronné de cornes de cerf et sa tourelle d'escalier. Devant le côté Est du château, petit musée lapidaire de plein air et autel de la liberté de 1790.

Musée d'histoire des P.T.T. d'Alsace. – L'ancienne malle-poste de Strasbourg à Colmar stationne à l'entrée. Quatre salles au rez-de-chaussée (expositions philatéliques) et six salles au 1er étage du château, retracent l'évolution des moyens de communication usités en Alsace de l'époque gallo-romaine au 20e s.

Maquettes (le Great Eastern, paquebot transformé en navire-câblier en 1865), documents, photos, timbres, premières cartes postales, mannequins, enseignes de fer forgé, etc., illustrent l'histoire des messagers à pied, de la Poste aux chevaux, de la Poste aux lettres, de l'aviation postale, du télégraphe et du téléphone. Reconstitution de la station télégraphique de Chappe installée jadis au sommet de la cathédrale de Strasbourg.

Suivre la rue du Général-de-Gaulle.

Au n° 12, **maison Irion (A)**, datant de 1606, avec oriel d'angle ; en face, vieux puits du 16e s. A côté, **maison Jung-Selig (B)**, de 1561, avec pans de bois ouvragés.

★**Maison Liebrich (Cour des cigognes) (B)**. – 1535. Dans sa très pittoresque cour, à galeries de bois à balustres (milieu du 17e s.), on voit un puits de 1603 et un énorme pressoir (1817). En face de la maison Liebrich, **maison Behrel (D)** avec un joli oriel de 1514 surmonté d'une partie ajoutée en 1709.

Prendre la rue Kilian, 2e à droite.

Maison Brauer (B E). – Située au fond de la rue, elle présente une belle porte de 1618.

Emprunter ensuite la rue des Trois-Églises.

Place des Trois-Églises (AB). – Elle est encadrée par les anciennes églises St-Erard **(B F)**, Notre-Dame **(B K)**, converties en maisons d'habitations, et un temple protestant du 19e s. **(L)**.

Revenir rue du Général-de-Gaulle.

★**Maison Preiss-Zimmer (A)**. – Cette ancienne hôtellerie de l'Étoile date de 1686. Les fenêtres sont encadrées de torsades, de ceps et de fruits ; plusieurs cours successives forment un ensemble pittoresque. L'avant-dernière appartenait à la Corporation des Vignerons. Dans la ruelle, en face, se trouve l'ancienne cour dimière **(N)** des sieurs de Ribeaupierre.

Prendre à droite la rue des Cordiers.

Maison Schaerlinger (A Q). – *Au n° 7.* Elle est décorée de jolies poutrelles sculptées (1672).

En continuant la rue du Général-de-Gaulle on arrive à la rue des Juifs.

Rue et cour des Juifs (A). – La petite rue des Juifs débouche sur la curieuse cour des Juifs, ancien ghetto, au fond de laquelle un étroit passage et un escalier de bois conduisent aux remparts et à la ⓥ **tour des Voleurs** (R). On visite la salle de torture, l'oubliette et l'habitation du gardien de cette ancienne prison.
Au bout de la rue du Général-de-Gaulle, sur la place de la Sinn, se dresse la Porte Haute ou Dolder. A droite jolie **fontaine Sinnbrunnen** (S) qui date de 1580.

★**Dolder** (A). – Élevée en 1291, cette porte fut renforcée aux 15ᵉ et 16ᵉ s. Les parties supérieures sont pittoresques.

ⓥ **Musée.** – Il occupe les quatre étages du Dolder. On y accède par l'escalier à gauche de la porte. Il renferme des souvenirs, gravures, armes, ustensiles se rapportant à l'histoire locale (outils, meubles, serrures...).

Riquewihr. – Le Dolder.

Passer sous le Dolder pour accéder à l'Obertor.

Obertor (Porte Supérieure) (A). – Remarquer sa herse et la place de l'ancien pont-levis de 1500.

Faire demi-tour, repasser sous le Dolder et descendre la rue du Général-de-Gaulle pour tourner à droite dans la rue du Cerf.

★**Maison Kiener** (A). – *Au n° 2.* Datée de 1574 et surmontée d'un fronton, elle présente une inscription et un motif en bas-relief où l'on voit la Mort saisir le fondateur de la maison. La porte en plein cintre est taillée en biais pour faciliter l'entrée des voitures. La cour est très pittoresque avec son escalier tournant, ses étages en encorbellement et son puits de 1576.
En face, l'ancienne **auberge du Cerf** (V) date de 1566.

Continuer la rue du Cerf puis emprunter en face la rue St-Nicolas.

Maison Schwander (A). – *Au n° 6.* Construite en 1605, elle présente un escalier en colimaçon, de belles galeries en bois et un puits ancien dans sa cour.

Revenir sur ses pas et prendre à droite la rue Latérale.

Rue Latérale (A). – Elle possède de belles maisons, parmi lesquelles, au n° 6, la maison de David Irion (W) qui a gardé un oriel de 1551.

Tourner à droite dans la rue de la 1ʳᵉ-Armée.

Au n° 16, la **maison du Bouton d'Or** (X) remonte à 1566. A l'angle de la maison, une impasse conduit à la maison dite **Cour de Strasbourg** (Y) (1597).

Prendre ensuite la rue Dinzheim qui s'amorce devant la maison du Bouton d'Or.

On arrive ainsi dans la rue de la Couronne. Au n° 18, **maison Jung** (B Z) qui date de 1683 avec, en face, un vieux puits, le **Kuhlebrunnen.** Plus loin, sur la gauche, s'élève la maison Dissler.

★**Maison Dissler** (B). – *Au n° 6.* Construite en pierre, avec ses pignons à volutes et sa loggia, c'est un intéressant témoin de la Renaissance rhénane (1610).

On regagne ensuite la rue du Général-de-Gaulle que l'on prend à droite vers l'hôtel de ville.

★ ROSHEIM   3 766 h. (les Rosheimois)

Carte Michelin n° 🔲🔲 pli 15 ou 🔲🔲🔲 pli 23 – Schéma p. 141.

Rosheim est une petite ville de vignerons qui a le privilège de posséder, entre les ruines de ses remparts, quelques-uns des édifices les plus anciens de l'Alsace.

CURIOSITÉS

★**Église St-Pierre et St-Paul.** – Elle intéressera les amateurs d'archéologie par son ⓥ architecture caractéristique de l'école rhénane du 12ᵉ s. *(voir p. 38).*
Elle a été très restaurée au siècle dernier, puis restituée dans sa pureté primitive en 1968. Construite en grès jaune, elle présente un lourd clocher octogonal, d'époque plus récente que l'église (16ᵉ s.), au-dessus de la croisée du transept. Remarquer les bandes plates qui décorent la façade et les murs, appelées « bandes lombardes » parce qu'elles ont été introduites par les Lombards (banquiers italiens qui, avec les Juifs, monopolisaient le commerce de l'argent). Des arcatures courent le long des parties hautes de la nef et des bas-côtés et se relient aux bandes lombardes. Des lions, dévorant des victimes humaines, garnissent le pignon de la façade Ouest (autre influence lombarde). Aux quatre angles de la fenêtre absidale sont figurés les symboles des évangélistes.

A l'intérieur, alternance de piles fortes et de piles faibles surmontées de chapiteaux sculptés (remarquer particulièrement la couronne de petites têtes, toutes différentes). Orgues Silbermann de 1733 (restaurées).

Portes du Lion, Basse et de l'École. – Vestiges de l'ancienne enceinte de Rosheim.

Puits à chaîne et Zittgloeckel. – Sur la place de la Mairie, puits de 1605 et tour de l'Horloge.

Maisons anciennes. – Nombreuses le long de la rue du Général-de-Gaulle et des petites rues adjacentes.

Maison païenne. – *Elle est située dans le faubourg, sur la route d'Obernai, et à l'angle de la rue de l'Hôpital.* Ce serait la plus ancienne demeure d'Alsace. Elle date probablement de la seconde moitié du 12e s. (vers 1160-1170). En pierre, elle présente deux étages percés de petites ouvertures.

★ ROUFFACH   4 939 h. (les Rouffachois)

Carte Michelin n° 87 pli 18 ou 242 pli 35 – Schéma p. 141 – Lieu de séjour.

Bâtie en plaine à l'abri de ses coteaux couverts de vigne, Rouffach est un centre agricole prospère.

Les femmes de Rouffach. – En 1106, l'empereur Henri V s'installe dans son château de Rouffach. Le jour de Pâques, le monarque ayant fait enlever une jeune fille, les femmes de Rouffach prennent les armes et, entraînant leurs époux, se lancent à l'assaut du château. L'empereur s'enfuit devant la horde déchaînée ; sa couronne, son sceptre, son manteau impérial restent aux mains des assaillantes qui en font offrande à l'autel de la Vierge.

Le privilège du gibet. – « Le gibet de Rouffach est fait de bon bois de chêne : prends garde au gibet de Rouffach... » Tel est le dicton populaire, au 16e s. Un jour, les habitants du village de Pfaffenheim demandent au Conseil de Rouffach de leur prêter son gibet pour y pendre un malfaiteur ; ils reçoivent cette fière réponse : « Notre gibet nous appartient, il est payé de notre argent. Il est fait pour nous et pour nos enfants, et non pour des étrangers ».

Monsieur Sans-Gêne. – C'est à Rouffach qu'est né Lefebvre, le mari de la célèbre Madame Sans-Gêne. Devenu maréchal et duc de Dantzig, il n'oublie ni ses humbles origines, ni sa petite ville natale.
Souvent, il séjourne à Rouffach, non chez les riches bourgeois qui seraient honorés de le recevoir, mais dans la pauvre maison de sa mère. « J'irai chez ma mère, dit-il, quand elle n'aurait qu'une paillasse à m'offrir. » Et la vieille femme, jusqu'à sa mort, signe orgueilleusement ses lettres : « Maria, la mère du Maréchal ».

La jonction. – Le 5 février 1945, la 12e D.B. américaine, arrivant de Colmar, fait sa jonction ici avec la 4e Division marocaine de montagne qui vient de prendre Cernay. Le fond de la « poche de Colmar » est coupé *(voir p. 31)*.

CURIOSITÉS

Église N.-D. de l'Assomption. – Cette église appartient dans son gros œuvre aux 12e et 13e s. La partie la plus ancienne est le transept (11e-12es.). La nef et le chœur sont du 13e s., la façade et la première travée de la nef, du 14 e s. La tour Nord est du 19e s.

Intérieur. – Les grandes arcades sont composées de piles fortes et de piles faibles alternées, comme il est d'usage dans le style rhénan du 12e s. Toutes les colonnes sont surmontées de beaux chapiteaux à crochets.
Dans le croisillon droit, fonts baptismaux octogones (1492). Dans le chœur (contre les piles du carré du transept), élégants escaliers, seuls restes d'un jubé du 14e s. A gauche du maître-autel, joli tabernacle du 15e s. Contre un des piliers de la nef, à gauche, Vierge à l'Enfant surmontée d'un dais, sculptée vers 1500.

Tour des Sorcières. – Elle date des 13e et 15e s. Couronnée de mâchicoulis, elle est surmontée d'un toit à quatre pans que termine un nid de cigognes. Ce fut une prison jusqu'au 18e s.

Maisons anciennes. – Sur la place de la République, voir l'ancienne halle au blé (fin 15e s. - début 16e s.) ainsi que, au fond de la place, à gauche de la Tour des Sorcières, la maison de l'Œuvre Notre-Dame, gothique et l'ancien hôtel de ville qui possède une belle façade Renaissance à double pignon.
On peut voir également trois autres maisons intéressantes aux nos 11, 17 et 23 de la rue Poincaré.

Église des Récollets. – Elle fut construite de 1280 à 1300. Les bas-côtés ont été remaniés au 15e s. A l'un des contreforts, est accolée une chaire à balustrade ajourée. Un nid de cigognes est installé au sommet.

EXCURSION

Pfaffenheim. – *3 km au Nord par la N 83.*
Ce village viticole, ancienne cité de la fin du 9e s. conserve une **église** dont l'abside du 13e s., décorée de frises à motifs floraux, présente une galerie aveugle et de fines colonnettes. Les entailles que l'on voit dans les pierres, dans la partie basse, laissent supposer que les vignerons aiguisaient là leurs serpettes.

★★★ ROUTE DES CRÊTES

Carte Michelin n° 87 plis 17, 18, 19 ou 242 plis 31, 35.

La création de cette route stratégique fut décidée pendant la guerre de 1914-1918 par le Haut-Commandement français pour assurer sur le front des Vosges les communications Nord-Sud entre les différentes vallées.

Tracée constamment au voisinage de la ligne de crête, cette route magnifique permet d'admirer les paysages les plus caractéristiques de la chaîne des Vosges, ses cols, ses ballons, ses lacs, ses « chaumes » – domaine estival des troupeaux – et offre des panoramas et des vues très étendues. En outre, elle fait connaître, parmi les champs de bataille de la guerre de 1914-1918, l'un des plus célèbres : celui du Vieil-Armand.

Du Hohneck au Grand Ballon la route des Crêtes est jalonnée de « fermes-auberges », où, de juin à octobre, sont servis des collations ou des repas composés de mets régionaux.

La route des Crêtes est tracée en forêt sur 50 % de son parcours.

① DU COL DU BONHOMME AU COL DE LA SCHLUCHT
21 km – environ 1 h – schéma p. 139

Col du Bonhomme. – *Page 121.*

Au départ du col, la route offre de belles échappées à gauche sur la vallée de la Béhine dominée par la Tête des Faux et le Brézouard. Du col de Louchbach, belle vue au Sud sur la vallée de la Meurthe.

Au col du Calvaire, tourner à droite.

La route sortant de la forêt offre des vues à droite sur le Hohneck et les montagnes de Gérardmer en dernier plan ; en avant, sur la vallée de la Meurthe et le bassin de St-Dié.

★**Gazon du Faing.** – *3/4 h à pied AR.* Monter, en passant par le sommet du Gazon du Faing (1 303 m) jusqu'à un gros rocher. De cet endroit, la **vue** est très étendue. Au fond du cirque de Lenzwasen repose le petit étang des Truites transformé en réservoir par un barrage.

Au-delà, on aperçoit de gauche à droite : le Linge, le Schratzmaennele, le Barrenkopf ; plus à droite, au-delà de la vallée de la Fecht, dans laquelle on aperçoit Munster, une longue crête descend du Petit Ballon ; à droite de celui-ci, à l'horizon, se silhouette le Grand Ballon (alt. 1 424 m) ; plus à droite encore, on aperçoit le Petit Hohneck (1 288 m) et le Hohneck (1 362 m).

Un peu plus loin, vue sur les vallées du Rudin et du Grand Valtin et les hauteurs dominant le bassin supérieur de la Meurthe (chaume et signal de Sérichamp).

Lac Vert. – A hauteur de la borne Km 5 *(5 km de la Schlucht),* un sentier conduit à une vue sur le lac Vert, appelé également lac de Soultzeren, et la vallée de Munster. Des lichens en suspension donnent leur teinte aux eaux du lac.

Col de la Schlucht. – Lieu de séjour. Il fait communiquer la vallée de la Meurthe, qui prend sa source à 1 km de là, avec celle de la Fecht. Au croisement de la Route des Crêtes et de la route de Gérardmer à Colmar, c'est l'un des passages les plus fréquentés des Vosges. Le col de la Schlucht est, en hiver, une station de ski appréciée.

★**Sommet de Montabey.** – *3/4 h à pied AR. Quitter le col de la Schlucht, au Sud, par un sentier se détachant de la D 430, à gauche, et longeant un téléski.* Au sommet, où une tour de 15 m a été élevée, on découvre une **vue** étendue sur la Forêt Noire, la plaine d'Alsace, le Donon et, par temps clair, les sommets des Alpes.

⊙ **Jardin d'Altitude du Haut-Chitelet.** – *A 2 km du col de la Schlucht, vers le Markstein, sur le côté droit de la D 430.* Situé à 1 228 m d'altitude, sur 10 ha de bois et de rocaille, il présente 2 900 espèces de plantes de haute montagne provenant de tous les continents et groupées par régions d'origine. On y trouve en outre une tourbière, et la source de la Vologne.

② DU COL DE LA SCHLUCHT A THANN
62 km – environ 3 h 1/2 – schéma p. 139

Col de la Schlucht. – *Description ci-dessus.*

A 3 km du col, la route offre une jolie **vue★** sur la vallée de la Vologne au fond de laquelle on aperçoit les lacs de Longemer et de Retournemer. Au loin, le village de Xonrupt et les faubourgs de Gérardmer (belvédère aménagé).

★★★**Hohneck.** – *Le chemin d'accès en forte montée s'embranche sur la route des Crêtes à 4 km de la Schlucht (ne pas prendre le chemin privé qui précède – à 3 km – en mauvais état).* Ce sommet, l'un des plus célèbres des Vosges, et l'un des plus élevés (alt. 1 362 m), est le point culminant de la crête qui constituait, avant la guerre de 1914-1918 la frontière franco-allemande.

Un splendide **panorama★★★** (table d'orientation) s'offre sur les Vosges, du Donon au Grand Ballon, sur la plaine d'Alsace et la Forêt Noire. Par temps clair, on aperçoit les sommets des Alpes.

La route parcourt les « chaumes » *(voir p. 19).* Sur la droite apparaît le lac de Blanchemer, dans un très beau site boisé. Plus loin, la vue est magnifique sur la Grande Vallée de la Fecht ; ensuite le lac et la vallée de la Lauch et, au loin, la plaine d'Alsace se révèlent.

Le Markstein. – *Page 74.*

La route, en corniche, offre des vues tantôt sur la vallée de la Thur et le massif du Ballon d'Alsace, tantôt sur la vallée de la Lauch et le Petit Ballon. Au fond d'un entonnoir boisé : le petit **lac du Ballon.**

*** **Grand Ballon.** – Le Grand Ballon ou Ballon de Guebwiller est le point culminant des Vosges (alt. 1 424 m). *Quitter la voiture à hauteur de l'hôtel et emprunter le deuxième sentier à gauche (1/2 h à pied AR).* Un peu en contrebas du sommet s'élève le monument des « Diables Bleus », érigé à la mémoire des bataillons de chasseurs. Du sommet du Grand Ballon, le **panorama***** embrasse les Vosges méridionales, la Forêt Noire et, par temps clair, le Jura et les Alpes.

La descente du Grand Ballon procure des vues superbes et l'on passe à proximité des ruines du château de Freundstein.

** **Vieil-Armand.** – *Page 189.*

Le Molkenrain. – *Prendre le chemin qui s'embranche à droite sur la D 431, 2 km après celui du Vieil-Armand :* vue sur la plaine d'Alsace et la Forêt Noire.

    Revenir à la D 431.

Dans la descente vers Uffholtz : vues sur la plaine d'Alsace et la Forêt Noire.

Cernay. – 10 334 h. Petite ville industrielle située au pied du Vieil Armand. Elle possède encore des restes de son enceinte fortifiée du Moyen Age, dont la Porte de Thann qui abrite un petit **musée** sur les guerres (1870, 1914-18, 1939-45). C'est de Cernay que part le **circuit touristique** de la vallée de la Doller, en chemin de fer à vapeur, qui mène, en 14 km, à Sentheim. *Prendre la D 35 à l'Ouest.*

★ **Thann.** – *Page 171.*

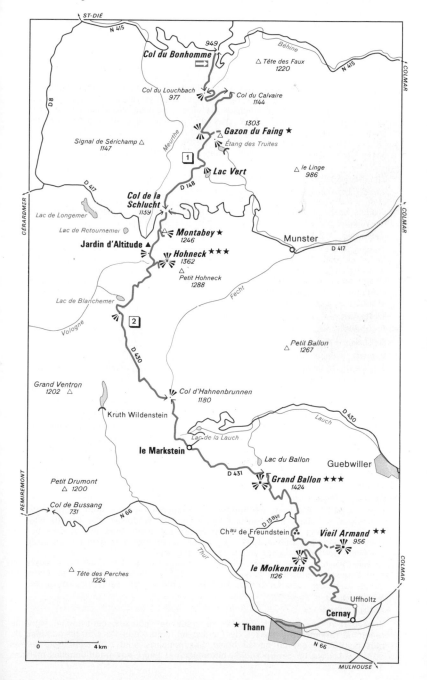

★★★ ROUTE DU VIN

Carte Michelin n° 87 plis 14 à 19 ou 242 plis 19, 23, 27, 31, 35.

Sinueuse, la route du Vin joint Marlenheim à Thann par le chemin des écoliers. Au pied des coteaux sous-vosgiens hérissés de vieilles tours et de châteaux en ruines, la route, bien signalée, nous conduit à travers le vignoble alsacien, reliant bourgades et petites villes aux noms prestigieux : Barr, Mittelbergheim, Andlau, Dambach-la-Ville, Bergheim, Ribeauvillé, Riquewihr, Turckheim, Eguisheim, etc.

La visite du vignoble au moment des vendanges présente un intérêt tout particulier. Il y règne alors une activité extraordinaire, et le touriste saisit la vie propre de cette population vigneronne, dont la vigne constitue l'occupation exclusive.

Le vignoble alsacien. – C'est au 3e s. que l'Alsace a commencé à cultiver la vigne. Depuis ces temps lointains, la région qui constitue le vignoble s'enorgueillit de n'avoir pas d'autre raison d'être.

Bien que la terre soit fertile et permette les cultures les plus variées, tout est sacrifié à la vigne. Le paysage des collines sous-vosgiennes en est tout entier marqué : hauts échalas, gradins, petits murs escaladent les premières pentes de la montagne. La vigne occupe dans la région délimitée à appellation contrôlée 13 000 ha et s'étage de 200 à 400 m d'altitude.

La production annuelle, très variable, est d'environ 1 000 000 d'hectolitres. Le vin domine la vie du pays, son activité et ses réjouissances, occupant près de 8 000 familles de viticulteurs. En effet, le vignoble alsacien est avant tout un vignoble de qualité. Les efforts qualitatifs consentis par les producteurs de cette région ont été récompensés au cours des dernières années par la reconnaissance des AOC Alsace Grand Cru et Crémant d'Alsace, venant s'ajouter à l'AOC Alsace, ainsi que par la définition de deux produits particuliers : les « Vendanges Tardives » et les « Sélections de Grains Nobles ».

Une surveillance permanente, une recherche patiente de l'adaptation des cépages aux sols, l'entretien de ceux-ci nécessitent du vigneron un genre de vie particulier dont on retrouve les traces jusque dans l'habitat. Les très nombreux villages gais et fleuris traversés par la route du Vin, ces « petites villes » du vignoble serrées autour de l'église et de la « maison de ville », sont un des charmes de l'Alsace. La dégustation des admirables crus du vignoble alsacien ajoute une saveur gastronomique à l'intérêt touristique.

La confrérie St-Étienne, siégeant au château de Kientzheim (p. 82), près de Kaysersberg, opère une sélection rigoureuse des meilleurs produits.

☐ DE MARLENHEIM A CHÂTENOIS
68 km – environ 4 h – schéma p. 141

Jusqu'à Rosheim, la route n'aborde pas franchement les contreforts des Vosges et les villages ont encore les caractères des villages de plaine.

Marlenheim. – 2 822 h. Centre viticole réputé.

Wangen. – 591 h. Avec ses rues sinueuses, ses vieilles maisons, les arcs de ses portes de cour, Wangen est un village viticole typique. Jusqu'en 1830 ses habitants devaient chaque année verser à l'abbaye St-Étienne de Strasbourg, propriétaire du village, un impôt de 300 hl de vin. La « fête de la Fontaine » rappelle cette ancienne coutume : le dimanche qui suit le 3 juillet, le vin coule librement à la fontaine de Wangen.

Westhoffen. – 1 416 h. Village typique de vignerons.

Avolsheim. – *Page 46.*

★**Molsheim.** – *Page 96.*

★**Rosheim.** – *Page 136.*

A la sortie de Rosheim, en avant et à gauche, sur les premières hauteurs vosgiennes dominant la plaine, apparaissent les ruines du château de Landsberg.

Désormais, la route devient accidentée : dès qu'on s'élève, la vue s'étend sur la plaine d'Alsace, tandis qu'apparaissent, perchés sur des promontoires, les restes de nombreux châteaux : châteaux d'Ottrott, d'Ortenbourg, de Ramstein.

Boersch. – 1 663 h. Boersch conserve trois anciennes portes. Franchissant la porte du Bas, on atteint une place★ pittoresque entourée de vieilles maisons : la plus remarquable est la mairie (16e s.). Un puits Renaissance, à colonnes ornées de chapiteaux sculptés, s'élève à l'entrée de la place. Pour sortir de Boersch, on passe sous la porte du Haut.

Ottrott. – *Page 78.*

★★**Obernai.** – *Page 119.*

Barr. – 4 615 h. C'est une cité industrielle (tanneries réputées dont la spécialité est le box-calf) doublée d'un important centre viticole, produisant des vins de choix : Sylvaner, Riesling et surtout Gewurztraminer. L'annuelle foire aux vins se tient à l'hôtel de ville, bel édifice du 17e s., décoré d'une loggia et d'un balcon sculpté : pénétrer dans la cour pour voir la façade postérieure.

⊙ La **Folie Marco**, maison mi-seigneuriale, mi-bourgeoise du 18e s, abrite un **musée** où sont exposés meubles anciens du 17e au 19e s, faïences, porcelaines, étains et souvenirs locaux ; section consacrée à la « schlitte » (sur ce terme, voir p. 19).

Mittelbergheim. – *Page 78.*

★**Andlau.** – *Page 44.*

Dambach-la-Ville. – 1 907 h. Établie au creux des côteaux, centre d'un vignoble renommé (Grands crus classés du Frankstein), cette coquette cité est dominée de plus de 500 m par un massif boisé. Ses remparts dont subsistent trois vieilles portes enserrent un centre ancien pittoresque et fleuri, aux traditionnelles maisons à colombages.

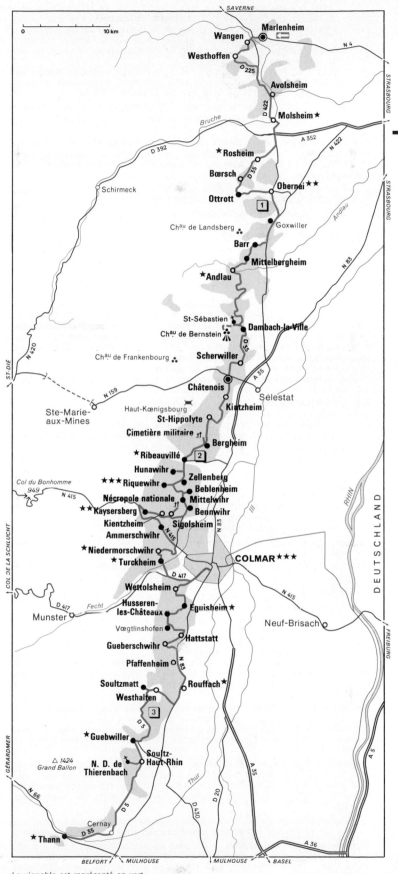

Le vignoble est représenté en vert,
les points noirs désignent les localités viticoles.

400 m après la porte Haute, tourner à gauche. A la fin de la montée, prendre à droite un chemin qui s'élève jusqu'à la **chapelle St-Sébastien.** Vue étendue sur la plaine d'Alsace et le Vignoble. A l'intérieur de la chapelle, le maître-autel très orné (baroque fin 17ᵉ s.), en bois sculpté, représente la Sainte Famille ; au-dessus, le Saint-Esprit et le Père Éternel et, plus haut, un Saint Sébastien. A l'extérieur, à côté du chœur, ossuaire du 16ᵉ s.

En continuant le chemin *(2 h à pied AR)* on arrive aux ruines du **château fort de Bernstein** (12ᵉ-13ᵉ s.), construit sur une arête granitique, dont il reste un corps de logis et un donjon pentagonal : belle vue sur la plaine d'Alsace.

Scherwiller. – 2 382 h. C'est là que, en 1525, le duc Antoine de Lorraine remporta, sur les paysans alsaciens révoltés, la victoire qui mit fin à la guerre des Rustauds.

Châtenois. – 3 005 h. La ville portait au 12ᵉ s. le nom de Castinetum. On y remarque un curieux clocher roman que terminent une flèche et quatre échauguettes en charpente ; une pittoresque porte du 15ᵉ s. appelée « Tour des sorcières », dont le toit est surmonté d'un nid de cigognes.

② DE CHÂTENOIS A COLMAR

54 km – environ 5 h – schéma p. 141

Châtenois. – *Description ci-dessus.*

Jusqu'à Ribeauvillé, la route est dominée par de nombreux châteaux : masse imposante du Haut-Kœnigsbourg, ruines des châteaux de Kintzheim, de Frankenbourg, de St-Ulrich, de Girsberg et du Haut-Ribeaupierre.

Kintzheim. – *Page 156.*

St-Hippolyte. – *Page 134.*

Bergheim. – 1774 h. A deux pas de la Porte Haute, entrée fortifiée du 14ᵉ s., un tilleul daté de 1300 donne le ton de l'ancienneté de ce bourg viticole au cachet sans apprêt. Le mur d'enceinte médiéval, celui-là même qui permit de repousser victorieusement Charles le Téméraire en 1470, subsiste encore au Nord, flanqué de trois fines tours rondes. Il abrite de nombreuses maisons anciennes. On remarquera la place du marché, fleurie et ornée d'une jolie fontaine.

L'**église** de grès rouge conserve des éléments du 14ᵉ s. (abside, chœur et base du clocher) dans une construction contemporaine de l'hôtel de ville, bâti au 18ᵉ s.

Cimetière militaire allemand. – *1 200 m au départ de Bergheim. A la sortie Nord de la localité, prendre à gauche une route en montée se détachant de la D 1ᵇ.* Cette nécropole aligne sur les pentes d'une colline les sépultures, orientées vers la mère-patrie, de soldats allemands tombés durant la guerre de 1939-1945. De la croix érigée au sommet, beau **panorama★** sur les crêtes vosgiennes avoisinantes à l'Ouest, le château du Haut-Kœnigsbourg au Nord, Sélestat et la plaine d'Alsace au Nord-Est et à l'Est.

★ Ribeauvillé. – *Page 132.*

Au-delà de Ribeauvillé, la route s'élève à mi-pente des coteaux et la vue se dégage sur la plaine d'Alsace. C'est entre Ribeauvillé et Colmar que se trouve le cœur du vignoble alsacien. Villages et bourgs viticoles aux crus réputés se succèdent sur les riches coteaux qui bordent les Vosges : petites cités pittoresques qui raviront le touriste.

Hunawihr. – *Page 80.*

Zellenberg. – 354 h. Petit village juché sur une colline : belle vue sur Riquewihr et le vignoble.

★★★ Riquewihr. – *Page 134.*

Beblenheim. – *Page 134.*

Mittelwihr. – 622 h. A la sortie Sud du village, remarquer à droite le « Mur des Fleurs Martyres ». Ce mur fut, pendant l'Occupation, fleuri d'ipomées bleues, de pétunias blancs et de géraniums rouges. Cette floraison tricolore demeura, jusqu'à la Libération, le gage de la fidélité alsacienne.

Les coteaux de Mittelwihr – appelé le « Midi de l'Alsace » – bénéficient d'une exposition tellement favorable que les amandiers y fleurissent et même y mûrissent. Le Gewurztraminer et le Riesling qui en proviennent jouissent d'une renommée sans cesse grandissante.

Bennwihr. – 1 139 h. Village fleuri à la belle saison et dont la qualité des vins est universellement reconnue. L'**église** moderne possède un vitrail qui, s'étirant sur toute la longueur de la façade Sud, laisse pénétrer à l'intérieur de l'édifice une lumière colorée très intense. Remarquer les tonalités très douces des vitraux de la chapelle à gauche.

Sigolsheim. – 946 h. On a situé ici le « champ de mensonge » où campèrent, en 833, les fils de Louis le Débonnaire avant de s'emparer de leur père pour le faire emprisonner. L'église St-Pierre-et-St-Paul date du 12ᵉ s. Son portail roman s'orne d'un tympan dont les sculptures rappellent celles de Kaysersberg et d'Andlau.

Emprunter la rue de la 1ʳᵉ Armée (anciennement rue principale) pour gagner, à 2 km au Nord-Est, après le couvent des Capucins, la nécropole nationale.

Nécropole nationale de Sigolsheim. – *Du parc de stationnement, 5 mn à pied AR.* 124 marches. Son enceinte de grès rouge, entourée de vignes, couronne le sommet d'une colline. Y sont inhumés 1 684 soldats de la 1ʳᵉ Armée française tombés en 1944. Du terre-plein central, majestueux **panorama★** sur les sommets et châteaux avoisinants, ainsi que sur Colmar et la plaine d'Alsace à l'Est.

Kientzheim. – *Page 82.*

★★**Kaysersberg.** – *Page 80.*

Ammerschwihr. – *Page 44.*

★**Niedermorschwihr.** – 620 h. Joli village au milieu des vignes, dont l'église moderne a conservé un clocher vrillé du 13ᵉ s. Le long de sa rue principale, maisons anciennes à oriels *(voir p. 37)* et balcons de bois.

Entre Niedermorschwihr et Turckheim, la route sinue sur une colline couverte de vignes d'où la vue se dégage largement sur la plaine.

★**Turckheim.** – *Page 179.*

Peu après Turckheim, prendre à gauche la D 417.

★★★**Colmar.** – *Visite : environ 5 h. Description p. 55.*

③ **DE COLMAR A THANN**

59 km – environ 3 h – schéma p. 141

★★★**Colmar.** – *Visite : environ 5 h. Description p. 55.*

Sortir par ⑤ du plan, D 417.

Wettolsheim. – 1 554 h. Ce petit bourg revendique l'honneur d'avoir été la patrie du vignoble alsacien ; introduite dès le temps de la domination romaine, la culture de la vigne se serait, de là, étendue à tout le pays.

★**Eguisheim.** – *Page 65.*

La route, très pittoresque, est dominée d'abord par les ruines des « trois châteaux » d'Eguisheim, tandis que la vue s'étend largement sur la plaine d'Alsace.

Husseren-les-Châteaux. – 362 h. C'est le point le plus élevé du vignoble alsacien (alt. 380 m). Le village de Husseren, d'où l'on a un beau panorama sur la plaine d'Alsace, est dominé par les ruines des « trois châteaux » d'Eguisheim *(voir p. 65)*. C'est d'ailleurs de Husseren que part la « Route des Cinq Châteaux » *(voir p. 65)*.

Hattstatt. – 691 h. Très ancien bourg, autrefois fortifié. L'église, de la première moitié du 11ᵉ s., possède un chœur du 15ᵉ s. avec un autel en pierre de la même époque. Le baptistère date également du 15ᵉ s. A gauche, dans la nef, se trouve un beau calvaire Renaissance. La chaire et le retable sont de style baroque.

Gueberschwihr. – 727 h. Paisiblement établi sur un coteau viticole, ce village est dominé par un magnifique clocher roman, dernier vestige de son église du début du 12ᵉ s.

Pfaffenheim. – *Page 137.*

★**Rouffach.** – *Page 137.*

Peu après Rouffach, se profile au loin le Grand Ballon *(p. 139)*.

Westhalten. – 745 h. Village pittoresque entouré de vignes et de vergers, possédant deux fontaines et plusieurs maisons anciennes.

Soultzmatt. – 1 924 h. Charmante cité bâtie le long des rives de l'Ohmbach. Ses vins, Sylvaner, Riesling, Gewurztraminer, sont très appréciés et ses eaux minérales connues. A l'entrée du pays se dresse le **Château de Wagenbourg.**

★**Guebwiller.** – *Page 73.*

Soultz-Haut-Rhin. – 5 696 h. (les Soultziens). Petite ville ancienne qui a conservé de vieilles maisons, une église gothique et un hôtel de ville de style Renaissance, restauré.

Prendre à droite la D 5ⁱ.

La **basilique N.-D. de Thierenbach** (1723) est le but d'un important pèlerinage qui remonte au 8ᵉ s. *(voir tableau des manifestations en fin de guide).* Elle fut édifiée par l'architecte baroque Peter Thumb.

Revenir à Soultz-Haut-Rhin et prendre la D 5 puis à droite la D 35.

★**Thann.** – *Visite : 1/2 h. Description p. 171.*

ST-AVOLD   17 023 h. (Les Naboriens)

Carte Michelin n° **57** pli 15 ou **242** pli 10.

Important centre religieux depuis le 6ᵉ s., la ville est encore de nos jours un grand lieu de pèlerinage marial. Elle doit son nom à son ancienne abbaye bénédictine, placée sous le vocable de St-Nabor dont elle reçut les reliques au 8ᵉ s. Cette ancienne possession des évêques de Metz, très prospère au Moyen Age, fut cruellement éprouvée par la guerre de Trente Ans.

Aujourd'hui grosse agglomération industrielle (houillères et industrie chimique), St-Avold conserve encore quelques belles demeures, dont le château de Henriette de Lorraine où est installée la mairie. Un petit zoo municipal est aménagé dans le jardin public du centre ville, agréable et verdoyant.

Ancienne église abbatiale St-Nabor. – Édifiée dans un beau grès rosé, cette collégiale de style classique à nefs en halle est éclairée par de lumineux vitraux modernes dus à un artiste naborien. Épargnée par la Révolution, l'église a gardé ses **boiseries** du 18ᵉ s. : stalles et panneaux du chœur, buffet d'orgues. Au fond du bas-côté gauche, un **groupe sculpté★** du 16ᵉ s. représente une pathétique mise au tombeau.

Le cloître et une partie des bâtiments conventuels ont été détruits après 1789.

Carte Michelin n° 🅱🅰 pli 16 ou 🟦🟦🟦 pli 27.

St-Dié, située dans un bassin fertile que dominent des côtes de grès rouge couvertes de sapins, doit son origine à un monastère bénédictin fondé au 7e s. par saint Déodat dont le nom fut abrégé en saint Dié.
St-Dié, ravagée quatre fois par le feu au cours de son histoire, a payé d'un nouvel et terrible incendie, le 9 novembre 1944, son lourd tribut au dernier conflit mondial. La ville est la patrie de Jules Ferry (1832-1893). Les industries textiles et du bois entretiennent son activité.

Les « fonts baptismaux » de l'Amérique. – C'est dans la **Cosmographiae Introductio**, ouvrage imprimé et publié à St-Dié en 1507 par le Gymnase vosgien, assemblée de savants, que le continent découvert par Christophe Colomb fut, pour la première fois, dénommé America.

CURIOSITÉS

★**Cathédrale St-Dié** (B). – Ancienne collégiale de chanoines, érigée en cathédrale en 1777. Sa façade imposante, de style classique, a été édifiée au début du 18e s. Elle est flanquée de deux tours carrées qui lui apportent une touche de solennité. Toutefois, sur le flanc Sud, on découvre un beau portail roman ; elle fut en grande partie dynamitée en novembre 1944. Voûtes et parties orientales ont été remontées à l'identique et l'édifice consacré en 1974.
Le vieux tilleul, à droite de la cathédrale aurait été planté au 13e s.

Intérieur. – Le transept, le chœur et l'abside (décorée d'un vaste enfeu), ont été rendus à leur aspect du 14e s. La nef romane montre une alternance de piles fortes et faibles (les deux premières, tronçonnées, supportaient la tribune) couronnées de **chapiteaux**★ sculptés miraculeusement épargnés par l'explosion : voir Mélusine sur le dernier pilier avant le chœur, à droite. Remarquer le rétrécissement des ogives des bas-côtés, à l'entrée du transept. Les doubleaux et voûtes de la nef, sur croisées d'ogives, sont du 13e s. Sur la colonne à droite de la croisée du transept, Vierge à l'Enfant, en pierre, du 14e s.

Les vitraux. – La cathédrale vient de s'enrichir d'un bel ensemble de vitraux non figuratifs réalisés par dix artistes dont J. Bazaine, maître de l'ouvrage. A travers un subtil balancement entre les couleurs chaudes et les teintes froides, le jeu de formes paisibles ou tourmentées, le regard est insensiblement dirigé de l'entrée vers les trois verrières du chœur : L'embrasement de Pâques, point d'orgue d'une savante et symbolique progression des ténèbres vers la lumière. Des vitraux de la fin du 13e s. sont encore en place dans la deuxième chapelle à gauche.

★**Cloître gothique** (B S). – Occupant l'intervalle compris entre la cathédrale et l'église N.-D.-de-Galilée, et faisant communiquer ces deux édifices, cet ancien cloître de chanoines est fort beau. Sa construction, demeurée inachevée, remonte aux 15e et 16e s. On en admire les baies flamboyantes donnant sur la cour, et les voûtes en croisées d'ogives sur faisceaux de colonnettes engagées ou sur pilastres. A un contrefort de la galerie Est, s'adosse une chaire extérieure du 15e s.

⊘ **Église N.-D.-de-Galilée** (B). – Ayant servi d'église paroissiale pendant la reconstruction de la cathédrale, la « Petite Église » est un exemple typique de l'architecture romane de Lorraine Sud. La façade, d'une grande simplicité, est précédée d'un clocher-porche aux frustes chapiteaux.
L'originalité de la nef consiste en ses voûtes d'arêtes, fait très rare pour un vaisseau aussi large. Les piles fortes et faibles alternent, suivant l'habitude rhénane et de Lorraine Sud.

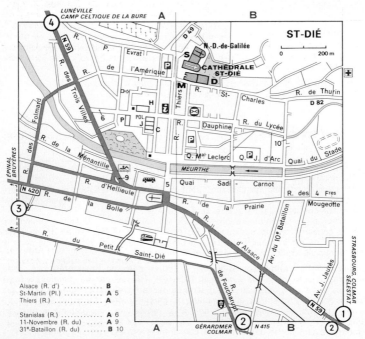

Alsace (R. d') .... **B**
St-Martin (Pl.) .... **A** 5
Thiers (R.) .... **A**

Stanislas (R.) .... **A** 6
11-Novembre (R. du) ...... **A** 9
31e-Bataillon (R. du) ...... **B** 10

Ⓥ **Musée municipal (B M)**. – Reconstruit à l'emplacement de l'ancien palais épiscopal dont subsiste la porte d'entrée monumentale, il comprend notamment des sections dévolues à l'archéologie (fouilles des sites de la Bure et de la Pierre d'Appel), à l'ornithologie (belle série de 350 oiseaux naturalisés, classés par milieux et par thèmes), à la forêt vosgienne, aux métiers du bois et du textile, à l'agriculture et à l'élevage, à la faïence de l'Est et à la verrerie.

Vaste salle consacrée à Jules Ferry et sa famille : manuscrits, photographies, mobilier, peintures, armes d'Afrique et d'Asie. Collection militaire franco-allemande : importante vitrine évoquant Fonck, as de l'aviation militaire pendant la guerre 1914-18, né près de St-Dié. Collection Goll, d'art contemporain.

Ⓥ **Bibliothèque (B D)**. – Elle possède 230 000 ouvrages dont 600 manuscrits et 140 incunables (premiers livres imprimés). Dans la salle du Trésor sont présentés un exemplaire de la rarissime **Cosmographiae Introductio** *(voir p. 144)* et un Graduel enluminé (début 16e s.) comprenant notamment des miniatures qui évoquent le travail dans les mines au Moyen Age.

EXCURSIONS

Camp celtique de la Bure. – *7,5 km – puis 3/4 h à pied AR. Quitter St-Dié par ④ du plan, N 59 ; à 4 km, prendre à droite vers la Pêcherie puis, encore à droite, la route forestière de la Bure, enfin à gauche, la route forestière de la Crenée.* Au col de la Crenée, laisser la voiture et gagner, par le sentier de crête s'élevant derrière un abri forestier, l'entrée principale du camp *(grand panneau explicatif)*. Objet de fouilles entreprises par la Société Philomatique Vosgienne, ce site archéologique a conservé les traces d'une occupation humaine remontant à quelques 3 000 ans avant J.-C. et ne prenant fin qu'au 4e s. de notre ère.

Établi sur l'extrémité Ouest (alt. 582 m) de la crête de la Bure, le camp affecte la forme d'un losange aux diagonales longues de 340 m et 110 m. Sa terrasse d'enceinte, émergeant de 40 à 60 cm par endroits, et épaisse de 2,25 m (3 pas gaulois), supportait une palissade ; une porte y a été découverte en 1976. L'entrée Est, côté crête, fut barrée dès le 1er s. avant J.-C. par un mur de 7 m d'épaisseur précédé d'un fossé. Dans le camp même où des sentiers prolongent les 3 chemins d'accès primitifs qu'empruntaient les chars (ornières visibles à l'entrée Nord), on distingue plusieurs bassins dont deux consacrés à des divinités gauloises plus tard latinisées : remarquer, entre autres moulages dressés sur les remparts, la copie de la stèle portant la curieuse effigie d'un cheval-poisson et celle du forgeron.

Belles **vues★** : à l'Ouest sur la vallée de la Meurthe, au Sud sur le bassin de St-Dié.

De St-Dié au col du Donon. – *43 km – environ 2 h 1/2. Quitter St-Dié par ④ du plan, N 59.*

Étival-Clairefontaine. – 2 231 h. (les Stivaliens). Cette petite ville de la vallée de la Meurthe est située sur la Valdange, affluent de la Meurthe. Sur les bords de la rivière, on peut voir les restes du moulin à papier de Pajaille qui date de 1512. Les papeteries modernes (papier d'impression et écriture, articles de correspondance et d'écoliers) ont été déplacées à Clairefontaine, sur les bords de la Meurthe. Reste d'une ancienne abbaye de Prémontrés, bâtie en grès des Vosges, l'**église★** présente une nef centrale et des bas-côtés de l'époque de transition du roman au gothique ; les façades Ouest et Nord sont du 18e s. Remarquer dans le transept gauche les vestiges de l'escalier et des portes qui communiquaient avec le monastère.

Ⓥ Un chemin de fer touristique, à voie normale, relie Étival à Senones *(p. 156)*.

Moyenmoutier. – 3 498 h. Moyenmoutier (monastère du milieu) doit son nom à une abbaye fondée au 7e s. par saint Hydulphe entre l'abbaye de Senones et celle d'Étival. De très vastes dimensions, l'**église abbatiale**, rebâtie au 18e s. est un des plus beaux monuments religieux de cette époque dans les Vosges. Garnissant l'avant-chœur, les stalles monacales (début 18e s.), en chêne, présentent un décor sculpté et marqueté remarquable. Voir aussi le buffet d'orgues, copie de l'ancien qui a été transporté à la cathédrale de St-Dié, et une statue du 16e s., la Vierge de Malfosse, dans le côté droit de la nef.

Senones. – *Page 156.*

De Senones au col du Donon, la **route★** est décrite p. 157.

ST-JEAN-SAVERNE   563 h

Carte Michelin n° 87 pli 14 ou 242 pli 19 – Schéma p. 193.

L'amateur d'art s'arrêtera dans ce village pour visiter l'église, dernier vestige d'une abbaye bénédictine de femmes, fondée au début du 12e s. par le comte Pierre de Lutzelbourg et dévastée successivement par les Armagnacs et par les Suédois.

CURIOSITÉS

Église. – A l'extérieur, elle est dominée par une tour, ne datant que du 18e s. mais sous laquelle une porte romane offre des peintures remarquables.

A l'intérieur, très homogène, on remarquera l'alternance rhénane des piles fortes et des piles faibles *(voir p. 38)*. Les voûtes, encore assez gauchement ogivales, passent pour être les plus anciennes d'Alsace.

Dans le haut du bas-côté droit, à droite du chœur, on a réemployé, à la porte de la sacristie, l'ancien tympan d'une porte qui s'ouvrait sur le côté droit de l'église. Ce tympan, très primitif, représente l'Agneau portant la croix, sous une décoration de palmettes. A l'entrée du chœur, très beaux chapiteaux cubiques à feuillages stylisés. Les orgues sont du 18e s. Six tapisseries du 16e s. proviennent de l'abbaye de bénédictines.

★Chapelle St-Michel. – *2 km, puis 1/2 h à pied AR au départ de l'église St-Jean. Prendre la route du Mont St-Michel qui s'élève en sous-bois puis, 1,5 km plus loin, un chemin à gauche à angle aigu.*

Chapelle. – Contemporaine de l'abbaye, mais remaniée au 17ᵉ s. et restaurée en 1984 par le Club Vosgien.

École des Sorcières. – En prenant à droite de la chapelle on atteint, à 50 m, l'extrémité du rocher, constituant une plate-forme d'où la **vue★** (table d'orientation) est très étendue sur les coteaux d'Alsace et, au loin, sur la Forêt Noire. La surface de cette plate-forme est évidée circulairement et le trou ainsi formé est appelé l'« École des Sorcières » parce que, selon la légende, les sorcières s'y rassemblaient la nuit pour se communiquer leurs maléfices.

Trou des Sorcières. – *Revenir à la chapelle :* devant son flanc droit descendre un escalier de 57 marches puis suivre à gauche le chemin longeant le pied de la falaise rocheuse en partie en surplomb. Il permet d'atteindre une grotte dont la paroi du fond communique avec l'air libre par une étroite ouverture, le « Trou des Sorcières ». Dans le sol, à l'entrée de cette grotte, une cavité paraît avoir été creusée pour servir de sépulture.

★ ST-MIHIEL
5 555 h. (les Sammiellois)

Carte Michelin nº 📖 plis 11, 12 ou 📖 pli 13.

Le passé de cette petite ville est lié à celui d'une abbaye célèbre.
St-Mihiel ou St-Michel fut d'abord un grand abbaye bénédictine fondée en 709 à proximité de la ville actuelle et transférée en 815 sur les bords de la Meuse par l'abbé Smaragde, conseiller de Charlemagne. En 1301, la ville devint une des capitales du Barrois.

Ligier Richier. – Le 16ᵉ s. fut une période brillante pour St-Mihiel : des drapiers et des orfèvres réputés s'y installèrent et surtout la célèbre école sammielloise de sculpture qui eut pour chef de file Ligier Richier. Fils d'un maître imagier du nom de Jean Richier, il naquit vers l'an 1500 à St-Mihiel. Il groupa dans son atelier quelques compagnons et apprentis. En 1530, son talent dépassait déjà le cadre de sa cité et c'était « le plus expert et meilleur ouvrier en dit art (de tailleur d'images) que l'on vit jamais ».
En 1559, il fut chargé de la décoration de la ville pour l'entrée du duc Charles III et de sa femme Claude de France. Converti au protestantisme, il se retira à Genève où il mourut en 1567.
Son œuvre a été considérable. En dehors de ses productions conservées à Bar-le-Duc, on lui attribue le retable d'autel en pierre polychrome de l'église d'Hattonchâtel, la Pietà de l'église d'Étain, le calvaire installé dans le chœur de l'église de Briey et beaucoup d'autres œuvres.

Le « Saillant de St-Mihiel ». – Dès septembre 1914, les Allemands attaquent les Hauts de Meuse, dans l'espoir de tourner la puissante place-forte de Verdun par le Sud. Ils réussissent à pénétrer dans St-Mihiel et à installer une tête de pont sur la rive gauche de la Meuse. Le « saillant » (avancée du front) est formé *(voir plan p. 28)*. Pendant quatre ans, les Français ne pourront utiliser la vallée de la Meuse pour communiquer avec Verdun : tout le ravitaillement en hommes et en munitions devra être acheminé par la « Voie Sacrée » Bar-le-Duc - Verdun. Et pendant ces quatre années, 2 500 Sammiellois seront prisonniers dans leur ville, séparés du reste du monde.
A l'automne 1918, les troupes américaines réduisirent progressivement le « saillant », St-Mihiel elle-même étant reprise le 12 septembre par une division française.

CURIOSITÉS

Église St-Michel (E). – Cette église abbatiale, qui conserve un clocher carré et un porche roman du 12ᵉ s., a été rebâtie presque complètement à la fin du 17ᵉ s., dans le style bénédictin de l'époque.
Sa large nef de cinq travées est flanquée de vaisseaux simples aussi hauts que la nef, et de chapelles peu profondes. Les voûtes gothiques reposent sur de grosses colonnes cannelées couronnées de chapiteaux doriques. Le chœur, très profond, est orné d'un lutrin et de 80 belles stalles sculptées.
Dans la première chapelle du bas-côté droit, se trouve un chef-d'œuvre

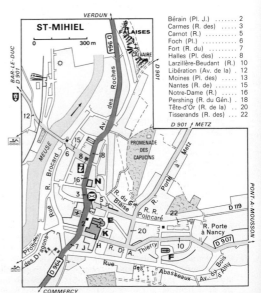

Bérain (Pl. J.) 2
Carmes (R. des) 3
Carnot (R.) 5
Foch (Pl.) 6
Fort (R. du) 7
Halles (Pl. des) 8
Larzillère-Beudant (R.) 10
Libération (Av. de la) . 12
Moines (Pl. des) 13
Nantes (R. de) 15
Notre-Dame (R.) 16
Pershing (R. du Gén.) . 18
Tête-d'Or (R. de la) ... 20
Tisserands (R. des) ... 22

de Ligier Richier : **la Pâmoison de la Vierge soutenue par saint Jean★**. Ce groupe en noyer fut exécuté en 1531. Il faisait partie d'un calvaire comprenant le Christ – dont la tête est aujourd'hui au musée du Louvre –, saint Longin, Marie-Madeleine et quatre anges. L'œuvre, d'une grande simplicité, est extrêmement émouvante.

Dans la chapelle des fonts baptismaux, au bas du bas-côté droit, on voit l'« Enfant aux têtes de morts », œuvre sculptée en 1608 par Jean Richier, petit-fils de Ligier Richier. Le magnifique buffet d'orgues a été sculpté entre 1679 et 1681.

Bâtiments abbatiaux (K). – Attenante à l'église St-Michel et à son curieux chevet arrondi, la très vaste abbaye, dont la reconstruction fut réalisée par dom Hennezon au 17e s., est demeurée un ensemble à peu près intact. La façade, de style Louis XIV, est appelée le Palais.

Église St-Étienne (F). – Le vaisseau actuel de cette originale église-halle fut construit de 1500 à 1545. Remarquer la parure de vitraux modernes. Dans l'abside, retable Renaissance.

Le Sépulcre.

Le **Sépulcre★★** ou Mise au tombeau, exécuté par Ligier Richier de 1554 à 1564, se trouve dans la travée centrale du collatéral droit. C'est un groupe de treize personnages grandeur nature représentant un des épisodes de la Mise au tombeau : pendant que Salomé prépare la couche funèbre, Joseph d'Arimathie et Nicodème soutiennent le corps du Christ, dont Marie-Madeleine, à genoux, baise les pieds et dont Jeanne la Myrrophore, debout, tient la couronne d'épines. Au second plan, la Vierge défaillante est soutenue par saint Jean et Marie Cléophée ; à gauche, un ange tient les instruments du supplice ; à droite, le chef des gardes médite profondément, tandis que deux de ses hommes jouent aux dés la tunique du Christ *(minuterie à droite)*.

Maison du Roi (N). – *2 rue Notre-Dame*. Maison gothique du 14e s. qui fut propriété, au siècle suivant, du roi René d'Anjou, duc de Bar.

Falaises. – Elles se composent de sept blocs de roches calcaires, hauts de plus de vingt mètres, adossés aux coteaux de la rive droite. Dans la première roche, dite le Calvaire, a été creusé en 1772 un Saint sépulcre, œuvre de Mangeot, sculpteur sammiellois. Du haut de ces rochers, vue sur St-Mihiel et la vallée de la Meuse.

EXCURSIONS

Bois d'Ailly. – *7 km au Sud-Est par la D 907 et une route forestière signalée.* Ce bois, dont le terrain est encore bouleversé, fut l'objet de combats acharnés en septembre 1914. Du monument commémoratif, une ligne de tranchées avec abris et boyaux d'accès conduit à la tranchée de la Soif où quelques soldats résistèrent durant trois jours à d'importants éléments de la garde impériale allemande.

Musée Raymond Poincaré, à Sampigny. – *9 km au Sud par la D 964*. C'est dans l'ancienne résidence d'été de ce meusien qu'ont été rassemblés de nombreux souvenirs, objets, documents d'époque retraçant la vie de cet homme politique au destin exceptionnel. **Raymond Poincaré** (1860-1934), républicain libéral par tempérament, éminent juriste et brillant avocat de formation fut aussi par goût un écrivain qui entra à l'Académie Française en 1909. Elu sans interruption pendant 48 ans, il fut tour à tour Conseiller Général, Député, Ministre, Sénateur, Président du Conseil et Président de la République. C'est dans ces dernières fonctions qu'il occupa de 1913 à 1920 qu'il fit montre de ses qualités d'homme d'état, devenant le champion de « l'Union sacrée ».

★★ ST-NICOLAS-DE-PORT   7 525 h. (les Portois)

Carte Michelin n° 62 pli 5 ou 242 pli 22.

La magnifique basilique flamboyante de St-Nicolas-de-Port, éblouissant et monumental reliquaire d'une phalange de saint Nicolas s'élève, inattendue et imposante comme une cathédrale, au milieu d'une grosse bourgade industrielle.

S'il faut en croire la tradition, c'est de Terre Sainte que des chevaliers lorrains rapportèrent la précieuse relique. Le pèlerinage à St-Nicolas occupe dès la fin du 11e s. une place de choix dans le cœur des Lorrains. Les pèlerins de toutes conditions affluent dans la cité qui devient en même temps le plus florissant centre économique de Lorraine et une ville de foires internationales.

C'est devant la cité que Charles le Téméraire engagea en 1477 la bataille qui devait lui coûter la vie. Durant la guerre de Trente Ans, en 1635, la ville fut saccagée par les Suédois et ne garda que son église, sanctuaire du patron vénéré de la Lorraine. Encore la grande basilique fut-elle incendiée et défigurée ; il faudra attendre 1735 pour que soit achevée la réparation des toitures.

On en a une belle vue depuis la route qui longe la rive droite de la Meurthe.

Une belle histoire. – Encore meurtrie par la guerre de Trente Ans, endommagée par des bombardements en 1940, la grande église nécessitait d'énormes travaux pour pouvoir recouvrer sa splendeur passée. En 1980 la basilique bénéficia du legs providentiel d'une enfant de St-Nicolas-de-Port, Mme Camille Croue-Friedman, décédée fortunée aux États-Unis, pour « reconstruire et entretenir la basilique de St-Nicolas-de-Port afin qu'elle retrouve sa beauté originelle ». Depuis 1983 l'antique sanctuaire bourdonne des crissements de ciseaux des compagnons tailleurs de pierre et sculpteurs et de l'activité fébrile des maçons, véritable chantier de cathédrale en plein 20e s., ouvert sans doute pour de longues années et partiellement accessible aux passants.

★★ BASILIQUE *visite : 3/4 h*

Cette église, superbe exemple de style gothique flamboyant, a été construite en une cinquantaine d'années, grâce au concours financier de René II et d'Antoine, ducs de Lorraine. Une inscription latine aux verrières du fond de la nef indique : « 1495 commencée, 1544 achevée, 1635 brûlée ». Elle succède au sanctuaire plus modeste, bâti au 11e s. et dans lequel vint s'agenouiller Jeanne d'Arc, avant de partir pour accomplir sa mission. Jamais d'ailleurs, un Lorrain ne se serait mis en route pour un long ou périlleux voyage sans venir implorer saint Nicolas en son sanctuaire.

Extérieur. – La façade peut soutenir la comparaison avec celle de la cathédrale de Toul dont elle a les vastes proportions et les tours élevées. Elle comprend trois portails surmontés de gâbles flamboyants.
Le portail central a conservé la statue qui figure le miracle de saint Nicolas (niche de la pile centrale), attribuée à Claude Richier, frère de Ligier le célèbre sculpteur lorrain.
Les tours s'élèvent à 85 et 87 m. Sur le flanc gauche de la basilique, à hauteur du transept et du chœur, six niches en anses de panier abritaient les boutiques lors des pèlerinages.
De la rue A.-France, beau coup d'œil sur le chevet.

Intérieur. – La basilique présente un plan très régulier malgré la dérivation sensible de l'axe.
La nef est un lumineux vaisseau extrêmement élancé, couvert de belles voûtes à liernes et tiercerons culminant à 32 m comme à Strasbourg et dont les ogives retombent sur de hautes colonnes. Avec leur décoration très simple réduite à une bague, ces fûts jaillissant vers les voûtes sont d'un bel effet.
Les bas-côtés relèvent d'une architecture analogue ; dans le transept, leurs voûtes soutenues par des piliers extrêmement hardis (les plus hauts de France : ils mesurent 28 m) s'élèvent à la hauteur des voûtes de la nef centrale et déterminent un transept inscrit, à la mode champenoise. Un maître-maçon de la cathédrale de Troyes est d'ailleurs cité dans un contrat pour St-Nicolas en 1505. On remarquera aussi la coursière (passage) pratiquée au niveau des fenêtres des bas-côtés, comme à la cathédrale de Toul.
On admirera les vitraux de l'abside exécutés entre 1507 et 1510 par un verrier lyonnais, Nicole Droguet, et où transparaissent déjà les inventions décoratives de la Renaissance.
En contrebas du chœur, la **chapelle des Fonts** *(accès derrière l'autel de la Vierge)* occupe l'emplacement du sanctuaire qui reçut au 11e s. la relique de saint Nicolas. Elle abrite d'intéressants fonts baptismaux du 16e s. et un beau retable de la première Renaissance française surmonté par un jubé à pinacles ajourés dont l'un, au centre, abritait jadis un bras-reliquaire de saint Nicolas. Du 16e s. également, une série de délicats panneaux peints sur bois illustrent des scènes de la vie du saint.
Le **trésor** comprend notamment un bras-reliquaire de St-Nicolas en vermeil (19e s.), un vaisseau dit du cardinal de Lorraine (16e s.), deux émaux du 18e., un reliquaire de Vraie Croix en argent (15e s.).

STE-MARIE-AUX-MINES 6 530 h. (les Ste-Mariens)

Carte Michelin n° 87 pli 16 ou 242 pli 27.

Ste-Marie-aux-Mines, petite ville industrielle située dans la vallée de la Liepvrette, est le rendez-vous des amateurs de minéraux, de pierres nobles et de fossiles, au **musée** minéralogique et minier ainsi qu'à l'exposition organisée chaque année début juillet. Elle doit son nom aux mines d'argent qui y furent exploitées. On y compta près de 1000 lieux d'extraction.
L'industrie à laquelle Ste-Marie doit son renom mondial est celle du tissage de lainages légers, fabriqués en usine ou à domicile par des artisans qui, depuis le 18e s., se transmettent leurs procédés de travail. Deux fois par an, au printemps et à l'automne, une fête des tissus propose à des acheteurs venus souvent de très loin des étoffes tissées à Ste-Marie et dont les coloris particulièrement vifs sont obtenus grâce aux qualités de l'eau de la Liepvrette.

EXCURSIONS

St-Pierre-sur-l'Hâte. – *4 km au Sud par la D 48. Dans Échery, prendre à gauche.*
Ce hameau, joliment situé dans un cadre de versants boisés et jadis siège d'un prieuré bénédictin, possède une **église** œcuménique, dite « des Mineurs », bâtie aux 15e-16e s., restaurée en 1934.

Col de Ste-Marie. – *6 km à l'Ouest par la N 59.* On quitte Ste-Marie-aux-Mines par un vallon verdoyant. Dans la montée *(forte rampe)* qui suit, on laisse à droite un cimetière militaire.

Du col (alt. 772 m), un des grands cols des Vosges, belle vue en arrière sur le vallon de la Cude et, en avant, sur le bassin de la Liepvrette, la plaine d'Alsace et le château du Haut-Kœnigsbourg.

Roc du Haut de Faite. – *Du col de Ste-Marie, 1/2 h à pied AR. Prendre au Nord un sentier qui se détache à droite d'une pierre tombale.* Du sommet, beau **panorama** sur la crête des Vosges et les versants alsacien et lorrain.

Au-delà du col, la N 59, qui franchit ici la crête des Vosges, se poursuit vers St-Dié *(p. 144)* par les vallées de la Cude, du Blanc-Ruisseau, de la Morte et de la Fave, tributaires de la Meurthe.

★Vallée de la Liepvrette. – *21 km à l'Est.*

La N 59 suit la fraîche vallée de la Liepvrette, aux pâturages encadrés de grandes forêts de sapins.

Col de Fouchy. – *7 km au départ de Lièpvre par la D 48¹.* La route pittoresque du col de Fouchy met en relation les vallées de la Liepvrette et de la rivière d'Urbeis. Elle atteint cette dernière un peu en amont de Fouchy sur la route du col d'Urbeis *(décrite p. 180).*

Du col, belle vue sur le Champ du Feu, reconnaissable à sa tour, et sur les montagnes du Hohwald.

Bientôt, on aperçoit en avant et à gauche, au sommet du Schlossberg, les ruines de Franckenbourg. Dans la même direction, on distingue aussi le château ruiné d'Ortenbourg, puis à droite le château du Haut-Kœnigsbourg. Les ruines de Ramstein n'apparaîtront qu'ensuite.

Par Val-de-Villé, tout parsemé de jolies villas, la route débouche dans la plaine d'Alsace.

★Sélestat. – *Page 154.*

Route de Ribeauvillé. – *19 km au Sud-Est – environ 3/4 h.*

Aussitôt après Fertrupt, la D 416, en montée sinueuse, procure de belles vues sur la vallée de la Liepvrette.

Le petit **col du Haut-de-Ribeauvillé** (alt. 742 m) sépare la vallée de St-Blaise de celle du Strengbach dans laquelle on descend ensuite. La route serpente à travers la forêt où les hêtres se mêlent aux résineux.

★Ribeauvillé. – *Page 132.*

★★ STE-ODILE (Mont)

Carte Michelin n° 87 pli 15 ou 242 pli 23 – Schéma p. 79.

Le mont Ste-Odile est, très certainement, l'un des points les plus fréquentés de toute l'Alsace. Tandis que le site et le panorama attirent le touriste, la sainteté du lieu inspire les fidèles. Mais, si divers que soient ces visiteurs, ils peuvent difficilement demeurer insensibles à la belle histoire de la sainte alsacienne.

Dans la nuit des temps. – Il est très probable que le Hohenbourg ou mont Ste-Odile était connu des plus lointains de nos ancêtres. Le mur païen est le témoin énigmatique d'un temps reculé, peut-être préhistorique, plus probablement gaulois ou celte. On suppose qu'il servait d'enceinte à un camp retranché. Il est traversé par une voie romaine qui, auprès de ces blocs mégalithiques, fait presque figure de nouveauté.

Sainte Odile d'Alsace. – Le château de Hohenbourg sert de résidence d'été au duc **Étichon**, au 7ᵉ s. *(voir p. 119).* C'est à Obernai que naît la fille de ce duc, Odile. L'enfant, aveugle et débile, provoque le courroux de son père qui désirait un fils. Il ordonne de mettre à mort l'innocente que sa nourrice emporte et élève secrètement.

Les années passent, Odile est baptisée, l'onction au saint chrême lui rend la vue et elle est maintenant une belle jeune fille.

Sa mère et son frère Hugues croient pouvoir révéler au duc son existence. Étichon, loin de pardonner, tue son fils de ses propres mains. Mais le remords le tenaille. Il croit se racheter en accueillant Odile et en la mariant à un chevalier. Or, la jeune fille n'aspire qu'au ciel : elle résiste et s'enfuit.

Une fois encore, Étichon va commettre un crime. Il se jette à la poursuite de sa fille qui n'est sauvée que par un miracle : un rocher s'entrouvre pour la laisser passer. Étichon s'avoue vaincu. Il accepte de reconnaître la vocation d'Odile et lui fait don de Hohenbourg où elle installe son couvent.

Odile fonda aussi l'abbaye de Niedermunster, aux environs de 700 ; elle fut détruite au 16ᵉ s., mais on en voit les ruines à l'Est du couvent.

Les vicissitudes de l'abbaye. – Après la mort de sainte Odile, le couvent devient le but de grands pèlerinages. Il reçoit les plus nobles filles d'Alsace. L'abbesse la plus célèbre est, au 12ᵉ s., **Herrade de Landsberg** qui écrit et enlumine, pour instruire ses religieuses, cet Hortus Deliciarum (jardin des délices), anéanti en 1870, à Strasbourg, par les obus prussiens *(voir p. 159).* C'était un résumé ingénu de l'histoire profane et sacrée depuis la Création.

En 1546, un terrible incendie ravage le monastère. Tout brûle, excepté la chapelle de Ste-Odile, et il faut bien que l'on renvoie les religieuses dans leurs familles. On est en pleine période de propagande luthérienne. Les moniales, en grand nombre, se convertissent et se marient. Les autres, simplement, oublient leur couvent et l'abbesse doit renoncer à réunir son troupeau dispersé. Il faut un siècle pour que les choses rentrent dans l'ordre.

Vient la Révolution : elle déclare bien national le couvent de Ste-Odile. En 1853, l'évêque de Strasbourg le rachète et le ramène à sa destination.

LE COUVENT
visite : 1/2 h

Le mont Ste-Odile (alt. 764 m) avance au-dessus de la plaine d'Alsace son promontoire aux escarpements revêtus de forêts. Le couvent en occupe la pointe septentrionale.
Nombreux sont les pèlerins et touristes qui y viennent toute l'année et, surtout, pour la fête de sainte Odile.
Un unique porche, sous l'ancienne hôtellerie, permet de pénétrer dans la grande cour du couvent plantée de tilleuls et encadrée, à gauche par la façade de l'hôtellerie actuelle, au fond par l'aile Sud du couvent, et à droite par l'église.

Église conventuelle. – L'église primitive ayant été détruite par un incendie, celle-ci fut reconstruite en 1687. A l'intérieur, composé de trois

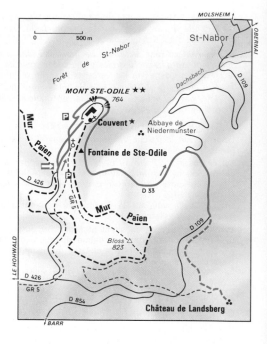

nefs, remarquer les boiseries du chœur et les confessionnaux du 18ᵉ s. richement sculptés. On admirera aussi les panneaux en marqueterie du chemin de croix.

★**Chapelle de la Croix.** – *Accès par une porte à gauche dans l'église conventuelle.* C'est la partie la plus ancienne du couvent : elle remonte au 11ᵉ s. Les quatre voûtes d'arêtes sont soutenues par une seule colonne trapue, de style roman, au chapiteau décoré de palmettes et de figures. Un sarcophage contenait les cendres d'Étichon, père de la sainte.
A gauche, une porte basse aux sculptures carolingiennes communique avec la petite chapelle Ste-Odile.

Chapelle Ste-Odile. – Ici reposent, dans un sarcophage de pierre du 8ᵉ s., les reliques de la sainte. Cette chapelle aurait été édifiée, au 12ᵉ s., sur l'emplacement de celle où mourut sainte Odile.
La nef est romane et le chœur gothique. Deux bas-reliefs du 17ᵉ s. représentent, l'un le baptême de sainte Odile et l'autre Étichon délivré des peines du Purgatoire grâce aux prières de sa fille.

Terrasse. – Deux tables d'orientation y ont été installées. L'une à l'angle Nord-Ouest d'où l'on découvre le Champ du Feu et la vallée de la Bruche.
L'autre à l'extrémité Nord-Est qui offre un splendide **panorama**★★ sur la plaine d'Alsace et la Forêt Noire. Par temps clair, on peut voir la flèche de la cathédrale de Strasbourg.

Chapelle des Larmes. – C'est la première des chapelles qui s'élèvent à l'angle Nord-Est de la terrasse. Elle est bâtie sur l'ancien cimetière du monastère (plusieurs tombes taillées dans le rocher sont conservées).
On y voit, protégée par une grille, sous une coupole de mosaïque de 1935, une dalle usée, dit-on, par les genoux d'Odile qui venait chaque jour y prier, en pleurant, pour le salut de l'âme de son père.

Chapelle des Anges (chapelle St-Michel). – Elle présente une belle mosaïque de 1947 et elle est entourée par un étroit passage dominant le précipice. Selon une vieille croyance, la jeune fille qui en faisait neuf fois le tour était assurée de trouver un mari dans l'année.

Fontaine de sainte Odile. – La route de descente vers St-Nabor (D 33) passe devant la source, protégée par une grille, que sainte Odile fit jaillir du rocher pour calmer la soif d'un vieillard venu implorer la guérison de son enfant aveugle. Cette source est un but de pèlerinage pour ceux qui souffrent des yeux.

LE MUR PAÏEN *1/2 h à pied AR*

Prendre à gauche, à la sortie du couvent, un escalier de trente-trois marches ; au bas de celui-ci, suivre le sentier qui le prolonge directement.

Il faudrait quatre ou cinq heures de marche pour faire le tour entier des vestiges de ce mur, enceinte mystérieuse *(voir p. 149)*, courant à travers forêts et éboulements.
Il est long, en effet, de plus de 10 km et épais de 1,70 m en moyenne, atteignant 3 m de hauteur dans ses parties les mieux conservées. Mais la simple vue d'une partie de cet ouvrage colossal laisse au touriste une forte impression.

Revenir au couvent par le même chemin.

Un sentier *(partant du parc de stationnement Sud)* offre une belle promenade le long du Mur païen.

EXCURSION

Château de Landsberg. – *4 km au Sud-Est par la D 109, puis 1 h à pied environ AR par le chemin, en descente, indiqué par un panneau.* Le parcours constitue une agréable promenade en forêt. On passe devant l'ancienne auberge du Landsberg et on suit un sentier jusqu'à un terre-plein en contrebas du château qui apparaît entre les arbres.

C'est le lieu de naissance de la célèbre abbesse Herrade, auteur de l'Hortus Deliciarum *(voir p. 149)*. Ce château, bâti au 13e s., n'est plus qu'une ruine.

SARREBOURG
15 139 h. (les Sarrebourgeois)

Carte Michelin n° **87** pli 14 ou **242** pli 19
Plan dans le guide Rouge Michelin France.

Sarrebourg, d'origine romaine, appartint, au Moyen Age, aux évêques de Metz, puis dépendit du duché de Lorraine et finalement fut réunie à la couronne sous Louis XIV.

C'est la patrie du général Mangin (1866-1925).

CURIOSITÉS

⊙ **Chapelle des Cordeliers.** – Du 13e s., reconstruite au 17e s. Elle est éclairée, sur sa façade Ouest, par un gigantesque **vitrail★** de Marc Chagall « La Paix », haut de 12 m et large de 7,50 m. Les 13 000 pièces de verre qui le composent pèsent 900 kg.

Dès l'abord, on est saisi par l'immense bouquet multicolore du centre du vitrail, aux vifs coloris bleus, rouges et verts, qui symbolise l'Arbre de Vie de la Genèse. Adam et Ève en occupent le cœur, entourés du serpent, de la croix du Christ, du prophète Isaïe, de l'agneau, du chandelier, d'anges accompagnant Abraham, de Jésus entrant à Jérusalem... autant de thèmes que l'auteur transmet au monde comme des messages bibliques : « Depuis ma première jeunesse, j'ai été captivé par la Bible », dit-il.

Au pied de l'Arbre, la naissance, la vie laborieuse, la souffrance et la mort illustrent, à travers l'évocation de la ville de Sarrebourg, le monde des humains.

⊙ **Musée du Pays de Sarrebourg.** – Installé au 13 avenue de France, le musée abrite une collection de céramiques du 14e s. (Maîtres de Sarrebourg), des faïences et porcelaines de Niderviller et un remarquable Christ en croix du 15e s. Archéologie gallo-romaine régionale : importante collection d'objets provenant notamment de la villa de St-Ulrich.

Cimetière national des Prisonniers. – A la sortie de la ville, à droite de la rue de Verdun (D 27). Ce cimetière de 1914-1918 contient environ 13 000 tombes. Face à la grille, un monument, le Géant enchaîné, fut exécuté par le statuaire Stoll durant sa captivité.

EXCURSIONS

Reding. – *2 km au Nord-Est par la N 4. Dans Petit Eich, tourner à gauche.* En 1977, la restauration de la **chapelle Ste-Agathe** a fait découvrir, sous le plâtre de la voûte du chœur, des fresques du 13e s. représentant les symboles des évangélistes. Leur couleur terre s'harmonise aux tons ocre et brun de l'ensemble du chœur.

⊙ **Domaine gallo-romain de St-Ulrich.** – *4 km au Nord-Ouest, en direction de Haut-Clocher.* Depuis 1963, date de reprise des fouilles archéologiques sur ce vaste domaine, la grande villa de plus de 135 pièces – la plus importante connue en France après celle de Montmaurin (Haute-Garonne) – déjà découverte en 1894, et certains sites l'entourant font l'objet d'un travail considérable de dégagement. Les vestiges mis au jour laissent penser que ces bâtiments remontent au 1er s. après J.-C.

La présentation des substructions est complétée par des maquettes et panneaux didactiques.

Cristallerie de Hartzviller. – *10 km. Quitter Sarrebourg au Sud par la D 44.*

Hesse. – 546 h. Sa petite **église** abbatiale, partie romane, partie gothique, possède dans le bras du transept des chapiteaux intéressants. Dans le bas-côté gauche, dalles tumulaires.

A la sortie de Hesse, prendre à gauche la D 96ᴰ qui mène à Hartzviller.

⊙ **Cristallerie de Hartzviller.** – On y verra 80 artistes-verriers façonnant à la bouche ou à la main, verres, carafons...

Fénétrange. – *15 km. Quitter Sarrebourg au Nord par la D 43.* Cette bourgade a gardé de la période médiévale son noyau urbain avec plusieurs belles maisons et un château à la noble façade incurvée dominant une cour circulaire. La **collégiale St-Rémi** est un bel édifice reconstruit au 15e s., avec une courte mais haute nef voûtée d'ogives et une vaste abside polygonale inondée de lumière par des verrières partiellement du 15e s. Stalles du chœur, chaire et orgues (provenant du couvent des abbesses de Vergaville) sont du 18e s.

*En fin de volume,
figurent d'indispensables renseignements pratiques :
   – Conditions de visite des sites et des monuments ;
   – Organismes habilités à fournir toutes informations.*

SARREGUEMINES

24 178 h. (les Sarregueminois)

Carte Michelin nº **57** plis 16, 17 ou **242** pli 11.

Ville-frontière élevée au confluent de la Sarre et de la Blies, la cité était autrefois le siège d'une châtellenie qui surveillait les confins du duché de Lorraine. A la fin du 18e s. fut fondée la faïencerie qui devait assurer à la ville sa célébrité. Au 19e s. se développe à Sarreguemines, parmi d'autres techniques, la majolique, forme de faïence le plus souvent à motifs décoratifs en reliefs, recouverte d'émaux de couleur. On peut voir derrière l'hôtel de ville un four à faïence, très ancien.

Ⓥ **Musée.** – *17 rue Poincaré.* Installé dans l'ancienne maison du directeur de la faïencerie, le musée s'attache à retracer sous une forme attrayante le passé ancien de la contrée et de la cité. La **collection de céramiques**★ présente l'histoire et les principales productions du « Sarreguemines » depuis près de deux siècles. On admirera l'original **jardin d'hiver**★★, orné d'une monumentale fontaine en majolique dont le décor d'inspiration Renaissance mélange dans une chatoyante symphonie les jaune, vert, ocre et marron.

EXCURSION

Ⓥ **Parc archéologique européen de Bliesbruck-Reinheim.** – *9,5 km à l'Est par Bliesbruck.*
De part et d'autre de la ligne frontalière séparant la Sarre de la Moselle se développe le territoire d'une importante bourgade gallo-romaine, objet d'une campagne de fouilles menée de concert par la France et l'Allemagne depuis 1978. Née sans doute peu avant notre ère, cette agglomération dont le nom antique demeure inconnu s'étendait sur une quinzaine d'hectares et put compter à son apogée cinq mille habitants. Occupé principalement du 1er au 3e siècle après J.-C. puis abandonné définitivement, sans doute après destruction violente au moment des grandes invasions, ce « vicus » avait une fonction artisanale et commerciale, religieuse et probablement administrative.
La présentation et la reconstitution sur place des techniques d'artisanat gallo-romain (métallurgie, boulangerie, poterie) complètent à certaines époques de l'année la visite du champ de fouilles.

*Chaque année, le **guide Rouge Michelin France**
propose un choix d'hôtels et de restaurants
servant des
repas soignés à prix modérés.*

★ SAVERNE

10 484 h. (les Savernois)

Carte Michelin nº **87** pli 14 ou **242** pli 19 – Schéma p. 193.

Située au débouché de la vallée de la Zorn dans la plaine d'Alsace, entourée d'une couronne de grands arbres et de verdure, Saverne est une ville agréable et fréquentée. Elle est traversée par le canal de la Marne au Rhin dont une écluse (**A F**) fonctionne en plein centre urbain.

La révolte des Rustauds. – C'est à Saverne que se termine dramatiquement, au 16e s., la révolte des paysans ou Rustauds. Assiégés par le duc de Lorraine, ils consentent à se rendre au nombre de 18 000 à 20 000, moyennant la vie sauve. Mais dès qu'ils sont sortis sans armes de la ville, les soldats du duc, malgré les efforts de celui-ci, les attaquent et les exterminent jusqu'au dernier, couvrant de cadavres la campagne environnante.

Splendeurs épiscopales. – Du 13e s. à la Révolution, Saverne appartient aux princes-évêques de Strasbourg. Au château, leur séjour favori, Louis XIV s'est arrêté en 1681, Marie Leszczynska en 1725, Louis XV en 1744. **Louis de Rohan,** le célèbre cardinal *(détails p. 164),* reconstruit l'édifice détruit par un incendie ; il vit dans un faste prodigieux.

Libérée par la division Leclerc. – Le 22 novembre 1944, à 14 h 15, les chars de la 2e D.B., qui ont tourné la position de Saverne par le Nord et par le Sud *(voir la prise de Strasbourg, p. 31),* se rencontrent à la sortie Est de la ville, sur les arrières de l'ennemi. Les Allemands qui attendaient les Français, face à l'Ouest, sont faits prisonniers. La route de Strasbourg est ouverte.

Saverne. – Façade Nord du château.

CURIOSITÉS

★Château (B). – Devenu propriété de la ville en 1814, le château de Saverne fut cédé
à l'État en 1852. L'empereur Napoléon III en fit un asile destiné aux veuves des
hauts fonctionnaires morts au service de l'État. De 1870 à 1944, il fut transformé
en caserne.
Ce vaste édifice Louis XVI, bâti en grès rouge, possède un beau parc que limite le
canal de la Marne au Rhin.
C'est la façade Sud que l'on voit de la place. Pour voir la façade Nord, la plus belle,
passer à droite du château après avoir franchi la grille. Cette **façade★★** est
majestueuse, avec ses pilastres cannelés et son péristyle que soutiennent huit
colonnes d'ordre corinthien.

Musée. – Il est aménagé dans une partie du corps central ainsi que dans l'aile droite.
Le sous-sol abrite les collections archéologiques, surtout gallo-romaines. Le 2e étage
est consacré à l'art et à l'histoire de Saverne : sculptures religieuses médiévales ;
vestiges lapidaires et objets provenant des fouilles des châteaux forts environnants ;
souvenirs des Rohan ; donation Louise Weiss, en mémoire de cette femme politique,
morte en 1982, qui milita pour le féminisme et l'Europe.

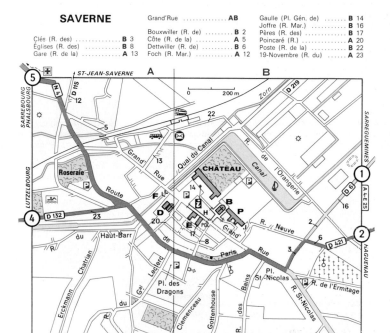

★Maisons anciennes (B E). – Les deux plus jolies (17e s.) encadrent l'hôtel de ville.
D'autres sont visibles au n° 96 de la Grand'Rue, à l'angle rue des Églises–rue des
Pères, à l'angle rue des Pères–rue Poincaré.

Église paroissiale (B B). – Reconstruit aux 14e et 15e s., cet édifice conserve un
typique clocher-porche roman du 12e s. A droite du portail, bel escalier extérieur.
A l'intérieur, dans la nef du 15e s., chaire de 1495, œuvre de Hans Hammer ; dans
le mur à droite, un peu en avant de la chaire, haut-relief en marbre représentant
le Christ pleuré par Marie et Jean (16e s.). Dans le chœur, deux tombeaux d'évêques.
A gauche, dans un enfeu, Christ au tombeau du 15e s.
En haut du collatéral gauche, dans la chapelle du Saint-Sacrement, se trouvent
quatre tableaux sur bois (école allemande du 15e s.) et une Pietà du 16e s. ainsi
qu'un grand bas-relief en bois peint et doré du 16e s. également, représentant
l'Assomption. Les vitraux de la chapelle datent des 14e, 15e et 16e s. : ils
représentent l'adoration des Mages ainsi que des scènes de la Passion.
Des vestiges de monuments funéraires gallo-romains et francs sont rassemblés dans
le jardin attenant à l'église.

Ancien cloître des Récollets (A D). – Il s'ouvre à gauche de l'église des Récollets
(Franciscains réformés), dans l'ancien couvent. Bâti en 1303, il présente de belles
arcades ogivales en grès rouge et, dans la 1re galerie à droite de l'entrée, une série
de neuf peintures murales ajoutées au 17e s. (restaurées). D'Ouest en Est :
Assomption, Adoration des Mages, Annonciation, stigmatisation de St-François, le
Bon combat du chrétien, le choix du vrai Bien, le Jugement Dernier.

Vieux château (B P). – Ancienne résidence des évêques aux 16e et 17e s., c'est
maintenant la sous-préfecture. Sur la tour d'escalier, beau portail Renaissance.

Roseraie (A). – Dans ce magnifique parc, en bordure de la Zorn, sont cultivés
7 000 rosiers de 450 variétés.

EXCURSIONS

Jardin botanique du col de Saverne et Saut du Prince-Charles. - *3 km, puis 1/4 h à pied AR. Quitter Saverne par ⑤ du plan, N 4. A 2,5 km, à hauteur d'un grand peuplier (panneau indicateur), laisser la voiture sur le parking.*

ⓥ **Jardin botanique.** – Il renferme plus de 2 000 variétés de plantes d'origines diverses. *En sortant, obliquer sur la gauche.*

Saut du Prince-Charles. – La légende rapporte qu'un prince, prénommé Charles, aurait fait franchir le rocher d'un bond par son cheval. De cette falaise de grès rouge, on a une jolie vue sur les contreforts des Vosges et la plaine d'Alsace.
Au retour, prendre à gauche un sentier coupé de marches à l'origine pour aller au pied de la falaise. Celle-ci, en surplomb, évidée d'une grotte, porte une inscription relatant la construction en 1524 de la route passant alors sous cette falaise.

★**Château du Haut-Barr.** – *5 km, puis 1/2 h de visite. Description p. 76.*

St-Jean-Saverne. – *5 km au Nord. Description p. 145.*

SCHIRMECK   2 533 h. (les Schirmeckois)

Carte Michelin n° 87 pli 15 ou 242 pli 23. Lieu de séjour.

Cette petite ville industrielle (métallurgie, scieries) et très animée s'étend le long de la Bruche *(voir p. 50)*, sur la route de Strasbourg à St-Dié. Les belles forêts qui l'environnent sont le point de départ de nombreuses excursions pédestres.

EXCURSION

Rocher de la Chatte pendue. – *6 km au Sud-Ouest jusqu'à Les Quelles, puis 1 km par une route de terre (direction de La Falle) ; sur la droite un panonceau indique le départ du sentier balisé vers la Chatte pendue ; garage possible dans le virage suivant ; 2 h à pied AR.*
Le sentier grimpe dans un frais sous-bois déjà montagneux. A 900 m d'altitude, le sommet en plateau de la Chatte pendue offre un beau **belvédère★** sur les environs. Table d'orientation.

La **forêt du Donon**, plantée de hautes futaies de résineux, égayées çà et là par les tâches vert clair des hêtres, offre de nombreuses possibilités de randonnée pédestre.

Vous aimez la nature,

respectez la pureté des sources,

la propreté des rivières,

des forêts, des montagnes...

laissez les emplacements nets de toute trace de passage.

★ SÉLESTAT   15 482 h. (les Sélestadiens)

Carte Michelin n° 87 plis 6, 16 ou 242 pli 27 – Schéma p. 141.

Située sur la rive gauche de l'Ill, la vieille ville de Sélestat, qui possède deux belles églises et des maisons intéressantes, s'est augmentée de toute une ville moderne, enrichie par des industries diverses : textiles, maroquinerie, métallurgie des non-ferreux, etc.
Elle fut un grand centre humaniste aux 15e et 16e s.

★VIEILLE VILLE *visite : 2 h*

Partir de la rue du Président-Poincaré.

Tour de l'horloge (BZ). – Elle date du 14e s., sauf les parties hautes qui ont été restaurées en 1614.

Passer sous la Tour de l'Horloge puis suivre tout droit la rue des Chevaliers pour atteindre la place du Marché-Vert où se dresse l'église Ste-Foy.

★**Église Ste-Foy** (BY). – Cette belle église romane (12e s.), en grès rouge et granit des Vosges, succède à une première église qui faisait partie d'un prieuré bénédictin. La façade, très remaniée, présente deux tours coiffées de flèches rhénanes modernes *(voir p. 38)*. Le porche est joliment décoré d'arcatures, de corniches et de chapiteaux historiés. Sur le transept, une troisième tour octogonale s'élève à 43 m au-dessus du sol.
L'intérieur, à trois nefs, est construit au-dessus d'une crypte, vestige de l'ancienne église. Les chapiteaux de la nef ont un beau décor floral emprunté aux églises lorraines.

Sortir de l'église par la petite porte derrière la chaire et suivre tout droit la rue du Babil.

★**Église St-Georges** (BY). – Cette importante église gothique construite du 13e au 15e s. a subi des restaurations considérables, notamment au 19e s. Trois portes de l'église ont conservé, fait rare, leurs vantaux primitifs avec leurs pentures.

Elle comporte un narthex original, très allongé, qui occupe toute la largeur de la façade et s'ouvre au Sud sur la place St-Georges par une porte élégante. A l'intérieur, plusieurs styles se côtoient. Les voûtes sont essentiellement du 14e s. Les verrières sont intéressantes : les anges musiciens des vitraux de la façade sont de la fin du 14e s. ou du début du 15e s. ; la rose (14e s.) de la porte Sud du narthex illustre les Commandements du Décalogue ; trois vitraux du chœur sont du 15e s. et représentent des épisodes de la vie de sainte Catherine, de sainte Agnès et de sainte Hélène ; les nouveaux vitraux du chevet et du chœur ont été exécutés par Max Ingrand.

La chaire, en pierre, sculptée et dorée, date de la Renaissance.

S'avancer jusque derrière l'église.

On aperçoit la **tour des sorcières (BY F)**, vestige des anciennes fortifications démolies par Louis XIV.

Revenir sur ses pas et prendre la rue de l'Église.

Porte Renaissance (BY K). – *Au n° 8.* Surmontée de coquilles, décorée de motifs italiens, c'est la porte de l'hôtel des Bénédictins d'Ebersmunster.

Quelques mètres plus loin prendre à gauche la petite rue de la Bibliothèque.

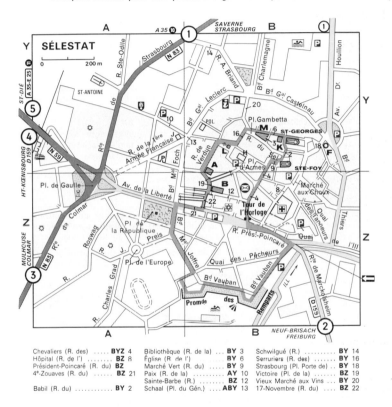

★Bibliothèque Humaniste (BY M). – Vers le milieu du 15e s., Sélestat fut le siège d'une école d'humanistes et d'une école latine florissante, ce qui explique la richesse de la bibliothèque fondée en 1452. Elle est installée dans l'ancienne Halle aux Blés.

Au 1er étage, dans la grande salle, entre autres manuscrits précieux, on verra le Lectionnaire mérovingien (fin du 7e s.) ouvrage le plus ancien qui soit conservé en Alsace, le livre des Miracles de sainte Foy (12e s.) et la bibliothèque de Beatus Rhenanus, comprenant plus de 2 000 ouvrages, la seule bibliothèque humaniste qui soit parvenue à peu près intacte jusqu'à nous.

On remarquera aussi deux retables du début du 15e s., une superbe tête de Christ, en bois, de la fin du 15e s. et un moulage de masque funéraire d'une femme ensevelie au 12e s. dans l'église Ste-Foy.

Deux grandes vitrines, placées dans la salle de lecture, contiennent : l'une, des bijoux, vases et armes, allant de la préhistoire à l'époque mérovingienne ; l'autre, des sculptures en bois du Moyen Age et une collection de faïences et de porcelaines alsaciennes.

A l'extrémité de la place Gambetta, prendre à gauche la rue des Serruriers.

Place du Marché-aux-Pots, se dresse **l'ancienne église des Récollets (BY L)**, temple protestant.

Tourner à gauche dans la rue de Verdun.

Maison de Stephan Ziegler (BY A). – Cette maison Renaissance fut construite au 16e s. par un maître-maçon de la ville.

La rue de Verdun mène à la place de la Victoire où s'élève l'ancien arsenal Ste-Barbe.

Ancien arsenal Ste-Barbe (BZ B). – Cette gracieuse construction du 14ᵉ s. présente une très jolie façade ornée d'un escalier à double pente conduisant à un petit dais qui précède la porte d'entrée. Le pignon est découpé de profonds créneaux. Le toit porte deux nids habités de cigognes.

Suivre en avant la rue du 17-Novembre et tourner à droite dans la rue du 4ᵉ-Zouaves pour prendre le Bd du Maréchal-Joffre à gauche, qui conduit aux remparts.

Promenade des Remparts (BZ). – Depuis ces anciennes fortifications de Vauban, on a une belle vue sur les collines sous-vosgiennes et le Haut-Kœnigsbourg.

La rue du Président-Poincaré, prise à gauche, ramène au point de départ.

EXCURSIONS

Châteaux de Ramstein et d'Ortenbourg. – *7 km, puis 1 h 1/4 à pied. Quitter Sélestat par ⑤ du plan et N 59. A 4,5 km, tourner à droite dans la D 35 vers Scherwiller. A 2 km, prendre à gauche le chemin de terre. Laisser la voiture à Huhnelmuhl près de l'auberge. Suivre le sentier qui mène aux deux châteaux, distants de 300 m.*

Ruines intéressantes et belle vue sur le Val de Villé et la plaine de Sélestat.

Château de Frankenbourg. – *11 km, puis 1 h 3/4 à pied. Quitter Sélestat par ⑤ du plan, N 59. A Hurst prendre la D 167 vers la Vancelle. A 2 km, laisser la voiture et prendre le sentier à droite.*

Des ruines (alt. 703 m), belles vues sur les vallées de la Liepvrette et de Villé.

Parcs d'animaux de Kintzheim. – *8,5 km. Quitter Sélestat par ④ du plan, D 159.* Cette excursion permettra aux amis des animaux de visiter successivement deux centres expérimentaux d'acclimatation d'espèces bien différentes : rapaces et singes.

Ⓥ **Volerie des Aigles (château de Kintzheim).** – *1/2 h à pied AR.*
Dans la cour du château féodal ruiné, sous des auvents, sont logés environ 80 rapaces, diurnes et nocturnes. Certains d'entre eux (aigles, condors, vautours, milan, serpentaire) participent aux spectaculaires **démonstrations de dressage★** organisées durant la visite *(sauf par mauvais temps).*

Reprendre la voiture et continuer la route forestière, puis la D 159. A 2 km, prendre à droite un chemin qui aboutit aux clôtures électrifiées ceinturant la « montagne des Singes ».

Ⓥ **Montagne des Singes.** – Dans ce parc de 20 ha, planté de pins, qui couronne le sommet d'une colline, vivent en liberté 300 magots de l'Atlas, bien adaptés au climat alsacien. Vue sur le château du Haut-Kœnigsbourg, au Sud-Ouest.

Ⓥ **Marckolsheim : Mémorial-Musée de la Ligne Maginot du Rhin.** – *15 km au Sud-Est. Quitter Sélestat par ② du plan, D 424. 1,5 km après Marckolsheim, la casemate du Mémorial apparaît sur le côté droit de la N 424.*
Sur l'esplanade, sont exposés un canon soviétique, un char Sherman, une auto-mitrailleuse et un half-track. A l'intérieur des huit compartiments *(attention aux seuils métalliques)* de la casemate, armes et objets se rapportant à la lutte du 15 au 17 juin 1940 : la casemate fut courageusement défendue par trente hommes pendant 3 jours. Hitler la visita après la bataille.

Benfeld. – *20 km au Nord-Est. Quitter Sélestat par ① du plan, N 83.*

Ebersmunster. – *Page 65.*

Benfeld. – 4 514 h. Libérée le 1ᵉʳ décembre 1944, Benfeld a cependant subi, du 7 au 20 janvier suivant, les violents tirs d'artillerie des Allemands lors du retour offensif de ceux-ci sur Strasbourg *(voir p. 29).*
Construit au 16ᵉ s., l'**hôtel de ville** montre une jolie porte sculptée qui donne accès à la tourelle polygonale de 1617, ornée d'un écusson aux armes de la ville.
L'horloge à jaquemart comprend trois personnages : la Mort, un chevalier revêtu d'une armure et le Stubenhansel, traître qui, en 1331, aurait livré la ville aux Bavarois et aux Wurtembourgeois, pour une bourse d'or qu'il tient dans la main.

SENONES

3 506 h. (les Senonais)

Carte Michelin n° 87 pli 16 ou 242 pli 27.

Située dans un amphithéâtre de montagnes boisées, cette petite ville doit son origine à une abbaye bénédictine. Elle fut la capitale de la principauté de Salm, état souverain dont les habitants demandèrent leur rattachement à la France en 1793. Son plan attirera l'attention : l'abbaye, d'un côté de la Grande Place ; le château, dont subsistent les communs, à l'autre extrémité ; le bourg au-delà de la rivière. Elle est le théâtre chaque année, en juillet et août de reconstitutions historiques de la Garde des Princes de Salm.

Ⓥ **Maison abbatiale.** – Elle contient un bel escalier de pierre (18ᵉ s.) avec rampe de fer ouvré. On y voit l'appartement de **Dom Calmet**, l'un des derniers abbés, aux travaux d'érudition remarquables, et celui qu'habita Voltaire au cours des deux séjours qu'il fit auprès de l'abbé. Dans quelques vitrines, souvenirs des princes de Salm et des abbés, en particulier de Dom Calmet.

Église. – A l'intérieur, on verra le tombeau de Dom Calmet, dû au sculpteur Falguière.

De Senones, on peut gagner Étival en petit train à vapeur ou diesel *(voir p. 145).*

EXCURSION

★Route de Senones au col du Donon. – *20 km au Nord-Est. Quitter Senones par la D 424 au Nord.* Dans la Petite-Raon, à 2 km, prendre à gauche la D 49 qui s'engage dans le Val de Senones et la vallée du Rabodeau, puis traverser Moussey, bourg industriel qui s'étire sur 4 km.

La route forestière qui succède à la D 49 suit la vallée encaissée et déserte du Rabodeau. Le col de Prayé, situé sur la crête des Vosges, marquait l'ancienne frontière allemande. On atteint le **col du Donon** (alt. 727 m – *voir aussi p. 63).*

SESSENHEIM   1 530 h.

Carte Michelin n° **87** pli 3 ou **242** pli 16 – 21 km à l'Est de Haguenau.

Ce charmant village alsacien, où les admirateurs de Goethe iront évoquer une idylle du poète, est situé entre la forêt de Haguenau et le Rhin.

Goethe et Frédérique. – En octobre 1770, Goethe, qui étudie le droit à Strasbourg *(voir p. 158),* accompagne un ami en visite chez le pasteur du lieu, Brion. Celui-ci a deux charmantes filles. Entre le jeune étudiant et Frédérique, la cadette, naît aussitôt la plus tendre des sympathies. Désormais, chaque fois que possible, Goethe, par la chaise de poste ou à cheval, accourt à Sessenheim. Les deux amoureux parcourent la campagne, se régalent de fritures du Rhin, bavardent le soir sous la tonnelle du presbytère.

Mais en août 1771, Goethe doit regagner Francfort. Pour la jeune fille, la séparation est si cruelle qu'elle manque en mourir.

En 1779, traversant l'Alsace pour se rendre en Suisse, Goethe, maintenant poète célèbre, fait un détour pour revoir Frédérique. L'idylle ne renaît point. Plus tard, dans ses Mémoires, Goethe donnera au nom de Frédérique un peu de son immortalité.

CURIOSITÉS

Ⓥ **Auberge « Au bœuf ».** – Elle s'élève à gauche de l'église protestante. Dans cette vieille auberge typiquement alsacienne sont rassemblés des gravures, lettres, portraits se rapportant à Goethe et à Frédérique.

Église protestante. – A l'intérieur, à gauche du chœur, stalle du pasteur Brion (Pfarrstuhl) où, côte à côte, s'asseyaient Goethe et Frédérique pour écouter le prêche.

Dans le mur Sud sont encastrées les pierres tombales des parents de Frédérique. La grange du presbytère, restaurée, est le seul vestige des lieux que connut le poète.

Mémorial Goethe. – A côté du presbytère. Il fut inauguré en 1962.

SIERCK-LES-BAINS   1 665 h. (les Sierckois)

Carte Michelin n° **57** pli 4 ou **242** pli 6.

A l'extrême pointe du département de la Moselle, tout près de la frontière, Sierck occupe une situation pittoresque. Ses rues étroites et son château fort évoquent un passé chargé d'histoire. Disputée au 12ᵉ s. au duc de Lorraine par Adalbéron, archevêque de Trèves, elle fut pillée et brûlée par les Suédois au cours de la guerre de Trente Ans, puis en 1661 par les troupes de Turenne. Elle a subi de graves dommages au début de la Seconde Guerre mondiale.

Sierck, avec les ruines de son château, a conservé une bonne partie de ses
Ⓥ anciennes fortifications du 11ᵉ s. Du **château fort**, la **vue★** est belle sur la vallée de la Moselle. L'**église**, du 15ᵉ s., a été restaurée. La **chapelle de Marienfloss**, dernière trace d'une chartreuse autrefois florissante et important lieu de pèlerinage, a été restaurée et agrandie.

En sortant de Sierck au Nord-Est, on ira voir *(1 km)* l'**église** du village de **Rustroff** (474 h), qui se dresse à l'extrémité de l'abrupte rue principale. Refaite au 19ᵉ s., elle abrite un beau retable en bois peint du 15ᵉ s. et une petite Pietà du début du 16ᵉ s.

EXCURSION

Château de Mensberg. – *8 km au Nord-Est par la N 153 et la D 64 à droite. A l'entrée du village de Manderen, prendre le chemin en montée à gauche.*

Les ruines imposantes du château fort, reconstruit au 17ᵉ s. sur les bases du château fort du 13ᵉ s., occupent le sommet de la colline boisée. En 1705, pendant la guerre de Succession d'Espagne, le **duc de Marlborough** (immortalisé par la chanson populaire) y avait son quartier général.

LES GUIDES VERTS MICHELIN

Paysages
Monuments
Routes touristiques
Géographie
Histoire, Art
Itinéraires de visite régionaux
Plans de villes et de monuments

Un choix de guides pour vos vacances en France et à l'étranger.

Carte Michelin n° 🆇🆉 plis 4, 5 ou 🆇🆉🆉 plis 20, 24.

Strasbourg, métropole intellectuelle et économique de l'Alsace, est une importante cité moderne, traversée par l'Ill, dotée d'un port fluvial animé et d'une université réputée. C'est aussi une riche ville d'art construite autour d'une cathédrale célèbre. Depuis 1949, elle est la « capitale » de l'Europe ; là siège le Conseil de l'Europe. Tous les ans, en juin, a lieu le festival de musique ; début septembre, la Foire Européenne.

UN PEU D'HISTOIRE

Un serment fameux. – Le petit bourg de chasseurs et de pêcheurs qu'est, au temps de Jules César, Argentoratum, devient rapidement une cité prospère en même temps qu'un carrefour entre les peuples : Strateburgum, la Ville des Routes... Cette position vaudra à Strasbourg de servir de cible ou de passage à toutes les invasions d'outre-Rhin et d'être maintes fois détruite, brûlée, pillée et reconstruite. Une seule fois, au cours de son histoire, on la choisit comme théâtre d'une concilia-tion : c'est lorsque, en 842, par le Serment de Strasbourg, deux des fils de Louis le Débonnaire (Charles et Louis) et leurs soldats se jurent fidélité. Ce serment est célèbre parce qu'il représente le premier texte officiel connu en langues romane et germanique.

Gutenberg à Strasbourg. – Gutenberg, né vers 1395 à Mayence et fuyant la ville pour des raisons politiques, vient s'établir à Strasbourg en 1434. Il forme avec trois Alsaciens une association dans le but de mettre au point divers « pro-cédés secrets » dont il est l'inventeur. Mais l'union ne règne pas entre les associés puisque c'est par certaines pièces d'un procès intenté à Gutenberg en 1439 que nous avons quelques renseignements sur l'invention mysté-rieuse. Dans ces pièces juridiques, on parle de plomb, de presses : ce sont les premiers éléments de l'imprimerie.

Gutenberg.

Vers 1448, Gutenberg s'en retourne à Mayence et s'associe avec Jean Fust pour perfectionner l'invention qui boule-versa le monde.

La bouillie de millet. – Les guerres nées de la Réforme divisent l'Alsace en deux camps. La municipalité de Stras-bourg a l'idée d'organiser, en 1576, une attraction qui apportera une détente aux esprits surexcités. Il s'agit d'un grand concours de tir. Tous les Alsaciens sont invités mais aussi les voisins de la Souabe, de la Bavière et des villes libres de Suisse.

Le champ de tir est situé sur l'emplacement actuel du parc Contades. Les Zurichois sont vainqueurs. Pour fêter cette victoire, quarante-huit bourgeois de Zurich décident d'aller les rejoindre à Strasbourg. C'est alors un long voyage. On le fait à force de rames, par la Limmat, l'Aar et le Rhin. Nos bourgeois tentent d'établir ce qu'on appellerait aujourd'hui un record. Il s'agit d'aller assez vite pour qu'une énorme marmite de millet bouillant, entourée de sable chaud et déposée au centre de l'embarcation, soit encore tiède à l'arrivée. La prouesse est réalisée en dix-sept heures. « Si vous êtes un jour en danger, dit le chef des Suisses, au grand banquet qui couronne la fête, vous saurez que nous sommes capables de voler à votre secours en moins de temps qu'il n'en faut pour que refroidisse une bouillie de millet. » Trois siècles plus tard, en 1870, de fidèles descendants des bourgeois de Zurich apportent leur aide à Strasbourg bombardée, tenant ainsi la promesse de leurs ancêtres au jour du Grand Tir.

L'étudiant Goethe. – En 1770, l'Université de Strasbourg ne soupçonne certes pas qu'elle tirera un grand lustre de l'enseignement qu'elle a dispensé à l'étudiant Goethe. Il loge rue du Vieux-Marché-aux-Poissons, dans une pension de famille tenue par deux vieilles filles et fréquentée par de joyeux vivants dont la capacité d'absorption en vins d'Alsace étonne notre buveur de bière.

Pour exercer sa volonté, Goethe, sujet au vertige, monte régulièrement au sommet de la cathédrale. Le vide l'attire... Il se cramponne à la balustrade et ne cède point. D'autres soucis pourtant l'occupent : courir à Sessenheim rejoindre Frédérique *(voir p. 157)* ou encore retrouver le tombeau d'Erwin, l'auteur de la façade de la cathédrale. Reçu docteur le 6 août 1771, il retourne à Francfort, abandonnant et Frédérique et ses recherches.

Quarante-cinq ans plus tard, un de ses anciens camarades d'école découvrit, sous des tas de charbon, la tombe d'Erwin dans le Petit Cimetière, près de la cathédrale.

La Marseillaise de Rouget de Lisle. – Quand la Révolution éclate, il y a plus d'un siècle que Strasbourg est française. En 1681, elle a reconnu Louis XIV, déjà en possession de l'Alsace, comme son « souverain seigneur et protecteur ».

Le 24 avril 1792, **Frédéric de Dietrich**, premier maire constitutionnel de Strasbourg, offre un dîner d'adieu à des volontaires de l'armée du Rhin. On parle des événements de la guerre, de la nécessité pour les troupes d'être entraînées par un chant digne de leur enthousiasme. « Voyons, Rouget, vous qui êtes poète et musicien, faites-nous donc quelque chose qui mérite d'être chanté », dit Dietrich.

Le jeune officier du Génie auquel s'adresse cette boutade se retire chez lui fort troublé. Toute la nuit, on l'entend jouer du violon et réciter des strophes. A 7 heures du matin, il fait irruption chez son ami Marclet, officier d'état-major qui était présent au dîner de la veille. Il lui chante son « Chant de guerre pour l'Armée du Rhin » et, malgré l'heure matinale, ils retournent ensemble chez Dietrich dont une nièce se met au piano pour accompagner l'œuvre. Le jour même, Rouget de Lisle en adresse un exemplaire au maréchal Luckner qui accepte la dédicace. Le lendemain, l'orchestration est faite et un éditeur chargé des copies. Peu après, les volontaires de Marseille adoptent et lancent le chant qui devient la Marseillaise.

Sur l'immeuble de la Banque de France, 4, place Broglie, une plaque rappelle le souvenir de Rouget de Lisle.

Clause, le grand « chef ». – Le maréchal de Contades, nommé gouverneur militaire de l'Alsace, s'installe à Strasbourg en 1762. Amphitryon et gourmet distingué, il aime à régaler ses hôtes, parmi lesquels J.-J. Rousseau qui, dans une lettre, se déclare « fatigué par ces trop fréquents dîners ».

En 1778, Contades engage à son service un nouveau cuisinier, Jean-Pierre Clause, natif de Dieuze (Moselle), alors âgé de 21 ans. Les oies d'Alsace fourniront bientôt à celui-ci la matière première d'une spécialité appelée à devenir célèbre. En effet, mis un jour en demeure de se surpasser à l'occasion d'un grand repas donné par son maître, c'est à leur foie que Clause va recourir... Il entoure ce foie onctueux et cependant ferme de veau et de lard finement hachés et enferme le tout dans une croûte de pâte qu'il laisse cuire et dorer à feu doux. Les hôtes du maréchal, enthousiastes, implorent en pure perte la recette. En 1784, Clause quitte le service de Contades pour épouser la veuve d'un pâtissier. Jusqu'à sa mort (1827), il fabrique et met en vente son pâté qui va conquérir l'Alsace et le monde.

1870-1918. – Le 9 août 1870, les Allemands, commandés par le général von Werder, sont en vue de Strasbourg. La ville devra capituler, le 27 septembre, après 50 jours d'un siège émaillé de durs bombardements (la garnison a perdu 600 hommes et on dénombre 1 500 victimes civiles).

Au terme du traité de Francfort (10 mai 1871), Strasbourg devient ville allemande et le restera jusqu'au 11 novembre 1918. Quelques jours après, le 22 novembre, le général Gouraud fait son entrée solennelle dans la vieille cité. Le 25, devant le Palais Impérial, a lieu un grand défilé des troupes françaises.

La charge de la 2e D.B. – De 1940 à 1944, les Allemands se réinstallent à Strasbourg. C'est à une unité française que reviendra l'honneur de libérer la cité. Le 23 novembre 1944, à 7 h 15 du matin, les blindés du **général Leclerc,** massés

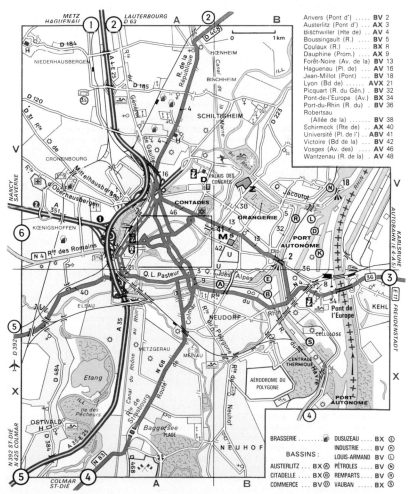

Anvers (Pont d')	**BV** 2
Austerlitz (Pont d')	**AX** 3
Bischwiller (Hte de)	**AV** 4
Boussingault (R.)	**BV** 5
Coulaux (R.)	**BX** 8
Dauphine (Prom.)	**AX** 9
Forêt-Noire (Av. de la)	**BV** 13
Haguenau (Pl. de)	**AV** 16
Jean-Millot (Pont)	**BV** 18
Lyon (Bd de)	**AVX** 21
Picquart (R. du Gén.)	**AV** 32
Pont-de-l'Europe (Av.)	**BX** 34
Port-du-Rhin (R. du)	**BV** 36
Robertsau (Allée de la)	**BV** 38
Schirmeck (Rte de)	**AX** 40
Université (Pl. de l')	**ABV** 41
Victoire (Bd de la)	**BV** 42
Vosges (Av. des)	**AV** 46
Wantzenau (R. de la)	**AV** 48

BRASSERIE		DUSUZEAU	**BX**	Ⓔ
		INDUSTRIE	**BV**	Ⓚ
BASSINS:		LOUIS-ARMAND		Ⓛ
AUSTERLITZ	**BX** Ⓐ	PÉTROLES	**BV**	Ⓝ
CITADELLE	**BX** Ⓒ	REMPARTS	**BV**	Ⓡ
COMMERCE	**BV** Ⓓ	VAUBAN	**BX**	Ⓢ

dans la région de Saverne, se lancent dans la plaine d'Alsace. La 2e D.B. se déploie en cinq colonnes qui vont converger vers Strasbourg et y entrer le jour même. Le surlendemain 25, la résistance cesse dans les casernes des faubourgs. L'après-midi, le général Vaterrodt, qui s'était réfugié au fort Ney, se rend ; près de 6 000 Allemands sont prisonniers.

Au début de janvier 1945, la ville connaîtra encore une chaude alerte. Gravement menacée par l'offensive allemande *(voir p. 31)*, elle sera sauvée grâce à l'intervention du général de Gaulle auprès du haut commandement allié et à la décision du général de Lattre de Tassigny d'y envoyer en hâte une division algérienne, la 3e DIA, tandis qu'au Sud de la ville, la 1re DFL violemment attaquée, maintient une farouche résistance à la pression ennemie.

Un carrefour européen. – Avant même la fin du dernier conflit mondial se dessina un consensus international, relayé par des figures politiques d'alors (Winston Churchill, Robert Schuman, Konrad Adenauer, Charles de Gaulle...), pour faire de Strasbourg sur le plan des institutions internationales ce qu'elle était déjà par son histoire et par sa situation géographique : un « carrefour européen ». L'idée prit corps qu'une réconciliation définitive des anciens belligérants devait s'enraciner au cœur d'une ville symbole, Strasbourg, au bord d'un grand fleuve jadis hérissé d'ouvrages militaires et à présent lien privilégié de communication, le Rhin.

Le Conseil de l'Europe. – Le statut de cet organisme européen fut signé le 5 mai 1949 par les 10 états fondateurs. Son objectif est la réalisation d'une union étroite entre ses membres, face aux grands problèmes d'intérêt commun, à l'exception des questions de défense. Il regroupe aujourd'hui 21 pays membres totalisant près de 400 millions d'habitants et siège au Palais de l'Europe *(voir p. 168)*. Le fonctionnement du Conseil de l'Europe est assuré par un **Comité des ministres** dont les membres sont les 21 ministres des Affaires étrangères des états membres et une **Assemblée parlementaire** qui se réunit à Strasbourg trois fois par an, en session publique, pendant une semaine. Un Secrétariat international d'environ 870 agents assiste ces organes.

C'est également à Strasbourg, au Palais de l'Europe, que se déroulent les sessions du **Parlement Européen**, importante institution de la C.E.E.

★★★ CATHÉDRALE NOTRE-DAME *visite : 1 h 1/2*

ⓥ C'est une des réalisations les plus belles et les plus originales de l'art gothique. On en a la meilleure **vue★** de la rue Mercière (**EZ**).

Naissance et construction. – Sur l'emplacement d'un temple d'Hercule, la cathédrale est entreprise en 1015 selon le style roman. Saint Bernard y célèbre la messe en 1145. Mais l'incendie ravage l'édifice. En 1176, on recommence à bâtir. L'art gothique, nouveau venu en Alsace, influence les architectes de la cathédrale. En 1284, le génial **Erwin de Steinbach** entreprend la splendide façade actuelle où triomphe le gothique le plus pur. Mais Erwin meurt en 1318 trop tôt pour pouvoir réaliser son projet d'ensemble. En 1365, les tours à peine terminées, on les réunit entre elles, jusqu'au niveau de la plate-forme. Puis la tour Nord seule est surélevée. Enfin, en 1439, Jean Hültz, de Cologne, prolonge cette tour par la flèche célèbre qui donne à la cathédrale sa physionomie surprenante.

L'Œuvre Notre-Dame. – Institution unique en France, elle est fondée pour recueillir les dons que la générosité des fidèles fait affluer en vue de la construction, de l'entretien et de l'embellissement de la cathédrale. Le premier document parlant d'une donation date de 1205.

Erwin, lui-même, donne l'exemple : pauvre, il ne peut léguer qu'une rente assez faible mais il y joint son cheval.

La Réforme. – La Réforme, dont l'un des plus importants agents fut **Martin Bucer** (1491-1551), établi à Strasbourg en 1523, est bien accueillie en Alsace où elle a été préparée par un prédicateur, resté fameux à Strasbourg : **Geiler de Kaysersberg,** qui ne cessera de flétrir la facilité des mœurs de l'époque et les abdications de l'Église.

Pendant de longues années, l'ancienne et la nouvelle religion luttent pied à pied dans la cathédrale, à la porte de laquelle les propositions de Luther ont été affichées. Puis Charles Quint établit l'Intérim d'Augsbourg et l'on se fait des concessions réciproques. Mais le culte protestant finit par l'emporter. La cathédrale ne redevient catholique que sous Louis XIV, en 1681.

La gloire. – Pendant deux siècles, l'histoire de Strasbourg est tout entière dans sa cathédrale. Lorsque Louis XIV prend possession de la ville, l'évêque le reçoit sur le seuil « avec une joie pareille à celle du bienheureux Siméon recevant l'Enfant Jésus au temple de Jérusalem ».

En 1725, Louis XV y épouse Marie Leszczynska. En 1744, relevé de sa grave maladie de Metz, le Bien-Aimé y est lui-même accueilli avec une joie délirante.

En 1770, Marie-Antoinette, arrivant de Vienne pour épouser le futur Louis XVI, est reçue à la cathédrale par le coadjuteur Louis de Rohan *(voir aussi p. 164)* : « D'une si belle union doivent naître les jours de l'âge d'or. » Dix-neuf ans plus tard, ce sera la Révolution.

Les épreuves. – Les dirigeants révolutionnaires donnent l'ordre d'abattre toutes les statues : 230 sont détruites. L'administrateur des Biens Publics parvient à cacher 67 statues de la façade. Mais la flèche offense l'égalité... Un habitant a une idée de génie : il fait coiffer l'aiguille de pierre d'un immense bonnet phrygien, en tôle peinte d'un rouge ardent. Le chef-d'œuvre d'Hültz est sauvé.

Les obus prussiens, en août et septembre 1870, incendient le toit de la cathédrale. La flèche reçoit treize projectiles.

En 1944, les bombardements alliés endommagent la tour élevée sur le transept, et le bas-côté Nord.

Extérieur

La cathédrale doit une grande part de son charme à ce grès rose des Vosges dont elle est faite.

***Façade.** – Erwin de Steinbach en dirigea la construction jusqu'au-dessus de la Galerie des Apôtres qui surmonte la Grande Rose. Merveilleusement restaurée, elle nous apparaît aujourd'hui parée de sa splendeur primitive, toute en colonnettes, en aiguilles de pierre et en sculptures.

Le **portail central** est le plus richement décoré de la façade. Ses statues et ses bas-reliefs appartiennent à diverses époques. Son tympan comprend quatre registres : les trois premiers, du 13e s., sont remarquables par leur réalisme. Le quatrième est moderne.

1) De gauche à droite : l'entrée de Jésus à Jérusalem ; la Cène ; le baiser de Judas ; saint Pierre tranchant l'oreille du soldat Malchus ; Jésus traîné devant Pilate ; la Flagellation.
2) Jésus couronné d'épines, puis portant sa croix ; Jésus crucifié, au-dessus du cercueil d'Adam, entre la Synagogue et l'Église qui recueille son sang ; la Descente de croix ; la Résurrection (sous le tombeau, les soldats endormis).
3) La Pendaison de Judas ; monstres sortant de l'Enfer ; Adam et Ève délivrés par le Christ ; Madeleine aux pieds de Jésus ; parmi les apôtres assemblés, saint Thomas touche les plaies du Christ.
4) L'Ascension.
   Les sculptures des voussures, refaites après la Révolution, se lisent en allant de l'extérieur vers l'intérieur.
5) Création du Monde ; histoire d'Ève, Adam, Caïn et Abel.
6) Histoire d'Abraham, Noé, Moïse, Jacob, Josué, Jonas et Samson.
7) Martyres des apôtres, de saint Étienne et de saint Laurent.
8) Les quatre évangélistes et les docteurs de l'Église.
9) Jésus guérit les malades et ressuscite les morts.
   Un double gâble surmonte le portail.
10) Statue de Salomon sur son trône.
11) La Vierge avec l'Enfant.
    De belles statues des 13e et 14e s. ornent les côtés du portail.
12) Prophètes.
13) Une sibylle.
14) Statue moderne de la Vierge avec l'Enfant.

Portail central

Au-dessus du portail central, magnifique rose de 15 m de diamètre.

Au **portail de droite,** la Parabole des Vierges Sages et des Vierges Folles est illustrée par de célèbres statues, dont certaines ont dû laisser place à des copies (originaux au musée de l'Œuvre Notre-Dame).
A gauche, le Séducteur, gracieux, engageant, en costume du temps, offre la pomme à la plus hardie des Vierges Folles qui s'apprête à dégrafer sa robe. Derrière le dos de cet Esprit du Mal, d'immondes animaux symbolisent le Vice, mais les Vierges Folles se laissent tenter par l'apparence. Elles ont jeté ou renversé leur lampe et sont prêtes au péché.
A droite, au contraire, l'Époux divin se présente aux Vierges Sages qui ont gardé leur lampe, prêtes à l'accueillir.
Sur le socle de ces statues, on remarque un calendrier portant les signes du Zodiaque et les mois de l'année.
Au **portail de gauche,** les statues (14e s.) figurent les Vertus. Sveltes et majestueuses dans leurs longues tuniques flottantes, elles terrassent les Vices.

***La flèche.** – La plate-forme qui surmonte la façade
⊘ est à 66 m de hauteur (328 marches ; *1/2 h*). La tour s'élève encore de 40 m, puis se termine par une flèche dont le sommet est à 142 m au-dessus du sol (9 m de moins que la flèche en fonte de la cathédrale de Rouen).
Octogonale à la base, la flèche de Jean Hültz élève ses six étages de petites tourelles ajourées qui contiennent les escaliers, et se termine par une double croix. C'est un chef-d'œuvre de grâce et de légèreté.
De cette plate-forme : belle **vue★** sur Strasbourg, en particulier sur la vieille ville, dont les toits percés de plusieurs étages de lucarnes présentent un aspect très pittoresque, sur les faubourgs et la plaine rhénane limitée par la Forêt Noire et les Vosges.

Flanc droit. – Le flanc droit offre les beautés du **portail de l'Horloge,** le plus ancien de la cathédrale (13e s.). Il est composé de deux portes romanes accolées. Entre les deux portes, statue de Salomon, appuyée sur un socle qui rappelle son fameux Jugement. L'ensemble a été refait. Des deux côtés du portail : copies des célèbres statues de l'Église et de la Synagogue (originaux au musée de l'Œuvre Notre-Dame, voir p. 163).

Séducteur et Vierge folle.

A gauche, l'Église, puissante et fière sous sa couronne, tient d'une main la croix et de l'autre le calice. A droite, la Synagogue s'incline, triste et lasse, essayant de retenir les débris de sa lance et les tables de la Loi qui s'échappent de ses mains. Le bandeau qui couvre ses yeux symbolise l'erreur. Par la grâce de leurs attitudes, souples et expressives, ces deux statues comptent parmi les plus séduisants chefs-d'œuvre de la sculpture française du 13e s.

Dans le tympan de la porte de gauche se trouve l'admirable **Mort de La Vierge★★** dont le peintre Delacroix, mourant, se plaisait à contempler le moulage. La figurine que Jésus tient dans sa main gauche représente l'âme de Marie.

On voit, au-dessus des deux portes, le cadran extérieur de l'horloge astronomique.

Transept. – La tour actuelle de la croisée du transept a été élevée de 1874 à 1878.

Flanc gauche. – Le **portail St-Laurent★**, de la fin du 15e s., restauré, a pour sujet principal le

Strasbourg. – La cathédrale.

groupe du martyre de saint Laurent (refait au 19e s.). A gauche de la porte se voient les statues de la Vierge, des trois Rois mages et d'un berger ; à droite, cinq statues, dont celle de saint Laurent *(originaux au musée de l'Œuvre Notre-Dame, voir p. 163).*

Intérieur

La cathédrale mesure 103 m de long (Amiens 145, N.-D. de Paris 130, St-Denis 108). La hauteur de la nef est de 32 m (Amiens 42, N.-D. de Paris 35, St-Denis 29). Les **vitraux★★★**, des 12e, 13e et 14e s., sont remarquables (500 000 éléments composant 4 600 panneaux), mais ont souffert au cours des âges.

Nef et bas-côté droit. – La nef, commencée au 13e s., comprend sept travées. Les vitraux des fenêtres hautes datent des 13e et 14e s., ainsi que ceux des bas-côtés. Dans la nef, on prendra le temps de détailler la cinquantaine de statuettes mises en scène sur le corps hexagonal de la **chaire★★** (1), type parfait de gothique flamboyant, qui fut dessi-née par Hans Hammer pour le prédicateur Gei-ler de Kaysersberg *(dé-tails p. 160).*

L'**orgue★★** (8) accroché en nid d'hirondelle au triforium, dans la nef, déploie sur la largeur d'une travée son superbe buffet gothique (14e s. et 15e s.) polychrome. De part et d'autre de sa tribune en pendentif or-née d'un Samson sculpté, deux statues représen-tent un héraut de la ville et un marchand de bret-zels en costumes d'épo-que. Ces personnages ar-ticulés s'animaient par-fois pendant les sermons pour distraire les fidèles, comme en témoigne la lettre de plainte d'un prédicateur en 1501. L'instrument actuel est moderne (1981).

La chapelle Ste-Catherine occupe les deux travées du bas-côté droit tou-chant au transept. On y voit une épitaphe décorée de la Mort de la Vier-ge (2), datée de 1480 et des vitraux du 14e s.

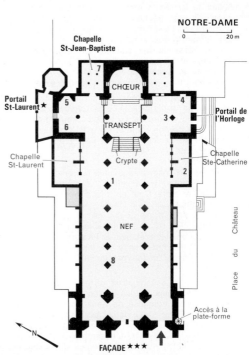

Place de la Cathédrale

Croisillon droit. – Au centre se trouve le **Pilier des Anges** ou du **Jugement dernier**★★ (3), élevé au 13ᵉ s. Les statues qui le garnissent, disposées sur trois étages, composent un ensemble merveilleusement harmonieux. L'art gothique s'y élève à sa plus délicate perfection.

L'**Horloge astronomique**★ (4) constitue la grande curiosité populaire de la cathédrale. Œuvre du Strasbourgeois Schwilgué, elle date de 1838.

Les sept jours de la semaine sont représentés par des chars que conduisent des divinités, apparaissant dans une ouverture au-dessous du cadran : Diane, le lundi, puis Mars, Mercure, Jupiter, Vénus, Saturne, Apollon.

Une série d'automates frappe deux coups tous les quarts d'heure. Le premier est donné par un des deux anges qui encadrent le cadran du « temps moyen », au centre de la Galerie aux Lions. Le deuxième est donné par un des « Quatre Ages » qui défilent devant la Mort dans la partie supérieure de l'horloge (l'Enfant frappe le premier quart, l'Adolescent le second, l'Homme le troisième, le Vieillard le quatrième). Les heures sont sonnées par la Mort. Au dernier coup, le second ange de la Galerie aux Lions retourne son sablier.

L'horloge astronomique est en retard d'une demi-heure sur l'heure normale. La sonnerie de midi a donc lieu à 12 h 30. Aussitôt, un grand défilé se produit dans la niche, au sommet de l'horloge. Les apôtres passent devant le Christ en le saluant, Jésus les bénit tandis que le coq, perché sur la tour de gauche, bat des ailes et lance trois fois son cocorico en souvenir du reniement de saint Pierre. Le moteur central de l'horloge est remonté tous les huit jours. Les indications astronomiques ont été calculées pour un temps illimité.

A gauche de l'horloge, un vitrail du 13ᵉ s. représente un gigantesque saint Christophe. C'est le plus grand personnage de vitrail connu. Il mesure 8 m de haut.

Chœur. – Les arcatures et les peintures du chœur sont modernes. Ses vitraux sont également modernes. Celui de la fenêtre axiale, représentant une Vierge à l'Enfant, est dû à Max Ingrand. Il a été posé dans l'abside en 1956, offert par le Conseil de l'Europe.

Croisillon gauche. – On y verra de magnifiques fonts baptismaux (5) de style gothique flamboyant. En face, contre le mur, un groupe en pierre, très curieux, représente Jésus au mont des Oliviers (6). Commandé en 1498 pour le cimetière de l'église St-Thomas, il fut transféré à la cathédrale au 17ᵉ s.

Les vitraux des 13ᵉ et 14ᵉ s. représentent des empereurs du Saint-Empire romain germanique.

Chapelle St-Jean-Baptiste et crypte. – La chapelle (13ᵉ s.) contient le tombeau de l'évêque Conrad de Lichtenberg (7) qui fit commencer la façade. L'œuvre est attribuée à Erwin. En face, épitaphe du chanoine Busang avec la Vierge et l'Enfant, de Van Leyden. A gauche des marches donnant accès au chœur, un escalier descend dans la crypte romane (beaux chapiteaux).

★★**Tapisseries.** – La cathédrale possède quatorze magnifiques tapisseries du 17ᵉ s. que l'on suspend le long de la nef entre les piliers pendant l'octave de la Fête-Dieu. Commandées par le Chapitre de Notre-Dame de Paris, elles furent achetées 10 000 livres en 1739, par les chanoines de Strasbourg. Elles représentent des scènes de la vie de la Vierge, exécutées d'après les cartons de Philippe de Champaigne, Ch. Poerson et J. Stella.

★★★**LA CITÉ ANCIENNE** *visite : compter une journée*

Elle s'étend autour de la cathédrale, sur l'île formée par les deux bras de l'Ill.

★**Place de la Cathédrale** (EZ). – Elle se trouve devant la cathédrale et sur le côté Nord. A l'angle de la rue Mercière, la **pharmacie du Cerf** de 1268 (EZ F) serait la plus ancienne pharmacie de France.

A gauche de la cathédrale, la **maison Kammerzell**★ (1589) (EZ Q), restaurée en 1954, décorée de fresques, est un joyau de la sculpture sur bois. Seule sa porte date de 1467. Elle est occupée par un restaurant.

Traverser la place du Château, au Sud de la cathédrale.

★★★**Musée de l'Œuvre Notre-Dame** (EZ). – *La visite de ce musée est le complément indispensable de la visite de la cathédrale.*

Consacré à l'art alsacien du Moyen Age et de la Renaissance, le musée présente ses collections dans les deux ailes de la Maison de l'Œuvre datant de 1347 et de 1578-1585, ainsi que dans l'ancienne hôtellerie du Cerf (14ᵉ s.) et une petite maison du 17ᵉ s., groupées autour de quatre petites cours : cour de l'Œuvre, cour de la Boulangerie, cour des Maréchaux et cour du Cerf, cette dernière aménagée en jardin médiéval.

La maison de l'Œuvre a joué un rôle important dans l'histoire de la cathédrale *(détails p. 160)*. Le bombardement aérien du 11 août 1944 détruisit en partie l'aile de 1347.

Le vestibule, qui présente des sculptures pré-romanes et romanes, donne accès aux salles de sculpture romane et à la salle des vitraux (12ᵉ et 13ᵉ s.) provenant en partie de la cathédrale romane ; on y voit le cloître des bénédictines d'Eschau (12ᵉ s.) et la célèbre **Tête de Christ**★★ de Wissembourg, le plus ancien vitrail figuratif connu (vers 1070).

De là, on traverse la cour de l'Œuvre, à l'ornementation mi-flamboyante, mi-Renaissance. On pénètre ensuite dans l'ancienne salle de séance de la Loge des maçons et tailleurs de pierre, dont les boiseries et le plafond datent de 1582, où sont présentées les statues du portail St-Laurent de la cathédrale. A la suite, la grande salle de l'hôtellerie du Cerf montre l'œuvre des ateliers qui se sont succédé au 13ᵉ s. pour la construction de la cathédrale (originaux des **statues** de l'« Église » et de la « Synagogue », des Vierges Folles et des Vierges Sages ainsi que deux travées de l'ancien jubé).

STRASBOURG

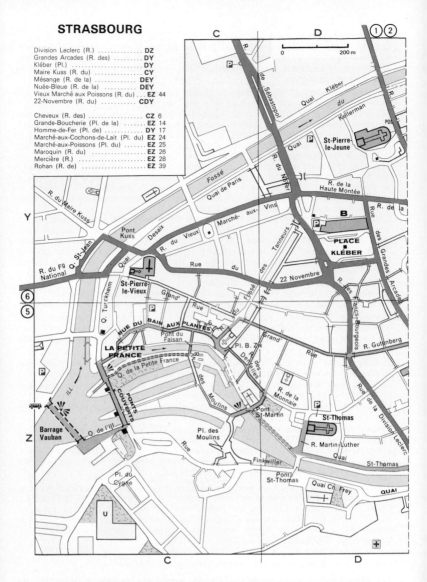

Un couloir où sont exposées des gravures du 17e s., figurant des états anciens de la cathédrale, conduit à une salle où sont présentés les célèbres **dessins** d'œuvre sur parchemin qui permettent de connaître les intentions primitives des architectes ayant élevé du 13e au 15e s. la façade et la flèche de la cathédrale. La salle suivante est consacrée à la sculpture alsacienne du 14e s. (beaux fragments du Saint sépulcre de la cathédrale).

Visiter le jardinet de la cour du Cerf.

Revenir dans la salle du 13e s. et monter un bel escalier en chêne du 18e s., orné de tapisseries alsaciennes. Des paliers, belle vue sur les galeries de bois sculpté de la Cour des Maréchaux qu'il dessert. Au 1er étage, importante collection d'orfèvrerie strasbourgeoise du 15e au 17e s.

Le 2e étage est consacré à l'évolution de l'art alsacien au 15e s. A gauche, vitraux ; à droite, dans des salles à boiseries et plafonds de l'époque, sculptures et **peintures**★★ de l'école alsacienne : Conrad Witz et primitifs alsaciens.

Le visiteur redescend au 1er étage par le bel escalier à vis de 1580 qui donne accès aux salles consacrées aux 16e et 17e s.

Dans l'aile Renaissance : histoire des arts graphiques à Strasbourg de 1500 à 1600. Salle consacrée à **Hans Baldung Grien** (1484-1545) : élève de Dürer, ce peintre et dessinateur pour la gravure sur bois et le vitrail est le principal représentant de la Renaissance à Strasbourg ; ancienne salle de séances des administrateurs de l'Œuvre (belle boiserie et plafond Renaissance) ; caveau des archives.

Dans l'aile Est, salles de mobilier alsacien et rhénan et de sculptures des 16e et 17e s. ; collection de natures mortes des 17e et 18e s., de **Sébastien Stoskopff** (1597-1657) en particulier ; miniatures, intérieurs et costumes strasbourgeois du 17e s., verreries.

★**Palais Rohan** (EZ). – C'est le cardinal Armand de Rohan-Soubise, prince-évêque de Strasbourg en 1704, qui fit construire ce palais. Mais le plus célèbre des Rohan devait être le fastueux Louis, coadjuteur, à 26 ans, de son oncle Constantin.

L'Affaire du collier. – Louis de Rohan est un fort bel homme, mondain et prodigue. Après avoir reçu Marie-Antoinette à Strasbourg, il est envoyé en ambassade chez la mère de celle-ci, Marie-Thérèse, et la scandalise par ses mœurs immodestes. De retour en France, il se lie avec l'étrange Cagliostro qui a promis de lui fabriquer de

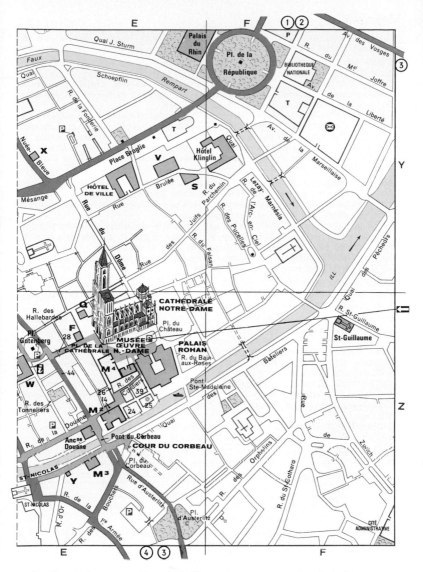

l'or. Ses intrigues avec Mme de la Motte ont surtout pour but de le faire entrer en grâce auprès de la Reine qui, toujours, l'a détesté. L'aventurière lui affirme que la Reine serait heureuse d'accepter de lui un collier qu'elle désire et que le Roi trouve trop cher. Qu'il le lui offre et l'amitié de la Reine lui sera acquise.

Toujours à court d'argent, le cardinal signe des billets aux bijoutiers, tandis que Jeanne de la Motte subtilise le bijou. Les billets venus à terme, Rohan ne peut payer et le scandale éclate, éclaboussant injustement la Reine. Mme de la Motte, fouettée publiquement et marquée au fer rouge, est enfermée à la Salpêtrière. Arrêté, puis acquitté et exilé, Rohan retourne à Strasbourg. A la Révolution il refuse de prêter serment, passe le Rhin et meurt à Ettenheim en 1803.

Le palais. – Construit au 18e s. sur les plans de Robert de Cotte, premier architecte du Roi, il présente, au fond de la cour d'honneur, une belle façade classique avec fronton central. Le long de la terrasse bordant l'Ill, il déploie une majestueuse **façade**, de pur style classique, ornée, sur le corps central, de colonnes corinthiennes.
Il contient les très riches musées du palais Rohan *(voir ci-dessous).*

★★ Musées du Palais Rohan. – *Accès au fond de la cour à gauche.* Cet ensemble restauré, d'une rare valeur artistique, présente, dans les grands appartements des cardinaux de Rohan, une importante partie de leur mobilier et de leurs collections.

Grands appartements. – *Au rez-de-chaussée.* Ils sont parmi les plus beaux intérieurs français du 18e s. On peut voir les appartements des princes-évêques qui ont servi lors du passage de Louis XV en 1744 et de Marie-Antoinette en 1770, notamment la chambre du roi, le salon d'assemblée, et la bibliothèque des cardinaux, qui ont été remis en valeur durant ces dernières années.

Musée des Beaux-Arts. – *Au 1er et au 2e étages du corps de logis principal.* Il abrite une intéressante collection de tableaux, du Moyen Age au 18e s. essentiellement.

La **peinture italienne** (primitifs et peintres de la Renaissance) y est particulièrement bien représentée : parmi de nombreux tableaux de maîtres, on remarquera un Ange d'Annonciation de Filippino Lippi, une Vierge à l'Enfant avec saint-Jean-Baptiste de Piero di Cosimo, une juvénile Vierge à l'Enfant de Botticelli, de Cima da Conegliano un magnifique Saint-Sébastien et l'un des premiers tableaux du Corrège, Judith et la servante.

Quelques tableaux illustrent l'école espagnole, parmi lesquels des œuvres de Zurbarán, Murillo, Goya, et surtout une célèbre Vierge de douleur par le Greco.

L'**école des anciens Pays-Bas** du 15e au 17e s. occupe aussi une place de choix : signalons plus particulièrement un très beau Christ de pitié par Simon Marmion, les Fiancés par Lucas de Leyde, plusieurs tableaux de Rubens (Christ en gloire et Visitation), un Saint Jean (portrait de l'artiste) et un portrait de femme, de Van Dyck, le Départ pour la promenade par Pieter de Hooch.

Parmi les toiles représentant des noms des écoles française et alsacienne du 17e au 19e s., on retiendra celle de La Belle Strasbourgeoise par N. de Largillière (1703). Autre richesse du musée : une importante collection de **natures mortes**, du 16e au 18e s., dont la très célèbre Bouquet de fleurs de Brueghel de Velours.

Le Palais Rohan abrite aussi la **galerie alsacienne**, consacrée aux artistes alsaciens depuis 1850.

Musée archéologique. – *Au sous-sol.* Il abrite les découvertes faites en Alsace, couvrant une période allant du début de l'ère quaternaire jusqu'à l'an mille. Les collections préhistoriques comportent des ossements de la faune disparue, de la céramique, des silex, des outils, des armes et des parures.

La section romaine est remarquable par l'ensemble de restes de monuments et d'objets divers trouvés à Strasbourg et dans sa région (une salle renferme les fragments du petit sanctuaire qui occupait le sommet du Donon).

La collection mérovingienne comprend quelques pièces uniques, comme le casque de Baldenheim, les phalères d'Ittenheim etc.

Musée des Arts décoratifs. – *Dans l'aile droite du palais (aile des Écuries et pavillon H. Haug).* Ce musée est consacré à l'artisanat d'art strasbourgeois et de l'Est de la France, depuis la fin du 17e s. jusqu'au milieu du 19e s.

La **collection de céramiques★★**, l'une des plus importantes de France, groupe notamment de belles faïences et porcelaines de Strasbourg et de Niderviller.

La faïencerie de Strasbourg, fondée et dirigée par la famille **Hannong** de 1721 à 1782, celle de Niderviller fondée en 1748 par le baron de Beyerlé, directeur de la Monnaie royale de Strasbourg, comptent parmi les plus belles manufactures françaises de faïence et de porcelaine.

On admirera les pièces de la période « bleue », celles au décor polychrome « de transition », les terrines en forme d'animaux, et surtout ces magnifiques décorations florales aux pourpres dominants qui vont inspirer, après 1750, maintes faïenceries d'Europe.

Belles pièces d'orfèvrerie strasbourgeoise, armoires, buffets et sièges des menuisiers locaux.

Ⓥ **Musée d'art moderne.** – (EZM⁴). *Au n° 5, place du Château. Accès dans la cour, à droite.* Une sélection de tableaux sur toile ou sur bois, sculptures, vitraux, meubles, décors muraux offre un éventail des grandes tendances de l'art moderne de la fin du 19e s. à nos jours : Max Liebermann, Sisley, Signac, Gauguin, Dufy, Zadkine, Carabin, Spindler, Paul Klee, Max Ernst, Serge Poliakoff, Sarkis, Niki de Saint-Phalle... Une salle est consacrée au strasbourgeois Jean Arp (1877-1966), co-fondateur en 1916 du mouvement Dada.

Prendre la rue de Rohan puis, à droite, la petite rue des Cordiers conduisant à la charmante **place du Marché-aux-Cochons-de-Lait★** bordée de maisons anciennes dont la plus intéressante est une maison du 16e s., à galeries de bois. La place de la Grande-Boucherie, qui s'ouvre du même côté, est d'un aspect très alsacien.

Tourner à gauche dans la rue du Vieux-Marché-aux-Poissons. A droite, l'**Ancienne Douane,** (EZ) édifice reconstruit en 1965, était primitivement l'entrepôt de commerce fluvial de la ville. Elle abrite des expositions temporaires.

★**Musée historique** (EZ M²). – Ce musée est installé dans les bâtiments de la Grande Ⓥ Boucherie (1586). La section d'art militaire qu'il abrite constitue une des premières collections publiques d'armes et d'uniformes, en France, après celle du musée de l'Armée aux Invalides.

Des canons du 17e au 19e s. provenant de la fonderie royale, des armures, 200 uniformes avec états de service de ceux qui les ont portés, tous alsaciens, des armes anciennes du 17e s. sont à remarquer, sans oublier la collection de petits soldats découpés et peints, en carton, spécialité de Strasbourg depuis l'Ancien Régime.

Dans la section de topographie et d'urbanisme on verra, entre autres maquettes, dessins, gravures, etc. évoquant le Vieux-Strasbourg, un plan-relief de 1727 provenant des collections royales créées par Vauban et Louvois.

La section purement historique contient des documents et des objets se rattachant à l'histoire de la ville.

Pont du Corbeau (EZ). – C'est l'ancien pont des Supplices d'où l'on plongeait dans la rivière, jusqu'à ce que mort s'ensuive, les infanticides et les parricides enfermés dans des cages de fer.

Au n° 1 quai des Bateliers, une porte cochère donne accès à la Cour du Corbeau.

★**Cour du Corbeau** (EZ). – Cette cour pittoresque remonte au 14e s. A droite, on voit un puits de 1560. Dans la maison, hostellerie célèbre au 16e s., résidèrent quelques clients de marque : Turenne, le roi Jean-Casimir de Pologne, Frédéric II, l'empereur Joseph II.

★★**Musée alsacien** (EZ M³). – Ce musée d'art populaire, installé dans trois maisons Ⓥ des 16e et 17e s., dont une maison patricienne, contribue à faire connaître au touriste le passé, les coutumes et les traditions de l'Alsace. Empruntant le dédale des escaliers et galeries de bois des cours intérieures, le parcours permet de découvrir une multitude de petites salles pleines de cachet. On y admire des collections de costumes, d'imagerie, de jouets anciens, de masques « cracheurs » de farine provenant des moulins, mais surtout des restitutions d'intérieurs anciens tels que le laboratoire de l'apothicaire alchimiste et des chambres à boiseries, avec leurs lits clos, leurs meubles en bois peint et des poêles monumentaux.

Des salles sont spécialement consacrées à la viticulture, à l'agriculture, à la corderie, à l'imagerie religieuse (protestante et catholique), au culte judaïque, enfin aux souvenirs de Jean-Frédéric Oberlin (détails p. 50).

Quai St-Nicolas. — Belles maisons anciennes. Pasteur habita au n° 18 (**EZ Y**). Un peu plus loin, l'église St-Nicolas date du 15e s. Albert Schweitzer y fut prédicateur de 1899 à 1913.

Repasser le pont du Corbeau et prendre à gauche la rue de la Douane. Suivre ensuite le quai St-Thomas.

Église St-Thomas (DZ). — Cette église à cinq nefs a été reconstruite à la fin du 12e s. et est devenue cathédrale luthérienne en 1529. Elle est célèbre par son **mausolée du maréchal de Saxe★★**, l'une des œuvres maîtresses de Pigalle, du 18e s. Maurice de Saxe fut inhumé en 1777. La France en larmes, tenant le maréchal par la main, s'efforce d'écarter la Mort qui soulève le couvercle du tombeau. La Force, symbolisée par Hercule, s'abandonne à sa douleur, tandis que l'Amour pleure, éteignant son flambeau. A gauche, un lion (la Hollande), un léopard (l'Angleterre), un aigle (l'Autriche) sont rejetés vaincus sur des drapeaux froissés.

Dans une petite chapelle se trouve le tombeau de l'**évêque Adeloch** (12e s.). Orgues de Silbermann (18e s.).

Reprendre le quai St-Thomas jusqu'au pont St-Martin.

Ce pont offre une **vue★** plaisante sur le Bain-aux-Plantes.

La rivière se divise à cet endroit en quatre bras (on voit encore des moulins à eau, des barrages et des écluses).

Prendre la rue des Dentelles (remarquer le n° 12 du 18e s. et le n° 10 du 16e s.). On atteint la place Benjamin-Zix, puis le quai où s'ouvre la rue du Bain-aux-Plantes.

★★La Petite France (CZ). — C'est un des coins les plus curieux et les mieux conservés du vieux Strasbourg, avec ses maisons qui se reflètent dans l'eau du canal. Au jour finissant, tout cet ensemble est d'un charme prenant. C'était autrefois le quartier des pêcheurs, des tanneurs, des meuniers.

La **rue du Bain-aux-Plantes★★** a été pendant des siècles le quartier de la corporation des tanneurs. Elle est bordée de vieilles maisons de la Renaissance alsacienne (16e et 17e s.) à encorbellements, pans de bois, galeries et pignons. Remarquer : à gauche, au n° 42, la maison des tanneurs (Gerwerstub) de 1572, au bord du canal ; à droite, à l'angle de la rue du Fossé-des-Tanneurs et de la rue des Cheveux extraordinairement étroite, le n° 33 ; ainsi que les n°s 31, 27 et le n° 25, de 1651.

★Ponts Couverts (CZ). — C'est une enfilade de trois ponts enjambant les bras de l'Ill, gardés chacun par une tour carrée et massive, reste des anciens remparts du 14e s. Trois tours étaient autrefois reliées par des ponts de bois couverts. La quatrième, la tour du Bourreau, au bout du quai Turckheim, faisait également partie de l'enceinte fortifiée de la cité.

Entre le dernier de ces ponts et la dernière tour prendre à droite le quai de l'Ill, seul accès pour monter à la terrasse du barrage Vauban.

⊘ **Barrage Vauban** (CZ). — De la terrasse panoramique (table d'orientation ; longue-vue) aménagée sur toute la longueur du pont-casemate, dit « barrage Vauban » (reste de l'enceinte de Vauban), qui barre ainsi le cours de l'Ill, on découvre un saisissant **panorama★★** sur les Ponts Couverts et leurs quatre tours au premier plan, le quartier de la Petite France et ses canaux, en arrière, la cathédrale à droite. Le rez-de-chaussée du barrage Vauban abrite une exposition lapidaire : statues et fragments d'architecture des églises de la ville.

Traverser à nouveau les Ponts Couverts. Prendre le quai de la Petite-France, longeant le canal de navigation, qui offre un **coup d'œil★** romantique sur les vieilles maisons qui se reflètent dans l'eau.

Franchir le pont du Faisan. Tourner à droite dans la rue du Bain-aux-Plantes, puis à gauche dans la rue du Fossé-des-Tanneurs.

Prendre à droite la Grand'Rue bordée de maisons du 16e au 18e s, puis la rue Gutenberg jusqu'à la place du même nom.

Sur la **place Gutenberg** s'élèvent l'hôtel du Commerce (**EZ W**), belle construction de la Renaissance et la statue de Gutenberg, œuvre de David d'Angers.

Au n° 52 de la rue du Vieux-Marché-aux-Poissons (direction Sud), on aperçoit la maison natale de Jean Arp.

La rue Mercière ramène à la place de la Cathédrale.

AUTRES CURIOSITÉS

⊘ **Musée zoologique de l'université et de la ville** (BV M⁵). — Installé sur deux étages en partie rénovés, ce musée présente la faune mondiale et régionale, en évoquant certains milieux naturels : les régions froides, les Andes, la savane, l'Alsace... De très riches collections d'oiseaux naturalisés et d'insectes sont exposées.

Des expositions permanentes ou temporaires (deux par an) présentent la biologie et l'écologie.

⊘ **Église St-Guillaume** (FZ). — Sa construction s'échelonna de 1300 à 1307. De beaux vitraux (1465) dus à Pierre d'Andlau éclairent la nef. Mais c'est le tombeau double (14e s.), à étage, des frères de Werd qui fait la curiosité de l'église : sur la dalle inférieure, Philippe en habit de chanoine ; au-dessus, sur deux lions, comme suspendu, Ulrich en habit de chevalier.

Église St-Pierre-le-Vieux (CY). – C'est un ensemble de deux églises : une catholique, une protestante. Dans le transept gauche de l'église catholique (reconstruite en 1866), panneaux en bois sculpté (16e s.), œuvres de Veit Wagner, montrant des scènes de la vie de saint Pierre et de saint Materne. Au fond du chœur, **scènes★** de la Passion (fin 15e-début 16e s.) attribuées au peintre strasbourgeois Henri Lutzelmann. Dans le bras droit du transept, **panneaux peints★** de l'école de Schongauer (15e s.) sur le thème de la Résurrection et des apparitions du Christ. *Pour mieux voir ces œuvres, allumer (interrupteur à gauche).*

Ⓥ **Église St-Pierre-le-Jeune (DY)**. – Trois églises furent construites au même endroit. De celle du 7e s., il reste un caveau avec cinq niches funéraires, et de l'église de 1031, un très joli petit cloître, restauré (mais la galerie Est date du 14e s.). Servant au culte protestant, l'église actuelle, fortement restaurée vers 1900, remonte à la fin du 13e s. A l'intérieur, beau **jubé** gothique, orné de peintures de 1620 ; orgues datant de 1780. Dans la chapelle de la Trinité, fonts baptismaux de Hans Hammer (1491). Boiseries du chœur et chaire du 18e s.

Rue du Dôme (EY). – Elle est bordée de beaux hôtels du 18e s.

Place Kléber (DY). – C'est la plus célèbre place de Strasbourg. Elle est bordée au Nord par « l'Aubette » (**B**), bâtiment du 18e s. ainsi nommé parce que, à l'aube, les corps de la garnison venaient y chercher des ordres.

Au centre de la place s'élève la statue de Kléber, édifiée en 1840 et sous laquelle reposent les restes du héros. Né à Strasbourg en 1753, assassiné au Caire en 1800, Kléber est l'un des plus glorieux enfants de la cité. Le socle de la statue, illustré de deux bas-reliefs qui représentent ses victoires d'Altenkirchen et d'Héliopolis, énumère ses titres de gloire.

Place Broglie (EY). – C'est un long rectangle planté d'arbres, ouvert au 18e s. par le maréchal de Broglie, gouverneur d'Alsace. A droite, se dresse **l'hôtel de ville★** du 18e s., élevé par Massol, ancien hôtel des comtes de Hanau-Lichtenberg, puis des Landgraves de Hesse-Darmstadt. Au fond, le théâtre municipal est orné de colonnes et de muses sculptées par Ohmacht (1820). Devant le théâtre a été érigé le monument du maréchal Leclerc, libérateur de Strasbourg *(voir p. 160)*.

A droite, le quai est bordé par la majestueuse **façade** de la résidence du préfet (1736), ancien **hôtel de Klinglin** (« prêteur royal »), qui donne aussi sur la rue Brûlée (n° 19 : beau portail). Au n° 4 de la place est né, en 1858, le missionnaire **Charles de Foucauld**, assassiné au Sahara en 1916.

Le quartier avoisinant la place Broglie (rues des Pucelles, du Dôme, des Juifs, de l'Arc-en-Ciel), était habité par la haute noblesse et la grande bourgeoisie. On y admire plusieurs hôtels du 18e s., surtout rue Brûlée, l'ancien **hôtel des Deux-Ponts** (1754) (**EY V**), au n° 13, l'évêché (**EY S**) au n° 16, et au n° 9 l'entrée secondaire de l'hôtel de ville. De l'autre côté de la place, rue de la Nuée Bleue, au n° 25 hôtel d'Andlau (**EY X**), de 1732.

Les quartiers du 19e s. – *Visite en auto. Partir de la place Broglie. Au fond de la place, traverser le fossé du Faux-Rempart.*

Après 1870, les Allemands ont élevé un grand nombre d'édifices publics aux proportions monumentales, d'une architecture souvent gothico-Renaissance. Tout un ensemble, au Nord-Est de la ville ancienne, englobant l'Université et l'Orangerie, a été construit dans l'intention d'y déplacer le centre de la ville. Ces quartiers aux larges artères restent de nos jours un exemple rare d'architecture prussienne.

Place de la République (FY). – C'est un vaste carré dont la partie centrale a été aménagée en jardin circulaire, planté d'arbres, au centre duquel s'élève le monument aux morts dû au sculpteur Drivier (1936) ; à gauche, se dresse le **Palais du Rhin**, ancien palais impérial (1883 à 1888) ; à droite, le Théâtre national occupant l'ancien palais du Landtag d'Alsace-Lorraine et la Bibliothèque nationale.

Prendre, à droite, l'avenue de la Liberté.

Franchir le pont de l'Université, au confluent de l'Aar et de l'Ill. A gauche, entre les deux rivières, se dresse dans un joli site l'église protestante St-Paul, construite au 19e s. dans le style néo-gothique.

Place de l'Université (ABV 41) – Belle place ornée de parterres et de fontaines. A l'entrée des jardins, statue de Goethe *(voir p. 158)*. Le palais de l'Université a été édifié en 1885 dans le style de la Renaissance italienne. L'allée de la Robertsau conduit à l'**Orangerie** *(voir p. 169)*.

Contades (AV). – Ce parc, situé au Nord de la place de la République, porte le nom du maréchal gouverneur de l'Alsace *(voir p. 159)* qui le fit réaliser. En bordure du parc, s'élève la **synagogue de la Paix**, construite en 1955 pour remplacer l'ancienne détruite en 1940.

★**Palais de l'Europe (BV Z)**. – *Quitter le centre-ville par le quai des Pêcheurs (**FY**).*
Ⓥ Siège du **Conseil de l'Europe** *(voir p. 160)*, il en abrite le Comité des ministres, l'Assemblée parlementaire et le Secrétariat international. Il accueille en outre les sessions du Parlement européen. Les nouveaux bâtiments furent qualifiés, lors de leur inauguration en janvier 1977, de « Maison de la promesse ». Œuvre de l'architecte français Henri Bernard, ils allient une harmonieuse simplicité à une apparence résolument moderne. A droite de l'entrée principale, la rotonde de verre greffée à l'angle des deux façades abrite la salle du Comité des ministres. A l'intérieur, le palais comprend environ 1 350 bureaux, des salles de réunion pour les différentes commissions et comités, une bibliothèque et un hémicycle qui est le plus vaste d'Europe. Le plafond de ce dernier est soutenu par un audacieux éventail de douze nervures de bois, fichées dans le sol derrière la tribune de présidence, symbolique faisceau dont le motif est repris dans le solennel hall d'entrée du palais.

★Orangerie (BV). – *Quitter le centre-ville par le quai des Pêcheurs.* Très beau parc dessiné par Le Nôtre en 1692 et aménagé en 1804 en vue du séjour de l'impératrice Joséphine. Le pavillon Joséphine (1805), incendié en 1968 et reconstruit, sert aux expositions temporaires, aux représentations théâtrales et aux concerts. Donnant sur le lac, le **restaurant Buerehiesel** est une vieille ferme alsacienne à pans de bois sculptés (1607).

Maison de la Radio-Télévision (AVD). – Construite en 1961. Sur la façade concave de l'auditorium, composition monumentale (30 × 6 m), sur céramique, de Lurçat, symbolisant la création du monde.

★Promenades en vedette sur l'III et dans la Petite France (EZ). – *Services et itinéraires réguliers avec passages devant le barrage Vauban et le palais de l'Europe.*

Promenades en avion au-dessus de Strasbourg. – *Survol de la ville et de sa banlieue.*

LE PORT AUTONOME

Situé à l'un des principaux points de jonction des grandes voies de communication qui unissent les diverses parties de l'Europe, le port de Strasbourg, est le 2e port fluvial de France, après Paris, et le 3e port rhénan (derrière les ports allemands de Duisbourg-Ruhrort et Cologne-Godorf). Il constitue pour la région de l'Est l'équivalent d'un grand port maritime grâce aux qualités de navigabilité exceptionnelles du Rhin (aujourd'hui canalisé entre Bâle et Iffezheim) comparable à un bras de mer international de 800 km de longueur. Les avantages de cette situation géographique sont renforcés par le réseau des voies fluviales, ferrées et routières qui mettent l'arrière-pays en communication avec l'Europe occidentale et centrale.

Son équipement. – Couvrant avec 15 bassins et 2 avant-ports une surface en eau de 205 ha bordée de 37 km de rives, le port dispose de 528 ha de terrains à usage commercial ou industriel, de 9 ha de chantiers charbonniers, de 60 entrepôts à marchandises diverses et d'installations de stockage importantes pour les céréales et les hydrocarbures. Les principaux secteurs d'activité concernent : les combustibles, le bois, les produits agricoles et l'alimentation, la chimie, la réparation navale, la métallurgie et la mécanique, le bâtiment et les travaux publics, etc.
Le port est desservi par un réseau ferré de 154 km et routier de 28 km. Il est équipé d'une centaine d'engins de manutention traditionnels et d'un appareillage spécialisé (surtout des ponts-portiques) pour les charges lourdes jusqu'à 350 t. C'est l'un des premiers ports français pour le trafic des céréales (330 000 t), également un des premiers pour l'exportation des produits pétroliers raffinés, son Bassin aux Pétroles pouvant accueillir notamment toute la production de la raffinerie alsacienne (Cie Rhénane de raffinage), elle-même alimentée en brut par le pipe-line Sud-Européen. C'est aussi au port qu'a été fixé le centre régional de dédouanement équipé pour le traitement informatique des déclarations en douane.
Enfin sur une surface actuelle de 40 ha se déploient les installations du centre EUROFRET-STRASBOURG (68 000 m² d'entrepôts), desservi par eau, fer, route et découpé en trois zones : entrepôt, commercial, activités diverses.

Son activité. – Base de la flotte rhénane française, centre d'importation, d'exportation, de stockage et de transit de la France de l'Est, le port de Strasbourg est fréquenté par une flotte internationale allant de la péniche de 280 t à l'automoteur de plus de 2 000 t, ainsi que par des convois poussés qui groupent selon les secteurs 2 à 6 barges de 1 500 à 3 000 t chacune.
Son trafic rhénan annuel moyen portant sur plus de 11 millions de tonnes allie le trafic traditionnel de marchandises en vrac et celui de marchandises conditionnées en palettes, conteneurs, caisses etc... Ce trafic s'exerce avec tous les pays riverains du fleuve et la Belgique, mais, par son origine ou sa destination, il concerne pratiquement le monde entier.

Vue d'ensemble et excursion au bord du Rhin. – *Circuit de 25 km – environ 1 h 1/4.* Il offre les points de vue les plus intéressants sur le Rhin et les installations portuaires. Suivre la route du Rhin (N 4) au départ du pont d'Austerlitz. Peu avant le pont Vauban, emprunter à droite la rue du Havre qui est parallèle au Bassin René-Graff. Dans son prolongement, la rue de La Rochelle conduit à la zone Sud, partie la plus moderne du port avec les trois Bassins Auguste-Detœuf (chantiers navals, centre céréalier), Gaston-Haelling, Adrien-Weirich (conteneurs et colis lourds) et la darse IV. Entre ces deux derniers bassins est implanté le centre EUROFRET-STRASBOURG *(accès par les rues de Rheinfeld et de Bayonne).* Rebrousser chemin par la rue de La Rochelle et la rue du Havre.
A l'extrémité de cette dernière, bifurquer à droite et traverser le pont Vauban qui franchit le Bassin Vauban. L'avenue du Pont-de-l'Europe conduit au bord du Rhin. Le fleuve, large à cet endroit de 250 m, est enjambé par le pont de l'Europe **(BX)** (1960) constitué par deux arcs métalliques, qui relie Strasbourg à Kehl en Allemagne. Celui-ci remplace le fameux pont métallique dit « de Kehl » (1861) détruit pendant la guerre et qui avait lui-même succédé à l'antique pont de bateaux. Rebrousser chemin à nouveau et obliquer sur la droite pour prendre la rue Couleaux, puis la rue du Port-du-Rhin (vue sur le Bassin du Commerce). Du **pont d'Anvers** (BV 2), on voit : sur la gauche, l'entrée du grand Bassin Vauban et le bassin Dusuzeau (gare fluviale) ; sur la droite, le Bassin des Remparts. Franchir le pont et prendre, à droite, la rue du Général-Picquart qui longe le Bassin des Remparts, puis la rue Boussingault, pour passer le pont sur le canal de la Marne au Rhin. Suivre à droite le quai Jacoutot longeant le canal. Du **pont Jean-Millot** (BV 18), à l'entrée du Bassin Albert-Auberger, la vue embrasse le Rhin à gauche et l'entrée Nord du port. Dans l'avant-port Nord débouchent le canal de la Marne au Rhin, les Bassins Louis-Armand, du Commerce et de l'Industrie.

★Visite du port. – *Services réguliers avec éclusage à la chute de Strasbourg. Durée : 3 h.*

Le STRUTHOF

Carte Michelin n° 87 pli 15 ou 242 pli 23 – Schéma p. 79.

Les cinq derniers kilomètres de la route qui, de Rothau, monte au camp, furent construits par les détenus.

Au cours de la dernière guerre, les Nazis créèrent ici un « camp de la mort ». Les immenses gradins sur lesquels les baraques s'étageaient furent également construits par les détenus, montant les matériaux à dos d'homme, du fond de la vallée ; environ 10 000 d'entre eux périrent à cette tâche. Le camp reçut des convois divers provenant de tous les pays occupés. Les convois « NN » (Nacht und Nebel : Nuit et Brouillard), qui comptaient beaucoup de Français, étaient destinés à l'extermination.

Ⓥ De l'ancien camp de concentration, on a conservé la double enceinte de fils de fer barbelés, la grande porte d'entrée, le four crématoire, les cellules des déportés, deux baraques témoins (dont l'une abrite un musée de la Déportation).

Cimetière et mémorial. – *En bordure de la D 130.* La nécropole, aménagée au-dessus du camp, abrite les restes de 1 120 déportés. Devant elle, se dresse le monument commémoratif, sorte d'immense colonne tronquée, évidée, portant gravée en creux à l'intérieur, une silhouette géante de déporté. Le socle renferme le corps d'un déporté inconnu français.

*Les **cartes Michelin** sont constamment tenues à jour.*
Ne voyagez pas aujourd'hui avec une carte d'hier.

★ Le SUNDGAU

Carte Michelin n° 87 plis 9, 10, 19, 20 ou 243 plis 11, 12.

Partie la plus méridionale de l'Alsace, et confinant à l'avant-pays jurassien, le Sundgau, ou Pays du Sud, s'étend, du Nord au Sud entre la région mulhousienne et la frontière suisse, de l'Ouest à l'Est entre la vallée de la Largue et celle du Rhin. Son relief s'élève doucement du Nord-Ouest vers le Sud-Est jusqu'à des altitudes pouvant dépasser 800 m dans les chaînons calcaires qui prolongent le Jura suisse. Découpé en bandes longues et étroites par les affluents de l'Ill supérieure, c'est un pays bien individualisé, aux collines et falaises calcaires couronnées de forêts de hêtres et de sapins, aux vals parsemés de très nombreux étangs – qui ont valu à la gastronomie régionale sa spécialité de carpe frite – de pâturages et de riches cultures autour de fermes fleuries. Les habitations sont couvertes de vastes toits descendant très bas, souvent à colombages garnis de crépi ocre ou couleur terre, certaines aux murs bardés de planches.

Altkirch est la seule ville de quelque importance, mais de nombreux et prospères villages bordent les cours d'eau ou s'échelonnent sur de riants coteaux.

CIRCUIT AU DÉPART D'ALTKIRCH

117 km – compter une demi-journée

> On pourra greffer sur cet itinéraire d'agréables promenades pédestres, particulièrement dans le Sud du pays, le « Jura alsacien ».

Altkirch. – *Page 44.*

> *Sortir à l'Est par la D 419 qui longe d'abord la rive droite de l'Ill.*

St-Morand. – But de pèlerinage. L'**église** renferme le beau sarcophage, du 12ᵉ s., du saint patron du lieu, Morand, évangélisateur du Sundgau.

La route remonte ensuite le vallon du Thalbach pour atteindre le plateau. Puis elle descend vers le Rhin : vue sur le Jura septentrional, la plaine de Bâle et la Forêt Noire.

> *A l'entrée de Ranspach-le-Bas, quitter la D 419 en tournant à droite. Au sortir de Ranspach-le-Haut, prendre à gauche vers Folgensbourg.*

On remarque, de part et d'autre de la route, des casemates à coupoles de la Ligne Maginot *(voir p. 30).*

> *A Folgensbourg, prendre la D 473 vers le Sud puis à gauche la D 21ᵇⁱˢ pour gagner St-Blaise.*

L'itinéraire offre une belle vue sur la plaine de Bâle, la ville et la percée du Rhin.

> *A St-Blaise, emprunter la D 9ᵇⁱˢ jusqu'à Leymen.*

Ⓥ **Château du Landskron.** – *1/2 h à pied AR.*
Il ne reste que des ruines de ce château présumé du début du 11ᵉ s., renforcé par Vauban puis assiégé et détruit en 1814. Sa situation sur une butte-frontière permet une vue dominante, au Nord, sur les confins boisés du Sundgau et du pays de Bâle, ainsi que sur la petite cité de Leymen en contrebas.

> *Revenir vers St-Blaise.*

À Oltingue, on atteint la haute vallée de l'Ill, dominée au Sud par la crête frontière du Jura alsacien.

Oltingue. – 728 h. Ce charmant village possède, en son centre, un musée paysan,
Ⓥ la **Maison du Sundgau**. Témoin des différents styles de construction de la région, il réunit dans des pièces aménagées de façon attachante, quantité de meubles, vaisselles, ustensiles de cuisine évoquant le souvenir d'une population rurale. Remarquer le grand four à pain dans le fournil, un vieil escalier dont chaque marche est faite dans un tronc d'arbre, des murs en torchis, une collection de moules à Kougelhopf de formes appropriées à la fête du jour à souhaiter, et aussi une série de carreaux de poêle de faïence.

> *A Raedersdorf, poursuivre par la D 21ᴮ, route de Kiffis.*

Après le croisement, on aperçoit, à gauche, un nouvel alignement de casemates Maginot (la plus proche de la route, à 100 m, est visitable).

ⓥ **Hippoltskirch.** – Dans la **chapelle**, remarquer le plafond peint et cloisonné, la balustrade de la tribune, en bois peint et, aux murs, des ex-voto, certains traités en peinture naïve. A gauche de la nef, statue miraculeuse de Notre-Dame, objet naguère de pèlerinages, à laquelle s'adressent les ex-voto.

Laissant Kiffis à gauche, on emprunte la « route internationale » (D 21^{BIII}), qui longe la frontière suisse (et la franchit même, après Moulin Neuf, sur quelques dizaines de mètres) au fond d'une combe boisée où coule la Lucelle.

Lucelle. – 53 h. Adossée à son étang, cette localité, jadis siège d'une opulente abbaye cistercienne, se situe à l'extrême pointe Sud de l'Alsace.

Remonter vers le Nord par la D 432.

★Ferrette. – 727 h. Ancienne capitale du Sundgau, Ferrette eut, dès le 10e s., des comtes indépendants dont l'autorité s'étendait sur une vaste région de la Haute-Alsace. Passée à la maison d'Autriche par mariage au 14e s., elle fut donnée à la France, en 1648, lors de la signature des traités de Westphalie. Le prince de Monaco porte actuellement le titre de comte de Ferrette.

Cette petite ville ancienne, bâtie dans un **site★** pittoresque du Jura alsacien, est surplombée par les ruines de deux châteaux assis sur un impressionnant piton rocheux à 612 m d'altitude.

On accède à pied aux châteaux, par des sentiers bien signalés. De la plate-forme, belle **vue★** sur les Vosges, la vallée du Rhin et de l'Ill, la Forêt Noire et les premières hauteurs du Jura. Les collines boisées des environs offrent aussi de nombreuses promenades.

Par la D 473, gagner Bouxwiller.

Bouxwiller. – 328 h. Ce joli village aux nombreuses fontaines, est bâti sur un versant de la vallée. Dans l'**église** St-Jacques, on verra une belle chaire en bois doré, du 18e s., provenant de l'ancien monastère de Luppach et un riche retable baroque à colonnes, peint et doré.

La D 9^{Bis}, qui suit la haute vallée de l'Ill, mène à Grentzingen.

★Grentzingen. – 501 h. Les typiques maisons à colombages de ce village fleuri présentent la particularité d'être alignées perpendiculairement à la route. Un petit nombre d'entre elles ont conservé la couleur ocre d'origine et aussi leur auvent. Remarquer les toitures avec leurs pignons à pan coupé. A gauche de la poste, une habitation porte encore son inscription de 1806.

Dans Grentzingen, tourner à gauche.

La route passe à **Riespach,** aux maisons caractéristiques.

Feldbach. – 335 h. Dans l'**église** romane (12e s.), restaurée, on remarque deux parties bien distinctes correspondant à l'église des moniales et à l'église des fidèles. On notera les piliers sous arcades, ronds puis carrés, de la nef, et la belle abside en cul-de-four.

La D 432, par les vallées verdoyantes du Feldbach et de l'Ill, ramène à Altkirch.

★ THANN
7 788 h. (les Thannois)

Carte Michelin n° 87 pli 18 ou 242 pli 35 – Schémas p. 139 et 141.

Selon un vieux dicton alsacien : « le clocher de Strasbourg est le plus haut, celui de Fribourg-en-Brisgau le plus gros, celui de Thann le plus beau. » Thann possède, en effet, la plus riche église gothique de l'Alsace.

Sur un coteau voisin, on récolte le fameux vin du Rangen dont la chronique dit : « Un homme n'en peut supporter un pot sans ivresse et sans chute ; ce vin veut être bu sobrement et chez soi. » Dès le milieu du 16e s., Sébastien Munster vantait « le fort bon vin qui croît sur la montagne appelée Rang, ce que sçavent fort bien ceux de Basle ».

La légende des trois sapins. – Comme beaucoup de villes ou de villages d'Alsace, Thann attribue son origine à un événement légendaire et poétique.

Thiébaut, évêque de Gubbio, en Ombrie, meurt en 1160, en odeur de sainteté, léguant son anneau épiscopal à son plus fidèle serviteur. Celui-ci, avec l'anneau, arrache en même temps le pouce du défunt, dissimule la relique dans son bâton de voyage, se met en route et parvient en Alsace l'année suivante. Une nuit, il s'endort dans un bois de sapins, ayant fiché son bâton en terre son bourdon. Au matin, le pèlerin essaye d'arracher le bâton du sol, mais ne peut y parvenir. En même temps, trois grandes lumières apparaissent au-dessus de trois sapins : le châtelain de l'Engelbourg les a vues de son château. Il accourt et décide d'élever une chapelle au lieu même du miracle. Aussitôt, le bourdon quitte la terre sans difficulté.

La chapelle devient bientôt un lieu de pèlerinage fréquenté. Une ville se construit tout autour. Elle portera le nom de « Thann » qui signifie sapin.

Chaque année, le 30 juin, la Crémation des trois sapins commémore le prodige : trois sapins sont brûlés devant l'église, et la foule s'en dispute les débris.

« L'Œil de la Sorcière ». – L'Engelbourg (château des Anges), construit par les comtes de Ferrette, devient propriété des Habsbourg puis, en 1648, du roi de France, qui, dix ans plus tard, le donne à Mazarin dont les héritiers le conserveront jusqu'à la Révolution.

En 1673, à l'instigation du Grand Condé, on décide son démantèlement : des mineurs le font sauter. Au moment de s'effondrer, le donjon chancelle et se brise en plusieurs morceaux dont le plus gros forme en se couchant une curieuse ruine cylindrique : vu de loin, il semble un œil monstrueux, ouvert sur la vallée de la Thur. On l'a surnommé « L'Œil de la Sorcière ».

THANN★

Les libérations de Thann. – Lors de la Première Guerre mondiale, Thann est libérée dès le 7 août 1914 mais demeure quatre ans soumise aux bombardements allemands. Le 10 décembre 1944, Thann est occupée par les troupes françaises descendues du col du Hundsrück. Mais le front se stabilise à quelques centaines de mètres de la ville *(voir p. 31)*. Située désormais sur la ligne de feu, elle va subir pendant près de deux mois les tirs des Allemands, désespérément accrochés à Vieux-Thann. C'est seulement le 29 janvier 1945 que la ville sera complètement dégagée.

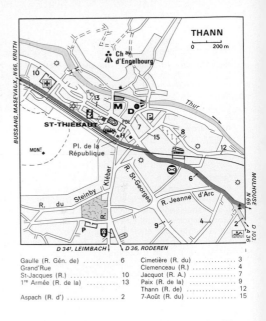

THANN

Gaulle (R. Gén. de) 6	Cimetière (R. du) 3
Grand'Rue	Clemenceau (R.) 4
St-Jacques (R.) 10	Jacquot (R. A.) 7
1re Armée (R. de la) 13	Paix (R. de la) 9
	Thann (R. de) 12
Aspach (R. d') 2	7-Août (R. du) 15

★★COLLÉGIALE ST-THIÉBAUT
visite : 1/2 h

On la nomme, à Thann, la « cathédrale ». Son architecture gothique (14e-début du 16e s.) trahit une évolution continue vers le style flamboyant. La légende veut que, pour hâter les travaux, on se soit servi d'un mortier gâché avec le vin d'une récolte exceptionnelle.

Extérieur. – La façade Ouest est percée d'un remarquable **portail**★★. Haut de 15 m, il présente la particularité d'un tympan très élancé surmontant deux portes munies chacune d'un petit tympan. Le tympan supérieur représente la vie de la Vierge ; le petit tympan de droite, l'Adoration des Mages ; celui de gauche, la Crucifixion. Plus de 450 personnages animent le portail.
Contourner l'église par la gauche pour admirer le portail Nord de style flamboyant qui possède deux belles statues du 15e s. : saint Jean-Baptiste et saint Thiébaut, de chaque côté du trumeau, lui-même orné d'une statue de la Vierge.
Poursuivre jusqu'à l'hôtel de ville pour avoir une vue d'ensemble sur le chœur aux lignes élancées et sur le clocher haut de 76 m et couronné par une flèche, véritable dentelle de pierre. Les toits de tuiles vernissées accentuent par leur éclat la fluidité de la magistrale élévation.

Intérieur. – Dans la chapelle pentagonale adossée au bas-côté droit, statue en bois polychrome (vers 1510), de la Vierge à l'Enfant, dite Vierge des vignerons. A l'extrémité de ce bas-côté, dans la chapelle St-Thiébaut : statue du saint en bois polychrome (vers 1520). Les voûtes, à résille du chœur et de la nef sont décorées de jolies clés armoriées, sculptées et peintes. Le **chœur**, très profond, est orné des statues (15e s.) des douze apôtres. A l'entrée est suspendu un grand Christ en croix (1894) en bois polychrome, du colmarien Klem. Mais sa principale richesse consiste ⊘ dans ses superbes **stalles**★★ du 15e s. (en partie restaurées au début du 20e s.). Toute la fantaisie du Moyen Age s'y donne libre cours. Ce ne sont que feuillages, gnomes et personnages comiques d'une verve remarquable et d'une grande finesse d'exécution. Admirer aussi les huit belles **verrières**★, du 15e s. Une Pietà, du 15e s. également, est placée au fond de l'église.

AUTRES CURIOSITÉS

⊘ **Musée des Amis de Thann** (M). – Installé dans une halle aux blés du 16e s., il constitue un complément intéressant à la visite de la collégiale. Au rez-de-chaussée, grand pressoir à vis et collections lapidaires. Aux 3 étages supérieurs : documents sur les fortifications et la collégiale, arts et traditions populaires (reconstitution d'une chambre alsacienne, d'un atelier de sabotier, art local), souvenirs des deux guerres, impression sur étoffes, minéralogie.

Tour des Sorcières (D). – Cette tour du 15e s. coiffée d'un toit en bulbe est le dernier vestige des anciennes fortifications. On en a une vue pittoresque depuis le pont sur la Thur.

« Œil de la Sorcière ». – 1/2 h à pied AR.
C'est le nom donné au principal vestige du château d'Engelbourg *(voir p. 171)*. De la ruine, point de vue sur Thann, la plaine d'Alsace et au loin la Forêt Noire.
De l'autre côté de la vallée, au sommet de la montagne du « Staufen », a été érigé le monument de la Résistance alsacienne.

Chaque année,
le guide Michelin France
propose un choix
d'hôtels et de restaurants servant des
repas soignés à prix modérés.

THIONVILLE

41 448 h. (les Thionvillois)

Carte Michelin n° **57** plis 3, 4 ou **242** pli 5.

Ancienne place forte, la « Métropole du Fer », véritable centre nerveux de toute une zone industrielle, s'étend sur la rive gauche de la Moselle, large ici de plus de 100 m. Quelques demeures aux façades anciennes subsistent dans le centre ville. Face à la rivière, l'ancien couvent des clarisses (1629) aux belles arcades abrite aujourd'hui l'hôtel de ville.

UN PEU D'HISTOIRE

« Theodonis villa », château édifié au temps des Mérovingiens, fut l'une des résidences favorites de Charlemagne qui y publia plusieurs capitulaires et y fit connaître ses dernières volontés au sujet du partage de l'Europe entre ses trois fils. Dès le 13e s., Thionville, place fortifiée, appartenait aux comtes de Luxembourg qui y édifièrent un vaste château fort. Thionville passa alors de main en main : maisons de Bourgogne, de Habsbourg et, après la mort de Charles Quint, Pays-Bas espagnols qui firent reconstruire les fortifications de 1590 à 1600 par l'ingénieur flamand Jacques van Noyen. Le traité des Pyrénées, en 1659, l'attribua à la France.
Thionville fut assiégée de nombreuses fois : en 1558 par le duc de Guise, en 1642, par Condé, en 1792, en 1814 (où elle fut défendue victorieusement par le général Hugo). De 1870 à 1914, les Allemands déclassèrent la plupart des anciennes fortifications, édifièrent trois puissants forts dans les environs.
En amont de Thionville, d'importants travaux entrant dans le vaste plan d'aménagement de la Moselle ont été réalisés : rescindement d'une boucle de la Moselle et agrandissement de l'ensemble portuaire dit de Thionville-Illange.

CURIOSITÉS

Tour aux Puces (BZ M). – Encore appelée tour au Puits (Peetz Turm), c'est le plus important vestige de l'ancien château féodal des comtes de Luxembourg.

Musée municipal. – Il évoque l'histoire de Thionville, du néolithique au siège de 1870. On y remarque le puits *(voir ci-dessus),* des céramiques et vestiges lapidaires gallo-romains et moyenâgeux, d'anciennes taques de cheminées et pierres tombales, des sculptures religieuses, des outils et ustensiles, des armes.
Les restes des remparts (mur de soutènement) subsistent le long de la Moselle. Au-dessus, des jardins publics et des promenades (parc Napoléon) ont été aménagés.

Église St Maximin. – Cette vaste et solide église classique abrite des grands orgues du 18e s. dont le buffet fourmille de gais détails décoratifs.

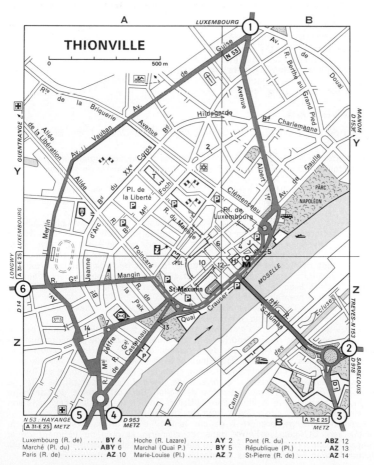

★**Château de la Grange.** – Au
Ⓥ *Nord par* ① *du plan, à gauche, à
l'angle de la route de Luxembourg et de la Chaussée d'Amérique (commune de Manom).*
Construit en 1731 par Robert de
Cotte, le château est élevé sur
les soubassements d'une forteresse qui servit jusqu'au 17ᵉ s.
d'avant-poste aux défenses de la
citadelle de Thionville. Il fut
acquis par le marquis de Fouquet
en 1652 et appartient à ses
descendants.
La grande cuisine au mobilier
lorrain présente une cheminée
surmontée d'un très bel arc en
anse de panier. La salle à manger conserve un poêle en faïence
blanc et or, haut de près de 5 m,
construit pour le marquis de
Fouquet ; face aux fenêtres, deux
vitrines présentent des collections de porcelaines de Boch.
Dans l'entrée, remarquer des tapisseries des Flandres du début

Château de la Grange. – La salle à manger.

du 17ᵉ s. ayant pour sujet la Guerre de Troie. Au pied de la cage du grand escalier,
à la belle rampe de fer forgé du 18ᵉ s., deux énormes vases chinois, en émail
cloisonné, et deux bas-reliefs de l'école de Jean Goujon, retiennent l'attention ; face
à la chaise à porteurs de la famille Morati, de Murato, en Corse, un poêle alsacien
de Rouffach, daté de 1804, est décoré de scènes religieuses.
Dans le salon rouge, le dallage de pierre à carreaux blancs et noirs est recouvert
d'un tapis persan ancien.
Dans la salle de bain Empire, la baignoire, taillée dans un seul bloc de marbre blanc,
a appartenu à Pauline Bonaparte.
On découvre encore le beau mobilier Louis XV du grand salon bleu, avec son
plancher à marqueterie en étoile, et la bibliothèque, installée dans l'ancienne
chapelle du château (entre les fenêtres, remarquable collection de céramiques
d'Extrême-Orient).
Un parc à l'anglaise a remplacé au 19ᵉ s. le jardin à la française d'autrefois.

Ⓥ **Fort de Guentrange.** – *Au Nord-Ouest. Quitter Thionville par l'allée de la Libération,
puis prendre à droite vers Guentrange.*
Ce fort, construit par les Allemands à partir de 1899, fut occupé, par l'armée
française en 1918 puis incorporé comme soutien à la Ligne Maginot en 1940.
Laisser la voiture dans la cour extérieure et gagner la plate-forme *(escalier à
gauche)* : de celle-ci, la vue s'étend sur Thionville et le bassin sidérurgique de
Hayange à Hagondange, et sur la Moselle, à gauche. La visite permet de voir les
cuisines, la centrale électrique, les dortoirs, l'infirmerie. Plusieurs salles présentent
une documentation sur le fort.

EXCURSIONS

★**Le Pays du Fer.** – *Circuit de 67 km – environ 2 h 1/2. Quitter Thionville par* ⑤ *du
plan et N 53.*
La reconversion. – Devenue au 19ᵉ s. la principale région sidérurgique de France, la
Lorraine fournissait encore en 1960 près de 90 % du minerai de fer français, les
trois quarts de la fonte et les deux tiers de l'acier coulés en France. Un grave déclin
touche dès cette époque l'extraction qui, de 62 millions de tonnes en 1960
n'atteindra pas les 15 millions en 1985. Les emplois dans les mines chutent de
25 000 à moins de 2 000.
Suivant avec un peu de retard la même pente, et malgré les multiples « plans acier »,
la sidérurgie lorraine est passée de 95 000 emplois en 1966 à 28 000 en 1985.
Les causes, multiples, tiennent à la fois à un prix de revient trop élevé, à la
concurrence des « usines sur l'eau », à l'apparition de nouveaux producteurs et au
tassement des débouchés traditionnels de la fonte et de l'acier. Si la Lorraine a
cessé aujourd'hui d'être la région du fer et des mines, elle connaît cependant un
regain d'activité avec le groupe Usinor Sacilor qui a entrepris depuis quelques
années un vaste programme de modernisation.
Au Sud-Ouest de Thionville, se succèdent les paysages industriels faisant de la
région un des bastions de la sidérurgie française.
L'industrie sidérurgique en s'installant sur place, a transformé la région en un
paysage façonné par la vie laborieuse à proximité de puits, de chevalements de
mines, de crassiers gigantesques, de centrales, d'usines, impressionnantes avec
leurs transporteurs, leurs hauts fourneaux et leurs aciéries qui rougeoient la nuit.
Aussitôt après Thionville commence le long chapelet d'usines. A la sortie de Terville
et aussitôt après le passage à niveau de Daspich, on aperçoit le site de
Sollac-Florange, un des établissements de Sollac (Société Lorraine de Laminage
continu), la branche des Produits Plats d'Usinor Sacilor, leader européen dans son
domaine d'activité, et son unité à froid de Ste-Agathe.
A Serémange-Erzange, prendre à gauche la D 17 d'où l'on aura, au cours de la
montée vers St-Nicolas-en-Forêt, dans les clairières et près du bâtiment de la
Compagnie Générale des Eaux, une vue étendue sur la **vallée industrielle de la Fensch**
(Unimetal-Sollac Florange, hauts fourneaux de Lorfonte, cimenterie d'Ebange).

A St-Nicolas-en-Forêt, une des cités née de la création de Sollac Florange en 1948, du rond-point du Bout des Terres à l'extrémité du boulevard des Vosges, panorama sur la vallée de la Moselle.

A Hayange, la route traverse l'épaisse forêt de Moyeuvre, coupée par la pittoresque vallée du Conroy.

Briey. – *Page 50.*

A partir d'Homécourt, la route, qui emprunte la **vallée de l'Orne,** n'est qu'une longue suite de cités résidentielles et d'usines. Ces dernières font partie d'Unimetal, le spécialiste des Produits Longs du groupe Usinor Sacilor qui exploite directement les installations de Joeuf, de Gandrange-Rombas et de Hayange.

De Rombas rejoindre la D 953 à Hagondange.

Hagondange. – 9091 h. Ancien fief de Thyssen, magnat allemand de l'acier avant 1914. Dans la cité située à droite de la D 47 s'élève une église moderne dont le plafond est fait de lattes de sapin formant pointes de diamant. Le campanile, isolé, est formé de deux lames de béton.

A droite de la D 953, entre Hagondange et Uckange, s'est construite, en 1960, la centrale sidérurgique de Richemont.

Avec les installations métallurgiques du centre industriel d'Uckange commencent les faubourgs de Thionville.

★Le Hackenberg. – *20 km à l'Est. Quitter Thionville par ② du plan, D 918. A 12 km,*
Ⓥ *prendre à gauche la D 60. Après Helling, suivre les panneaux indicateurs.*

A proximité du village de Veckring, sous 160 ha de forêts, se situe le plus gros des ouvrages de la Ligne Maginot *(voir p. 30),* composé de deux blocs d'entrée et de 17 blocs de combat. Ses installations pouvaient abriter 1 200 hommes, ses réserves en vivres et munitions suffire pour trois mois, sa centrale électrique alimenter en courant une ville de 10 000 habitants. Son artillerie permettait un tir de plus de 4 t d'obus à la minute. Les blocs sont reliés entre eux par plus de 10 km de galeries dont 3,5 km équipées de voies ferrées.

Le 4 juillet 1940, l'équipage de l'ouvrage dut se rendre sur ordre apporté par l'officier de liaison du gouvernement de Bordeaux. En novembre 1944, les Allemands résistent au bloc 8. Deux chars américains le neutralisent : un des officiers connaissait l'ouvrage et les angles morts de tir.

On visite les blocs de combat, l'usine électrique, les casernements, réservoirs, cuisines, le musée, etc. et, par un escalier de 140 marches, on accède à l'air libre parmi les cloches de tir ou d'observation et les casemates.

Pour comprendre la valeur stratégique du fort, dont les éléments de défense étaient orientés côté Moselle, monter jusqu'à la chapelle du Hackenberg entourée de pierres tombales anciennes. De ce site très calme de la forêt de Sierck, la vue s'étend sur les collines de la région ; au Nord la vallée de la Moselle et ses versants boisés ; près de la chapelle, quelques cloches de tir et d'aération du Hackenberg et les deux périscopes de l'ouvrage *(3 km par le chemin non revêtu qui part à droite de l'entrée des visiteurs ; après le bloc d'entrée des hommes, laisser le chemin de droite et prendre en face).*

Le Zeiterholz et le Immerhof. – *14 km au Nord. Quitter Thionville par l'autoroute A 31 direction Luxembourg et prendre à 8 km la sortie Hettange-Volmerange. Prendre la D 15 vers Hettange sur 0,5 km, puis la D 57 vers Entrange par Entrange-Cité.*

Ⓥ Le **Zeiterholz,** abri d'intervalle de la Ligne Maginot *(voir p. 30),* est un ouvrage monobloc, exempt d'humidité, dont les installations d'origine sont en état de marche.

Par Entrange-Cité, gagner Hettange-Grande. La D 15 prise à gauche (panneau indicateur) conduit au Immerhof.

Ⓥ Le **Immerhof,** ouvrage intermédiaire de la Ligne Maginot *(voir p. 30),* face à la frontière luxembourgeoise, comprend quatre blocs construits à ciel ouvert, ce qui explique son bon état de conservation.

Cet ouvrage, périodiquement révisé, tient compte
des conditions du tourisme connues au moment de sa rédaction.
Mais certains renseignements perdent de leur actualité
en raison de l'évolution incessante des aménagements
et des variations du coût de la vie.
Nos lecteurs sauront le comprendre.

★ THUR (Vallée de la)

Carte Michelin n° 🎖️🗷 plis 18, 19 ou 🎖️🎖️🗷 pli 35.

La vallée de la Thur, large sillon creusé par les anciens glaciers, a une grande activité industrielle.

La vallée supérieure ainsi que le vallon d'Urbès conservent, entre des versants boisés ou couverts de pâturages, un caractère agreste, intact et plein de charme. Les agglomérations laborieuses qui se succèdent sur les bords de la Thur sont, presque toutes, d'origine très ancienne. L'industrie textile compte cette vallée parmi ses premières conquêtes.

Ici, les grands noms historiques ne sont pas des noms de guerriers ou de souverains, mais ceux de Jérémie Risler, des Koechlin, des Kestner, des Stehelin, fondateurs d'usines métallurgiques, textiles ou de produits chimiques. C'est un des membres de la famille Kestner, Scheurer-Kestner, qui fut l'un des principaux signataires du fameux manifeste de protestation des parlementaires alsaciens en 1871.

VALLÉE INDUSTRIELLE
De Thann à Husseren-Wesserling
12 km – environ 1/2 h

★**Thann.** – *Visite 1/2 h. Description p. 171.*

> *Sortir à l'Ouest du plan, N 66.*

Le vignoble de Thann laisse bientôt le champ libre aux industries. La vallée de la Thur se resserre puis s'élargit. Malgré leurs usines, les villages riverains sont charmants, de même que la campagne environnante couverte de prés et de vergers, creusée de vallons, animée de ruisseaux et de torrents.

Willer-sur-Thur. – 2019 h. Willer revendique l'honneur d'être le lieu de naissance de Catherine Hubscher, la future maréchale Lefebvre, passée à la postérité sous le surnom de Madame Sans-Gêne.

Moosch. – 1897 h. Dans un grand cimetière militaire adossé au versant Est de la vallée, reposent près de 1 000 soldats français victimes de la guerre de 1914-1918.

St-Amarin. – 2305 h. Cette localité a donné son nom à la vallée entre Moosch et Wildenstein. Elle s'illumine chaque année, à l'occasion de la veillée de la Saint-Jean, de nombreux feux de joie.

Ⓥ Le **musée Serret et de la vallée de St-Amarin,** rassemble des souvenirs locaux ; gravures et vues anciennes de la région, coiffes alsaciennes, armes, ferronneries, emblèmes de confréries.

Ranspach. – 844 h. Dans le haut du village, au-delà d'une usine, se trouve le départ d'un sentier botanique *(2,5 km)* signalé par une feuille de houx. Les caractéristiques des arbres et arbustes rencontrés, tous différents, sont données sur des panneaux. Promenade facile et agréable.

Husseren-Wesserling. – 947 h. Ancien rendez-vous de chasse des princes-abbés de Murbach, c'est le siège d'une importante manufacture de tissus imprimés. L'usine et les maisons de cette localité entourent une moraine laissée par les anciens glaciers et coupée aujourd'hui par les eaux de la Thur.

★HAUTE VALLÉE
De Husseren-Wesserling au col de Bramont
46 km – environ 2 h

Husseren-Wesserling. – *Description ci-dessus.*

La haute vallée de la Thur est bosselée de buttes granitiques, îlots que l'action destructrice des anciens glaciers a respectés. Trois de ces buttes dominent Oderen. En amont, on en apercevra une autre, boisée : le Schlossberg qui porte les **ruines du château de Wildenstein.**

Oderen. – 1331 h. A l'entrée, en venant de Wesserling, on découvre une belle vue, en avant et à gauche, sur les escarpements pittoresques des bois de Fellering.

Kruth. – 1002 h. Dernier bourg de la vallée.

> *Prendre à gauche la D 15^B1.*

★**Cascade St-Nicolas.** – La cascade, composée de multiples et charmantes cascatelles, tombe au fond d'un joli vallon très encaissé dont les versants sont couverts de sapins.

> *Poursuivre par la D 13^B1.*

★★**Grand Ventron.** – *La route d'accès s'embranche sur la route du col d'Oderen. A 5 km, quitter la voiture et poursuivre la montée le long du chemin forestier (1/2 h à pied AR) aboutissant à la Chaume du Grand Ventron.*
Du sommet (alt. 1202 m), le **panorama**★★ est très étendu sur les Vosges et la vallée de la Thur ; le Hohneck, le Grand Ballon et le Ballon d'Alsace sont visibles.

> *Revenir à Kruth.*

Entre Kruth et Wildenstein, la route passe à droite du Schlossberg dans un défilé que, sans doute, la Thur emprunta autrefois.
Une autre route longe le Schlossberg, par l'autre versant, et le **barrage de Kruth-Wildenstein,** digue en terre à noyau central d'argile étanche, qui est un des maîtres ouvrages de l'aménagement hydraulique de la vallée de la Thur *(cette route n'est utilisable que dans le sens Wildenstein-Kruth).*
A Wildenstein commence la montée vers le col de Bramont caractérisée d'abord par une très belle vue en enfilade sur la vallée de la Thur puis par un magnifique parcours en forêt.

Col de Bramont. – Alt. 956 m. Il est situé sur la crête principale des Vosges.

VALLON D'URBÈS
De Husseren-Wesserling au col de Bussang
11 km – environ 1/2 h

Husseren-Wesserling. – *Description ci-dessus.*

La route traverse la vallée de la Thur puis s'engage dans le vallon d'Urbès barré par une moraine. Une montée douce, au cours de laquelle de jolies vues s'offrent sur la vallée de la Thur et les crêtes qui la dominent, amène le touriste au col de Bussang.

Col de Bussang. – *Page 99.*

A partir du col, on peut remonter la haute vallée de la Moselle *(p. 93).*

Carte Michelin n° 🞕🞕 pli 4 ou 🞕🞕🞕 pli 17.

Site de carrefour baigné par la Moselle, veillé par les deux buttes du Mont-Saint-Michel et de la côte Barine, Toul a bénéficié dès l'Antiquité de sa position privilégiée sur la grande voie de passage Lyon-Trêves.

Une rivière « capturée ». – A Toul, la Moselle, descendue jusque-là rapidement des Vosges, fait un coude brusque et change de direction. Autrefois, elle poursuivait sa route vers l'Ouest et se jetait dans la Meuse. Mais à l'ère quaternaire, son cours a été détourné et elle fut attirée vers sa voisine, la Meurthe, qui coulait à un niveau nettement plus bas.
A l'Ouest de Toul, un large passage où l'on trouve des cailloux d'origine vosgienne représente l'ancien lit de la Moselle. La route et la voie ferrée de Paris à Nancy, le canal de la Marne au Rhin y ont trouvé leur chemin. Toul, située à l'extrémité de ce couloir, en a tiré son importance stratégique et économique.

Un évêché millénaire. – L'antique Tullum devint dès 365 le siège d'un évêché dont saint Mansuy fut le premier évêque. Selon la tradition, Clovis vint à Toul en 496 pour s'instruire des vérités de la foi catholique auprès de saint Waast. Située au cœur des possessions carolingiennes, la cité déjà florissante accueillit maintes fois la cour de Charlemagne en déplacement. Avec la **Charte de Mayence**, concédée en 928 par Henri 1er de Germanie, l'évêché fut détaché de la Lorraine pour former un état indépendant placé sous l'autorité de l'évêque. Vers 1230, la bourgeoisie aisée supporte mal l'autorité épiscopale et aspire au gouvernement de la cité.

Une cité bien administrée. – Dès la fin du Moyen Age, la bourgeoisie de Toul est maîtresse du pouvoir municipal. Le maître échevin est assisté de dix justiciers et d'un conseil de ville dont les trente membres exercent leur charge leur vie durant. Tous les hommes valides sont répartis en six compagnies pour la défense. Mais, placée entre la France et les pays germaniques, Toul est tiraillée entre les influences contraires.
Enclavée dans le duché de Lorraine, soumise aux pressions de puissants voisins, la cité réclame souvent la protection du roi de France et en 1552 Henri II entre dans la ville ; il y laisse à demeure une garnison. En 1648, à la suite du **Traité de Westphalie**, Toul devient définitivement française. A la Révolution, l'évêché de Toul est transféré à Nancy plus de 14 siècles après sa fondation.

Une ville bien défendue. – C'est Louis XIV qui confie à Vauban, en 1700, la construction des nouveaux remparts dont subsiste aujourd'hui la Porte de Metz. Sous la Restauration, Toul qui compte 7 500 habitants possède une garnison de 1 500 hommes. En 1905, l'importance stratégique de la ville est soulignée par la présence de 12 000 militaires. A la veille de la Grande Guerre, Toul passait pour être une des places fortes les mieux défendues d'Europe, ce qui l'aida à traverser cette période sans dommages.

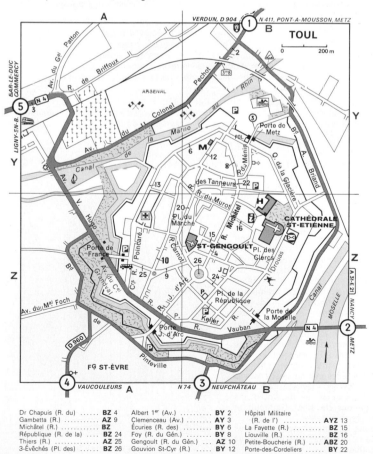

★★CATHÉDRALE ST-ÉTIENNE (BZ) visite : 1 h

Cet édifice, dont la construction commença par le chœur au début du 13e s., ne fut achevé qu'au 16e s.

La magnifique **façade**★★ qui s'élève sur la place du Parvis a été édifiée de 1460 à 1496 dans le style flamboyant. Elle est encadrée de deux tours octogonales de 65 m de haut qui, à l'origine, devaient comporter des flèches ajourées.

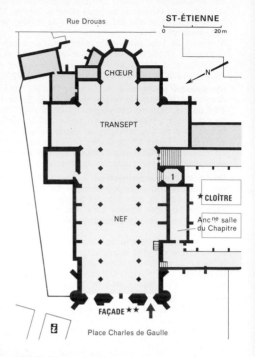

Un grand Christ en croix, dans un gâble, surmonte le portail dont les statues furent détruites pendant la Révolution.

L'intérieur montre des traces du gothique champenois : galeries de circulation hautes et basses au-dessus des grandes arcades et des bas-côtés, arcades très aiguës, absence de triforium. La nef, haute de 30 m, est la plus jolie partie de l'édifice.

A droite, belle **chapelle Renaissance** (1), surmontée d'une coupole à caissons.

Entre la 3e et la 4e travée, une moitié seulement des piliers est surmontée de chapiteaux. Ce détail marque le raccord entre les parties du 14e et du 15e s.

Remarquer les nombreuses **pierres tombales** s'échelonnant du 14e au 18e s., qui forment le dallage de l'édifice, notamment dans le transept. On admirera avant de sortir la gracieuse tribune de style Louis XV, supportant des orgues monumentales (1963) dont la forêt de tuyaux, ordonnée avec art sous la grande rosace, semble appartenir au monde aérien des ogives.

Pour accéder au cloître, entrer par le petit portail, place des Clercs.

★**Cloître.** – Très vaste (l'un des plus grands de France), il fut élevé aux 13e et 14e s. Il ne possède que trois galeries percées de vastes baies en tiers-point au réseau rayonnant (beaux chapiteaux à feuillages). Les murs sont ornés d'arcatures trilobées (disposition champenoise) et d'une belle série de gargouilles.

L'ancienne salle du chapitre abrite, chaque été, une exposition sur « la naissance d'une cathédrale ».

Ancien palais épiscopal (BZ H). – Cet édifice construit de 1735 à 1743 a été restauré et sert aujourd'hui d'hôtel de ville. Sa majestueuse **façade**★, scandée de pilastres colossaux, contraste avec la grâce aérienne de la façade de la cathédrale.

AUTRES CURIOSITÉS

★**Église St-Gengoult (BZ).** – Ancienne collégiale de chanoines, édifiée du 13e au 15e s., elle est une manifestation de l'école gothique champenoise. La façade Ouest, percée d'une gracieuse porte, date du 15e s.

L'intérieur surprend par sa courte nef et son très large transept. La nef est fort élégante. Remarquer l'absence de triforium et la différence de style entre les deux dernières travées et les deux premières. Devant supporter le poids des tours, celles-ci ont une section plus forte. Les absidioles qui encadrent le chœur donnent à la fois sur celui-ci et sur les bras du transept, disposition fréquente dans l'école champenoise. Elles ont de beaux **vitraux** du 13e s. représentant des scènes de la vie du Christ, les légendes de saint Gengoult et de saint Nicolas.

Dans le transept, sont exposées de nombreuses dalles funéraires gothiques.

Toul. – Cloître de l'église St-Gengoult.

★★Cloître. – Il date du 16ᵉ s. Les baies encore flamboyantes lui donnent beaucoup d'élégance. Le long des galeries, dont la décoration extérieure est Renaissance (chapiteaux, médaillons), des gâbles accentuent l'élévation des arcades. Les voûtes en étoile ont des clés en forme de médaillons, décorées avec fantaisie.

Faire le tour du cloître pour sortir sur la place du Marché.

Maisons anciennes. – Rue du Général-Gengoult (**AZ 10**) nᵒˢ 30, 28 et 26 (maisons Renaissance) ; nᵒ 8 (14ᵉ s.), nᵒˢ 6 et 6 bis, ancien hôtel de Pimodan (17ᵉ s.) ; nᵒ 4 (17ᵉ s.) ; rue Michâtel (**BZ**) : nᵒ 16, maison Renaissance à gargouilles (où habita le père de Bossuet).

★Musée municipal (**BY M**). – *25, rue Gouvion-St-Cyr.* Installé sur deux étages dans l'ancienne Maison-Dieu (18ᵉ s.), il présente des collections touchant à des domaines très variés : peinture, sculpture, tapisserie, céramique, art religieux, archéologie antique et médiévale (sépultures et bijoux mérovingiens). Une toile de F. Boucher, L'agréable leçon, orne la reconstitution d'un petit salon Louis XVI. Les guerres de 1914-1918 et 1939-1945 sont évoquées par des armements, uniformes, reliques et souvenirs de la vie quotidienne des principaux belligérants.

La **salle des malades★**, paisible édifice gothique remontant au premier tiers du 13ᵉ s. puis maintes fois remanié, servait à la fois de lieu de culte et de salle d'hospitalisation pour des malades de toutes conditions. Ses sobres voûtes d'ogives retombent sur six piliers robustes. Elle abrite aujourd'hui des fragments lapidaires.

EXCURSION

Église N.-D. d'Ecrouves. – *4 km à l'Ouest. Quitter Toul par ⑤ du plan.*
Construite sur le flanc méridional d'une colline autrefois couverte de vignes et dominant aujourd'hui la plaine industrielle de Toul, l'ancienne église d'Ecrouves, dédiée à N.-D. de la Nativité, a conservé du 12ᵉ s. son massif clocher carré ajouré de baies à trois colonnettes. La haute nef du 13ᵉ s. est pourvue d'une double rangée de fenêtres, donnant sur les combles des bas-côtés depuis les travaux de fortifications de l'édifice au 14ᵉ s.

★★ Les TROIS ÉPIS

Carte Michelin nᵒ **87** pli 17 ou **242** pli 31 – Lieu de séjour.

Bien qu'ils doivent leur origine à un événement mystique qui donna lieu à un pèlerinage célèbre, les Trois-Épis sont loin de constituer un séjour austère. Admirablement située, cette station est le centre d'inépuisables excursions à pied ou en auto : montagnes, rochers, villes, châteaux ou champs de bataille.

Le miracle des trois épis. – Le 3 mai 1491, un forgeron d'Orbey, Thierry Schoeré, qui se rend au marché de Niedermorschwihr, s'arrête un instant pour prier devant une image de la Vierge, fixée à un chêne du chemin. Soudain la Vierge apparaît, entourée d'une vive clarté, et se met à lui parler. Elle montre dans sa main gauche un glaçon, symbole des fléaux qui vont dévaster le malheureux pays si ses habitants persistent dans leur impiété, et dans la droite, trois épis, promesses des opulentes moissons qui récompenseront leur repentir. Thierry est chargé de transmettre l'avertissement. Mais, arrivé au marché de Niedermorschwihr, Thierry se tait. Aussitôt le sac de blé qu'il vient d'acheter reste collé au sol, si lourd que personne ne peut le soulever. Il reconnaît avec effroi la main de la Vierge et raconte sa vision. Tous jurent de s'amender et s'en vont élever un sanctuaire à l'emplacement du chêne miraculeux.

PROMENADES

★★Le Galz. – *1 h à pied AR.* **Vue** sur la plaine d'Alsace, la Forêt Noire, le Sundgau et le Jura. Au sommet, un gigantesque monument du statuaire Valentin Jaeg commémore le retour de l'Alsace à la France, en 1918.

★Le Belvédère. – *1/4 h à pied AR. Prendre le chemin du Rosaire puis, laissant celui-ci à droite, continuer pour prendre aussitôt un chemin à gauche.* On atteint une plate-forme : **vue** magnifique sur la plaine d'Alsace.

★ TURCKHEIM   3510 h. (les Turckheimiens)

Carte Michelin nᵒ **87** pli 17 ou **242** pli 31 – Schéma p. 141.

Sur la rive gauche de la Fecht, au pied de coteaux produisant un vin estimé, le Brand, Turckheim a gardé son caractère Renaissance. L'ancienne ville, de forme triangulaire, est entourée d'une enceinte.
C'est un des principaux centres papetiers de l'Est de la France.
Tous les soirs *(à 22 h)* pendant la saison d'été, le veilleur de nuit de Turckheim (le dernier veilleur de nuit d'Alsace) parcourt les rues, revêtu de sa houppelande et portant toujours la hallebarde, la lampe et le cor. Il s'arrête et chante à chaque coin de rue.

Un grand capitaine. – C'est aux portes mêmes de la ville que Henri de La Tour d'Auvergne, vicomte de **Turenne** (1611-1675), remporta l'une de ses plus éclatantes victoires. En 1674, une armée impériale menace l'Alsace : Turenne prend l'offensive, franchit le Rhin, bat l'ennemi, enlève du Palatinat bestiaux, grains, fourrages pour en faire un glacis protecteur et rentre en Alsace.
Strasbourg qui est encore une ville libre, a promis sa neutralité. Mais elle livre le passage du pont de Kehl aux Impériaux, 60 000 Allemands envahissent l'Alsace. Turenne n'a que 20 000 hommes. Il défait néanmoins un corps ennemi à Entzheim,

près de Strasbourg. Puis il se retire par le col de Saverne et semble abandonner la province. Mais il fait défiler le long des Vosges, du Nord au Sud, son armée divisée en petits détachements pour dérouter les espions, rompant avec la tradition établie jusqu'alors de ne pas engager les hostilités pendant les mois d'hiver. Le froid est intense, les chemins sont affreux, mais les troupes ne bronchent pas : Turenne peut tout demander à ses hommes. Le 27 décembre, toutes ses forces sont réunies près de Belfort. Il fonce alors sur les Impériaux dispersés dans leurs quartiers d'hiver. En dix jours, le grand capitaine les culbute à Mulhouse et à Colmar, les bat sous Turckheim (5 janvier 1675) et les rejette au-delà du Rhin.

Telle est cette remarquable campagne d'Alsace que Napoléon admirait tant. L'enthousiasme est immense en France. Quand le modeste Turenne arrive à Versailles, il est tout gêné par les acclamations. « On trouva, écrit un contemporain, qu'il avait l'air un peu plus honteux qu'il n'avait accoutumé de l'être. »

Portes de la ville. – La **porte de France,** face au quai de la Fecht, s'ouvre dans une tour massive et quadrangulaire du 14ᵉ s. que surmonte un nid de cigognes. La porte du Brand et la porte de Munster sont situées aux deux autres angles de la ville, de forme triangulaire.

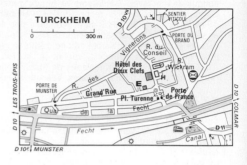

Place Turenne. – Entourée de maisons anciennes. Remarquer, à droite, le corps de garde, précédé d'une fontaine. Au fond de la place, hôtel de ville avec pignon Renaissance ; derrière, ancienne église dont on aperçoit la tour romane.

Hôtel des Deux-Clefs. – C'est l'ancienne hostellerie municipale rénovée par la ville en 1620. Charmant logis alsacien décoré d'une élégante loggia aux poutrelles sculptées.

Grand'Rue. – Nombreuses maisons de la fin du 16ᵉ et du début du 17ᵉ s. A l'angle, maison à colombages (**E**) dont l'oriel *(voir p. 39)* repose sur un pilier en bois.

Sentier viticole. – *Environ 1 h à pied. Départ à la sortie de la ville, peu après la porte du Brand, à hauteur d'un petit oratoire.*

Un circuit de 2 km à travers les vignes propose au néophyte une connaissance des vins et de la viticulture à l'aide de panneaux explicatifs.

★ URBEIS (Routes du col d')

Carte Michelin n° 🎱🎱 pli 16 ou 🎱🎱🎱 pli 27.

Se joignant au col d'Urbeis, ces routes relient les vallées de la Fave et du Giessen, de part et d'autre de la crête des Vosges.

★VALLÉES DE LA FAVE ET DU GIESSEN

De Provenchères à Villé *22 km – environ 3/4 h*

Provenchères-sur-Fave. – 685 h. La localité occupe un site agréable au pied de l'Ormont, de part et d'autre de la rivière.

De Provenchères, la route suit la vallée de la Fave, serpente et bientôt pénètre sous bois pour atteindre le **col d'Urbeis** (alt. 602 m) qui s'ouvre dans la section affaissée de la chaîne vosgienne. Peu après, à droite, en contrebas, ancienne mine de cuivre gris argentifère.

On descend la vallée du Giessen, la rivière d'Urbeis. A l'entrée d'Urbeis, dont l'agglomération s'échelonne sur 2 km, en avant et à gauche, on aperçoit les ruines du château de Bilstein.

Dans l'agglomération de Fouchy, on laisse à droite la route du col de Fouchy *(p. 181).*

Villé. – 1616 h. (les Villois). Lieu de séjour. Natif de Steige, situé dans le Val de Villé, à 6 km de Villé, le jeune **Meister,** mordu par un chien enragé, fut le premier sujet auquel Pasteur appliqua l'inoculation antirabique.

ROUTE DU COL DE STEIGE

Du col d'Urbeis au Champ du Feu *19 km – environ 2 h*

Cette route pittoresque relie le col d'Urbeis à la région du Hohwald.

Col d'Urbeis. – *Description ci-dessus.*

★**Le Climont.** – Bien que relativement peu élevé (966 m), le sommet du Climont *(1 h 1/2 à pied AR)* offre un beau point de vue.

A la sortie Nord de Climont, 300 m après l'église, une pancarte signale le sentier d'accès, qui s'amorce sur un carrefour, à gauche de la D 214.

Ce sentier, abrupt et étroit, souvent encombré par la végétation *(suivre le balisage : croix jaunes)* aboutit à mi-parcours, à un chemin forestier transversal que l'on prend à gauche.

Au carrefour proche du sommet, prendre le chemin en montée à droite.

On atteint le pied de la Tour Euting qui se dresse sur le sommet boisé du Climont et qui fut construite en 1897 par le club Vosgien de Strasbourg : en médaillon, au-dessus de l'entrée, est représenté le président du Club de l'époque, Jules Euting. Du haut de la tour (78 marches), **point de vue**★ sur les Vosges : à gauche la vallée de la Bruche ; au Nord, le Donon ; à droite, le Champ du Feu avec sa tour.

Col de Steige. – Belle vue au Sud-Ouest sur le Climont.

Col de la Charbonnière. – Au-delà des hauteurs qui dominent le val de Villé, on distingue la plaine d'Alsace et, à l'horizon, la Forêt Noire.

★★**Champ du Feu.** – *Page 79.*

★ROUTE DU COL DE FOUCHY
Du Col d'Urbeis à la N 59 *20 km – environ 1/2 h*

Le début de l'excursion est décrit p. 180. A Fouchy, prendre à droite la D 155.

La route remonte le vallon de Noirceux et celui de Froide-Fontaine jusqu'au col.

Col de Fouchy. – Belle vue sur le Champ du Feu et sur les montagnes du Hohwald. La route suit le ravin de Pierreuse-Goutte et descend vers la vallée de la Liepvrette qu'elle atteint à Lièpvre sur la route du col de Ste-Marie *(décrite p. 148).*

VAUCOULEURS
2511 h. (les Valcolorois)

Carte Michelin n° 62 pli 3 ou 242 pli 21.

Vaucouleurs est joliment située en face des coteaux de la rive droite de la Meuse. Ses remparts, qui remontent au 13e s. étaient flanqués de 17 tours ; certaines d'entre elles ont pu être sauvées de la destruction.
C'est de Vaucouleurs que Jeanne d'Arc partit pour accomplir sa mission.

La première victoire de Jeanne d'Arc. – Le 13 mai 1428, Robert, sire de Baudricourt et gouverneur du roi à Vaucouleurs, garnison française aux confins des terres du duc de Bourgogne allié aux Anglais, reçoit la visite d'une bergère de 16 ans, venue de Domrémy *(19 km au Sud).* Elle se dit l'envoyée de Dieu et réclame le commandement général des troupes du royaume. Pour toute réponse, Baudricourt la fait souffleter et la renvoie à ses moutons. Mais Jeanne revient à plusieurs reprises. Elle essaie de monter une expédition avec le seul concours des gens du pays qui se cotisent pour lui offrir un cheval et une épée. Sa ténacité suscite un vaste élan populaire. Le peuple croit à la mission de Jeanne.
Baudricourt est ébranlé. Mais, pour plus de sécurité, il fait exorciser la Pucelle par le curé du lieu. Jeanne persistant dans son projet, c'est bien Dieu qui inspire la jeune fille. Le gouverneur convaincu, les difficultés s'aplanissent.
Le 23 février 1429, escortée de ses six premiers compagnons d'armes, elle quitte Vaucouleurs par la porte de France, pour une prodigieuse épopée qui la conduira à Rouen où elle mourra le 30 mai 1431.

CURIOSITÉS

ⓥ **Chapelle castrale** (A). – Elle a été édifiée sur les fondations de l'ancienne chapelle du château dont elle a gardé la **crypte** primitive du 13e s., composée de trois chapelles séparées les unes des autres. La chapelle centrale, faite de quatre ogives qui retombent sur un seul pilier, contient la statue de N.-D.-des-Voûtes, Vierge assise, devant laquelle priait Jeanne pendant son séjour à Vaucouleurs. Les deux chapelles latérales abritent des débris lapidaires provenant de l'ancienne collégiale Ste-Marie.

Porte de France (B). – C'est celle par laquelle Jeanne et sa troupe quittèrent Vaucouleurs. Ce n'est plus qu'un reste de la porte primitive.

Site du château (D). – Des fouilles furent entreprises pour mettre au jour les ruines, masquées par la végétation, du château où Jeanne d'Arc fut reçue par Baudricourt. Il reste la partie supérieure de la Porte de France, refaite au 17e s., les soubassements d'origine ayant été enterrés, ainsi qu'une arcade du portail d'entrée. Sur ce site, on a élevé les bases d'une basilique et une église en style néo-gothique.
Un énorme tilleul, dont une branche maîtresse, vue de la pelouse, apparaît comme le tronc principal, serait contemporain de Jeanne d'Arc.

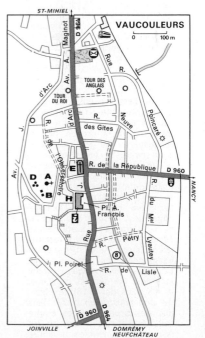

VAUCOULEURS

Église (E). – 18e s. Ses voûtes sont ornées de fresques. Le banc d'œuvre et la chaire (1719) sont finement sculptés.

Ⓥ **Musée municipal** (H). – Installé dans l'aile droite de l'hôtel de ville, ce musée est consacré à l'histoire et à l'archéologie locales.
On remarque surtout, dans la salle Jeanne d'Arc, le **Christ de Septfonds,** magnifique Christ en chêne, provenant de la chapelle St-Nicolas, dépendance de la ferme de Septfonds. En 1428, Jeanne d'Arc, voulant partir remplir sa mission sans l'autorisation de Baudricourt, alla à Septfonds prier devant ce Christ puis revint à Vaucouleurs. Dans la salle dévolue à l'histoire de la ville, on voit un buste de la comtesse Du Barry, née à Vaucouleurs en 1743, et son acte de baptême.
Sur la place de l'Hôtel-de-Ville (place A. François) statue de Jeanne d'Arc, rapportée d'Alger.

★★ VERDUN

24120 h. (les Verdunois)

Carte Michelin n° 🖬 pli 11 ou 🖾 pli 23.

Place forte et siège d'un évêché, Verdun s'étage au-dessus de la rive gauche de la Meuse qui y réunit plusieurs bras entre des collines fermement modelées. La ville haute – cathédrale et citadelle – occupe une croupe dominant le fleuve.
L'histoire de Verdun est jalonnée de hauts faits militaires, sa position stratégique en faisant la clef du passage de la Meuse. La ville fut d'abord forteresse gauloise, puis, sous le nom de Virodunum Castrum, forteresse romaine. En 843, y fut signé le célèbre traité (voir p. 23) qui, en divisant l'empire carolingien entre les trois fils de Louis le Pieux, l'attribua au royaume de Lorraine. Rattachée ensuite à l'Empire, elle devint un des Trois Évêchés, enlevés par Henri II en 1552.

Le siège de 1792. – Le 31 août 1792, le duc de Brunswick mit le siège devant la place défendue par le lieutenant-colonel de Beaurepaire. Sur le point de capituler, Beaurepaire préféra se suicider plutôt que d'assister à la reddition de la ville. Les Prussiens n'occupèrent Verdun que quelques semaines, la victoire de Valmy les obligeant à battre en retraite.

Le siège de 1870. – Verdun fut de nouveau assiégée par les Prussiens et, malgré deux sorties victorieuses, dut capituler avec les honneurs de la guerre. Ce fut la dernière place forte quittée par l'ennemi, le 13 septembre 1873.

L'épreuve de 1916. – En 1914 Verdun était, avec Toul, la plus puissante forteresse française. C'est devant elle que se livra la terrible et glorieuse bataille qui porte son nom (voir p. 184).

★VILLE HAUTE visite : 1 h 1/2

★**Cathédrale N.-Dame** (BZ). – Bâtie sur le point le plus haut de la ville, elle fut commencée après l'incendie de 1048 qui anéantit l'église exis-tant alors. L'édifice fut construit, sur le plan des basiliques rhé-nanes de l'époque romane, avec deux chœurs et deux transepts. Le chœur occidental est de style rhé-nan, le chœur oriental ou « chœur neuf » (1130-1140), est d'inspira-tion nettement bourguignonne. Au 14e s., la nef fut voûtée d'ogives. Au 18e s., après l'im-portant incendie de 1755 qui avait notamment détruit les tours romanes, on décida de réparer l'édifice dans le goût baroque. On rasa les quatre clochers et, sur la base de ceux qui flan-quaient l'abside occidentale, on éleva deux tours carrées à balus-trade ; dans la grande nef on remplaça l'ogive gothique par le plein cintre et on moulura les piliers ; un majestueux baldaquin à colonnes torses vint coiffer le maître-autel ; on combla la crypte et on masqua les portails romans. La **partie romane** de l'édifice, dégagée à la suite des bombar-dements de 1916, a été heureu-sement restaurée. On a retrouvé la crypte romane du 12e s. et ses beaux chapiteaux, intacts sur les bas-côtés (les nouveaux chapi-teaux ont été décorés de scènes de batailles de 1916), le portail du Lion (illustration p. 37), ainsi que des sculptures des contre-forts de l'abside (Adam et Ève, Annonciation), visibles du cloître.

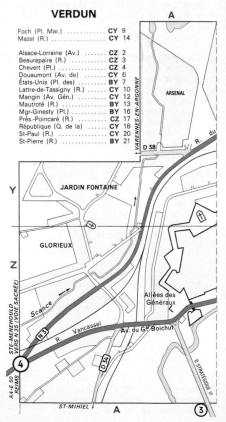

VERDUN

Foch (Pl. Mar.)	**CY** 9
Mazel (R.)	**CY** 14
Alsace-Lorraine (Av.)	**CZ** 2
Beaurepaire (R.)	**CZ** 3
Chevert (Pl.)	**CZ** 4
Douaumont (Av. de)	**CY** 6
États-Unis (Pl. des)	**BY** 7
Lattre-de-Tassigny (R.)	**CY** 10
Mangin (Av. Gén.)	**CY** 12
Mautroté (R.)	**BY** 13
Mgr-Ginesty (Pl.)	**BY** 16
Prés.-Poincaré (R.)	**CZ** 17
République (Q. de la)	**CY** 18
St-Paul (R.)	**CY** 20
St-Pierre (R.)	**BY** 21

★**Cloître** (B). – *Accès par le fond de la cathédrale.* Accolé au flanc Sud de la cathédrale, le cloître comprend trois galeries : l'une, à l'Est, conserve, du début du 14e s., trois baies intérieures qui donnaient sur la salle capitulaire ; les deux autres galeries, de style flamboyant, datent de 1509 à 1517. Elles sont couvertes de voûtes à réseau. Ce cloître fut édifié sur un emplacement très ancien, la porte romane qui donnait dans l'église étant encore conservée.

★**Palais épiscopal** (BZ). – Cet évêché, bâti au 18e s. par Robert de Cotte sur une assise de rochers dominant la Meuse, est un véritable palais qui servait de résidence aux évêques, autrefois princes du Saint-Empire. La cour d'honneur en hémicycle allongé précède le bâtiment principal. Une partie de l'évêché est occupée par la bibliothèque municipale.

Porte Châtel (BZ K). – Remontant au 13e s., elle est surmontée d'une ligne de mâchicoulis du 15e s.

⊘ **Hôtel de la Princerie** (BY M). – Ancienne résidence du Princier ou Primicier qui était le premier dignitaire du diocèse après l'évêque, c'est un élégant hôtel avec cour à arcades du 16e s.
Il abrite actuellement le **musée municipal.** Les salles sont consacrées à la préhistoire, aux antiquités égyptiennes, grecques et étrusques, à l'époque gallo-romaine et mérovingienne, au Moyen Age et à la Renaissance, ainsi qu'à l'industrie locale de la dragée. Remarquer le mobilier lorrain, les peintures, les faïences anciennes d'Argonne, les armes et aussi un peigne en ivoire sculpté, du 12e s., sans doute la pièce la plus rare du musée.

AUTRES CURIOSITÉS

⊘ **Monument de la Victoire** (BCY R). – Un escalier de 73 marches conduit à une terrasse où s'élève une haute pyramide surmontée de la statue d'un guerrier casqué, appuyé sur son épée, symbolisant la défense de Verdun.
Sous le monument se trouve la **crypte** où figure le fichier rassemblant les noms de tous les soldats français et américains ayant combattu devant Verdun.

Hôtel de ville (CZ H). – 1623. C'est une belle construction Louis XIII. La salle des décorations contient différents souvenirs offerts à la ville après la Première Guerre mondiale.

Porte Chaussée (CY N). – La porte Chaussée ou tour Chaussée, est une construction du 14e s. qui défendait l'accès de la ville face à la « chaussée de l'Est » et servit de prison ; elle est flanquée de deux tours rondes à créneaux et mâchicoulis ; on lui a ajouté un avant-corps au 17e s. *(illustration p. 37).*

Citadelle (BZ). – Elle a été bâtie sur l'emplacement de la célèbre abbaye de St-Vanne, fondée en 952, dont l'une des deux tours, la tour St-Vanne, du 12e s., est le seul vestige de l'ancien monastère que Vauban respecta en reconstruisant la citadelle.

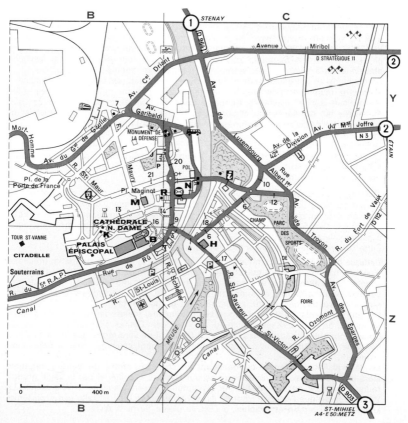

Ⓥ **Souterrains.** – Ils abritèrent divers services et les soldats au repos. Presque toutes les troupes qui participèrent à la défense de Verdun y séjournèrent.

Les galeries, d'un développement total de 7 km, étaient équipées pour subvenir aux besoins d'une véritable armée : dans l'écoute n° 4, neuf fours pouvaient cuire 28 800 rations de pain en 24 h.

On peut voir la Salle des fêtes où le 10 novembre 1920 eut lieu la cérémonie du choix du Soldat inconnu. Un soldat de la garde d'honneur du 132ᵉ R.I., Auguste Thin, fut appelé à choisir parmi les huit cercueils exposés celui qui repose maintenant à l'Arc de Triomphe. En additionnant les chiffres de son régiment, il désigna le sixième cercueil.

★★★ VERDUN (Haut lieu du souvenir)

Cartes Michelin nᵒˢ 🄵🄶 plis 10, 20, 🄵🄷 plis 1, 11 ou 🄵🄸🄸 plis 18, 19, 22, 23.

Chaque année, des centaines de milliers de visiteurs recueillis, dont la ferveur l'emporte sur la curiosité, parcourent le théâtre des opérations où, 18 mois durant, au cours de la Grande Guerre, du 21 février 1916 au 20 août 1917 se sont déployés, de part et d'autre, chez chacun des adversaires et jusqu'à leur paroxysme, les plus hautes vertus d'héroïsme et de courage face à l'horreur et à la violence d'une bataille indicible : la **Bataille de Verdun**. Si bien que, depuis, « Verdun » évoque peut-être plus encore cet affrontement que la vieille cité épiscopale dont elle était l'enjeu décisif.

Terre ensanglantée, « Reliquaire de la Patrie », cette partie du front témoigne, depuis plus de 70 ans, avec une puissance inaltérée, de la grandeur dont les hommes sont capables et de la vénération portée à la mémoire des héros.

Des raisons stratégiques et tactiques. – Dès le début de la Grande Guerre, en août 1914, les Allemands essaient vainement de contourner Verdun, charnière de toute la ligne de défense française, puis de s'en emparer. Toutefois, l'occupation du « saillant de St-Mihiel » *(p. 146)* au Sud-Est de Verdun, leur permet, jusqu'à l'offensive américaine de septembre 1918, de restreindre sensiblement les voies de communication françaises avec le camp retranché.

Ce dernier n'en demeure pas moins, et malgré des lacunes de la défense (positions inachevées, effectifs réduits, ouvrages presque désarmés), un obstacle des plus redoutables avec sa puissante citadelle, sa ceinture de forts *(voir p. 28)* et le terrain difficile de ses plateaux ravinés et boisés coupés par la Meuse.

C'est pourtant là que les Allemands – avec, à leur tête, le général Von Falkenhayn – choisissent de frapper un grand coup, en février 1916, avec l'espoir, sinon de réussir la percée décisive qu'ils n'ont pu obtenir sur le front oriental, du moins de « saigner à blanc » les armées françaises.

Il y a nécessité pour eux de retremper le moral des troupes et de l'arrière en effaçant les revers subis sur la Marne et en Argonne, de rétablir le prestige dynastique et de redonner foi en la victoire finale. Il faut aussi prévenir et contrecarrer l'offensive que l'on soupçonne les Alliés de préparer (et qui éclatera ₁e 1ᵉʳ juillet, sur la Somme).

L'opération contre Verdun est confiée au fils de l'empereur Guillaume II, le Kronprinz. Méthodiquement élaborée, avec l'avantage logistique considérable procuré par un réseau ferré local d'une densité exceptionnelle (14 voies) et la proximité des dépôts de Metz, elle parviendra, en dépit de l'importance des moyens en hommes et en matériels mis en œuvre et de leur détection par certains observateurs, à surprendre totalement le Haut Commandement français.

On distingue en fait deux batailles de Verdun. La première est celle de l'« offensive » allemande magistralement préparée et déclenchée par une attaque brusquée, mais se heurtant à une résistance française finalement infranchissable. C'est ce duel titanesque qui par son enjeu et son caractère retint l'attention du monde entier et c'est lui que l'on évoque communément en parlant de la bataille de Verdun ; malgré l'ampleur des moyens techniques mis en œuvre, le rôle individuel du fantassin y fut capital, et à bravoure égale, la ténacité du français déterminante.

La seconde bataille est celle de la « reconquête » du terrain perdu, non moins acharnée, mais inscrite dans le contexte d'une reprise de la guerre de mouvement (bataille de la Somme).

L'attaque allemande (février-août 1916). – C'est sur la rive droite de la Meuse, à 13 km au Nord de Verdun, qu'elle se déclenche, engageant d'emblée trois corps d'armée allemands et une concentration d'artillerie sans précédent. En face, deux divisions (72ᵉ et 51ᵉ) de la 2ᵉ armée française seront seules, les trois premiers jours, à soutenir le choc.

Cette offensive va se dérouler en trois phases, de fin février à fin août 1916.

L'attaque brusquée. – Elle commence le 21 février 1916, à 7 h 15 du matin, précédée d'un bombardement inouï qui constitua la plus formidable préparation d'artillerie connue jusqu'alors, mais se heurte à une résistance d'une vigueur inattendue.

Le soir, les progrès de l'ennemi sont insignifiants, placés en regard des sacrifices qu'il a consentis ; cependant il s'est emparé du bois d'Haumont.

Les jours suivants, l'Allemand progresse néanmoins, malgré le sacrifice du colonel Driant et de ses chasseurs à pied au bois des Caures ; la prise du fort de Douaumont enlevé par surprise dès le 25 février (il ne sera repris que le 24 octobre) constitue une menace grave contre Verdun, durement canonné, dont la population civile doit être évacuée.

Le général Pétain, nommé commandant en chef de l'armée de Verdun, organise alors la défense, faisant monter nuit et jour renforts et matériel par la seule grande route disponible, celle de Bar-le-Duc à Verdun, qui sera baptisée la **Voie sacrée**. Le 26, il apparaît que l'attaque frontale est contenue, bien qu'il ait fallu céder plusieurs kilomètres de terrain et évacuer, à l'Est, la plaine de la Woëvre.

La bataille aux ailes. – En mars et avril, faute d'un résultat décisif dans le secteur étroit initialement choisi, les forces allemandes élargissent leur front d'attaque, de part et d'autre de la Meuse, mais c'est en vain qu'elles s'acharnent contre le Mort-Homme sur la rive gauche, contre la Côte du Poivre et le fort de Vaux sur la rive droite. Le général Pétain adresse à ses troupes l'ordre du jour fameux : « Courage... On les aura ! ».

La bataille d'usure. – Succédant à Pétain (appelé le 2 mai au commandement du Groupe d'armées du Centre), le général Nivelle doit répondre à des assauts de plus en plus violents, sur un front toujours plus étendu.

L'intensité de la lutte atteint son paroxysme, des hécatombes ponctuent la prise et la reprise, dix ou vingt fois renouvelées, de tel fort ou village en ruines, d'une tranchée ou d'un hectare de bois.

Le 11 juillet marque l'échec de l'ultime offensive allemande (prise de la poudrière de Fleury) ; les troupes du Kronprinz reçoivent du général Von Falkenhayn l'ordre de rester désormais sur la défensive.

Le lendemain, une reconnaissance allemande est arrêtée au fort de Souville, limite de leur avance, à 5 km de Verdun.

A la mi-août les Allemands ne comptent plus à leur actif que la prise des forts de Vaux et de Thiaumont, la Cote 304 et le Mort-Homme. Obligés de faire face à l'offensive russe de Broussilov, depuis le 4 juin et, à partir du 1er juillet, à celle, franco-britannique sur la Somme, tout espoir d'emporter la décision à Verdun leur est désormais interdit.

La contre-offensive française (octobre 1916-octobre 1917). – L'initiative sur le front de Verdun appartient désormais à l'armée française. Trois brillantes mais coûteuses offensives préparées minutieusement et menées par les généraux Mangin et Guillaumat vont permettre de reprendre la presque totalité du terrain perdu.

Bataille de Douaumont-Vaux. – Engagée le 24 octobre 1916, sur la rive droite, elle obtient, le jour même, la chute des forts de Douaumont et Thiaumont ; le 2 novembre, c'est au tour du fort de Vaux d'être réoccupé.

Bataille de Louvemont-Bezonvaux. – Livrée du 15 au 18 décembre 1916, toujours sur la rive droite, elle dégage définitivement les secteurs de Vaux et Douaumont.

Bataille de la Cote 304 et du Mort-Homme. – A partir du 20 août 1917, après plusieurs mois de relative accalmie, c'est le dernier coup de boutoir, donné cette fois des deux côtés de la Meuse.

La crête du Mort-Homme redevient française ainsi que la Côte de l'Oie dès le premier jour, la Cote 304 le 24 août, les Allemands se trouvent partout rejetés sur leurs positions du 22 février 1916 et c'est vainement qu'ils contre-attaqueront jusqu'en octobre.

L'étau allemand autour de Verdun est desserré, mais il faudra attendre l'offensive franco-américaine du 26 septembre 1918 pour recouvrer, le 4 octobre, puis dépasser la ligne de résistance française du 21 février 1916.

Le bilan de l'hécatombe. – La bataille de Verdun, a été (comme Stalingrad pour le conflit de 1939-1945), le « tournant » de la guerre par ses conséquences militaires et morales. Son retentissement a été immense : elle révéla l'inébranlable résolution du « poilu » français et l'impuissance du Kaiser à emporter la décision sur le front occidental.

La durée et l'âpreté de la lutte, l'atrocité des moyens utilisés (gaz toxiques, lance-flammes), les pertes et les souffrances supportées par les deux camps, l'héroïsme déployé de part et d'autre, ont fait de « l'enfer de Verdun » le pathétique exemple du sommet atteint par le patriotisme, le courage et l'endurance humaine confrontés au cauchemar de la guerre. Maurice Genevoix écrira : « nous avons connu l'incommunicable » *(voir p. 94)*.

En moins de deux années, cette bataille a mis aux prises plusieurs millions d'hommes et causé la mort de centaines de milliers d'entre eux (près de 400 000 soldats français, presque autant de soldats allemands, des milliers de soldats américains).

LE THÉÂTRE DES COMBATS *carte p. 186-187*

Plusieurs décennies se sont écoulées depuis la Grande Guerre et les traces des combats dont Verdun fut l'enjeu n'ont pas encore totalement disparu. Le terrain est toujours bouleversé et, dans certains secteurs, la végétation n'a pas tout à fait repris ses droits. Les terres devenues impropres à la culture ont été reboisées. La gigantesque bataille de 1916-1917 eut pour théâtre les deux rives de la Meuse, de part et d'autres de Verdun, sur un front de plus de 200 km².

Nous décrivons ci-après les lieux dont l'aspect encore meurtri ou le caractère commémoratif permettent le mieux d'évoquer l'importance et l'âpreté des combats.

Rive droite. – *21 km – environ 3 h.* Carte n° 57 plis 1, 11.
C'est le secteur central, la Zone Rouge de la bataille, là où celle-ci, en fait, connut son tournant décisif.

Quitter Verdun par ② du plan, N 3, route d'Etain en suivant l'avenue de la 42e-Division, puis l'avenue du Maréchal-Joffre.

Cimetière militaire du Faubourg-Pavé. – En traversant le Faubourg-Pavé, on voit sur la gauche le cimetière (5 000 tombes) où ont été inhumés les corps des sept soldats inconnus apportés à Verdun en même temps que celui qui repose sous l'Arc de Triomphe de l'Étoile à Paris.

Prendre, après le cimetière, à gauche, la D 112 (route de Mogeville).

Sur la droite, à 6 km de l'embranchement, on passe devant le **monument Maginot** et le fort de Souville.

La D 112 rejoint la D 913, que l'on prend à droite (vers Verdun).

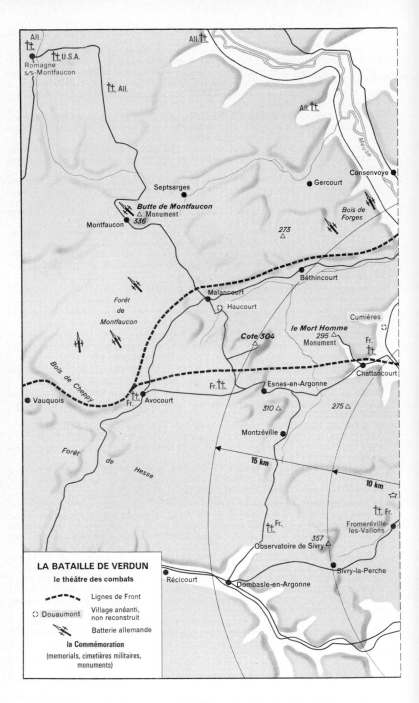

LA BATAILLE DE VERDUN
le théâtre des combats

- - - - Lignes de Front

⊙ Douaumont Village anéanti,
non reconstruit

Batterie allemande

la Commémoration
(memorials, cimetières militaires,
monuments)

Prendre ensuite à gauche la D 913ᴬ en direction du fort de Vaux.

Le terrain est complètement bouleversé.

Un peu à l'écart de la route, on peut voir sur la droite le **monument des Fusillés de Tavannes** (relatif à un épisode de 1944) *(un chemin, praticable en voiture, mène au monument).*

⊘ **Fort de Vaux.** – Parvenus dès le 9 mars 1916 aux approches mêmes du fort, les Allemands ne s'en emparèrent que le 7 juin après une héroïque défense de la garnison sous les ordres du commandant Raynal. Cinq mois plus tard, au cours de leur première offensive *(voir p. 185)*, les troupes du général Mangin réoccupaient l'ouvrage.

La visite du fort sous la conduite d'un guide permet de parcourir un certain nombre de galeries et de réduits. Des vitrines et des documents historiques font revivre certains aspects marquants de l'époque 1914-1918. Du sommet du fort, vue sur l'Ossuaire, le cimetière et le fort de Douaumont, sur les côtes de la Meuse et la plaine de la Woëvre.

Revenir à la D 913 (route de Charny) en direction de Fleury et de Douaumont, à droite.

Le terrain est encore bouleversé et l'on distingue à grand'peine à gauche le fort de Souville, dernier réduit de la défense française devant Verdun. Au carrefour de la chapelle Ste-Fine, le monument du Lion marque le point extrême de l'avance allemande.

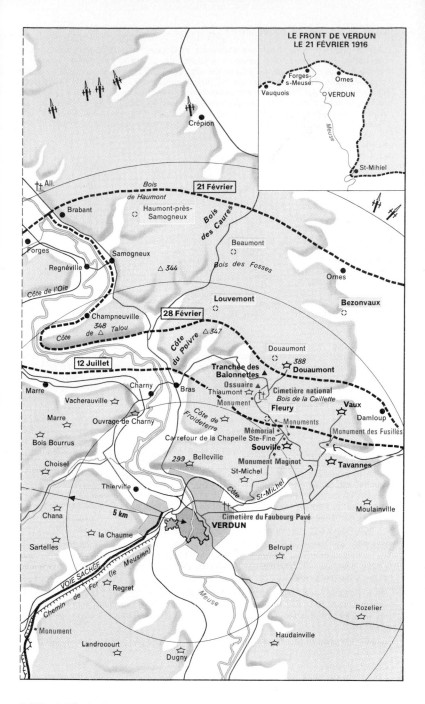

LE FRONT DE VERDUN
LE 21 FÉVRIER 1916

21 Février

28 Février

12 Juillet

5 km

VOIE SACRÉE

Mémorial-Musée de la bataille de Verdun. – Dans ce musée de la guerre 14-18, qui évoque d'émouvants souvenirs, un tableau lumineux, illustré de diapositives (texte en 4 langues), indique les différentes phases de la bataille cependant qu'une collection d'uniformes, d'armes, de pièces d'équipement, de documents en illustrent l'acharnement.

Du mémorial on distingue l'Ossuaire avec le cimetière militaire et le fort de Douaumont *(télescope)*. Un peu plus loin, une stèle a été élevée sur les ruines du village disparu de Fleury-devant-Douaumont, qui fut pris et repris 16 fois ; une petite chapelle dont la façade est ornée d'une statue de Notre Dame de l'Europe, à 100 m à gauche de la route, occupe l'emplacement présumé de l'ancienne église de Fleury ; un peu plus loin sur la gauche, le monument aux morts.

On prend à droite la D 913ª qui aboutit à Douaumont.

Fort de Douaumont. – Construit en pierre en 1885, en un point haut (côte 388) qui en faisait un observatoire stratégique, il vit ses défenses plusieurs fois renforcées jusqu'en 1913. A l'entrée en guerre, il se trouvait recouvert par une carapace de béton d'un mètre d'épaisseur, elle-même séparée des voûtes de maçonnerie par un mètre de sable. Selon les propres termes du communiqué allemand, cet ouvrage constituait le « pilier angulaire du Nord-Est des fortifications permanentes de Verdun ».

Enlevé par surprise le 25 février 1916, dès le début de la bataille de Verdun, il fut repris le 24 octobre, par les troupes du général Mangin (38ᵉ Division).

VERDUN (Haut lieu du souvenir)★★★

Dans la première salle, quelques souvenirs et documents évoquent les conditions matérielles du combat. On parcourt ensuite les galeries, casemates, magasins, montrant l'importance et la puissance de cet ouvrage. Une chapelle marque l'emplacement de la galerie murée où furent inhumés 679 soldats de la garnison allemande, tués par l'explosion accidentelle d'un dépôt de munitions, le 8 mai 1916. De la superstructure du fort, on domine le champ de bataille de 1916 et on distingue l'Ossuaire. Un peu plus loin sur la droite, une chapelle a été élevée à l'emplacement de l'ancienne église du village de Douaumont complètement anéanti lors de la poussée allemande du 25 février au 4 mars 1916.

Revenir à la D 913 que l'on prend à droite.

⊘ **Ossuaire de Douaumont.** – Edifié pour recueillir les restes non identifiés d'environ 130 000 combattants français et allemands tombés au cours de la bataille, c'est le plus important des monuments français en souvenir de la guerre 1914-1918.

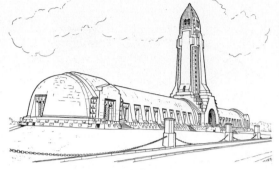
Ossuaire de Douaumont.

Cette vaste nécropole comprend une galerie transversale longue de 137 m dont les 18 travées contiennent chacune deux sarcophages en granit. Sous la voûte centrale se trouve la chapelle catholique. Au centre du monument s'élève la Tour des morts, haute de 46 m, silencieuse et émouvante vigie en forme d'obus dans lequel s'inscrivent quatre croix, symboliques points cardinaux de pierre voulant marquer l'universalité du drame.

Au 1er étage de la tour a été aménagé un petit musée de guerre. Au sommet, on peut voir la lanterne des morts avec la cloche (2 300 kg) entourée des quatre feux blancs et rouges du phare. Du haut de cette tour *(204 marches)*, à travers les fenêtres, des tables d'orientation permettent d'identifier les différents secteurs du champ de bataille.

Dans une autre salle, projections audiovisuelles ayant pour thème L'héroïsme du combattant de Verdun.

Devant l'Ossuaire s'alignent les 15 000 croix du **cimetière national.**

A gauche du parking, un petit sentier conduit à l'ouvrage de Thiaumont maintes fois pris et repris au cours de la bataille.

De l'Ossuaire, poursuivre par la D 913 vers Charny.

Tranchée des Baïonnettes. – *Visite : 1/4 h.* Une porte massive donne accès au monument recouvrant la tranchée où, le 10 juin 1916, les hommes de deux compagnies du 137e R.I. furent ensevelis, debout, à la suite d'un bombardement d'une violence inouïe.

Rive gauche. – *50 km – environ 2 h 1/2.* Carte n° 🔠🔠 plis 10, 20. La lutte fut souvent aussi acharnée sur la rive gauche que sur la rive droite. En septembre 1918, les troupes américaines du général Pershing jouèrent dans ce secteur un rôle très important.

Quitter Verdun au Nord-Ouest par la D 38 (route de Varennes-en-Argonne) et, à Chattancourt, prendre à droite la route du Mort-Homme.

Le Mort-Homme. – Ce sommet boisé fut l'enjeu de furieux combats. Tous les assauts allemands de mars 1916 furent brisés sur cette crête. Près d'un monument élevé aux morts de la 40e division, un autre monument porte, gravée sur le socle, cette inscription : « Ils n'ont pas passé ».

Revenir à Chattancourt et reprendre à droite la D 38 et peu après Esnes-en-Argonne, la D 18 vers Montfaucon. 2 km plus loin, un chemin à droite conduit à la Cote 304.

La Cote 304. – Pendant près de quatorze mois, les Allemands se heurtèrent là à une farouche résistance des troupes françaises. La Cote 304 et le Mort-Homme, véritables pivots de la défense de Verdun sur la rive gauche, revêtaient en effet une importance stratégique considérable.

Revenir à la D 18 et prendre à droite en direction de Montfaucon.

Butte de Montfaucon. – Un monument américain s'y dresse. *Description p. 97.*

Cimetière américain de Romagne-sous-Montfaucon. – Il s'étend sur 52 ha et contient plus de 14 000 tombes, surmontées de croix en marbre blanc rigoureusement alignées. Avec ses allées goudronnées, ses pelouses ombragées, son plan d'eau et ses parterres de fleurs, il compose un immense parc de repos. Au centre du monument commémoratif, on aperçoit la chapelle à travers une grille en fer forgé ; dans les galeries latérales, sont inscrits les noms des soldats américains identifiés sur le champ de bataille ; dans la galerie de droite, une carte gravée dans le marbre indique les secteurs du combat.

VÉZELISE

1 513 h. (les Vézelisiens)

Carte Michelin n° 🆖 plis 4, 5 ou 🆖 pli 21.

Ancienne capitale du comté de Vaudémont, située au confluent de l'Uvry et du Brénon, Vézelise est connue depuis longtemps pour sa brasserie.

Les halles, qui sont de 1599, voisinent avec l'ancien hôtel de ville au gracieux portail, un peu plus ancien que les halles, puisqu'il est de 1561.

L'église des 15e et 16e s. présente, sur son côté Sud, une belle porte que surmonte un gâble flamboyant et que ferment des vantaux Renaissance sculptés des effigies des saints Côme et Damien en habits de médecin ; à l'intérieur, beaux vitraux du 16e s. dans le chœur et le transept.

EXCURSIONS

★★La Colline inspirée. – *8 km au Sud. Description p. 53.*

★Château d'Haroué. – *8,5 km à l'Est par les D 904 et D 9. Description p. 76.*

Thorey-Lyautey. – *81 h. 5 km au Sud-Ouest par la D 5.*

C'est dans ce petit village que le **Maréchal Lyautey** vint finir ses jours.

Louis Hubert Lyautey, né à Nancy en 1854, petit-fils d'un brillant officier du 1er Empire passa la majeure partie de sa longue carrière militaire hors de France. Élu à l'Académie française en 1912, il fut Résident général de France au Maroc de 1912 à 1925.

Le **château** où il mourut le 27 juillet 1934 avait été construit par ses soins, au début du siècle, pour jouxter la maison de famille qu'il possédait en ce lieu. Conservé en l'état jusqu'en 1980, il fut mis en vente puis racheté par l'Association Nationale Maréchal Lyautey ; depuis, il a été l'objet d'une campagne de rénovation.

La **visite** permet de pénétrer dans le cadre familial où le Maréchal Lyautey passa les neuf dernières années de sa vie : son bureau, la bibliothèque riche de 18 000 volumes, sa chambre, le salon marocain et le salon indochinois (réalisés par des artisans venus spécialement de ces lointaines contrées). Une exposition sur le scoutisme dont il fut un temps commissaire national complète la visite.

★★ VIEIL-ARMAND

Carte Michelin n° 🆖 pli 18 ou 🆖 pli 35 – Schéma p. 139.

Le nom de Vieil-Armand fut décerné par les « poilus » de 1914-1918 à l'Hart-mannswillerkopf, contrefort des Vosges qui tombe en pentes escarpées sur la plaine d'Alsace. Position de choix, le Vieil-Armand fut un des champs de bataille les plus meurtriers du front d'Alsace (30 000 morts, Français et Allemands). Sur ses pentes dévastées par les obus, attaques et contre-attaques se succédèrent en 1915 et le sommet, transformé en formidable forteresse, fut pris et repris plusieurs fois.

Monument national du Vieil-Armand. – Le monument est formé, au-dessus d'une crypte renfermant les ossements de 12 000 soldats inconnus, par une vaste terrasse surmontée d'un autel en bronze, dont les faces représentent les armoiries des grandes villes de France.

Montée au sommet. – *1 h à pied AR.* Traverser le cimetière du Silberloch. Il s'étend derrière le monument national et renferme 1 260 tombes et plusieurs ossuaires. Suivre son allée centrale puis le sentier qui la prolonge. Se diriger vers le sommet du Vieil-Armand (alt. 956 m) surmonté d'une croix lumineuse de 22 m de haut, borne-limite du front français. Tourner à droite en direction de la croix en fer des Engagés volontaires alsaciens-lorrains érigée sur un promontoire rocheux. De là **panorama★★** sur la plaine d'Alsace, la chaîne des Vosges, la Forêt Noire et les Alpes par temps clair. Monuments commémoratifs parmi lesquels le monument des Diables Rouges du 152e R.I. et le monument des Chasseurs Allemands. Éléments de tranchées et abris principalement allemands.

VILLEY-LE-SEC

233 h.

Carte Michelin n° 🆖 pli 4 ou 🆖 pli 17.

La localité, disposée sur une crête flanquant la rive droite de la Moselle, constitue le seul exemple, en France, d'un village intégré dans un ensemble fortifié de la fin du 19e s. Cet ouvrage, élément du système fortifié de Toul, illustre le système défensif Séré de Rivières *(voir p. 28).*

Dans l'**église**, reconstruite en 1955, vitraux modernes et Vierge du 14e s., en pierre.

★Ensemble fortifié. – *Laisser la voiture à la sortie du village, route de Toul.*

Cet ensemble, édifié en 5 ans, n'eut pas de rôle actif durant la guerre 1914-1918. Abandonné, il dut à l'initiative privée de pouvoir être remis en état et en partie réarmé. L'extérieur de la batterie Nord, avec son front cuirassé, son fossé, ses caponnières, ses cloches observatoires, sa tourelle cuirassée à éclipse à canons de 75 jumelés *(impressionnante démonstration de manœuvre, tir à blanc),* dont on visite la chambre de tir *(3 étages)* préfigurent ce qui fut réalisé plus tard pour les gros ouvrages de la ligne Maginot.

Reprendre la voiture et gagner le parking proche du Fort.

Vue sur la batterie Sud et la courtine Sud-Ouest. Le Fort ou réduit de la défense, abrite outre les magasins et casernements, un musée **Séré de Rivières** (matériels de fortifications français et allemands) et une crypte du souvenir. On y voit aussi un chemin de fer militaire, une tourelle cuirassée à canons de 155 remise en état de fonctionnement, un coffre de contrescarpe avec son canon revolver Hotchkiss modèle 1879 *(tir à blanc).*

Carte Michelin n° 62 pli 14 ou 242 pli 29 – Schéma p. 191 – Lieu de séjour.

Vittel est une station hydrominérale très réputée qui joint à la vertu de ses eaux l'avantage d'être située dans une région agréable.

Les environs de Vittel sont boisés et accidentés et la ville thermale a été créée en dehors de l'agglomération urbaine. Les eaux minérales de Vittel sont employées principalement dans le traitement des maladies métaboliques (arthritisme, goutte, migraine, allergies) et des affections des reins et du foie.

Il existe, à côté de l'établissement thermal, un **parc★** (**ABY**) de 25 hectares dessiné dans le style paysagiste, abondamment fleuri et agrémenté d'un kiosque à musique où se donnent de nombreux concerts en saison ; ce parc se prolonge agréablement par de vastes terrains de sport (champ de courses, polo, golf, tennis, etc.). Le nouveau Palais des Congrès a été inauguré en 1970.

A l'entrée Ouest de la ville, l'**usine d'embouteillage** (**AZ**) de la Société générale des Eaux Minérales de Vittel permet au public de suivre la fabrication des bouteilles plastiques ainsi que l'embouteillage et le conditionnement de celles-ci et des bouteilles en verre. Quinze séries de machines peuvent assurer un conditionnement journalier de 4,3 millions de bouteilles de contenances différentes.

Vis-à-vis de cette usine, entre la route (D 429) et la lisière d'un bois de sapins, s'étendent les pelouses et les installations du stade olympique Jean-Bouloumié inauguré en 1968.

EXCURSIONS

Croix de mission de Norroy et chapelle Ste-Anne. – *3 h à pied AR. Quitter Vittel au Nord par l'avenue A.-Bouloumié.*
Après avoir laissé le centre équestre à droite, prendre à gauche un chemin goudronné qui traverse une prairie, puis s'élève dans le bois de la Vauviard. L'itinéraire franchit la D 18 pour atteindre, après un raidillon, la croix de mission de Norroy.

Croix de mission de Norroy. – **Vue** étendue sur les bassins du Vair et du Mouzon vers le Nord-Ouest, sur la crête des Faucilles au Sud, et au Sud-Est sur les sommets des Vosges.

> *Tourner à gauche et traverser un petit bois. A un calvaire, croisement d'un chemin allant de Vittel à Norroy.*

Chapelle Ste-Anne. – Elle s'élève à l'orée de la forêt de Châtillon, au pied d'un très beau chêne. La chapelle n'est qu'une petite maison sans caractère, mais on y voit, à l'intérieur, un retable aux douze apôtres, du 16e s. (les têtes sont brisées). De là, jolie vue, vers le Nord-Ouest, sur la vallée du Vair.

> *Continuer tout droit.*

Traverser le bois de Châtillon à la sortie duquel on découvre un nouveau point de vue sur Vittel, que l'on rejoint bientôt.

Domjulien. – 231 h. *8 km par la D 68, au Nord-Est.*
L'église des 15e-16e s., très remaniée, abrite un remarquable ensemble de sculptures, groupées surtout dans le bas-côté gauche : retable (1541) représentant la Crucifixion et les douze apôtres ; Mise au tombeau du début du 16e s. avec les anges portant les instruments de la Passion ; statues de saint Georges (16e s.) et de saint Julien. Sur l'autel latéral droit, belle statue de Vierge à l'Enfant jouant avec un ange de la fin du 15e s.

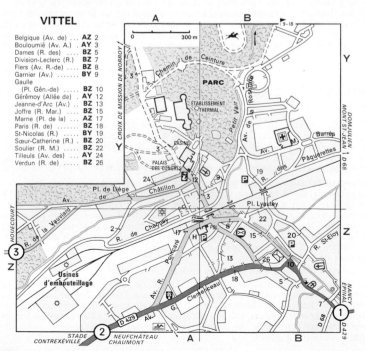

VITTEL

Belgique (Av. de) ... **AZ** 2
Bouloumié (Av. A.) . **AY** 3
Dames (R. des) .... **BZ** 5
Division-Leclerc (R.) **BZ** 7
Flers (Av. R.-de) .... **BZ** 8
Garnier (Av.) .... **BY** 9
Gaulle
  (Pl. Gén.-de) ..... **BZ** 10
Gérémoy (Allée de) . **AY** 12
Jeanne-d'Arc (Av.) .. **BZ** 13
Joffre (R. Mar.) .... **BZ** 15
Marne (Pl. de la) ... **AZ** 17
Paris (R. de) .... **BZ** 18
St-Nicolas (R.) .... **BY** 19
Sœur-Catherine (R.) . **BZ** 20
Soulier (R. M.) .... **BZ** 22
Tilleuls (Av. des) ... **AY** 24
Verdun (R. de) .... **BZ** 26

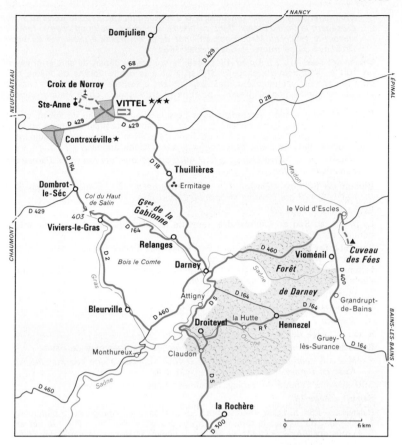

Forêt domaniale de Darney. – *Circuit de 96 km – environ 3 h – schéma p. 191. Quitter Vittel par ① du plan, D 429. A 3,5 km prendre à droite.*

⊘ **Thuillières**. – 156 h. Le château fut construit par Germain Boffrand *(voir p. 36)* pour lui servir de résidence en Lorraine où il séjournait souvent pour ses nombreux chantiers. C'est à Thuillières aussi que, après s'être retirée de la scène, Ève Lavallière, brillante artiste de la Belle Époque, termina sa vie dans une austère retraite.

Peu après, sur la gauche, dans le pittoresque vallon de Chèvre-Roche, on aperçoit la chapelle de l'ancien ermitage de N.-D.-de-Consolation. La route domine le ruisseau de Thuillières.

Darney. – 1 877 h. (les Darnéens). Le 30 juin 1918, le président Poincaré *(voir p. 147)* y proclama, au nom des Alliés, devant M. Benès et deux régiments tchécoslovaques, l'indépendance de leur patrie.

⊘ Un petit **musée** tchécoslovaque est installé à l'hôtel de ville.

Sortir par la D 164 et prendre à droite la D 5.

La route traverse Attigny puis serpente dans la vallée boisée de la Saône. Le parcours est très agréable.

⊘ **Verrerie et cristallerie de la Rochère.** – *A Claudon, prendre la D 5, puis les D 7 et D 300 à gauche.* Fondée en 1475, c'est la plus ancienne verrerie d'art de France, encore en activité. Les visiteurs ont accès à l'atelier de fabrication où ils peuvent observer les différentes phases de travail du verre suivant la méthode traditionnelle « fait main » et « soufflé bouche ». Un ancien hangar, dont la charpente en bois date de 1660, sert de cadre à une exposition-vente. La galerie St-Valbert, derrière les ateliers, est un antique caveau voûté d'arêtes, bâti en pierres de grès de la forêt voisine au 17e s.

A Claudon, tourner à gauche dans la D 5ᴱ qui mène à Droiteval.

Droiteval. – Petite localité qui posséda une abbaye de cisterciennes, datant de 1128 et dont il reste encore l'église.

Dans Droiteval, prendre à droite, à hauteur d'une belle propriété fleurie, admirablement située à l'extrémité d'un petit étang encadré par la forêt. Continuer par une petite route étroite et pittoresque, qui longe l'Ourche.

Après la maison forestière de Senenne, le chemin tourne à gauche puis à droite, et continue sur la Hutte et Thiétry pour atteindre Hennezel.

Hennezel. – 432 h. Petite localité au milieu de la forêt, où l'on dénombrait autrefois 19 verreries fondées au 15e s. par des verriers de Bohème et aujourd'hui disparues.

A 6,5 km d'Hennezel, prendre à gauche.

Face au village de Grandrupt-les-Bains, un monument, en bordure de la route, rappelle le sacrifice de 117 maquisards morts en déportation.

Vioménil. – 136 h. C'est sur son territoire que se trouve la source de la Saône.

De Vioménil par la D 40, rejoindre la D 460 que l'on suit à droite jusqu'au virage précédant le Void-d'Escles. Dans ce coude, prendre à droite un chemin forestier suivant la vallée du Madon qui, au bout de 2 km passe à proximité du Vallon Druidique où se trouve le Cuveau des Fées.

Cuveau des Fées. – *1/2 h à pied AR.* Laisser la voiture au départ du sentier grimpant, en 100 m, à la nouvelle chapelle St-Martin et à la grotte voisine du même nom, dont la visite est dangereuse, toutes deux situées à l'entrée du frais vallon encaissé chargé de signification religieuse – païenne et chrétienne – où le Madon prend sa source.

De là, un autre sentier, escaladant sous bois le versant gauche du vallon, aboutit au Cuveau des Fées, extraordinaire roche plate creusée de main d'homme en forme de bassin octogonal de plus de 2 m de diamètre et dont le socle central, aujourd'hui arasé, aurait servi de pierre des sacrifices aux anciens druides.

Revenir par le même chemin à la D 460, pittoresque, qui ramène à Darney d'où l'on regagne Vittel.

Circuit de 56 km. – *Environ 1 h 1/2 – schéma p. 191. Quitter Vittel par ② du plan et la D 429 qui traverse le bois du Grand Ban.*

★**Contrexéville.** – *Page 60.*

La D 164, au Sud de Contrexéville, remonte le vallon de Vair à travers le plateau dénudé des Faucilles.

Ⓥ **Dombrot-le-Sec.** – 406 h. L'intérieur de l'**église**, aux piliers trapus – ceux des deux premières travées ornés de chapiteaux – renferme une belle tribune, des ferronneries du 18e s. (poutre de gloire et balustrade du chœur), une Vierge à l'Enfant du 14e s. et une Sainte Anne du 16e s.

On passe au col du Haut de Salin (cote 403).

Viviers-le-Gras. – 192 h. Belles fontaines du 18e s.

Prendre à droite la D 2.

Il suit la vallée du Gras, à travers la forêt.

Bleurville. – 445 h. Les Romains y installèrent un établissement de bains.

A 2 km, tourner à gauche dans la D 460 d'où l'on a une vue étendue sur la forêt de Darney.

500 m avant l'entrée de Darney, monument franco-tchécoslovaque.

Darney. – *Page 191.*

Ⓥ **Relanges.** – 284 h. **Église** intéressante. Les colonnes du porche et le pignon de la façade sont du 11e s. ; le transept, les absides et la tour, du 12e s. ; la nef et les bas-côtés ont été reconstruits au 16e s. Le chevet et le clocher carré, qui s'élèvent à la croisée du transept, sont très beaux.

La route remonte, à travers le massif forestier de Bois le Comte, un vallon étroit appelé **gorges de la Gabionne.**

La D 164 ramène à Contrexéville, puis la D 429 à Vittel.

★ Les VOSGES DU NORD

Carte Michelin n° 87 plis 2, 3, 13, 14 ou 242 plis 11, 12, 15, 16, 19.

Les itinéraires décrits ci-après dans les Vosges gréseuses au Nord du col de Saverne permettent, au cours d'un trajet effectué en grande partie en forêt, de visiter quelques monuments et d'admirer des sites choisis parmi les plus typiques de la région.

Peu élevées mais souvent escarpées, les Petites Vosges sont creusées de vallées très fraîches. Les grès affleurent çà et là en silhouettes fantastiques.

Outre ces roches en forme de ruines, de véritables forteresses se dressent encore sur des monts revêtus de sombres sapins. L'une d'elles, le château de Fleckenstein *(p. 195)*, constitue un excellent belvédère sur les Vosges du Nord.

Au Sud de Wissembourg, un détour par Oberseebach, Hunspach et Hoffen fera connaître de charmants villages alsaciens où le touriste aura peut-être la surprise de voir quelques jolis costumes ou de participer à un joyeux « messti » ou fête populaire *(voir p. 24).*

Le Parc naturel régional des Vosges du Nord *(1)* – Créé en 1976, il recouvre la partie septentrionale du massif vosgien, décrite ci-après. D'une surperficie de 117 500 ha, il s'étend entre le Nord du plateau lorrain et la plaine d'Alsace et est limité au Nord par le parc naturel du Palatinat, en Allemagne, au Sud par l'autoroute A 36 (Metz-Strasbourg).

Des animations diverses (randonnées pédestres et équestres, stages de découverte de la nature, randonnées à thèmes, affûts...) et la mise en valeur de la flore et de la faune permettent aux visiteurs de découvrir la vie rurale et le milieu naturel de cette région aux activités économiques essentiellement agricoles et forestières.

Le territoire contrôlé par le Parc compte, sur 94 communes, près de 30 ruines de châteaux et forteresses, des ouvrages de la ligne Maginot et 14 musées dont la plupart à thème, comme la Maison du verre et du cristal de Meisenthal.

La bataille de Wissembourg. – Avant de regagner Niederbronn, on traversera des villages que la guerre de 1870 a rendu célèbres : Woerth, Froeschwiller, Reichshoffen *(voir p. 196).* Au bord de la route, de nombreux monuments commémorent le sacrifice des combattants tombés dans la lutte.

---

(1) Pour plus de détails, lire Les Vosges du Nord, guide de randonnées à la portée de tous dans le Parc naturel régional, par P. Keller (Salvator, Mulhouse).

Le 4 août 1870, sous les murs de Wissembourg, la division Abel Douay est attaquée par trois corps d'armée allemands et doit céder au nombre, très supérieur. Le général Douay périt dans cette bataille, dite du Geisberg.

Le reste de l'armée française, commandé par le maréchal de **Mac-Mahon**, prend position sur les coteaux, à l'Est de Niederbronn. Le 6 août, à 8 heures du matin, la bataille s'engage entre cette armée, forte de 35 000 hommes, et les 140 000 Allemands du Kronprinz, le futur empereur Frédéric III. L'après-midi, les troupes françaises, malgré leur volonté de résistance et les charges de leurs cuirassiers à Morsbronn, succombent et doivent battre en retraite. L'Alsace est perdue.

① DE SAVERNE A NIEDERBRONN

141 km – environ 4 h 1/2 – schéma ci-dessous

★**Saverne.** – *Page 152.*

Peu après la sortie de Saverne par Ottersthal, la D 115, dans un virage à droite traverse le vallon très frais de Muhlbach, puis passe sous l'autoroute.

St-Jean-Saverne. – *Page 145.*

A la sortie de St-Jean-Saverne, prendre à gauche.

Peu après on distingue à droite, sur une hauteur boisée dominant Saverne, les ruines du Haut-Barr ; plus à droite, au sommet du versant opposé de la vallée de la Zorn, on aperçoit les ruines du château du Griffon.

Prendre à gauche en direction de Dossenheim-sur-Zinsel.

★**Neuwiller-lès-Saverne.** – *Page 117.*

Bouxwiller. – 3 655 h. Capitale du comté de Hanau-Lichtenberg jusqu'en 1793. Petite ville au passé industriel, au pied du Bastberg. Ses fortifications furent démantelées au 17e s. et son château détruit à la Révolution. Elle a gardé de jolies maisons à pans de bois du 15e au 18e s. L'**hôtel de ville** (1659) dont on voit les beaux portails Renaissance et les écussons armoriés est installé dans l'ancienne chancellerie. Il abrite un **musée** d'histoire, d'arts et traditions populaires.

De là on se dirige vers Weiterswiller par les D 6 et D 7.

Après Weiterswiller, route pittoresque en forêt. *On fera un détour jusqu'à la Petite-Pierre et l'étang d'Imsthal.*

★**La Petite-Pierre.** – *Page 123.*

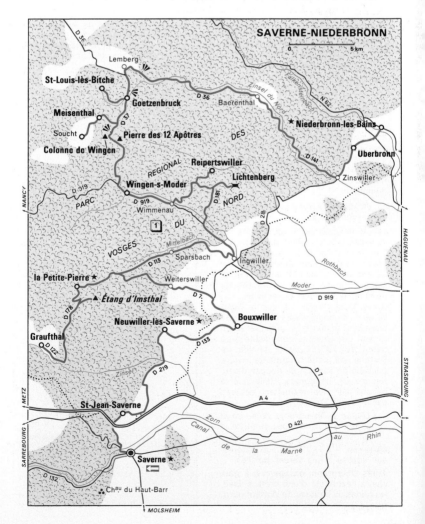

Les VOSGES DU NORD★

Étang d'Imsthal. – *Le chemin qui y mène s'embranche sur la D 178 à 2,5 km de la Petite-Pierre.* Bien situé au fond d'un bassin de prairies entourées de forêts, il constitue un charmant but de promenade *(parking réservé aux clients de l'hôtel).*

Revenir à la D 178, la prendre à gauche et tourner dans la D 122 à droite.

Graufthal. – Dans ce hameau de la vallée de la Zinsel, on visite des maisons troglodytes creusées dans les belles falaises de grès rouge d'une hauteur de 70 m. Elles furent habitées jusqu'en 1958.

Prendre au retour à la Petite-Pierre la route d'Ingwiller en descente dans la vallée du Mittelbach aux pentes couvertes d'arbres. Au-delà de Sparsbach, la forêt laisse place à des espaces cultivés.

Après Ingwiller, la D 919 suit la Moder. A 3,5 km, prendre à droite la D 181.

ⓥ **Château de Lichtenberg.** – *Suivre le prolongement de la rue principale de Lichtenberg (D 257) jusqu'au sentier d'accès au château où laisser la voiture.* Le château, dont le donjon date du 13e s., était occupé, le 9 août 1870, par une petite garnison qui dut capituler après un bombardement meurtrier. Il a été restauré depuis.

Reipertswiller. – La silhouette de la vieille **église St-Jacques**, adossée à une colline verdoyante et dominant le petit bourg, ne manque pas d'allure avec son clocher carré remontant au 12e s. et son chœur de style gothique élevé vers 1480 par le dernier des Lichtenberg, Jacques le Barbu.

Retrouver la D 919 à Wimmenau.

A **Wingen-sur-Moder** (1 550 h. – Lieu de séjour), on atteint la région des cristalleries et verreries Lalique.

Un peu avant la sortie de Wingen, prendre à droite la D 256.

Pittoresque et en corniche, la route domine des pentes couvertes de forêts (hêtres et pins) que coupent de petites vallées dont le vert clair tranche agréablement sur le vert sombre des forêts.

Pierre des 12 apôtres. – Appelée également Breitenstein, cette « pierre levée » est fort ancienne. Elle ne fut sculptée qu'à la fin du 18e s., en exécution d'un vœu : sous la croix, on reconnaît les 12 apôtres, répartis, trois par trois, sur les faces du menhir...

Colonne de Wingen. – Ancienne borne routière. A hauteur de la colonne, à gauche, belle vue sur la vallée de Meisenthal et au loin Rohrbach.

A gauche se détache la route de Meisenthal (D 83).

ⓥ **Meisenthal.** – 812 h. Au centre de la localité, l'ancienne verrerie, fermée depuis 1970, abrite **la Maison du verre et du cristal** avec reconstitution de la fabrication (fours, film explicatif) et présentation des produits de la verrerie depuis le 18e s. A 2 km au-delà de Meisenthal, à **Soucht**, a été installé dans un ancien atelier qui ⓥ fonctionnait encore en 1978, le **musée du Sabotier.**

Goetzenbruck. – 1 759 h. Localité vivant de l'industrie du verre, Goetzenbruck possède une importante fabrique de verres de lunettes.
A la sortie de Goetzenbruck, vue à droite sur les hauteurs boisées qui entourent Baerenthal, charmant village situé sur la rive gauche de la Zinsel.

Avant Lemberg, prendre à gauche la D 36 et encore à gauche la D 36A.

St-Louis-lès-Bitche. – 677 h. Dans un fond de vallée boisée. Siège des **cristalleries** de St-Louis fondées en 1767, anciennes verreries royales, dont la production comporte une grande variété d'articles de table et d'ornementation.

Revenir à Lemberg et prendre à droite la D 36.

La route ombragée est étroite et sinueuse. A gauche vue sur les hauteurs de la forêt de Bitche. On côtoie le ruisseau Breitenbach qui s'élargit fréquemment en étangs et sur les bords duquel s'élèvent de nombreuses scieries en activité.
Après Mouterhouse, on suit la **Zinsel du Nord.** De nombreuses usines métallurgiques, aujourd'hui presque entièrement disparues, furent installées au début du 19e s. par la famille de Dietrich sur cette charmante rivière qui s'élargit souvent en nappes d'eau, fleuries de nénuphars. Belle vue à gauche sur des mamelons séparés par de jolies trouées.

Quitter à Zinswiller la vallée de la Zinsel du Nord pour prendre à gauche la D 28.

Oberbronn. – 2 193 h. Village pittoresque adossé à des pentes boisées.

Après Oberbronn, on aperçoit à gauche, à l'extrémité d'une crête boisée, les ruines du château de Wasenbourg.

★**Niederbronn.** – *Page 117.*

NIEDERBRONN-WISSEMBOURG

HAGUENAU

② DE NIEDERBRONN A WISSEMBOURG
par la montagne

75 km – environ 2 h – schéma p. 194 et ci-dessous

★**Niederbronn.** – *Page 117.*

Quitter Niederbronn par la gracieuse et verdoyante vallée de Falkensteinbach.

★**Château de Falkenstein.** – *Page 68.*

A 3 km de Philippsbourg, prendre à droite ; on laisse sur la gauche un petit étang qu'envahissent les herbes, puis on arrive à l'étang de Hanau.

★**Étang de Hanau.** – Le site est charmant et l'étang fort gracieux sous son abondante floraison lacustre. Sa plage est un bon lieu de détente *(voir le chapitre des Renseignements pratiques en fin de guide).*

1 km plus loin tourner à droite.

Sur la gauche s'élève le hameau de Waldeck, que dominent un rocher de grès et, sur un monticule boisé, le haut donjon carré de son château.

La route traverse ensuite des forêts hérissées par endroits de tables gréseuses déchiquetées. La D 3 suit la fraîche vallée du Steinbach, aux versants couverts de sapinières, et passe en contrebas de châteaux ruinés : on aperçoit les ruines, plus ou moins bien conservées, du château de Schoeneck au Sud, celles des châteaux de Lutzelhardt, de Wasigenstein et de Froensbourg, au Nord. Observer les pittoresques villages d'**Obersteinbach** et de **Niedersteinbach** (lieu de séjour – 181 h.), aux maisons à colombages sur bases de grès rouge et aux nombreuses fontaines. Après Niedersteinbach, la route est bordée de bouleaux. La Sauer est franchie au Tannenbrück.

Tannenbrück. – Le pont fut illustré par les combats livrés, en 1793, par l'armée de la Moselle que commandait Hoche.

Lembach. – 1 648 h. A 1 km du village sur la route de Woerth, à gauche, se trouve
Ⓥ l'accès de l'**Ouvrage du Four à Chaux,** élément fortifié de la ligne Maginot qui, en 1939-40 abritait 580 hommes.

La visite guidée des installations *(durée : environ 1 h 1/2)* permet de voir les casernements, le P.C. et le central téléphonique, l'usine électrique et surtout un des blocs de combat comportant une coupole d'artillerie escamotable. L'alimentation du fort en eau était assurée par un puits artésien profond de 15 m.

Revenir au pont de Tannenbrück.

★★**Château de Fleckenstein.** – Ce château, fief impérial au 13e s., fut légué par son
Ⓥ dernier seigneur au prince de Rohan-Soubise. Ses ruines occupent une position remarquable, tout près de la frontière allemande, sur un rocher haut de 43 m.

Des escaliers intérieurs *(attention aux marches)* permettent d'atteindre plusieurs chambres taillées dans le rocher et le sommet d'où l'on découvre une jolie **vue** sur la haute vallée de la Sauer et son confluent avec celle du Steinbach. Dans l'une des salles du château a été installé un petit **musée**.

Revenir sur ses pas et prendre à gauche la route forestière en direction de Gimbelhof.

Au cours de la montée, étroite et encaissée, on voit une ancienne carrière de grès rouge puis, sur la droite, des sapinières aux fûts très denses. On aperçoit, en face, le **château de Hohenbourg.**

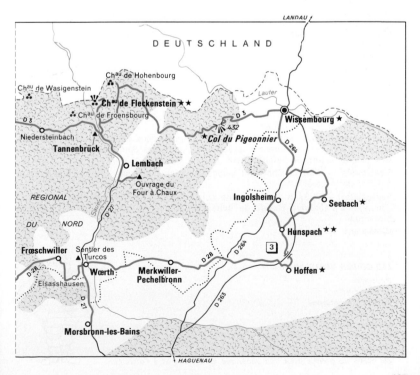

Dans une clairière, au col de Litschhof, prendre à droite vers Wingen. Au hameau du Petit Wingen, prendre à gauche et à Climbach, encore à gauche.

★ **Col du Pigeonnier.** – D'un petit belvédère, au milieu des arbres, **vue** étendue, au premier plan, sur la plaine d'Alsace et plus loin, sur la Forêt Noire.

Au cours de la descente, au sortir de la forêt on découvre à gauche une jolie vue sur le village de Weiler et la vallée verdoyante de la Lauter. Après avoir passé un carrefour, vue en avant sur Wissembourg et, derrière, sur le vignoble ; dans le lointain, on distingue le Palatinat.

La D 3, puis la D 77 mènent à Wissembourg.

★ **Wissembourg.** – *Page 197.*

---

③ **DE WISSEMBOURG A NIEDERBRONN**
par la plaine
60 km – environ 2 h – schéma p. 194-195

★ **Wissembourg.** – *Page 197.*

Au Sud de Wissembourg, deux monuments, français et allemand, que l'on aperçoit de la D 263, commémorent la bataille du Geisberg *(voir p. 193)*. Peu après, dans une descente la vue se dégage en avant et légèrement à gauche sur la plaine et les coteaux d'Alsace, et sur la Forêt Noire.

★ **Seebach.** – Ce bourg fleuri est resté le village alsacien type avec ses maisons à poutres apparentes et à auvents qu'encadrent souvent des jardins, même si quelques constructions sans style rompent l'harmonie de l'ensemble. La contrée a conservé quelques-uns de ses anciens costumes qui diffèrent des autres costumes de Basse-Alsace.

★★ **Hunspach.** – De blanches maisons au poutrage apparent et aux auvents débordant sur la façade dont quelques-unes ont conservé leurs vitres bombées – mode remontant à l'époque baroque – se disposent harmonieusement le long des rues de ce village purement alsacien et de caractère exclusivement rural, comme l'attestent ses cours fermières, ses vergers, ses fontaines à balanciers.

Prendre la D 76 à droite et la D 263 encore à droite.

Ingolsheim. – 198 h. Ce gros hameau typiquement agricole dont la rue principale est perpendiculaire à la grande route est environné de vergers et entrecoupé de jardins et de cours de fermes.

★ **Hoffen.** – 935 h. Ce bourg rural distribue ses demeures fleuries, certaines à triple auvent, autour de son église et de sa curieuse petite mairie soutenue par trois piliers de bois. Auprès du vieux puits communal s'épanouit le feuillage d'un tilleul planté sous la Révolution.

Merkwiller-Pechelbronn. – 776 h. Ancien centre du bassin pétrolifère du Nord de l'Alsace dont l'exploitation fut arrêtée en 1970. Après l'arrêt de l'exploitation souterraine dont un intéressant petit **musée** conserve le souvenir, l'activité de Merkwiller-Pechelbronn s'est orientée vers le thermalisme (source des Hélions, 65° C, pour rhumatisants).

A Woerth, commence le pèlerinage des champs de bataille du 6 août 1870 : Elsasshausen, Froeschwiller, Reichshoffen, Morsbronn-les-Bains. Des monuments français et allemands, élevés à la mémoire des combattants, jalonnent tout le champ de bataille.

Woerth. – 1 710 h. Au château est installé le **musée** du 6 août 1870 : uniformes, armes, équipements, documents et tableaux relatifs aux deux armées en présence lors de la bataille de Woerth-Froeschwiller ; remarquer surtout le grand diorama évoquant la bataille à l'aide de 4 000 figurines d'étain.

Le **sentier des Turcos** *(départ quelques mètres après l'usine Alko France, sur la gauche, à la sortie de Woerth vers Lembach)* évoque les faits marquants de la bataille du 6 août 1870 par un circuit pédestre de 2 km jalonné de panneaux explicatifs.

De Woerth part aussi un sentier « Nature » *(2,5 km)* gagnant **Langensoultzbach** : panneaux indiquant les caractéristiques des arbres rencontrés.

Prendre la D 27, au Sud.

Morsbronn-les-Bains. – 540 h. Petite station thermale aux eaux chlorurées sodiques jaillissant à 41°5 C. Là furent massacrés la plupart des cuirassiers survivants de la charge dite, à tort, de Reichshoffen.

Froeschwiller. – 508 h. Charmant village au cachet alsacien, où eut lieu l'assaut définitif de la bataille.

Reichshoffen. – 5 034 h. Cette localité eut le triste et glorieux privilège de donner son nom à l'héroïque charge de cuirassiers venue se briser dans le village de Morsbronn.

★ **Niederbronn.** – *Page 117.*

Le touriste épris de pittoresque sera séduit par Wissembourg, l'une des petites villes
alsaciennes qui ont le mieux conservé leur couleur locale et leur caractère
traditionnel. Dans ses rues, sur les bords paisibles et colorés de la Lauter, on fera
d'agréables promenades. Le lundi de la Pentecôte, la foire-kermesse donne
l'occasion de voir de nombreux costumes alsaciens.

Wissembourg a donné son nom à une bataille de la guerre de 1870 *(détails p. 192)*.

Fiançailles royales. – Stanislas Leszczynski, roi détrôné de Pologne *(voir p. 108)*,
vit mélancoliquement avec sa fille Marie et quelques fidèles désintéressés, dans ce
qui est aujourd'hui une maison de retraite de Wissembourg. L'ancien roi ne regrette
son royaume et sa fortune que pour Marie, destinée vraisemblablement au triste état
de vieille fille. Qui voudrait, en effet, d'une si pauvre héritière ?... Or, en 1725, voici
que le duc d'Antin arrive de Paris et annonce cette nouvelle incroyable : Louis XV,
le roi de France, le Bien-Aimé, a fixé son auguste choix sur la fille de Stanislas.
Marie sera reine de France...

En fait, la décision a été prise par le duc de Bourbon, premier ministre, et l'intrigante
qui le domine, la marquise de Prie : ils ont recherché une souveraine qui leur doive
tout. Il s'agit maintenant de se préparer aux noces. Ce n'est pas si facile. Stanislas
doit emprunter la somme qui permettra de recouvrer des bijoux, engagés par lui
chez un juif de Francfort. On lui prête aussi des carrosses. Enfin, ils peuvent
décemment se mettre en route. Le mariage a lieu par procuration à la cathédrale
de Strasbourg. Louis XV a 15 ans, Marie 22.

★**VIEILLE VILLE** *visite : 3/4 h*

De la place du Marché-aux-Choux, suivre la rue de la République jusqu'à la place
de la République, centre animé de la ville, où se dresse l'**hôtel de ville** (**B H**), construit
de 1741 à 1752, en grès rose, avec fronton, petite tour et horloge. Tourner à
gauche dans la rue du Marché-aux-Poissons qui mène à la Lauter et offre, à son
extrémité, une vue agréable sur de beaux massifs fleuris, au premier plan, et sur
le chevet de l'église St-Pierre-et-St-Paul, à l'arrière.

Franchir la rivière par un petit pont d'où l'on découvre, à gauche, une jolie vue sur
les habitations qui la bordent. Remarquer surtout les toitures à simple versant ou
mansardées, pour la plupart en tuiles plates, éclairées de plusieurs étages de
lucarnes, en particulier celle de la **maison du Sel** (**AB K**) dont le toit est divisé en
auvents sous lesquels les lucarnes ouvrent en balcons. Elle date de 1450.

Prendre l'avenue de la Sous-Préfecture. A gauche, la maison des Chevaliers
teutoniques, de 1606, est attenante à l'ancienne **grange dîmière** de l'abbaye (**A N**).

★**Église St-Pierre-et-St-Paul** (**A E**). – Bâtie en grès, c'est l'ancienne église gothique
(la plus grande d'Alsace après la cathédrale de Strasbourg), élevée au 13ᵉ s., d'un
monastère bénédictin fondé au 7ᵉ s. Un clocher carré, vestige de l'église romane
antérieure, demeure accolé au flanc droit de l'édifice. Celui-ci souffrit de nombreux
avatars au cours des temps et fut détruit en partie. La Révolution décapita ses
statues et anéantit ses tableaux, puis le transforma en magasin à fourrage. La très
ancienne Tête de Christ de Wissembourg, médaillon de vitrail du 11ᵉ s. conservé
à Strasbourg *(voir p. 163)* provient de l'abbatiale.

A l'**intérieur**, d'un gothique homogène, on verra dans le bas-côté droit, un sépulcre
(mutilé) en grès rouge, du 15ᵉ s. ; dans le croisillon droit, des traces de fresques ;
entre la chapelle de droite et le chœur, un grand Saint Christophe, fresque du 15ᵉ s.
accueille le visiteur qui pénètre dans le sanctuaire par la porte Sud. C'est le plus
grand personnage peint connu en France (11 m de haut). Le chœur est éclairé par
des vitraux du 13ᵉ s., restaurés au siècle dernier. Le vitrail le plus ancien est la
petite rose placée au pignon du croisillon gauche ; il représente une Vierge à
l'Enfant (2ᵉ moitié du 12ᵉ s.).

Contre le flanc Nord de l'église subsistent une galerie entière et deux travées d'un
somptueux **cloître** gothique resté inachevé mais longtemps considéré comme « le plus
beau de toute la vallée du Rhin ».

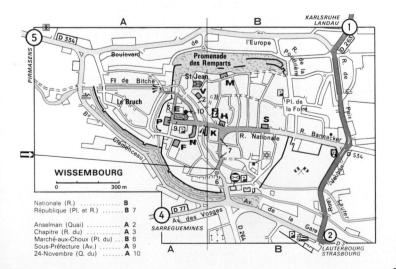

La **Sous-Préfecture** (A P), à l'extrémité de l'avenue, occupe l'ancien hôtel du doyenné de la collégiale. Élégant pavillon de la fin du 18ᵉ s.

Prendre à droite la rue du Chapitre.

On longe l'ancien cloître à l'extrémité duquel a été restaurée une chapelle du 11ᵉ s.

Au bout de la rue du Chapitre, tourner à gauche pour gagner le pont sur la Lauter.

Quartier du Bruch (A). – Du Pont sur la Lauter, on a une vue très pittoresque sur ce vieux quartier. Remarquer la première maison à droite dont le pan coupé est orné d'une petite loggia ou « oriel ».

Revenir par le quai du 24-Novembre.

De l'autre côté de la Lauter, sur le quai Anselman, remarquer la **maison Vogelsberger** (A V) avec son riche portail Renaissance et son blason peint, datée de 1540.

Regagner l'avenue de la Sous-Préfecture et, avant de rejoindre la place du Marché-aux-Choux, s'avancer un peu dans la rue Nationale.

La maison gothique avec tourelles d'angles, le « **Holzapfel** » (B S) fut un relais de poste de 1793 à 1854 ; Napoléon s'y arrêta en 1806.

AUTRES CURIOSITÉS

ⓥ **Musée Westercamp** (B M). – Installé dans une maison du 16ᵉ s., il renferme des meubles anciens (superbes armoires), des costumes paysans et des souvenirs du champ de bataille de 1870. Antiquités préhistoriques et romaines.

Promenade des Remparts (AB). – Ce pittoresque cheminement qui suit le talus des anciens remparts, environné d'ormes et de frênes, permet de découvrir les toits patinés du quartier ancien, les majestueuses tours de l'église St-Pierre-et-St-Paul et, dans le lointain, le moutonnement des Vosges.

Église St-Jean (A). – Protestante. Elle remonte au 15ᵉ s., à l'exception du clocher, roman. A l'intérieur, observer la voûte en résille du collatéral gauche. Dans la cour, sur le côté gauche de l'église, anciennes pierres tombales, en grès rouge des Vosges.

Ancien Hôpital (A F). – C'est dans cet édifice que vivait Stanislas *(voir p. 197)*.

EXCURSIONS

Altenstadt. – *2 km à l'Est, par ② du plan.*
Cette bourgade a conservé une intéressante **église** romane des 11ᵉ s. et 12ᵉ s. Nef et bas-côtés sont plafonnés. Le chœur a été remonté au 19ᵉ s. On pénètre dans l'église en passant sous un très curieux porche de près de 7 m de profondeur. Le clocher du 11ᵉ s., décoré de bandes lombardes, a été surélevé d'un troisième étage au 12ᵉ s.

ⓥ **Ouvrage d'artillerie de Schoenenbourg**. – *12 km au Sud, par la D 264 puis fléchage.*
Elément important du secteur fortifié de Haguenau, cet ouvrage typique de la ligne Maginot fut conçu en tenant compte des enseignements acquis à Verdun de 1916 à 1918. A l'époque de son achèvement, en 1935, on considérait à juste titre qu'aucune arme connue ne pouvait venir à bout d'un tel fort. La visite permet de découvrir une bonne partie des installations souterraines : galeries de liaison (plus de 3 km au total, de 18 à 30 m sous la surface du sol), la cuisine, l'usine de production électrique, la centrale de filtrage de l'air, le casernement et le poste de commandement. On peut aussi voir un des trois blocs d'artillerie avec sa tourelle à éclipse.

Nid de cigognes.

Renseignements pratiques

PASSAGE DES FRONTIÈRES

Trois états, la Belgique, le Luxembourg et l'Allemagne fédérale, bordent la Lorraine, au Nord ; l'Alsace, elle, a pour voisines l'Allemagne, au Nord et à l'Est, et la Suisse, au Sud.

Une excursion outre-frontière pourra, éventuellement, constituer un intéressant prolongement à la visite d'une des régions naturelles décrites dans le présent guide.

Renseignements hôteliers : consulter les guides Rouges Michelin Benelux et Deutschland de l'année.

Renseignements touristiques, formalités douanières, change, assurance : consulter les guides Verts Michelin Allemagne – République fédérale, Suisse et Belgique – Grand Duché de Luxembourg.

LOISIRS

Pêche. – S'adresser aux Fédérations départementales pour avoir la liste des Associations de pêche et de pisciculture de chaque département.

PRINCIPAUX LACS	Page du guide	PÊCHE Personne ou organisme à qui s'adresser	Tarif journalier	Baignade surveillée	Promenade sur le lac
★ Alfeld (d')	45	Mairie de Sewen, ☎ 89 82 00 46	38 F	–	–
Ballon (du)	130	Pêche réservée	–	–	–
★ Blanc	111	M. Bécoulet, Orbey ☎ 89 71 22 67	35 F	–	–
Blanchemer (de) ...	68	M. Werner, la Bresse ☎ 29 25 41 84	30 F	–	–
Corbeaux (des)	68	M. Werner, la Bresse ☎ 29 25 41 84	30 F	–	–
★ Fischboedle (de) ..	99	M. Colard, Metzeral ☎ 89 77 60 94	45 F	–	–
Folie (de la)	57	Le gardien ☎ 29 08 18 46	8 F	x	x
★ Gérardmer (de) .	65	M. Parmentelat, Gérardmer ☎ 29 63 32 14	30 F	x	x
★ Hanau (Étang de) .	183	Pêche interdite	–	x	x
★ Lauch (de la)	70	Restaurant du lac, Linthal ☎ 89 76 32 39	40 F	–	–
★ Longemer (de)	66	M. Parmentelat, Gérardmer ☎ 29 63 32 14	30 F	–	x
★ Noir	110	M. Bécoulet, Orbey ☎ 89 71 22 67	35 F	–	–
★ Retournemer (de) .	66	Pêche interdite	–	–	–

Randonnées pédestres. – Des topo-guides sont édités par la Fédération française de la randonnée pédestre – comité national des sentiers de grande randonnée. Pour les acheter, s'adresser au centre d'information, 64 rue de Gergovie, 75014 Paris, ☎ 45 45 31 02.

Le Club Vosgien publie également des cartes et des guides. S'adresser au 16 rue Ste-Hélène 67000 Strasbourg, ☎ 88 32 57 96.

Randonnées équestres. – Se renseigner auprès de l'Association Régionale de Tourisme Equestre :

Alsace : M. Ferdinand Schaeffer, 2 rue du Landwasser, 68000 Colmar, ☎ 89 41 52 82.

Association du Bas-Rhin : M. Christian Diebold, 16 rue du Maréchal Foch 67400 Geispolsheim-Gare ☎ 88 66 01 42

Association du Haut-Rhin : M. Charles Stinus, 10 rue de Provence 68000 Morbourg-Wihr.

Lorraine : M. Baraban, Dombrot-le-Sec, 88140 Contrexéville, ☎ 29 08 28 58.

Cyclotourisme. – Des bicyclettes peuvent être louées dans certaines gares S.N.C.F. (Bitche, Colmar, Contrexéville, Mulhouse, St-Dié, Sarrebourg, Saverne, Sélestat, Strasbourg, Verdun) qui proposent trois types de bicyclettes : des vélos de type randonneur, des bicyclettes de type traditionnel et des bicyclettes « tous chemins » pour la demi-journée, la journée ou plusieurs jours. En fonction de la durée de la location, des tarifs dégressifs sont appliqués.

Chasse. – Pour toute information concernant la chasse, se renseigner auprès du « St-Hubert club de France », 10 rue de Lisbonne, 75008 Paris, ☎ 45 22 38 90 ou auprès des fédérations de chasse départementales.

Ski de fond. – S'adresser au Comité Régional des Vosges (F.F.S.), 56 av. Aristide Briand, 68200 Mulhouse ☏ 89 43 25 50.

Tourisme fluvial. – Des croisières de plusieurs jours sont organisées sur le Rhin au départ de Strasbourg. Pour tout renseignement, s'adresser à Alsace Croisière, 29 route de Colmar, 68000 Strasbourg, ☏ 88 23 14 14. Il est également possible de faire des promenades et croisières sur le Rhin par l'intermédiaire de Strasbourg Croisières, 5 rue Déserte, 67000 Strasbourg, ☏ 88 32 67 95.

QUELQUES ADRESSES UTILES

Parc naturel régional de Lorraine. – Sur les possibilités de randonnées, s'adresser à la villa Ste-Marie, 10, avenue Camille-Cavalier, B.P. 35, 54702 Pont-à-Mousson cedex, ☏ 83 81 11 91.

Parc naturel régional des Vosges du Nord. – Pour tous renseignements sur les activités, s'adresser à la Maison du Parc, château de la Petite Pierre, 67290 Wingen-sur-Moder, ☏ 88 70 46 55.

Maison des provinces françaises à Paris. – Maison d'Alsace, 39 av. des Champs-Elysées, 75008 Paris, ☏ 42 25 93 42.

Hébergement. – Guide Rouge Michelin France (hôtels et restaurants) et guide Michelin Camping Caravaning France : voir p. 10.
Pour les **randonneurs** (pédestres et équestres) : consulter le guide « Gîtes et refuges en France » par A. et S. Mouraret, éditions Créer, 63340 Nonette, ☏ 73 96 14 07.
Hébergement rural : s'adresser à la Maison des gîtes de France, 35 rue Godot-de-Mauroy, 75009 Paris, ☏ 47 42 20 20, qui donne les adresses des comités locaux.

Tourisme et handicapés. – Un certain nombre de curiosités décrites dans, ce guide sont accessibles aux personnes handicapées. Pour les connaître, consulter l'ouvrage « Touristes quand même ! Promenades en France pour les voyageurs handicapés », édité par le Comité National de Liaison pour la Réadaptation des Handicapés (38 bd Raspail, 75007 Paris, ☏ 45 80 90 13). Ce recueil fournit, par ailleurs, pour près de 90 villes en France, de très nombreux renseignements d'ordre pratique, facilitant le séjour aux personnes à mobilité réduite, déficients visuels et mal-entendants.
Les **guides Rouge Michelin france** et **Camping Caravaning France** indiquent respective-ment les chambres accessibles aux handicapés physiques et les installations sanitaires aménagées.

QUELQUES LIVRES

Arts et traditions populaires d'Alsace, par G. Klein (Paris, Alsatia).

L'Alsace romane (Éd. du Zodiaque, diff. Weber).

L'Alsace, par J.-C. Ritter (Paris, P.U.F., coll. Que Sais-Je ? n° 2242).

A la découverte des châteaux forts d'Alsace, par M. Greder (Mulhouse, Éd. Salvator).

Histoire de la Lorraine, par M. Parisse (Toulouse, Privat).

La Lorraine romane (Éd. du Zodiaque, diff. Weber).

La vie quotidienne en Lorraine aux 17e et 18e s., par G. Cabourdin (Paris, Hachette).

La Lorraine par F. Reitel (Paris, P.U.F. coll. Que Sais-Je ? n° 2033)

Collection Richesses de France (Paris, Delmas) : Haut-Rhin, Meurthe-et-Mo-selle, Moselle.

La Colline Inspirée – La Lorraine dévastée, par M. Barrès.

Les Oberlé – Les Nouveaux Oberlé, par R. Bazin.

L'Ami Fritz – L'Invasion, par Erckmann-Chatrian.

Vacances du lundi, par Th. Gautier.

Les Bourgeois de Witzheim, par A. Maurois.

Le Rhin etc., par V. Hugo.

Les demoiselles Bertram – Le Beau jardin, par P. Acker.

Terres Lorraines, par E. Moselly.

Souvenirs, par Gyp.

Les éditions Serpenoise, à Metz, et les Presses Universitaires de Nancy publient de nombreux ouvrages consacrés à la Lorraine ; les éditions de la Nuée-Bleue et les éditions Oberlin à Strasbourg publient des ouvrages consacrés à l'Alsace.

PRINCIPALES MANIFESTATIONS *(1)*

Mercredi avant Pâques

Épinal .... Fête des Champs Golots : les enfants traînent des bateaux illuminés sur le bassin près de l'hôtel de ville

Dimanche le plus proche du 20 avril

Gérardmer .... Fête des Jonquilles : dans la ville décorée de jonquilles, corso fleuri

1er mai

Molsheim .... Foire aux Vins

Neuf-Brisach .... Fête du Muguet

Autour de l'Ascension

Ungersheim .... Fête du Cochon

Lundi de Pentecôte

Wissembourg .... Ouverture de la foire-kermesse (elle dure jusqu'au dimanche suivant). Cortège folklorique. Danses. Courses hippiques

2e dimanche après la Pentecôte

Geispolsheim 62 10 .... Procession de la Fête-Dieu : des jeunes gens accompagnent la procession en costume alsacien

1re quinzaine de juin

Ribeauvillé .... Fête du Kougelhopf

Mi-juin

Épinal .... Festival international de l'Image

En juin

Strasbourg .... Festival international de Musique

3e dimanche de juin

Saverne .... Fête de la Rose

Samedi précédent le 24 juin (ou suivant si le 24 juin est un jeudi ou vendredi)

Vallée de St-Amarin .... Feux de la Saint-Jean : de nombreux feux de joie illuminent toute la vallée

30 juin

Thann ... Crémation des Trois Sapins : cérémonie qui consiste à brûler trois sapins devant la collégiale

Mi-juillet

Barr .... Foire aux Vins

De mi-juillet à la fin août les week-ends

Bussang .... Représentations au théâtre du Peuple : pièces interprétées par une troupe mixte d'amateurs et de professionnels

Avant dernier samedi et dimanche de juillet

Ribeauvillé .... Foire aux Vins : dégustation. Fête folklorique

Autour du 15 août

Colmar .... Foire aux Vins : dégustation par cépage. Représentations folkloriques

2e dimanche d'août

Sélestat . Corso fleuri ; foire aux Vins ; costumes régionaux

14 août

Gérardmer .... Féerie lumineuse sur le lac et feu d'artifice géant

15 août et 8 septembre

Oderen .... Pèlerinage à N.-D.-de-Bonsecours

N.-D.-de-Thierenbach .... Pèlerinage à la Vierge. Procession aux flambeaux la veille

Marlenheim .... Fête du mariage de l'Ami Fritz. Costumes régionaux

Dernier week-end d'août

Hagueneau .... Fête du Houblon, festival du folklore mondial

Fin août, début septembre

Metz .... Fête de la Mirabelle : corso fleuri, défilé de chars. Rassemblement de montgolfières.

1er week-end de septembre

Colmar .... Journées de la Choucroute

1er dimanche de septembre

Ribeauvillé .... Fête des Ménétriers ou Pfifferdaj : grand cortège historique. Dégustation gratuite à la fontaine du vin

Courant septembre

Geispolsheim 62 10 .... Fêtes de la Choucroute

1re quinzaine de septembre

Strasbourg .... Foire européenne

1er dimanche d'octobre

Barr .... Fête des Vendanges : défilé du char. Fête folklorique. Dégustation aux fontaines du vin

1er ou 2e samedi de décembre

Épinal .... Fête de la Saint-Nicolas

Gérardmer .... Fête de la Saint-Nicolas

13 décembre

Ste-Odile .... Fête de sainte Odile : le grand pèlerinage alsacien, le plus fréquenté de toute l'Alsace

Du samedi précédent le 1er dimanche de l'Avent au 24 décembre

Strasbourg .... Christkindelsmarik : ventes permanentes de sapins et de garnitures d'arbres de Noël sur la place de Broglie

---

(1) Pour les localités non décrites, nous indiquons le n° de la carte Michelin et du pli

Conditions de visite

En raison des variations du coût de la vie et de l'évolution incessante des horaires d'ouverture de la plupart des curiosités, nous ne pouvons donner les informations ci-dessous qu'à titre indicatif.

Ces renseignements s'appliquent à des touristes voyageant isolément et ne bénéficiant pas de réduction. Pour les groupes constitués, il est généralement possible d'obtenir des conditions particulières concernant les horaires ou les tarifs, sur accord préalable.

Les églises ne se visitent pas pendant les offices ; elles sont ordinairement fermées de 12 h à 14 h. Les conditions de visite en sont données si l'intérieur présente un intérêt particulier. La visite de la plupart des chapelles ne peut se faire qu'accompagnée par la personne qui détient la clé. Une rétribution ou une offrande est toujours à prévoir.

Des visites-conférences sont organisées de façon régulière, en saison touristique à Colmar, Épinal, Lunéville, Luxeuil-les-Bains, Metz, Montmédy, Mulhouse, Nancy, Obernai, Remiremont, St-Mihiel, Saverne, Sélestat, Strasbourg, Vaucouleurs, Verdun, Wissembourg. S'adresser à l'Office du Tourisme ou au Syndicat d'Initiative.

Le Vendredi saint et le 26 décembre sont des jours fériés en Alsace.

ABRESCHVILLER

Chemin de fer forestier. – Fonctionne les dimanches et jours fériés en avril ; les samedis, dimanches et jours fériés en mai, juin et septembre ; tous les jours en juillet et août. 29 F AR. Durée : 1 h 30. Renseignements : ☎ 87 03 70 09.

ALTKIRCH

Musée Sundgauvien. – Visite en juillet et août l'après-midi sauf les lundis ; le reste de l'année, l'après-midi des dimanches seulement. 5 F. ☎ 89 40 00 04 poste 28.

AMNÉVILLE

Parc zoologique du bois de Coulange. – Visite toute la journée sans interruption. 35 F, enfants 22 F. ☎ 87 70 25 60.

ANDLAU

Église. – En cas de fermeture, s'adresser au presbytère, 1 rue Deharbe, ☎ 88 08 93 38.

BACCARAT

Musée du Cristal. – Visite de mi-juillet à mi-septembre, le matin et l'après-midi (sauf matins des mardis et dimanches) ; de mi-juin à mi-juillet et de mi-septembre à fin septembre, tous les jours l'après-midi ; de début mai à mi-juin, l'après-midi des samedis et dimanches seulement. En avril et de début à mi-octobre, le dimanche après-midi. 7 F. ☎ 83 75 10 01.

La BANNIE

Parc animalier. – Visite de début avril à fin octobre l'après-midi (les samedis et dimanches toute la journée sans interruption) ; le reste de l'année l'après-midi des mercredis, samedis et dimanches seulement. Fermé le vendredi. ☎ 25 90 14 77.

BARR

La Folie Marco. – Visite accompagnée (3/4 h) de la Pentecôte à fin septembre et les week-ends en octobre le matin et l'après-midi. Fermé le mardi. 5 F. ☎ 88 08 94 24.

BERGHEIM

Église. – Ouverte en juillet et août tous les jours l'après-midi ; le reste de l'année, s'adresser au presbytère, 1 rue de l'Église. ☎ 89 73 63 20.

BETSCHDORF

Musée. – Visite de mai à septembre le matin et l'après-midi. Fermé le lundi sauf en juillet et août. 8 F. ☎ 88 54 48 00.

BITCHE

Citadelle. – Visite accompagnée (1 h 1/2) de Pâques au 1er novembre le matin et l'après-midi. Fermée le mardi. 13 F. ☎ 87 96 00 13.

BLIESBRUCK

Parc archéologique. – Visite de début avril à mi-novembre toute la journée sans interruption. ☎ 87 95 78 76.

BOURBONNE-LES-BAINS

Musée municipal. – Visite de début mai à fin septembre l'après-midi des mercredis et samedis. 3 F.

BOUXWILLER

Musée. – Visite le matin et l'après-midi. Fermé le dimanche matin et les 1er janvier, Pâques, 1er mai et 25 décembre. 8 F. ☎ 88 70 70 16.

BULGNÉVILLE

Église. – Ouverte les samedis et dimanches toute la journée.

C

CANNER (Vallée)

Excursion en chemin de fer (traction vapeur ou autorail) de fin avril à début octobre les samedis, dimanches et 1er, 8 et 28 mai, 14 juillet et 15 août. Pour tous renseignements, s'adresser à Mme Scheehl, 39 rue Francbois 57390 Audun-le-Tiche. ☎ 82 91 17 74 ou à la gare de Vigy ☎ 87 77 97 50.

CERNAY

Musée. – Visite de début juin à mi-septembre le matin et l'après-midi des dimanches et jours fériés ; en semaine et le reste de l'année sur rendez-vous. 5 F. ☎ 89 75 53 72.

Train touristique Cernay-Sentheim. – A vapeur : fonctionne de début juin à fin septembre les dimanches et jours fériés ; départ de Cernay à 11 h, 15 h 30, de Sentheim à 14 h, 17 h 30. 40 F AR. Diesel : fonctionne en juillet-août du mercredi au samedi ; départ de Cernay à 15 h, de Sentheim à 16 h 45. 32 F AR. Durée : 1 h. Renseignements : ☎ 89 82 88 48.

CHAMP-LE-DUC

Église. – Possibilité de visite accompagnée (1 h) en juillet et août à 18 h. 10 F. ☎ 29 50 26 63.

CHÂTEAU-LAMBERT

Musée de la Montagne. – Visite libre ou accompagnée (1 h 30) toute l'année, le matin et l'après-midi. Fermé le dimanche matin et le mardi. 10 F. ☎ 84 20 43 09.

CHÂTEL SUR MOSELLE

Forteresse. – Visite accompagnée (1 h 30) à 15 h, 16 h et 17 h tous les jours en juillet et août, les dimanches et jours fériés, le reste de l'année. Fermé les 1er janvier et 25 décembre. 10 F. ☎ 29 67 14 18.

COLMAR

Musée d'Unterlinden. – Visite le matin et l'après-midi. Fermé le mardi de novembre à mars et les 1er janvier, 1er novembre, 25 décembre. 20 F. ☎ 89 41 89 23.

Église St-Matthieu. – Ouverte pendant les vacances scolaires de printemps et de mi-juin à fin septembre, le matin et l'après-midi, sauf le dimanche. ☎ 89 41 44 96.

Musée Bartholdi. – Visite de début avril à fin octobre le matin et l'après-midi, le reste de l'année le matin et l'après-midi des samedis et dimanches. Fermé les jours fériés. 10 F. ☎ 89 41 90 60.

Église des Dominicains. – Visite de fin mars à mi-novembre toute la journée sans interruption. 5 F. ☎ 89 41 27 20.

Museum d'Histoire Naturelle. – Visite l'après-midi tous les jours sauf le lundi d'avril à septembre, les mercredi, samedi et dimanche en février, mars et de début octobre à mi-décembre. Fermé les jours fériés. 12 F. ☎ 89 23 84 15.

COMMERCY

Château. – Visite accompagnée (1 h) de début juillet à fin août, à 15 h (et en outre à 16 h les samedis et dimanches). Fermé les lundis, mardis et 14 juillet. 10 F. ☎ 29 91 02 18.

CONS-LA-GRANDVILLE

Château. – Visite accompagnée (3/4 h) du 14 juillet au dernier dimanche d'août tous les jours l'après-midi. 14 F.

d

DABO

Rocher. – Visite d'avril à fin septembre toute la journée sans interruption. Prendre les tickets à la tour d'observation. 4 F. ☎ 87 07 40 12.

DARNEY

Musée. – Visite le matin et l'après-midi. Fermé les dimanches et jours fériés. ☎ 29 09 33 45.

DOMBROT-LE-SEC

Église. – Ouverte le mercredi matin et le dimanche. Les autres jours s'adresser à Mme Cretineau ☎ 29 08 27 58 ou M. Hermann ☎ 29 08 27 31.

DOMRÉMY

Maison natale de Jeanne d'Arc. – Visite le matin et l'après-midi. Projection de diapositives : 20 mn. 4 F. ☎ 29 06 95 86.

DOUAUMONT (Fort)

Visite de mi-février à début décembre le matin et l'après-midi (toute la journée sans interruption de début avril à fin septembre). Fermé le lundi de mi-février à fin mars et de mi-septembre à début décembre. 12 F. ☎ 29 84 18 85.

DOUAUMONT (Ossuaire)

Visite de début mai à mi-septembre, toute la journée sans interruption ; en mars, avril et de mi-septembre à fin novembre le matin et l'après-midi. 16 F. ☎ 29 84 54 81.

DUGNY-SUR-MEUSE

Église. – Ouverte le dimanche en été ; le reste de l'année, s'adresser au presbytère. ☎ 29 85 70 19.

e

ENSISHEIM

Musée du Mineur. – Visite accompagnée (1/2 h) sur demande préalable par téléphone ou par courrier à la Mairie 68190 Ensisheim ou auprès de M. Peter, 11 rue des Glycines, ☎ 89 81 08 69.

Musée historique et archéologique. – Visite les dimanches et jours fériés de début mai à fin septembre le matin et l'après-midi, de début octobre à fin avril, l'après-midi seulement. En semaine, s'adresser au bureau d'accueil de la mairie, ☎ 89 81 02 25.

ÉPINAL

Musée des Vosges et de l'Imagerie. – Visite le matin et l'après-midi. Fermé le mardi. 6 F. ☎ 29 82 20 33.

Imagerie Pellerin. – Visite accompagnée (1 h) en semaine à 10 h, 11 h, 15 h et 16 h 30, les dimanches et jours fériés à 15 h et 16 h 30. Fermé les 1er janvier et 25 décembre. 8 F. ☎ 29 34 21 87.

ÉTIVAL-CLAIREFONTAINE

Train touristique Étival-Senones. – Fonctionne les dimanches et jours fériés de mai à mi-septembre, et en outre les samedis en juillet et août. Fermé à l'Ascension. Le reste de l'année sur réservations : ☎ 29 51 76 94.

EUVILLE

Mairie. – Visite le matin en semaine, sur demande les dimanches et jours fériés. Fermée le mercredi. ☎ 29 91 09 77.

*Chaque année, le **guide rouge Michelin France***
révise sa sélection d'établissements
– servant des repas soignés à prix modérés,
– pratiquant le service compris ou prix nets,
– offrant un menu simple à prix modeste,
– accordant la gratuité du garage...
Tout compte fait, le guide de l'année, c'est une économie.

f

FERMONT

Fort. – Visite accompagnée (2 h) de début mai à fin septembre, l'après-midi ; en avril et octobre l'après-midi des samedis et dimanches seulement. Se munir d'un vêtement chaud. 18 F. ☏ 82 39 35 34.

FESSENHEIM

Centrale nucléaire. – Visite libre du centre d'information en semaine le matin et l'après-midi ; les dimanches et jours fériés, l'après-midi seulement. Visite guidée de l'usine (3 h) du lundi au samedi, le matin et l'après-midi, sur rendez-vous (âge minimum 14 ans, pièce d'identité). Pour tout renseignement et inscription, s'adresser à E.D.F. – Centrale Nucléaire de Fessenheim, B.P. 15, 68740 Fessenheim, ☏ 89 26 51 26 poste 51.23 ou 89 26 51 23.

FLECKENSTEIN

Château. – Visite de mi-mars à mi-novembre toute la journée sans interruption. 7 F ☏ 88 94 43 16.

FLÉVILLE

Château. – Visite accompagnée (1/2 h) en juillet et août, l'après-midi ; en avril, mai, juin, septembre, octobre et novembre, l'après-midi des samedis, dimanches et jours fériés seulement. 21 F. ☏ 83 54 64 71.

g

GÉNICOURT-SUR-MEUSE

Église. – Pour visiter, s'adresser à M. le Curé de Rupt-en-Woëvre ou s'adresser à M. De March, maison en face de l'église.

GÉRARDMER

Usines textiles. – Visite possible de mi-juin à mi-septembre, sauf en août : s'adresser à l'Office du Tourisme.

Tour du lac. – En vedette : 13 F. En canot électrique (4 places) : 57 F la 1/2 heure.

GORZE

Église. – Ouverte tous les jours de Pâques à fin septembre, seulement le dimanche le reste de l'année.

GRAVELOTTE

Musée de la Guerre. – Visite le matin et l'après-midi. 7 F. ☏ 87 60 68 98.

GUEBWILLER

Église Notre-Dame. – Ouverte tous les jours pendant les vacances scolaires ; les mercredi, samedi après-midi, et dimanche le reste de l'année.

Église des Dominicains. – Visite par groupe de 10 personnes minimum en s'adressant à l'office de tourisme. ☏ 89 76 10 63.

Musée du Florival. – Visite de début avril à fin octobre, l'après-midi (le matin également les samedis, dimanches et jours fériés) ; le reste de l'année, le matin et l'après-midi des samedis, dimanches et jours fériés. Fermé les mardis et 1er mai. 8 F. ☏ 89 74 22 89.

GUNSBACH

Musée Albert Schweitzer. – Visite accompagnée (1/2 h) le matin et l'après-midi. Fermé le lundi. ☏ 89 77 31 42.

h

Le HACKENBERG

Visite accompagnée (2 h) de début avril à fin octobre les samedis et dimanches entre 14 h et 15 h. 15 F.

HAGUENAU

Musée historique. – Visite en semaine le matin et l'après-midi, les samedis, dimanches et jours fériés, l'après-midi seulement. Fermé le mardi et les 1er janvier, 1er mai, 14 juillet, 1er novembre et 25 décembre. 5 F. ☏ 88 93 79 22.

Musée alsacien. – Visite en semaine le matin et l'après-midi, les samedis, dimanches et jours fériés, l'après-midi seulement. Fermé le mardi et les 1er janvier, 1er mai, 14 juillet, 1er novembre et 25 décembre. 3 F. ☏ 88 93 79 22.

Conditions de visite

La HALLIÈRE (Scierie)

Écomusée. – Visite accompagnée (1 h 15) en juillet et août l'après-midi des samedis et dimanches. 8 F.

HAROUÉ

Château. – Visite accompagnée (3/4 h) de début avril à mi-novembre, l'après-midi. 19 F. ☏ 83 52 40 14.

HARTZVILLER

Cristallerie. – Visite accompagnée (3/4 h) le matin et l'après-midi. Fermée les samedis, dimanches, jours fériés de fin juillet à fin août et de fin décembre à début janvier. ☏ 87 25 10 55.

HATTEN

Casemate d'infanterie Esch. – Visite de début mai à fin septembre le dimanche le matin et l'après-midi.

HATTONCHATEL

Musée Louise Cottin. – Visite accompagnée de début mai à fin septembre l'après-midi des dimanches et jours fériés. 5 F. ☏ 29 89 30 73.

Château. – Visite accompagnée (1/2 h) le matin et l'après-midi. 10 F. ☏ 29 89 31 79.

Le HAUT-BARR

Musée du télégraphe Claude-Chappe. – Visite de mi-juin à mi-septembre toute la journée sans interruption. Fermé le lundi. ☏ 88 23 48 21.

HAUT-CHITELET

Jardin d'altitude. – Visite de début juin à mi-octobre toute la journée sans interruption. ☏ 83 41 47 47.

Le HAUT-KOENIGSBOURG

Château. – Visite le matin et l'après-midi. Fermé les 1er janvier, 1er mai, 1er et 11 novembre, 25 décembre et de début janvier à début février. 22 F. ☏ 88 92 11 46.

HAYE (Parc de la forêt de)

Musée de l'Aéronautique. – Visite les mercredis, samedis et dimanches l'après-midi. 10 F. ☏ 83 47 59 94.

Musée de l'Auto. – Visite tous les jours l'après-midi. 20 F. ☏ 83 23 28 38.

HIPPOLTSKIRCH

Chapelle. – Visite en semaine de juin à septembre, le dimanche de mai à décembre.

HUNAWIHR

Centre de réintroduction des cigognes. – Visite le matin et l'après-midi tous les jours de début avril à fin septembre ; les mercredis, samedis et dimanches de début octobre au 11 novembre. Démonstration d'animaux pêcheurs à 15 h, 16 h, 17 h ou 18 h selon la saison. 12 F le matin, 24 F l'après-midi. ☏ 89 73 72 62.

i – j

Le IMMERHOF

Visite accompagnée (1 h 1/4) en juin et juillet l'après-midi des 2e et 4e dimanches ; en août, l'après-midi des dimanches ainsi que les 14 juillet et 15 août. 13 F. ☏ 82 53 10 02.

JARVILLE LA MALGRANGE

Musée de l'Histoire du Fer. – Visite l'après-midi sauf le mardi et les 1er janvier, dimanche de Pâques, 1er novembre et 25 décembre. 10 F. ☏ 83 56 01 42.

JAULNY

Château. – Visite accompagnée (1/2 h) de début avril au 1er novembre, l'après-midi. ☏ 83 81 90 48.

JONVELLE

Thermes et musée agricole. – Visite de début juillet à mi-septembre l'après-midi ; de début avril à fin juin et de mi-septembre à fin octobre l'après-midi des dimanches et jours fériés seulement. 8 F. ☏ 84 92 55 13.

KAYSERSBERG

Centre culturel Albert Schweitzer. – Visite à Pâques et de début mai à fin octobre le matin et l'après-midi. 5 F. ☎ 89 78 22 78.

Musée communal. – Visite le matin et l'après-midi tous les jours en juillet et août ; les samedis et dimanches seulement en mai, juin, septembre et octobre et à Pâques. 5 F. ☎ 89 78 22 78.

KIENTZHEIM

Musée du Vin d'Alsace. – Visite de mi-juin à fin octobre, le matin et l'après-midi. 6 F. ☎ 89 78 21 36.

KINTZHEIM

Volerie des aigles. – Visite du début avril à fin septembre, l'après-midi (de début octobre à mi-novembre, l'après-midi des mercredis, samedis, dimanches et jours fériés seulement). Démonstrations en avril, mai et septembre à 15 et 16 h (en outre à 17 h le dimanche), de juin à août à 15 h, 16 h et 17 h en semaine, à 14 h 30, 15 h 30, 16 h 30 et 17 h 30 le dimanche. 30 F. ☎ 88 92 84 33.

Montagne des singes. – Visite de mi-mars à début novembre le matin et l'après-midi. 25 F. ☎ 88 92 11 09.

Le LANDSKRON

Château. – En cours de restauration. ☎ 89 68 51 37.

LEMBACH

Ouvrage du Four à Chaux. – Visite accompagnée (1 h 1/2) en juillet et août à 9 h, 10 h 30, 14 h, 15 h, 16 h et 17 h ; en mai, juin et septembre à 10 h, 15 h et 17 h ; du 25 mars à fin avril et d'octobre à mi-novembre à 10 h et 15 h. 16 F. ☎ 88 94 43 16.

LICHTENBERG

Château. – Visite de début avril à fin octobre le matin et l'après-midi. 6 F.

LOUPPY-SUR-LOISON

Château. – Visite accompagnée de l'extérieur seulement (3/4 h) en juillet et août du mardi au vendredi à 14 h, 15 h, 17 h et les samedis, dimanches et jours fériés à 13 h 30, 15 h, 16 h 30, 18 h. 12 F. ☎ 29 88 11 66.

LUNÉVILLE

Chapelle du château. – Spectacle audio-visuel en saison. Pour information, téléphoner au syndicat initiative, ☎ 83 74 06 55.

Musée du château. – Visite le matin et l'après-midi. Fermé le mardi. 6 F. ☎ 83 76 23 57.

Musée de la moto et du vélo. – Visite le matin et l'après-midi. Fermé le lundi et les 1er janvier et 25 décembre. 12 F. ☎ 83 74 10 56.

LUXEUIL-LES-BAINS

Musée de la Tour des Échevins. – Visite l'après-midi. Fermé les mardis et certains jours fériés. 4,50 F. ☎ 84 40 00 07.

MARCKOLSHEIM

Mémorial-musée de la ligne Maginot. – Visite de mi-juin à mi-septembre le matin et l'après-midi ; de mi-mars à mi-juin et de mi-septembre à mi-novembre le matin et l'après-midi des dimanches et jours fériés seulement. 4 F. ☎ 88 92 51 70.

MARMOUTIER

Église. – Pour visiter la crypte, s'adresser à M. le recteur Schmitt, 8 pl. du Gal-de-Gaulle. ☎ 88 70 61 42.

MARSAL

Maison du Sel. – Visite les jeudis, vendredis et samedis le matin et l'après-midi ; les lundis, mercredis, dimanches et jours fériés, l'après-midi seulement. Fermé le mardi, le 25 décembre et en janvier. 9 F. ☎ 87 01 16 75.

Conditions de visite

MEISENTHAL

Maison du Verre et du Cristal. – Visite accompagnée (1 h 30) de Pâques à fin octobre l'après-midi. 10 F. ☎ 87 96 91 51.

MERKWILLER-PECHELBRONN

Musée du Pétrole. – Visite accompagnée (1 h) de début avril à fin octobre l'après-midi des dimanches ; le reste de l'année téléphoner au 88 80 77 85 ou 88 80 78 48. 5 F.

METZ

Tour de Mutte de la cathédrale. – Visite accompagnée (3/4 h) à 14 h 30, 15 h 30 et 16 h 30. Fermé les jours de fêtes religieuses. 10 F. ☎ 87 75 54 61.

Crypte et Trésor de la cathédrale. – Visite le matin et l'après-midi. 12 F. ☎ 87 75 54 61.

Église St-Pierre-aux-Nonnains. – Ouverte l'après-midi tous les jours sauf lundi et mardi d'avril à octobre ; les samedis, dimanches et jours fériés seulement de novembre à mars.
Spectacle « images et sons » (40 mn) à 17 h et 21 h sauf lundi et mardi d'avril à octobre ; à 16 h et 17 h 30 les samedis, dimanches et jours fériés (sauf 25 décembre) de novembre à mars. 10 F.

Chapelle des Templiers. – Pour visiter, s'adresser au Syndicat d'Initiative : ☎ 87 75 65 21.

Arsenal. – Accessible seulement pendant les concerts.

Musée d'Art et d'Histoire. – Visite le matin et l'après-midi. Fermé le mardi. 14 F. ☎ 87 75 10 18.

Église St-Vincent. – Visite suspendue pour cause de restauration.

Eglise Notre-Dame-de-L'Assomption. – Ouverte tous les jours sauf le dimanche.

Ancien couvent des Récollets. – Visite toute la journée sans interruption, sauf samedi après-midi, dimanche et jours fériés. ☎ 87 75 41 14.

Big Bang Schtroumpf. – Visite de mai à début novembre toute la journée sans interruption, jusqu'à 24 h les samedis et certains jours fériés. 90 F, enfants 70 F. ☎ 87 51 73 90.

MIRECOURT

Musée. – Visite le matin et l'après-midi. Fermé les samedis, dimanches et jours fériés. ☎ 29 37 05 22.

Église. – Fermée le mercredi toute la journée et le dimanche après-midi.

Chapelle de la Oultre. – Pour visiter, s'adresser à la mairie ou au presbytère.

La MOINEAUDIÈRE

Maison d'enfants. – Visite toute l'année, le matin et l'après-midi. Fermée le lundi hors des vacances scolaires. 15 F pour les collections. ☎ 29 63 37 11.

MOLSHEIM

Le Prieuré des Chartreux (musée). – Visite de Pâques au 1er novembre le matin et l'après-midi. Fermé les mardis, 1er mai et 15 août. 5 F. ☎ 83 38 25 10.

MONT-DEVANT-SASSEY

Église. – Pour visiter, s'adresser à M. le Maire, Mont-Devant-Sassey, 55110 Dun-sur-Meuse. ☎ 29 80 90 92.

MONTFAUCON

Le monument. – Visite le matin et l'après-midi. Fermé les lundis, mardis et jours fériés. ☎ 29 80 93 78.

MONTMÉDY

Remparts. – Visite de début février à fin novembre toute la journée sans interruption. Circuit fléché et sonorisé, durée : 1 h 1/2. 15 F. ☎ 29 80 15 90.

Musées de la Fortification et Jules Bastien-Lepage. – Visite de mi-mars à mi-décembre toute la journée sans interruption. 15 F. ☎ 29 80 15 90.

Église. – Ouverte tous les jours de Pâques à la Toussaint.

MUHLBACH

Musée de la Schlitte. – Visite accompagnée (40 mn) de début juillet à début septembre de 10 h à 11 h et l'après-midi. 5 F. ☎ 89 77 61 08.

MULHOUSE

Musée national de l'Automobile. – Visite toute la journée sans interruption. Fermé les mardis, 1er janvier et 25 décembre. 34 F. ☎ 89 42 29 17.

Musée français du Chemin de Fer et musée du Sapeur-pompier. – Visite toute la journée sans interruption. Fermé les 1er janvier, 25 et 26 décembre. 25 F. ☎ 89 42 25 67.

Musée de l'Impression sur étoffes. – Visite le matin et l'après-midi. Fermé les mardis et certains jours fériés. 22 F (possibilité de billet combiné avec celui du musée du Papier peint à Rixheim : 30 F). ☎ 89 45 51 20.

Electropolis. – Visite l'après-midi. Fermé le lundi et les 1er et 25 décembre. 15 F. ☎ 89 43 09 33. Mise en route de la machine à 15 h 30.

Musée historique. – Visite le matin et l'après-midi, et aussi de mi-juin à fin septembre le jeudi soir après dîner. Fermé les mardis et jours fériés. 10 F (gratuit le 1er dimanche de chaque mois). ☎ 89 32 59 46.

Temple St-Etienne. – Ouvert de début mai à fin septembre le matin et l'après-midi (le dimanche, l'après-midi seulement). Fermé le mardi, le dimanche matin, le lundi de Pentecôte et le 14 juillet. ☎ 89 32 59 46.

Musée des Beaux-Arts. – Visite le matin et l'après-midi (nocturne le jeudi). Fermé les mardis, 1er janvier, 1er mai, Vendredi saint, lundis de Pâques et de Pentecôte, 14 juillet, 1er et 11 novembre, 25 et 26 décembre. 10 F (gratuit le 1er dimanche de chaque mois). ☎ 89 32 58 46.

Parc zoologique et botanique. – Visite toute la journée sans interruption. 25 F. ☎ 89 44 17 44.

Musée de la chapelle St-Jean. – Visite de début mai à fin septembre le matin et l'après-midi. Fermé les mardis, lundi de Pentecôte et 14 juillet. 10 F (gratuit le 1er dimanche de chaque mois). ☎ 89 32 59 46.

MUTZIG

Musée. – Visiste accompagnée (1 h). Pour information : ☎ 88 38 73 43.

NANCY

Musée des Beaux-Arts. – Visite de début mai à fin septembre toute la journée sans interruption, le reste de l'année le matin et l'après-midi. Fermé les lundis matin, mardis et 1er janvier, 1er mai, 14 juillet, 1er novembre et 25 décembre. 12 F. ☎ 83 37 65 01.

Hôtel de ville. – Visite accompagnée (1/2 h) des salons à 21 h 30, 22 h 35 et « son et lumière » vers 22 h de mi-juin à mi-septembre. 7 F. ☎ 83 37 65 01.

Palais ducal (Musée historique lorrain). – Visite le matin et l'après-midi. Fermé le mardi et les 1er janvier, Pâques, 1er novembre et 25 décembre. 15 F. ☎ 83 32 18 74.

Église et couvent des Cordeliers (musée d'arts et traditions populaires). – Visite le matin et l'après-midi. Fermé les lundis, 1er janvier, dimanche de Pâques, 1er mai, 1er novembre et 25 décembre. 10 F. ☎ 83 32 18 74.

Porte de la Craffe. – Visite de mi-juin à mi-septembre le matin et l'après-midi. Fermé le mardi et les 1er janvier, Pâques, 1er mai, 1er novembre et 25 décembre. 10 F. ☎ 83 32 18 74.

Musée de l'École de Nancy. – Visite le matin et l'après-midi. Fermé les mardis, 1er janvier, Pâques, 1er mai, 1er novembre et 25 décembre. 12 F.

Musée de zoologie. – Visite l'après-midi. Fermé le mardi (sauf pendant les vacances scolaires). 15 F. ☎ 83 32 99 97.

Jardin botanique Ste-Catherine. – Visite le matin et l'après-midi. Fermé le matin des dimanches et jours fériés et les 1er janvier et 25 décembre. ☎ 83 41 47 47.

Jardin botanique du Montet. – Visite l'après-midi. Fermé les lundis, mardis, 1er janvier et 25 décembre. Serres : 10 F. ☎ 83 41 47 47.

Trésor de la cathédrale. – Visite accompagnée (1/4 h) le matin et l'après-midi en semaine sauf le mercredi. ☎ 83 35 26 03.

Cristalleries Daum. – Visite le matin (également l'après-midi le samedi). Fermé les dimanches et jours fériés. ☎ 83 32 14 55.

NEUF-BRISACH

Chemin de Fer Touristique du Rhin. – Fonctionne les samedis, dimanches et jours fériés du dimanche de Pentecôte au 2e dimanche de septembre. Renseignements : ☎ 89 71 51 42 ou 89 72 55 97 (week end uniquement).

Porte de Belfort (musée). – Visite accompagnée (1/4 h) de début avril à fin octobre le matin et l'après-midi. Fermé le mardi. 4 F. ☎ 89 72 72 39.

NEUFCHATEAU

Église St-Nicolas. – Visite accompagnée de mi-juin à mi-septembre l'après-midi. Le reste de l'année, s'adresser au presbytère, 7 rue de la Comédie, ☎ 29 94 01 05.

Église St-Christophe. – Fermée le dimanche.

NEUWILLER-LÈS-SAVERNE

Église. – Visite des chapelles sur demande préalable : ☎ 88 70 00 51.

OLTINGUE

Maison du Sundgau. – Visite de mi-juin à fin septembre l'après-midi des mardis, jeudis, samedis et dimanches (en outre le dimanche en fin de matinée) ; le reste de l'année l'après-midi des dimanches seulement. Fermé en janvier, février et les deux dimanches avant Noël. 6 F. ☎ 89 40 79 24.

OTTMARSHEIM

Centrale hydro-électrique. – Visite accompagnée (1 h 1/2) le matin et l'après-midi sur demande préalable : écrire à E.D.F.-G.R.P.H. Rhin, 83 r. Koechlin 68053 Mulhouse Cedex. Fermée les vendredis après-midi, samedis, dimanches et jours fériés. ☎ 89 56 70 76.

PANGE

Château. – Visite de début juillet à fin septembre l'après-midi. Fermé le mardi et lors des réceptions.

La PETITE-PIERRE

Musée du Sceau alsacien. – Visite le matin et l'après-midi toute l'année les samedis, dimanches et jours fériés ; pendant la période des vacances scolaires tous les jours sauf le lundi. ☎ 88 70 48 65.

Château. – Visite de début juin à fin septembre le matin et l'après-midi (l'après-midi seulement des samedis) ; de Pâques à fin mai et de début octobre à mi-novembre, l'après-midi des samedis, le matin et l'après-midi des dimanches et jours fériés. 6 F. ☎ 88 70 46 55.

« **Magazin** ». – Mêmes conditions de visite que le musée du Sceau alsacien.

PFAFFENHOFFEN

Musée de l'Imagerie alsacienne. – Visite l'après-midi des mercredis, samedis et dimanches fériés ou non. Tarif non communiqué. ☎ 88 07 70 23.

PHALSBOURG

Musée. – Visite de début avril à fin octobre tous les après-midi et le matin des mercredis, samedis, dimanches et jours fériés. 6 F. ☎ 87 24 12 26.

PLOMBIÈRES-LES-BAINS

Bain Stanislas. – Visite accompagnée (1 h) de début mai à fin septembre les mercredis, jeudis et samedis à 15 h. Tarif non communiqué. ☎ 29 66 02 17.

Musée Louis-Français. – Visite de début mai à fin septembre l'après-midi. Fermé les mardis, Pentecôte, 14 juillet, 15 août. 5 F. ☎ 29 66 00 24.

POMPIERRE

Église. – Fermée le dimanche après-midi et le lundi.

PONT-A-MOUSSON

Ancienne abbaye des Prémontrés. – Visite en semaine toute la journée sans interruption ; les dimanches et jours fériés l'après-midi seulement. Fermé de fin décembre à début janvier. 13 F (11 F en semaine). ☎ 83 81 10 32.

Centre Culturel de Rencontre. – Pour tout renseignement sur les activités du Centre : ☎ 83 81 10 32.

Hôtel de ville. – Visite réservée aux groupes sur demande écrite préalable.

r

RELANGES

Église. – Ouverte en été seulement. Le reste de l'année, s'adresser à Mme Marie-Thérèse Thiébaut. ☎ 29 09 35 81.

REMIREMONT

Musées. – Visite de début avril à fin décembre le matin et l'après-midi ; le reste de l'année l'après-midi en semaine. Fermé les mardis, Ascension, 1er mai, 1er novembre, 25 décembre, et en octobre. 5 F (gratuit le dimanche). ☎ 29 62 42 17.

RIBEAUVILLÉ

Hôtel de ville. – Visite uniquement sur rendez-vous. ☎ 89 73 60 26.

RIQUEWIHR

Musée d'histoire des P.T.T. d'Alsace. – Visite de fin mars à mi-novembre le matin et l'après-midi. Fermé le mardi, sauf en juillet et août. 18 F. ☎ 89 47 93 80.

Tour des Voleurs. – Visite de Pâques à début novembre toute la journée sans interruption. 4 F.

Musée du Dolder. – Visite toute la journée sans interruption tous les jours de fin juin à mi-septembre ; les vendredis, samedis, dimanches et jours fériés seulement de début avril à fin juin et de mi-septembre à mi-novembre. 4 F.

RIXHEIM

Musée du Papier peint. – Visite le matin et l'après-midi. Fermé les mardis et certains jours fériés. 22 F (possibilité de billet combiné avec celui du musée de l'Impression sur étoffes, à Mulhouse : 30 F). ☎ 89 64 24 56.

La ROCHÈRE

Verrerie et cristallerie. – Visite de début mai à fin septembre l'après-midi sauf les jours fériés. ☎ 84 92 44 44.

ROSHEIM

Église St-Pierre et St-Paul. – Pour visiter, s'adresser à la boulangerie Rohmer, en face.

ROUFFACH

Église des Récollets. – Fermée pour travaux de réfection.

ST-AMARIN

Musée. – Visite de début mai à fin septembre l'après-midi. Fermé le mardi. 8 F. ☎ 89 82 60 01.

ST-DIÉ

Église N.D. de Galilée. – En cas de fermeture, s'adresser au presbytère, 3 rue de la Cathédrale.

Musée. – Visite l'après-midi. Fermé les lundis et certains jours fériés. 10 F (gratuit le mercredi). ☎ 29 55 21 56.

Bibliothèque. – Visite de la salle du Trésor seulement sur rendez-vous préalable. ☎ 29 55 21 56.

ST-ELOPHE

Église. – En cas de fermeture, s'adresser à Mme Adrienne Valentin à Soulosse-sous-St-Elophe.

ST-LOUIS-ARZVILLER

Plan incliné. – Visite accompagnée (1/2 h) d'avril à septembre le matin et l'après-midi ; en mars, octobre et novembre l'après-midi seulement. 9 F. ☎ 87 25 30 69.

ST-NICOLAS-DE-PORT

Basilique. – Possibilité de visite accompagnée (1 h) incluant la chapelle des Fonts, le trésor, la crypte et la sacristie, de début juillet au 1er dimanche de septembre les dimanches et jours fériés l'après-midi. 10 F ; les tours : 5 F.

STE-MARGUERITE

Chapelle. – Ouverte d'avril à octobre ; le reste de l'année, s'adresser au n° 81 rue Ste-Marguerite, face à la Chapelle.

STE-MARIE-AUX-MINES

Musée minéralogique et minier. – Visite en juillet et août le matin et l'après-midi ; le reste de l'année sur rendez-vous. 5 F. ☎ 89 58 75 50.

SAMPIGNY

Musée Raymond Poincaré. – Visite de début mai à mi-septembre tous les jours l'après-midi. 10 F ; enfants 5 F. ☎ 29 90 70 50.

SARREBOURG

Chapelle des Cordeliers. – Visite le matin et l'après-midi. Fermée les dimanches (sauf l'après-midi de mai à septembre), mardis et 1er janvier, Vendredi saint, 1er mai, 1er et 11 novembre et 25 décembre. 5 F. ☎ 87 03 11 82.

Musée du Pays de Sarrebourg. – Visite le matin et l'après-midi. Fermé les dimanches (sauf l'après-midi de juin à septembre), mardis et 1er janvier, Pâques, 1er mai, 1er juillet, 15 août et 25 décembre. 5 F. ☎ 87 03 27 86.

Domaine gallo-romain de St-Ulrich. – Travaux de restauration. ☎ 87 03 27 86.

SARREGUEMINES

Musée. – Visite tous les après-midi sauf le mardi. Fermé les 1ᵉʳ janvier, 1ᵉʳ mai, dimanches de Pâques et de Pentecôte, 1ᵉʳ novembre et 25 décembre. 5 F. ☏ 87 98 52 32 poste 349.

SAVERNE

Musée. – Visite de début juin à mi-septembre l'après-midi (sauf le mardi), ainsi que le matin des dimanches et jours fériés. La 2ᵉ quinzaine de mai et de septembre, l'après-midi des dimanches et jours fériés. 7 F. ☏ 88 91 06 28.

Roseraie. – Visite de mi-juin à mi-septembre, le matin et l'après-midi. 7 F.

SAVERNE (Col)

Jardin botanique. – Visite de début mai à mi-septembre en semaine toute la journée sans interruption, les dimanches et jours fériés l'après-midi. Fermé le samedi. 6 F.

SCHOENENBOURG

Forteresse. – Visite accompagnée (2 h) toute la journée sans interruption le 1ᵉʳ dimanche de chaque mois de mars à octobre (tous les dimanches en juillet et août) et les lundis de Pâques et de Pentecôte, 1ᵉʳ mai, 14 juillet, 15 août et 11 novembre. 15 F. ☏ 88 09 03 85.

SCY-CHAZELLES

Maison de Robert Schuman. – Visite accompagnée (1/2 h) sur demande préalable à la mairie de Montigny-les-Metz, ☏ 87 63 25 33.

SÉLESTAT

Bibliothèque humaniste. – Visite le matin et l'après-midi. Fermée les samedis après-midi, dimanches et jours fériés. 7 F. ☏ 88 92 03 24.

SENON

Église. – Ouverte le mercredi de 11 h à 12 h, en dehors de cette période s'adresser à M. Robert Caillard.

SENONES

Maison abbatiale. – Visite le matin et l'après-midi. Fermée les samedis, dimanches, jours fériés, la dernière semaine de juillet, les 3 premières d'août et vacances scolaires d'hiver.

SESSENHEIM

Auberge « Au bœuf ». – Fermée les lundis, mardis et en août.

SIERCK-LES-BAINS

Château. – Visite de début mai à fin septembre le matin et l'après-midi. Fermé le lundi. 4 F. ☏ 82 83 74 14.

SIMSERHOF

Fort. – Visite accompagnée (2 h 1/2) de mi-mars à mi-décembre à 9 h et à 14 h (accès limité à 50 personnes par visite) les mardis, mercredis, jeudis, vendredis et trois week-ends par mois sur demande préalable : écrire à M. le Président de l'association des Amis du Simserhof, 4 rue du Général Stuhl 57230 Bitche. ☏ 87 96 14 55. Fermé le Vendredi saint, à Pâques, Ascension, Pentecôte, 14 juillet et 1ᵉʳ novembre. 20 F.

SION

Musée archéologique et missionnaire. – Visite de début avril à fin septembre le matin et l'après-midi. ☏ 83 25 15 51.

SOUCHT

Musée du Sabotier. – Visite l'après-midi des samedis et dimanches de Pâques à la Toussaint (tous les jours en juillet et août). 5 F. ☏ 87 96 87 46.

SOUFFLENHEIM

Ateliers de poteries. – Visite le matin et l'après-midi des jours ouvrables des ateliers Burger, 10 rue de la Montagne.

SOULTZBACH-LES-BAINS

Église. – Pour visiter, s'adresser au presbytère ou à la maison Ste-Anne, rue des Remparts, ☏ 89 71 13 35.

STENAY

Musée de la Bière. – Visite de début avril au 1ᵉʳ novembre le matin et l'après-midi. 18 F. ☏ 29 80 68 78.

Musée du pays de Stenay. – Visite de début juillet à début septembre, le matin et l'après-midi, les dimanches et jours fériés l'après-midi seulement ; de début mai à fin juin du lundi au vendredi, l'après-midi. 8 F. ☏ 29 80 68 78.

STRASBOURG

Cathédrale. – Spectacle « son et lumière », de mi-avril à fin septembre, tous les soirs à 21 h. 18 F.

Flèche de la cathédrale. – Montée à la tour toute la journée sans interruption. S'adresser au bas de la tour, place du Château. 7 F.

Cathédrale : horloge astronomique. – Visite (1/4 h) à 12 h 30. 4 F.

Musée de l'Œuvre Notre-Dame. – Visite de début avril à fin octobre le matin et l'après-midi ; de début novembre à fin mars l'après-midi seulement. Fermé les mardis, 1er janvier, Vendredi saint, 1er mai, 1er novembre et 25 décembre. 10 F.

Musées du Palais Rohan. – Visite de début avril à fin octobre le matin et l'après-midi ; de début novembre à fin mars l'après-midi seulement. Fermé le mardi, ainsi que le Vendredi saint, les 1er janvier, 1er mai, 1er novembre et 25 décembre. 15 F. ☏ 88 32 48 95. Le musée archéologique est fermé pour travaux.

Musée d'Art moderne, musée historique et musée alsacien. – Mêmes conditions de visite que le musée de l'Œuvre Notre-Dame.

Barrage Vauban. – Visite et montée sur la terrasse panoramique toute la journée sans interruption. 4 F.

Musée zoologique. – Visite en semaine, l'après-midi ; les mercredi et dimanche le matin et l'après-midi. Fermé les mardis et 1er janvier, Vendredi saint, 1er mai, 1er novembre et 25 décembre. ☏ 88 35 85 35.

Église St-Guillaume. – Pour visiter, s'adresser au presbytère 3-5 rue Calvin, ☏ 88 35 24 54 ou à Mme Bally, 2 rue St-Guillaume.

Église St-Pierre-le-Jeune. – Ouverte de début avril à fin octobre, le matin et l'après-midi.

Palais de l'Europe. – Visite accompagnée (3/4 h) le matin et l'après-midi sur demande préalable au service des visites, Conseil de l'Europe, 67000 Strasbourg, ☏ 88 61 49 61, poste 3033. Fermé les samedis et dimanches, les jours fériés et durant les sessions du Parlement européen.

Promenades en vedette sur l'Ill et dans la Petite France. – Services réguliers (1 h 1/4) de début avril à fin septembre, toute la journée sans interruption. Départ de l'embarcadère du château des Rohan, avec passage devant le barrage Vauban et le palais de l'Europe. 29 F. Possibilité de croisière-repas de mai à septembre. En soirée, de début mai à fin septembre, « flâneries nocturnes » sur l'Ill illuminée. 31 F. Pour tous renseignements, téléphoner au 88 32 75 25.

Promenades en avion au-dessus de Strasbourg. – Durée du survol : 1/4 h. 85 F. Renseignements à l'Aéro-Club d'Alsace. Aérodrome du Polygone (BX), Strasbourg-Neudorf. ☏ 88 34 00 98.

Visite du port. – Du lundi au samedi de début juillet à début septembre, service à 14 h 30, durée : 3 h, 38 F, les dimanches et jours fériés de début mai à fin septembre, service à 11 h, durée : 4 h, 55 F, avec repas 155 F. Départ de l'embarcadère promenade Dauphine, avec éclusage à la chute de Strasbourg. Pour tous renseignements, s'adresser au pavillon d'accueil du Port autonome, ☏ 88 44 34 27.

Le STRUTHOF

Visite le matin et l'après-midi. Fermé du 25 décembre au 28 février. 8 F. ☏ 88 61 49 50 poste 566.

t - u

THANN

Collégiale St-Thiébaut. – Pour voir les stalles : s'adresser à l'Office de Tourisme, 6 place Joffre. ☏ 89 37 96 20.

Musée des Amis de Thann. – Visite de mi-mai à fin septembre le matin et l'après-midi. Fermé le lundi matin. 7 F. ☏ 89 37 80 81.

THIONVILLE

Musée. – Visite l'après-midi. Fermé les lundis et jours fériés. 5 F. ☏ 82 53 38 80.

Château de la Grange. – Visite accompagnée (50 mn) tous les jours en juillet et août le matin et l'après-midi ; le reste de l'année les samedis, dimanches et jours fériés l'après-midi. 16 F. ☏ 82 53 25 40.

Fort de Guentrange. – Visite accompagnée (2 h) de début mai à fin septembre l'après-midi des dimanches et jours fériés. 10 F. ☏ 82 88 12 15.

Conditions de visite

THOREY-LYAUTEY

Château. – Visite accompagnée (3/4 h) de début mai à fin octobre à 13 h 30, 14 h 15, 15 h, 15 h 45, 16 h 30 et 17 h 15. Fermé le mardi. 10 F. ☎ 83 56 20 00.

THUILLIÈRES

Château. – Visite accompagnée (1/2 h) en juillet et août tous les jours l'après-midi. 10 F. ☎ 29 08 29 29.

TOUL

Église St-Gengoult. – En cas de fermeture s'adresser au presbytère : ☎ 83 43 04 52 ou à l'office de tourisme : ☎ 83 64 11 69.

Musée. – Visite de début avril à fin octobre le matin et l'après-midi ; le reste de l'année l'après-midi seulement. Fermé les mardis, 1er janvier, Pâques, 1er mai, 1er novembre et 25 décembre. 10 F. ☎ 83 64 13 38.

UNGERSHEIM

Écomusée de Haute-Alsace. – Visite toute la journée sans interruption. 31 F. ☎ 89 48 23 44.

VALLERYSTAHL

Cristallerie. – Visite accompagnée (1 h 30) d'avril à septembre le matin et l'après-midi, les samedis, dimanches et jours fériés, l'après-midi seulement, 12 F ; le reste de l'année, visite libre le matin (sauf le samedi) et l'après-midi, fermée les dimanches et jours fériés, ainsi que le samedi du 24 décembre au 28 février. ☎ 87 25 11 33.

VARANGÉVILLE

Église. – Ouverte en été l'après-midi. ☎ 83 48 10 44.

VAUCOULEURS

Chapelle castrale. – Ouverte en juillet et août toute la journée.

Musée Municipal. – Visite accompagnée (1 h 30) de début juillet à mi-septembre le matin et l'après-midi. Fermé le mardi. 10 F.

VAUX

Le Fort. – Visite de mi-février à début décembre le matin et l'après-midi (toute la journée sans interruption de début avril à fin septembre). Fermé le lundi de mi-février à fin mars et de mi-septembre à début décembre. 12 F. ☎ 29 84 18 85.

VERDUN

Hôtel de la Princerie (musée). – Visite de début avril à fin octobre le matin et l'après-midi. Fermé le mardi et 1er mai. 5 F. ☎ 29 86 10 62.

Monument de la Victoire. – Visite accompagnée (1/4 h) de mi-avril à mi-octobre toute la journée sans interruption. ☎ 29 86 18 39.

Souterrains de la citadelle. – Visite de début février à début décembre le matin et l'après-midi. 15 F. ☎ 29 84 18 85.

Mémorial-musée de la bataille de Verdun. – Visite le matin et l'après-midi (toute la journée sans interruption des Rameaux à mi-septembre). Fermé de mi-décembre à mi-janvier. 15 F. ☎ 29 84 35 34.

VIEIL-ARMAND

Monument national. – Visite de début avril au 1er novembre, le matin et l'après-midi. 4 F.

VILLEY-LE-SEC

Ensemble fortifié. – Visite accompagnée (2 h) de début avril à mi-novembre, les dimanches et jours fériés à 15 h. 20 F. ☎ 83 63 68 46.

VITTEL

Usine d'embouteillage. – Visite accompagnée (1 h 30) de mi-avril à fin septembre, à 9 h, 10 h, 10 h 30, 14 h, 15 h et 15 h 30. Fermé les samedis, dimanches et jours fériés. ☎ 29 08 47 07.

W - Z

WALDERSBACH

Musée Oberlin. – Visite accompagnée (3/4 h) de début mars à fin octobre l'après-midi des lundis, mercredis, samedis et dimanches ; en juillet et août tous les après-midi sauf le mardi ; le reste de l'année sur rendez-vous. 8 F. ☎ 88 97 30 27.

WISSEMBOURG

Musée Westercamp. – Visite accompagnée (1 h) en semaine le matin et l'après-midi ; les dimanches et jours fériés l'après-midi seulement. Fermé le mercredi toute l'année, le lundi en juillet et août et le mois de janvier. 6 F. ☎88 54 28 14.

WOERTH

Musée de la bataille du 6 août 1870. – Visite accompagnée (3/4 h) de début avril à fin octobre l'après-midi ; en février, mars, novembre, décembre l'après-midi des samedis et dimanches seulement. Fermé le 25 décembre et en janvier. 8 F. ☎ 88 09 30 21.

Le ZEITERHOLZ

Visite accompagnée (1 h 1/2) l'après-midi des 1er et 3e dimanches de chaque mois de mi-mai à mi-septembre. 10 F. ☎ 82 55 10 46.

Jeunes Alsaciennes.

Index

Photographies et dessins : © **ADAGP 1985** : bibliothèque Forney, *p. 12* – **D'après photos Archives Photographiques, Paris,** *p. 45, p. 86, p. 107, p. 152* – **ATLAS** : A. Bouchet, *p. 132* / D'après photo J. Dupaquier, *p. 136* – Charbonnages de France, *p. 52* – © **C.N.M.H.S. / S.P.A.D.E.M** : D'après photo J. Feuillie, *p. 36, p. 109* – **Photothèque E.D.F. SODEL** : M. Brigaud, *p. 131* – **EXPLORER** : R. Le Bastard, *p. 19* / D'après photo C. Cuny, *p. 96* / Louis Salou, *p. 17* / D'après photo C. Errath, *p. 162* / D'après une estampe, *p. 158* – Musée du château, Lunéville : Didon, *p. 84* – Musée de l'Ecole de Nancy : Ph. Husson, *p. 113* – Musée National de l'Automobile : D'après photo Gaud, *p. 101* – **PELLERIN** : Imagerie d'Epinal, *p. 68* – **SCOPE** : P. Beuzen, *p. 20, p. 41* / D'après photo P. Beuzen, *p. 25* / Jacques Guillard, *p. 13, p. 43, p. 198* / M. Guillard, *p. 40, p. 81* / D'après photo M. Guillard, *p. 120* – D'après photo J. Bottin, *p. 161* – D'après photo S. Chirol, *p. 23* – D'après photo Estel, Blois, *p. 37* (haut) – D'après photo Europ-Flash, *p. 38* – Anne Gaël, *p. 215* – Giraudon, *p. 56* – D'après photo MAD, Nancy, *p. 115* – Gilbert Mangin, *p. 127* – D'après photo Christian Legay, *p. 88* – D'après photo Camille Liévaux, *p. 19* – D'après photo Marasco, *p. 39* (bas) – Christiane Olivier, Nice, *p. 59* – D'après photo Christiane Olivier, Nice, *p. 91* – Prune Création, Metz, *p. 174* – D'après photo Jean Roubier, *p. 37* (bas), *p. 39* (haut), *p. 95, p. 178* – D'après photo Studio Pierre, St-Mihiel, *p. 147* – D'après photo X, *p. 188*.

MANUFACTURE FRANÇAISE DES PNEUMATIQUES MICHELIN
Société en commandite par actions au capital de 875 000 000 de francs
Place des Carmes-Déchaux – 63 Clermont-Ferrand (France)
R.C.S. Clermont-Fd B 855 200 507
© Michelin et Cie, Propriétaires-Éditeurs 1989
Dépôt légal 3ᵉ trim. 1989 – ISBN 2.06.003.724-7 – ISSN 0293-9436

Printed in France – 8.89.100
Photocomposition : MAURY Imprimeur S.A., Malesherbes – Impression : Tardy-Quercy, Bourges, n° 15234